21世纪全国高职高专土建立体化系列规划教材

建筑工程法规实务

—— （第2版）——

主　编　杨陈慧　杨甲奇
主　审　李全怀

内 容 简 介

"建筑工程法规实务"是高等院校土木与建筑类专业必修的一门基础课程;是国家示范性高等职业院校优质核心课程和四川省精品课程。本书以建设工程程序为载体,将教学内容整合设计为 7 个学习情境和 16 个任务。

7 个学习情境主要包括:建筑法规实务入门、建筑工程许可法律实务、建筑工程发承包法律实务、建筑工程监理法律实务、建筑工程安全管理法律实务、建筑工程质量管理法律实务和建筑工程相关经济法规实务。 16 个任务主要包括:建筑法规实务入门知识;从业单位资格申请;执业申报与注册;建筑用地与城市规划许可申办;工程报建与施工许可申办;发承包前期法律服务;招投标与合同评审法律服务;履约法律服务;工程监理合同法律服务;监理事务纠纷处理;安全管理前期法律服务;安全事故与法律纠纷处理;质量管理前期法律服务;质量管理事件与法律纠纷处理;建筑工程经济法律实务;环保、节能、消防、档案管理法律实务。 通过对 7 个学习情境,16 个任务的学习,学生将初步具备招投标人员、资料员、监理工程师、建造师所需的法律实务能力。

本书适用于高等职业技术院校建筑及土木工程类专业教材,也可作为相关技术人员的参考用书。

图书在版编目(CIP)数据

建筑工程法规实务/杨陈慧, 杨甲奇主编. —2 版. —北京: 北京大学出版社, 2017.6
(21 世纪全国高职高专土建立体化系列规划教材)
ISBN 978 - 7 - 301 - 26188 - 0

Ⅰ. ①建… Ⅱ. ①杨…②杨… Ⅲ. ①建筑法—中国—高等职业教育—教材 Ⅳ. ①D922.297

中国版本图书馆 CIP 数据核字(2015)第 192783 号

书　　　名	建筑工程法规实务(第 2 版) JIANZHU GONGCHENG FAGUI SHIWU
著作责任者	杨陈慧　杨甲奇　主编
责任编辑	王红樱
标准书号	ISBN 978 - 7 - 301 - 26188 - 0
出版发行	北京大学出版社
地　　　址	北京市海淀区成府路 205 号　100871
网　　　址	http://www.pup.cn　新浪微博:@北京大学出版社
电子信箱	pup_6@163.com
电　　　话	邮购部 62752015　发行部 62750672　编辑部 62750667
印　刷　者	北京鑫海金澳胶印有限公司
经　销　者	新华书店
	787 毫米×1092 毫米　16 开本　22.75 印张　546 千字 2011 年 8 月第 1 版 2017 年 6 月第 2 版　2019 年 12 月第 2 次印刷
定　　　价	49.50 元

未经许可,不得以任何方式复制或抄袭本书之部分或全部内容。
版权所有,侵权必究
举报电话:010 - 62752024　电子信箱:fd@pup.pku.edu.cn
图书如有印装质量问题,请与出版部联系,电话:010 - 62756370

第 2 版前言

《建筑工程法规实务》自 2011 年出版以来，经有关院校教学使用，反映良好。随着 2012 年 2 月 1 日《招投标法实施条例》的施行，2013 年 7 月 1 日《建设工程工程量清单计价规范》(GB 50500—2013)、《建筑工程施工合同(示范文本)》(GF—2013—0201)的同步实施，以及 2014 年 2 月 1 日《建筑工程施工发包与承包计价管理办法》、2014 年 12 月 1 日《全国人民代表大会常务委员会关于修改〈中华人民共和国安全生产法〉的决定》、2015 年 1 月 1 日《建筑业企业资质标准》、2016 年 3 月 24 日《营业税改征增值税试点实施办法》的全面实施，工程管理实务领域发生了一系列重大调整和变化。由此，我们根据新规范和相关法律、法规等对本书进行了修订，以更好地满足工程实务和一线教学的要求。

这次修订主要做了以下工作。

(1) 根据新《建筑业企业资质标准》，修改了任务 2 建筑业资质申报相关内容。

(2) 增补了《建设工程工程量清单计价规范》(GB 50500—2013)、《建筑工程施工合同(示范文本)》(GF—2013—0201)和《建筑工程施工发包与承包计价管理办法》的相关内容。

(3) 根据建造师、招标师等职业资格考试要求，在任务 1 中增补了代理制度、物权制度、债权制度、知识产权制度、诉讼时效等相关知识点。

(4) 按新规范和实务要求，在任务 4 中增设了用益物权的相关规定和实例。

(5) 按新规范和实务要求，在任务 6 中增设了《建筑工程施工合同(示范文本)》(GF—2013—0201)的基本框架说明和实例解析。

(6) 按《中华人民共和国招标投标法实施条例》《建设工程工程量清单计价规范》(GB 50500—2013)和实务要求，在任务 7 中调整了相关知识点和实例。

(7) 将按新规范和实务要求，在任务 8 中增补了代位权、撤销权、工程价款优先受偿权的运用实例。

(8) 根据《建设工程监理规范》(GB/T 50319—2013)的规定，调整了任务 11 的相关内容。

(9) 根据《全国人民代表大会常务委员会关于修改〈中华人民共和国安全生产法〉的决定》，调整了任务 11 的相关内容。

(10) 根据 2013 年第三次修正的《中华人民共和国公司法》和《营业税改征增值税试点实施办法》，在任务 15 中增补了新、旧《公司法》对比分析和"营改增"运用实例。

经修订，本书具有以下特点。

(1) 改变原法规类教材堆积法律条文和制度的编写方式，实践了全新编写方法，以建设工程程序为载体，将教学内容整和设计为 7 个学习情境。7 个学习情境与工作情境接轨，16 个任务与工程实务对接，增加了教材的实务操作性。

(2) 学习情境 1 建立该门课程的知识体系，初步认知建设法规所涉及的工作内容和流

程，学习情境 2-7 按照建设工程程序要求和工作流程，由浅入深，由"会"到"掌握"，由单一到综合，符合学习者的认知习惯。

（3）以项目为载体，采用任务引领方式，通过引导问题、相关链接、特别提示、专家评析、推荐学习资料学习网站的设置，帮助学生在学习的过程中形成一种不断探究的自主学习能力，强调理论与实践结合，加强与建筑工程专业课的融会贯通。

（4）注重人文，增加趣味，提升综合素质。引入 80 余个真实案例，增加了建设法规课程的趣味性和实用性。

（5）对应考证要求，更新了基础训练和拓展训练，帮助学生完成知识的巩固和职业能力的拓展。

（6）按新规范和前版使用现状和使用反馈情况，更新和调整了全书内容，删减了陈旧过时的案例，根据保证了教材的前沿性、合理性、范例性和迁移性。

对于本版存在的不足，欢迎同行批评指正。对使用本书、关注本书以及提出修改意见的同行们表示深深的感谢。

编　者
2017 年 3 月

第1版前言

为顺应社会经济发展和建筑业参与国际建筑市场竞争的需要，建筑工程专业类的学生应掌握建筑工程相关法律知识。为培养工程类全新应用与复合型人才，我们通过实践专家访谈会、现场走访调查等多种方式，确定了建筑工程行业与建筑工程实务对该课程的相关需求及招投标人员、资料员、监理工程师、建造师等执业岗位对法律实务的要求。据此，编写了本教材作为国家示范性高等职业院校优质核心课程改革教材。其具有以下特点。

（1）以项目为单位设置学习情境，改组课程内容。基于任务驱动、项目教学的课改理念，本课程的教学内容被分解设计成一个贯穿项目，以项目为单位组织教学，以典型案例配套项目实施，以实际工作流程中的重要节点为线索，将知识点分别融入7个学习情境中。7个学习情境按实际工作进程和认知规律设置。

（2）任务驱动、过程考核，提升学生职业能力。16个任务按工作流程，从常规到复杂，包含了核心能力和拓展能力训练。学生以建设单位、施工企业或工程服务机构的身份，参加到建筑工程项目建设中，提供相关法律服务。前一情境的完成是后一情境开始的基础。学生通过完成16个任务，具备相应岗位所需的法律实务能力。岗位所需要的知识、技能、职业素养、工作中容易出现的实际问题都融会在具体的工作任务中进行，每个工作任务都有明确需要提交的成果和评定的依据。按照形成性考核和终结性考核相结合、操作技能考核和应用知识考核相结合、个人成绩与小组成绩相结合的设计理念，将上述目标融入考核条目，成为实现目标的保证性措施。学生通过完成工作任务，做学结合。通过工作方案的制定、任务的实施、问题的处理，提高发现问题和解决问题的能力，在项目实践中学习和加深对相关专业知识、技能的理解和应用，以培养学生的综合职业能力和满足学生职业生涯发展的需要。

本书由杨陈慧、杨甲奇主编，由成都医学院公共管理学院江先文主审。在编写过程中，得到了成都守民律师事务所石春相、中建二局四川装饰分公司刘小飞、四川省交通厅质量监督站刘守明、大连职业技术学院唐舵和高树天、成都农业科技职业学院建筑工程学院冯光荣、成都衡泰工程管理有限公司薛昆的大力支持和帮助，在此表示衷心的感谢！

由于编写时间仓促和经验不足，书中存在很多不足之处，敬请广大读者和专家指教。

编　者

2011 年 5 月

CONTENTS 目录

学习情境 1　建筑法规实务入门
任务 1　建筑法规实务入门知识 ……… 3
　1.1　任务导读 ……………………… 4
　1.2　相关理论知识 ………………… 4
　1.3　知识点回顾 …………………… 35
　1.4　推荐阅读资料 ………………… 35
　1.5　基础训练 ……………………… 35
　1.6　拓展训练 ……………………… 38

学习情境 2　建筑工程许可法律实务
任务 2　从业单位资格申请 …………… 43
　2.1　任务导读 ……………………… 44
　2.2　相关理论知识 ………………… 44
　2.3　任务实施 ……………………… 53
　2.4　任务总结 ……………………… 53
　2.5　知识点回顾 …………………… 54
　2.6　基础训练 ……………………… 54
　2.7　拓展训练 ……………………… 56

任务 3　执业申报与注册 ……………… 58
　3.1　任务导读 ……………………… 59
　3.2　相关理论知识 ………………… 59
　3.3　任务实施 ……………………… 66
　3.4　任务总结 ……………………… 66
　3.5　知识点回顾 …………………… 66
　3.6　基础训练 ……………………… 67
　3.7　综合案例分析 ………………… 69

任务 4　建筑用地与城市规划许可申办 …………………………………… 70
　4.1　任务导读 ……………………… 71
　4.2　相关理论知识 ………………… 71
　4.3　任务实施 ……………………… 89
　4.4　任务总结 ……………………… 92
　4.5　知识点回顾 …………………… 92
　4.6　基础训练 ……………………… 92
　4.7　综合案例分析 ………………… 94

任务 5　工程报建与施工许可申办 …… 95
　5.1　任务导读 ……………………… 95
　5.2　相关理论知识 ………………… 96
　5.3　任务实施 ……………………… 104
　5.4　任务总结 ……………………… 105
　5.5　知识点回顾 …………………… 105
　5.6　基础训练 ……………………… 105
　5.7　拓展训练 ……………………… 107

学习情境 3　建筑工程发承包法律实务
任务 6　发承包前期法律服务 ………… 111
　6.1　任务导读 ……………………… 111
　6.2　相关理论知识 ………………… 112
　6.3　任务实施 ……………………… 134
　6.4　任务总结 ……………………… 134
　6.5　知识点回顾 …………………… 135
　6.6　基础训练 ……………………… 135
　6.7　拓展训练 ……………………… 137

任务 7　招投标与合同评审法律服务 …………………………………… 138
　7.1　任务导读 ……………………… 139
　7.2　相关理论知识 ………………… 139
　7.3　任务实施 ……………………… 160
　7.4　任务总结 ……………………… 160
　7.5　知识点回顾 …………………… 161
　7.6　基础训练 ……………………… 161
　7.7　拓展训练 ……………………… 163

任务 8　履约法律服务 ………………… 164
　8.1　任务导读 ……………………… 164

  8.2 相关理论知识 ……………… 165
  8.3 任务实施 ………………………… 188
  8.4 任务总结 ………………………… 189
  8.5 知识点回顾 ……………………… 189
  8.6 基础训练 ………………………… 189
  8.7 拓展训练 ………………………… 192

学习情境 4　建筑工程监理法律实务

任务 9　工程监理合同法律服务 ……… 195
  9.1 任务导读 ………………………… 198
  9.2 相关理论知识 …………………… 198
  9.3 任务实施 ………………………… 205
  9.4 任务总结 ………………………… 206
  9.5 知识点回顾 ……………………… 206
  9.6 基础训练 ………………………… 206
  9.7 拓展训练 ………………………… 208

任务 10　监理事务纠纷处理 …………… 209
  10.1 任务导读 ……………………… 210
  10.2 相关理论知识 ………………… 210
  10.3 任务实施 ……………………… 222
  10.4 任务总结 ……………………… 222
  10.5 知识点回顾 …………………… 223
  10.6 基础训练 ……………………… 223
  10.7 拓展训练 ……………………… 224

学习情境 5　建筑工程安全管理法律实务

任务 11　安全管理前期法律服务 ……… 229
  11.1 任务导读 ……………………… 229
  11.2 相关理论知识 ………………… 230
  11.3 任务实施 ……………………… 247
  11.4 任务总结 ……………………… 247
  11.5 知识点回顾 …………………… 248
  11.6 基础训练 ……………………… 248
  11.7 拓展训练 ……………………… 251

任务 12　安全事故与法律纠纷处理 … 252
  12.1 任务导读 ……………………… 252
  12.2 相关理论知识 ………………… 253
  12.3 任务实施 ……………………… 263
  12.4 任务总结 ……………………… 263
  12.5 知识点回顾 …………………… 264
  12.6 基础训练 ……………………… 264
  12.7 拓展训练 ……………………… 266

学习情境 6　建筑工程质量管理法律实务

任务 13　质量管理前期法律服务 ……… 271
  13.1 任务导读 ……………………… 271
  13.2 相关理论知识 ………………… 272
  13.3 任务实施 ……………………… 282
  13.4 任务总结 ……………………… 282
  13.5 知识点回顾 …………………… 283
  13.6 基础训练 ……………………… 283
  13.7 拓展训练 ……………………… 286

任务 14　质量管理事件与法律纠纷
　　　　　处理 …………………………… 288
  14.1 任务导读 ……………………… 288
  14.2 相关理论知识 ………………… 289
  14.3 任务实施 ……………………… 297
  14.4 任务总结 ……………………… 297
  14.5 知识点回顾 …………………… 298
  14.6 基础训练 ……………………… 298
  14.7 拓展训练 ……………………… 301

学习情境 7　建筑工程相关经济法规实务

任务 15　建筑工程经济法律实务 ……… 305
  15.1 任务导读 ……………………… 305
  15.2 相关理论知识 ………………… 306
  15.3 任务实施 ……………………… 327
  15.4 任务总结 ……………………… 327
  15.5 知识点回顾 …………………… 327
  15.6 基础训练 ……………………… 327
  15.7 拓展训练 ……………………… 332

任务 16　环保、节能、消防、档案管理
　　　　　法律实务 ……………………… 333
  16.1 任务导读 ……………………… 333
  16.2 相关理论知识 ………………… 334
  16.3 任务实施 ……………………… 346
  16.4 任务总结 ……………………… 346
  16.5 知识点回顾 …………………… 347
  16.6 基础训练 ……………………… 347
  16.7 拓展训练 ……………………… 350

参考文献 ……………………………………… 351

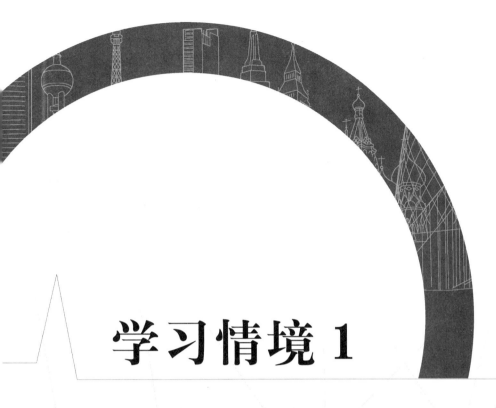

学习情境 1

建筑法规实务入门

任务 1 建筑法规实务入门知识

引 例

2005年4月22日,某水泥厂与某建筑公司订立《建设工程施工合同》和《合同总纲》,双方约定:由该建筑公司承建该水泥厂第一条生产线主厂房及烧成车间等配套工程的土建项目。开工日期为2005年5月15日。建筑材料由该水泥厂提供,该建设公司垫资150万元人民币,在合同订立15日内汇入该水泥厂账户。该建设公司付给该水泥厂10万元保证金,进场后再付10万元押图费,待图纸归还该水泥厂后再予退还等。双方在订立合同和工程施工时,尚未取得建设用地规划许可证和建设工程规划许可证。厂房工程如期于2006年9月竣工并交付使用。由于水泥厂亟待使用,在没有经过正式验收的情况下,于2006年10月就提前使用了厂房工程。在使用了8个月之后,厂房内承重墙体裂缝较多,屋面漏水严重。

水泥厂为维护企业的合法权益,多次与该建筑公司交涉要求其处理工程质量问题。而建筑公司以上述工程质量问题是由于水泥厂提前使用造成为由,不予处理。由此,水泥厂于2007年10月将该建筑公司诉至人民法院。

引导问题: 根据该案例,回答以下问题。

(1) 什么是工程建设程序?我国工程建设程序分为哪几个阶段?

(2) 工程建设程序哪些环节是必需的?

(3) 什么是工程的竣工验收?其依据有哪些?

(4) 本案例中建设工程法律关系的三要素分别是什么?

(5) 本案例中建设主体的权利、义务是如何产生和终止的?本案纠纷可通过哪些途径解决?

1.1 任务导读

建设工程法规也称为建设法规,是指由国家立法机关或其授权的行政机关制定的,为调整建设工程全过程中国家及其有关机构、企事业单位、社会团体和公民之间从事建设活动所发生的各种社会关系的法律规范的总称。工程建设是指土木建筑工程、线路管道和设备安装工程、建筑装修装饰工程等工程项目的新建、扩建和改建,是形成固定资产的基本生产过程及与之相关的其他建设工作的总称。因此,建设法规实务入门学习,首先从我国工程建设程序的阶段划分和各阶段的工作内容入手,熟悉各建设阶段,各建设法律关系的构成要素、产生、变更、终止和法律责任的承担;其次认识我国建设法律体系及其构成;最后了解建设法律纠纷的常见处理方式。

1.1.1 任务描述

本任务将学习建设工程法规概论,我国工程建设程序的阶段划分和各阶段的工作内容,建设法律关系的构成要素、产生、变更、终止和法律责任的承担,我国建设法律体系及构成和建筑法律纠纷的常见处理方式,初步认识建设法规实务涉及的工作任务和程序。

1.1.2 任务目标

(1) 了解我国建设市场、工程建设程序的阶段划分和各阶段的工作内容。
(2) 掌握建设法律关系的构成要素、产生、变更、终止和法律责任的承担。
(3) 熟悉我国建设法律体系及构成,了解建设法律纠纷的常见处理方式。
(4) 为进入建设法规实务的学习做好准备。

1.2 相关理论知识

1.2.1 工程建设程序

工程建设是社会化生产,它有着产品体积庞大、建造场所固定、建设周期长、占用资源多的特点。在建设过程中,存在内外协作关系复杂、活动空间有限和后续工作无法提前进行的矛盾。它必须分阶段、按步骤、按既定程序进行各项工作。

1. 概念

工程建设程序是指根据工程建设客观规律,工程建设全过程中各项工作都必须遵守的先后次序。它也是工程建设各个环节相互衔接的顺序。

2. 工程建设程序阶段的划分

根据我国现行工程建设程序法规的规定,我国工程建设程序见表 1-1。我国工程建设程序共分 5 个阶段,每个阶段又各包含若干环节。各阶段、各环节的工作应按规定顺序进行。然而,在具体执行时,由于工程项目的性质不同,规模不一,同一阶段内各环节的工作会有一些交叉,有些环节还可省略。因此,在遵守工程建设程序的大前提下,可根据本行业、本项目的特点，灵活开展各项工作。

表 1-1 我国工程建设程序

工程建设程序的阶段划分	各阶段的环节划分
（1）工程建设决策分析阶段	① 投资意向
	② 投资机会分析
	③ 项目建议书
	④ 可行性研究
	⑤ 审批立项
（2）工程建设准备阶段	① 获取规划许可证
	② 获取土地使用权
	③ 拆迁
	④ 报建
	⑤ 工程发包与承包
（3）工程建设实施阶段	① 工程勘察设计
	② 设计文件审批
	③ 施工准备
	④ 工程施工
	⑤ 生产准备
（4）工程竣工验收与保修阶段	① 竣工验收
	② 工程保修
（5）工程终结阶段	① 生产运营
	② 投资后评价

3. 各程序阶段的主要建设内容

1）工程建设决策分析阶段

该阶段主要是对工程项目投资的合理性进行考察和对工程项目进行选择，包括投资意向、投资机会分析、项目建议书、可行性研究和审批立项。

（1）投资意向。作为工程建设活动的起点，投资意向是指投资主体发现社会存在合适的投资机会所产生的投资愿望。

（2）投资机会分析。投资机会分析是指投资主体对投资机会所进行的初步考察和分析，以决定在机会合适、有良好预期效益时进行进一步的行动。

（3）项目建议书。项目建议书是指投资机会分析结果文字化后所形成的书面文件，以方便投资决策者分析、抉择。项目建议书应对拟建工程的必要性、客观可行性和获利的可能性逐一进行论述。

● 相关链接

大中型和限额以上项目的投资项目建议书，由行业归口主管部门初审后，再由中华人民共和国国家发展和改革委员会（简称"国家发改委"）审批。小型项目的项目建议书，按隶属关系，由主管部门或地方计委审批。

（4）可行性研究。可行性研究是指项目建议书被批准后，对拟建项目在技术上是否可行、经济上是否合理等内容所进行的分析论证。广义的可行性研究还包括投资机会分析。

可行性研究应对项目所涉及的社会、经济、技术问题进行深入的调查研究，对各种各样的建设方案和技术方案进行发掘并加以比较、优化，对项目建成后的经济效益、社会效益进行科学的预测及评价，提出该项目建设是否可行的结论性意见。对可行性研究的具体内容和所应达到的深度，有关法规都有明确的规定。

● 特别提示

可行性研究报告必须经有资格的咨询机构评估确认后，才能够作为投资决策的依据。

（5）审批立项。审批立项是指有关部门对可行性研究报告的审查批准程序，审查通过后即予以立项，正式进入工程项目的建设准备阶段。

● 相关链接

《关于建设项目进行可行性研究的试行管理办法》对审批权项作了具体规定：大中型建设项目的可行性研究报告由各主管部，各省、市、自治区或全国性工业公司负责预审，报国务院审批；小型项目的可行性研究报告，按隶属关系由各主管部，各省、市、自治区或全国性专业公司审批。

2）工程建设准备阶段

该阶段主要进行建设现场、建设队伍、建设设备等方面的准备工作，主要涉及规划、获取土地使用权、拆迁、报建、工程发包与承包等环节，最终为勘察、设计、施工创造条件。

（1）获取规划许可。在城市规划区内进行工程建设的，必须符合城市规划或村庄、集镇规划的要求。其工程选址和布局必须取得城市规划行政主管部门，或村、镇规划主管部门的同意、批准，依法先后领取城市规划行政主管部门核发的"选址意见书""建设用地规划许可证""建设工程规划许可证"，方能进行获取土地使用权、设计、施工等相关建设活动。

（2）获取土地使用权。工程建设用地必须通过国家对土地使用权的出让或划拨而取得。通过国家出让而取得土地使用权的，应与市、县人民政府土地管理部门签订书面出让合同，缴纳出让金，并按合同规定的年限与要求进行工程建设。通过国家划拨取得土地使用权的,虽不向国家支付出让金,但要承担城市拆迁费用或对农村、郊区土地原使用者的补偿费和安置补助费,其标准由各省、直辖市、自治区规定。

(3) 完成拆迁。在城市进行工程建设,一般都要对建设用地上的原有房屋和附属物进行拆迁。拆迁人和被拆迁人应签订书面协议,拆迁人对被拆迁人(被拆房屋及附属物的所有人、代管人及国家授权的管理人)应依法给予补偿,并对被拆迁房屋的使用人进行安置。对违章建筑、超过批准期限的临时建筑的被拆迁人和使用人,则不予补偿和安置。

● 特别提示

国务院颁发的《城市房屋拆迁管理条例》规定,任何单位和个人需要拆迁的房屋,都必须持国家规定的批准文件、拆迁计划和拆迁方案,向县级以上人民政府房屋拆迁主管部门提出申请,经批准并取得房屋拆迁许可证后方可拆迁。

(4) 报建。完成上述准备工作后,建设单位或其代理机构必须持工程项目立项批准文件、银行出具的资信证明、建设用地的批准文件等资料,向当地建设行政主管部门或其授权机构进行报建。

● 特别提示

凡未报建的工程项目,不得办理招标手续和发放施工许可证;设计、施工单位不得承接该项目的设计、施工任务。

(5) 进行工程发承包。完成建设工程报建后,建设单位或其代理机构须对拟建工程进行发包,择优选定工程勘察设计单位、施工单位或总承包单位。工程发包与承包有招标投标和直接发包两种方式。

● 特别提示

为鼓励公平竞争,建立公正的竞争秩序,《中华人民共和国招标投标法》(简称《招标投标法》)规定某些工程必须采用招投标的形式建立发承包合同。

3) 工程建设实施阶段

(1) 工程勘察设计。勘察设计是工程项目建设的重要环节。在工程选址、可行性研究、工程施工等各阶段,必须进行必要的勘察,勘察工作服务于工程建设的全过程。设计文件是实现投资者意愿的关键,是制订建设计划、组织工程施工和控制建设投资的依据。设计与勘察是密不可分的,设计必须在完成工程勘察,取得足够的地质、水文等基础资料之后才能进行。

(2) 施工准备。施工准备分别是指施工单位技术、物资方面的准备和建设单位办理开工许可方面的准备。

① 施工单位技术、物资方面的准备。施工单位在接到施工图纸后,必须做好细致的

施工准备工作，以确保工程顺利建成。主要工作涉及熟悉、审查图纸，编制施工组织设计，向下属单位进行计划、技术、质量、安全、经济责任的交底，下达施工任务书，准备工程施工所需的设备、材料等。

② 办理开工许可。建设单位应按国家有关规定向工程所在地县级以上人民政府建设行政主管部门申领施工许可证，办证须具备以下条件。

　　a. 已经办好该工程用地的批准手续。
　　b. 在城市规划区的工程，已取得规划许可证。
　　c. 需要拆迁的，拆迁进度满足施工要求。
　　d. 施工企业已确定。
　　e. 有满足施工需要的施工图纸和技术资料。
　　f. 有保证工程质量和安全的具体措施。
　　g. 建设资金已落实并满足有关法律、法规规定的其他条件。

● 特 别 提 示

　　未取得施工许可证的建设单位不得擅自组织开工。已取得施工许可证的，应自批准之日起3个月内组织开工，因故不能按期开工的，可向发证机关申请延期，延期以两次为限，每次不超过3个月。既不按期开工，又不申请延期或超过延期时限的，已批准的施工许可证自行作废。

（3）工程施工。工程施工是指施工队伍具体配置各种施工要素，将工程设计物化为建筑产品的过程。该阶段投入劳动量最大，耗时较长，施工管理水平的高低、工作质量的好坏决定了建设项目的质量和所能产生的效益。

工程施工管理具体包括以下几方面的内容。

① 施工调度是进行施工管理，掌握施工情况，及时处理施工中存在的问题，严格控制工程的施工质量、进度和成本的重要环节。施工单位的各级管理机构均应配备专职调度人员，建立和健全各级调度机构。

② 施工安全是指施工活动中，为保障职工身体健康与安全、机械设备使用安全及物资安全而采取的各项措施。

● 相 关 链 接

　　根据国家有关安全生产和劳动保护的法规规定，施工单位必须建立安全生产责任制，加强规范化管理，进行安全交底、安全教育和安全宣传，严格执行安全技术方案，定期检修、维修各种安全设施，做好施工现场的安全保卫工作，建立和执行防火管理制度，切实保障工程施工的安全。

③ 文明施工是指施工单位运用现代管理方法，科学组织施工，以保证施工活动整洁、有序、合理地进行。

● 相 关 链 接

文明施工的具体内容有：按施工总平面布置图设置各项临时设施；施工现场设置明显标牌；主要管理人员要佩带身份标志；机械操作人员要持证上岗；施工现场的用电线路、用电设施的安装使用和现场水源、道路的设置要符合规范要求等。

④ 环境保护是指施工单位按有关环境保护的法律、法规，采取措施控制各种粉尘、废气、噪声等对环境的污染和危害。

（4）生产准备。生产准备是指为保证建设项目能及时投产使用，在工程施工临近结束时所进行的准备活动。如招收和培训必要的生产人员，组织人员参加设备安装调试和工程验收，组建生产管理机构，制定规章制度，收集生产技术资料和样品，落实原材料、外协产品、燃料、水、电的来源及其他配合条件等。

4）工程竣工验收与保修阶段

（1）工程竣工验收。工程项目按设计文件规定的内容和标准全部建成，并按规定将工程内外全部清理完毕后称为竣工。竣工验收的依据是已批准的可行性研究报告、初步设计或扩大初步设计、施工图纸和设备技术说明书，以及现行施工技术验收的规范和主管部门（公司）有关审批、修改、调整的文件等。工程验收合格后，方可交付使用。此时承发包双方应尽快办理固定资产移交手续和工程结算，将所有工程款项结算清楚。国家发改委颁发的《建设项目（工程）竣工验收办法》规定，凡新建、扩建、改建的基本建设项目（工程）和技术改造项目，按批准的设计文件所规定的内容建成，符合验收标准的必须及时组织验收，办理固定资产移交手续。

● 相 关 链 接

根据《中华人民共和国建筑法》（简称《建筑法》）及国务院《建设工程质量管理条例》等相关法规规定，交付竣工验收的工程，必须具备下列条件。

① 完成建设工程设计和合同约定的各项内容。
② 有完整的技术档案和施工管理资料。
③ 有工程使用的主要建筑材料、建筑构配件和设备的进场试验报告。
④ 有勘察、设计、施工、工程监理等单位分别签署的质量合格文件。
⑤ 有施工单位签署的工程保证书。

（2）工程保修。工程竣工验收交付使用后，在保修期限内，承包单位要根据《建筑法》及《建设工程质量管理条例》等相关法规的规定，对工程中出现的质量缺陷承担保修与赔偿责任。

5）工程终结阶段

建设项目投资后评价是指工程竣工投产、生产运营一段时间后，对项目的立项决策、设计施工、竣工投产、生产运营等全过程进行系统评价的一种技术经济活动。它是工程建设管理的一项重要内容，也是工程建设程序的最后一个环节。它可使投资主体达到总结经验、吸取教训、改进工作、不断提高项目决策水平和投资效益的目的。

1.2.2 建设法律关系

建设法律关系是法律关系中的一种,是指由建筑法律规范所确认和调整的,在建设管理和建设活动中所产生的权利和义务关系。它包括建设活动中所发生的行政管理关系、经济协作关系及其相关的民事关系,如建设工程承包合同关系。

1. 建筑法律关系的种类

1) 建设活动中的行政管理关系

国家及其建设行政主管部门在对建设活动进行管理时与建设单位(业主)、设计单位、施工单位、建筑材料和设备的生产供应单位及建设监理等中介服务单位产生的管理与被管理关系。

2) 建设活动中的经济协作关系

因工程建设的复杂性,众多单位和人员在建设活动中通过相互协作而产生的权利、义务关系。

3) 建设活动中的民事关系

在建设活动中,因涉及土地征用、房屋拆迁、从业人员及相关人员的人身与财产的伤害、财产及相关权利的转让等而在国家、单位和公民之间产生的民事权利与义务关系。

2. 建设工程法律关系的特征

(1) 调控法规的综合性。建设行政法律、建设工程民事法律和建设技术法规 3 种法律规范在调整建设活动中相互作用、综合运用。

(2) 权利义务关系的广泛性和复杂性。

(3) 计划性和程序性。建设法律关系是以受国家计划制约的建设管理、建设协作过程中形成的权利和义务为内容的。建设业的法律调整是以行政管理法律规范为主,建设行政法律关系决定、制约、影响着计划因素的协作关系。建设民事法律规范调整建设活动是由建设行政法律关系决定的,并受其制约。如建设单位与设计单位签订的勘察设合同,在执行过程中,若国家法律认可的国家建设计划变更或解除,则建设单位的合同也要变更或解除。同时,建设活动必须严格按照建设程序法规进行。如项目没有经过立项、报建是不能进行招投标,不能建立发承包关系的。

3. 建设法律关系的构成要素

建设工程法律关系的构成要素是建设工程法律关系不可缺少的组成部分,它是由建设法律关系主体、建设法律关系客体和建设法律关系内容 3 个要素构成的。

1) 建设法律关系主体

建设法律关系主体是指建设活动的参加者,或者说是建设法律规范所调整的在法律上享有权利、承担义务的当事人。在建设活动中可能出现的主体如下。

(1) 国家机关。

① 国家权力机关。国家权力机关是指全国人民代表大会及其常务委员会和地方各级人民代表大会及其常务委员会。国家权力机关参加建设法律关系的职能是审查批准国家建设计划和国家预决算,制定和颁布建设法律,监督检查国家各项建设法律的执行。

② 国家行政机关。国家行政机关是指依照国家宪法和法律设立的,依法行使国家行

政职权,组织管理国家行政事务的机关。它包括国务院及其所属各部、各委、地方各级人民政府及其职能部门。参加建设法律关系的国家行政机关主要如下。

a. 国家计划机关。主要是指国家发展和改革委员会以及各级地方人民政府发展和改革委员会。其职权是负责编制长、中期和年度建设计划,组织计划的实施,督促各部门严格执行工程建设程序等。

b. 国家建设主管部门。主要是指国家住房和城乡建设部以及各级地方建设行政主管部门。其职权是制定建设法规,对城市建设、村镇建设、工程建设、建筑业、房地产业、市政公用事业进行组织管理和监督。如管理基本建设勘察设计部门和施工队伍;进行城市规划;制定工程建设的各种标准、规范和定额;监督勘察、设计、施工安装的质量,规范房地开发;市政建设等。

c. 国家建设监督部门。主要包括国家财政机关、中国人民银行、国家审计机关、国家统计机关等。

d. 国家建设各业务主管部门。如交通运输部、水利部等部门,负责本部门、本行业的建设管理工作。

● 特 别 提 示

国家机关广义上还应包括审判机关和检察机关。但作为国家机关组成部分的审判机关和检察机关不以管理者的身份成为建设法律关系的主体,而是建设法律关系监督与保护的重要机关。

(2)建设单位。建设单位作为工程的需要方,是建设投资的支配者,也是工程建设的组织者和监督者,主要是指进行工程投资建设的国家机关、企业或事业单位。在我国建筑市场上,建设单位一般被称为业主方或甲方。由于建设项目的多样化,工业企业、商业企业、文化教育部门、医疗卫生单位、国家各机关等都可能成为建设单位。

● 特 别 提 示

建设单位作为建设活动权利主体,是从设计任务书批准开始的。在建设项目设计任务书没有批准,建设项目尚未被正式确认之前,任何社会组织是不能以权利主体资格参加工程建设的。当建设项目编有独立的总体设计并单独列入建设计划,获得国家批准时,这个社会组织方能成为建设单位,以已经取得的法人资格及自己的名义,对外进行工程建设。

(3)承包单位。承包单位是指有一定生产能力、机械设备、流动资金,具有承包工程建设任务的营业资格和具备相应资质条件,在建筑市场中能够按照业主方的要求,提供不同形态的建筑产品,并最终得到相应工程价款的建筑企业。在我国建筑市场上,承包单位一般被称为建筑企业或乙方,在国际工程承包中习惯被称为承包商。

● 相 关 链 接

承包单位种类的划分如下。

(1)按照生产主要形式,承包单位可分为勘察设计企业、建筑安装施工企业、建筑装饰施工企业、混凝土构配件、非标准预制件等生产厂家、商品混凝土供应站、建筑机械租赁单位以及专门提供建筑劳务的企业等。

（2）按照提供的主要建筑产品，承包单位可分为土建、水电、铁路、冶金、市政工程等专业公司。

（4）中介组织。中介组织是指具有相应的专业服务资质，在建筑市场中受发包方、承包方或政府管理机关的委托，对工程建设进行估算测量、咨询代理、建设监理等高智能服务，并取得服务费用的咨询服务机构和其他建设中介服务组织。在市场经济运行中，中介组织作为政府、市场、企业之间联系的纽带，发挥着重要的作用。从市场中介组织工作内容和作用来看，可分为多种类型。

相关链接

建筑市场中介组织的划分如下。

（1）按照工作内容可分为建筑业协会及其下属的设备安装、机械施工、装饰施工、产品厂商等专业分会，建设监理协会。

（2）按照发挥作用，可分为为工程建设服务的专业会计事务所、律师事务所、资产与资信评估机构、公证机构、合同纠纷的仲裁调解机构、招标代理机构、工程技术咨询公司、监理公司，质量检查、监督、认证机构以及其他产品检测、鉴定机构等。

（5）中国建设银行。中国建设银行是我国专门办理工程建设贷款和拨款、管理国家固定资产投资的专业银行。其主要业务范围是：管理国家工程建设支出预决算；制定工程建设财务管理制度；审批各地区、各部门的工程建设财务计划和清算；经办工业、交通、运输、农垦、畜牧、水产、商业、旅游等企业的工程建设贷款及行政事业单位和国家指定的基本建设项目的拨款；办理工程建设单位、地质勘查单位、建筑安装企业、工程建设物资供销企业的收支结算；经办有关固定资产的各项存款、发放技术改造贷款；管理和监督企业的挖潜、革新、改造资金的使用等。

（6）公民个人。公民个人作为建筑市场的主体，主要从3种途径参与建设活动：第一，取得相关执业资格证参与建筑活动、房地产经营活动，如取得注册建筑师、注册建造师、注册造价师、注册监理师、注册房地产估价师、注册房地产经纪人等资格证；第二，获得相关知识产权参与工程建设，如提供个人完成的设计软件、预决算软件等与单位确立法律关系；第三，同企业单位签订劳动合同，建设企业职工成为建设法律关系主体。

2）建设法律关系客体

建设法律关系客体是指参加建设法律关系的主体享有的权利和承担的义务所共同指向的对象。在通常情况下，建设主体都是为了某一客体，彼此才设立一定的权利、义务，从而产生建设法律关系，这里双方各自享受权利、承担义务所指向的对象，便是建设法律关系的客体。

相关链接

建设工程法人制度包括如下内容。

（1）法人分为企业法人和非企业法人，应当具备的条件：①必须依法成立；②有必要的财产或者经费；③有自己的名称、组织机构和场所；④能够独立承担民事责任。

(2) 项目经理部不具有法人资格，是非常设下属机构，无法独立承担民事责任，法律后果由施工企业承担。项目经理由企业法人委派。

建设法律关系，包括：物、行为和智力成果。

(1) 物（包括财）。法律意义上的物是指可为人们控制的并具有经济价值的生产资料和消费资料。在建设法律关系中表现为物的客体一般是指建筑材料、机械设备、建筑物或构筑物等有形实体。某个建设项目本身也可以成为工程建设法律关系的客体。财一般指资金及各种有价证券。在建设法律关系中表现为财的客体主要是建设资金，如基本建设贷款合同的标的，即一定数量的货币。

(2) 行为。法律意义上的行为是指人的有意识的活动。在建设法律关系中，行为多表现为完成一定的工作，如勘察设计、施工安装、检查验收等活动。如勘察设计合同的标的（客体），即完成一定的勘察设计任务。建设工程承包合同的标的，即按期完成一定质量要求的施工行为。

(3) 智力成果。法律意义上的智力成果是人类通过脑力劳动的成果或智力方面的创作，也称为非物质财富。在建设法律关系中，如设计单位提供的具有创造性的设计成果，该设计单位依法可以享有专有权，使用单位未经允许不能无偿使用。如个人开发的预决算软件，开发者对之享有版权（著作权）。

3）建设法律关系的内容

建设法律关系的内容，即建设活动参与者具体享有的权利和应当承担的义务。建设法律关系的内容是建设主体的具体要求，决定着建设法律关系的性质，它是联结主体的纽带。

(1) 建设权利。建设权利是指建设法律关系主体在法定范围内，根据国家建设管理要求和自己业务活动需要，有权进行各种工程建设活动。权利主体可要求其他主体做出一定的行为和抑制一定的行为，以实现自己的工程建设权利，因其他主体的行为而使工程建设权利不能实现时，有权要求国家机关加以保护并予以制裁。

(2) 建设义务。建设义务是指工程建设法律关系主体必须按法律规定或约定应负的责任。工程建设义务和工程建设权利是相互对应的，相应主体应自觉履行建设义务，义务主体如果不履行或不适当履行建设义务，就要承担相应的法律责任。

4. 建设法律关系的产生、变更和终止

建设法律关系的产生是指建设法律关系的主体之间形成了一定的权利和义务关系。如某建设单位与某勘察设计方签订了勘察设计合同，受建设法律规范调整的建设法律关系由此产生，主体双方随之确立了相应的权利和义务关系。

建设法律关系的变更是指建设法律关系的3个要素发生变化。主体变更可以是建设法律关系主体数目增多或减少，也可以是主体本身的改变；客体变更是指建设法律关系中权利义务所指向的事物发生变化，包括法律关系范围和性质的变更；建设法律关系主体与客体的变更，必然导致相应的权利和义务的变更，即内容的变更。

建设法律关系的终止是指建设法律关系主体之间的权利义务不复存在，彼此丧失了约束力，包括自然终止、协议终止、违约终止。建设法律关系的产生、变更和终止是由法律事实引起的。

相关链接

法律事实是指能够引起建设法律关系产生、变更和终止的客观现象和事实。建设法律事实按是否包含当事人的意志分为两类，即事件和行为。

（1）事件是指不以当事人意志为转移而产生的自然现象，如地震、台风、水灾、火灾等自然现象，战争、暴乱、政府禁令等社会现象，都可成为建设法律关系产生、变更或终止的原因。

（2）行为是指人有意识的活动，包括积极的作为或消极的不作为，两者都会引起建设法律关系的产生、变更或终止。行为通常表现为以下几种。

① 合法行为。合法行为是指实施了建设法规所要求或允许做的行为，或者没有实施建设法规所禁止做的行为。合法行为受到法律的肯定和保护，将产生积极的法律后果，如依法签订建设工程合同，依法定程序进行招标投标等行为。

② 违法行为。违法行为是指受法律禁止的侵犯其他主体的建设权利和建设义务的行为。违法行为要受到法律的矫正和制裁，产生消极的法律后果，如不履行建设工程合同等行为。

③ 行政行为。行政行为是指国家授权机关依法行使对建设业的管理权而发生法律后果的行为。如国家建设管理机关下达立项批文，城市规划局验线的行为；土地管理局出让土地使用权的行为。

④ 立法行为。立法行为是指国家机关在法定权限内通过规定的程序，制定、修改、废止建设法律规范性文件的活动。如国家制定或颁布建设法律、法规、条例、标准定额等行为。

⑤ 司法行为。司法行为是指国家司法机关的法定职能活动。如人民法院做出对完工建设工程进行拍卖，对工程价款优先受偿的判决行为。

应用案例 1-1

甲房地产公司和乙施工企业签订了一份工程施工合同，在合同的履行过程中，乙企业擅自改变设计方案，监理要求其返工重修，乙企业置之不理，继续施工。甲公司随即发出了解除合同的通知。

引导问题：该案中存在几对合同关系？甲乙合同法律关系的终止属于哪一种终止？

1.2.3 建筑工程法规体系

1. 概念

建设工程法规体系是指由现行建设法律、建设行政法规、地方性法规与建设部门规章和地方政府规章等组成的一个相互联系、相互补充、相互协调的完整统一的法规框架。建设工程法规体系是我国法律体系的重要组成部分。它又相对自成体系，具有相对独立性但必须服从国家法律体系的总要求。发包方面的法律必须与宪法和相关的法律保持一致，建设行政法规、部门规章和地方性法规、规章不得与宪法、法律以及上一层次的法规相抵触。

任务1 建筑法规实务入门知识

特别提示

建设法规应能覆盖建设事业的各个行业、各个领域以及建设行政管理的全过程,使建设活动的各个方面都有法可依、有章可循,使建设行政管理的每一个环节都纳入法制轨道。并且,在建设法规体系内部,不仅纵向不同层次的法律、法规之间应当相互衔接,不能抵触;横向同层次的法律、法规之间亦应协调配套,不能相互矛盾、重复或者留有空白。

2. 建设工程法规体系构成

法规体系的构成是指法规体系采取的结构形式。我国建设法规体系采用的是梯形结构,以建设法律为龙头,以建设行政法规为主干,建设部门规章和地方法规规章为枝干,由6个层次构成。

1)建设法律

建设法律是建设领域法律体系的最高层次,是由全国人民代表大会及其常委会制定颁行的属于国务院建设行政主管部门主管业务范围的各项法律的总称。它们是建设法规体系的核心和基础,其主要内容涉及建设领域的基本方针、政策,涉及建设领域的根本性、长远性和重大的问题,常用建设法律如《中华人民共和国建筑法》《中华人民共和国招标投标法》《中华人民共和国合同法》《中华人民共和国城市规划法》和《中华人民共和国房地产管理法》等。

2)建设行政法规

建设行政法规是指国务院依法制定并颁布的建设领域行政法规的总称,处于建设法律制度中的第二层次,是对建设法律条款的进一步细化,以便于法律的实施。常用行政法规如《建设工程安全生产管理条例》《物业管理条例》《住房公积金管理条例》《城市房屋拆迁管理条例》《建设工程勘察设计管理条例》《建设工程质量管理条例》等。

3)建设部门规章

建设部门规章是指建设部或国务院有关部门根据国务院规定的职责范围,依法制定并颁布的建设领域的各项规章,其效力低于行政法规。它是法律、行政法规的规定进一步细化和补充,以便法律、法规更好地贯彻执行,并为有关政府部门的行为提供依据。常用的规章,如《工程建设项目施工招标投标办法》《外商投资城市规划服务企业管理规定》和《建设工程勘察质量管理办法》等。

4)地方性建设法规

地方性建设法规是指由省、自治区、直辖市人民代表大会及其常委会制定颁行的,或经其批准颁行的由下级人大或常委会制定的建设法规。其在所管辖的行政区内具有法律效力,如《四川省实施〈中华人民共和国土地管理法〉办法》《辽宁省水污染防治条例》《四川省城市房地产交易管理条例》《四川省建设工程招标投标管理条例》等。

5)地方性建设规章

地方性建设规章是指省、自治区、直辖市人民政府制定颁行的或经其批准颁行的由其所辖城市人民政府制定的建设规章。如《浙江省关于提高建筑工程质量的若干规定》《江苏省建设工程设计招标投标暂行规定》《四川省建设工程施工招标投标暂行规定》等。

6)国际公约、国际惯例和国际标准

主要指我国参加或与国外签订的国际公约、双边条约,以及国际惯例、国际通用建筑技术规程。如涉外建设工程承包合同非常复杂，它涉及有形贸易、无形贸易、信贷、委托、技术规范、保险等诸多法律关系。这些法律关系的调整必须遵守我国承认的国际公约、国际惯例和国际通用技术规程和标准。

> **特别提示**
>
> 建设法律体系中，层次越高，效力越高，层次越往下的法规的法律效力越低。建设法律的效力最高。法律效力低的建设法规不得与比其法律效力高的建设法规相抵触，否则，其相应规定将被视为无效。

1.2.4 工程建设法律责任

1. 工程建设法律责任的概念

法律责任是由特定法律事实所引起的一种特殊义务，是指在对损害予以赔偿、补偿或接受惩罚。工程建设法律责任是指工程建设法律关系主体由于违反工程建设法律而应依法承担的对损害予以赔偿、补偿或接受惩罚的义务。该责任是一种国家强制性义务，是维护建筑市场良好秩序的可靠保障。

2. 工程建设法律责任的构成要件

工程建设法律责任的构成要件是指主体承担建设法律责任一般应当具备的条件。通常情况下，建设主体承担建设法律责任应符合以下条件。

1) 存在建设违法行为或违约行为

违法行为或违约行为是法律责任产生的前提条件，有行为才可能有责任。如串通投标、伪造资质、非法转包等建设违法，或者违反合同约定，如发包方不按约定时间提供工程预付款、施工方不按约定做好施工准备等违约行为。

> **相关链接**
>
> 违法行为或违约行为包括作为和不作为两类。作为是行为主体主动积极的身体活动，行为人从事了法律所禁止或合同所不允许的事情，投标人损害招标人或其他投标人的权益；不作为是指人的消极身体活动，行为人能够履行自己应尽义务的情况下不履行该义务，也应承担法律责任，如隐蔽工程在隐蔽前，施工方通知建设单位及时验收，而建设单位不及时验收造成工期延误的。

2) 存在损害事实

损害事实就是违法行为对法律所保护的社会关系和社会秩序造成的侵害。不存在损害事实，则不构成法律责任。

> **特别提示**
>
> 损害结果是建设违法行为或违约行为侵犯他人或社会的权利和利益所造成的损失和伤害。它包括人身损害、财产损害和精神损害，如施工单位强行冒险作业造成人员伤亡的，即可能承担精神损害赔偿责任。损害事实与损害结果是两个不同的概念，有损害事实不一

定有损害结果。有些违法行为尽管没有损害结果，但已经侵犯了一定的社会关系或社会秩序，因而也要承担法律责任，如犯罪的预备、未遂、中止等。

3）违法行为与损害事实之间存在因果关系

因果关系是归责的基础和前提，是认定法律责任的基本依据。因果关系是指建设违法或违约行为与损害事实之间的必然联系。它是一种引起与被引起的关系，即某一结果的出现是由先前存在的另一事实行为所引起的。如某事故人身伤亡事实是由甲企业违章操作所直接引起的。

4）违法者主观上存在过错

主观过错是指行为人实施建设违法行为或违约行为时的主观心理状态。不同的主观心理状态对认定某一行为是否有责及承担何种法律责任有着直接的联系。主观过错包括故意和过失两类。如果行为人在主观上既没有故意也没有过失，则行为人对损害结果一般不必承担法律责任。

> **特别提示**
>
> 法律责任认定的特殊情形如下。
>
> （1）违约责任是一种严格责任，不以主观过错为前提。如企业在施工过程中由于建材供应方没有按约供应建材，造成停工，从而延误了工期，在这种情况下，施工方不能以自己没有主观过错拒绝承担违约责任。
>
> （2）对于产品质量责任、国家机关及其工作人员执行职务、建筑主体从事高度危险作业致人身损害时，侵权人应承担无过错责任。

3．工程建设法律责任的分类

以追究法律责任的部门为依据，将建设法律责任分为建设行政法律责任、建设民事法律责任和建设刑事法律责任。

1）工程建设行政法律责任

建设行政法律责任是指建设法律关系主体因违反建设行政法律规范或因行政法规定的事由而应当承担的法定的不利后果。其主体既包括行政机关及其工作人员、授权或委托的组织及其工作人员，也包括自然人、社会组织等行政相对或相关人。行政管理者违法失职、滥用职权、行政不当或行政相对或相关人违反行政法律都可能产生行政责任。

建设行政法律责任承担方式包括行政处分和行政处罚。前者是指对违反法律规定的国家机关工作人员或被授权、委托的执法人员所实施的惩罚措施，根据法律规定，行政处分有警告、记过、记大过、降级、撤职、开除等；后者是指由建设行政主管机关对违反建设法律法规的责任主体依法实施的惩罚措施，根据《中华人民共和国行政处罚法》规定，有警告、罚款、没收违法所得、没收非法财物、责令停产停业、暂扣或吊销许可证、暂扣或吊销执照、行政拘留及其他处罚措施。

2）工程建设民事法律责任

工程建设民事法律责任是指建设法律关系主体因违反民事法律规范或因法律规定的其他事由而依法承担的不利后果，它主要为补偿性的财产责任。建设民事责任主要是侵权责

任,也有违约责任和违反其他义务而产生的责任。

3) 工程建设刑事法律责任

工程建设刑事法律责任是指建设法律关系主体违反《中华人民共和国刑法》(简称《刑法》)规定,实施了刑事犯罪行为所应承担的不利后果,它是最严厉的法律责任。刑事责任的承担方式是刑罚,根据《中华人民共和国刑法》规定,刑罚分为主刑和附加刑,主刑包括管制、拘役、有期徒刑、无期徒刑和死刑5类,附加刑包括罚金、剥夺政治权利和没收财产3类。

4. 工程建设纠纷的产生与解决方式

工程建设纠纷是指建设工程各个阶段,建筑关系主体行使权利和履行义务过程中产生各种的争议和纠纷。工程建设纠纷的发生、存在和解决,不利于工程建设的顺利进行,有损于工程各方当事人的经济利益和以后的合作与发展。

1.2.5 建设工程代理制度

1. 代理的概念

所谓代理,是指代理人在被授予的代理权限范围内,以被代理人的名义与第三人实施法律行为,而行为后果由该被代理人承担的法律制度。

2. 代理的特征

代理人必须在代理权限范围内实施代理行为包括如下内容。

(1) 代理人应该以被代理人的名义实施代理行为。

(2) 代理行为必须是具有法律意义的行为。

(3) 代理行为的法律后果归属于被代理人。

3. 代理的主要种类

它主要包括委托代理、法定代理和指定代理。

4. 建设工程代理行为的设立

《民法通则》第63条第3款规定,依照法律规定或者按照双方当事人约定,应当由本人实施的民事法律行为,不得代理。不得委托代理的建设工程活动建设工程的承包活动不得委托代理。《建筑法》规定,禁止承包单位将其承包的全部建筑工程转包给他人,禁止承包单位将其承包的全部建筑工程肢解以后以分包的名义分别转包给他人。施工总承包的,建筑工程主体结构的施工必须由总承包单位自行完成。必须取得法定资格方可从事的建设工程代理行为—民事法律行为的委托代理建设工程代理行为多为民事法律行为的委托代理。民事法律行为的委托代理,可以用书面形式,也可以用口头形式。

5. 建设工程代理行为的终止

《民法通则》第69条规定,有下列情形之一的,委托代理终止:①代理期间届满或者代理事务完成;②被代理人取消委托或者代理人辞去委托;③代理人死亡;④代理人丧失民事行为能力;⑤作为被代理人或者代理人的法人终止。建设工程代理行为的终止,主要是第①、②、⑤三种情况。有下列情形之一的,法定代理或者指定代理终止:①被代理人取得或者恢复民事行为能力；②被代理人或者代理人死亡；③代理人丧失民事行为能力；④指定代理的人民法院或者指定单位取消指定；⑤由其他原因引起的被代理人和代理人之间的监护关系消灭。

6. 无权代理与表见代理

1）无权代理

无权代理是指行为人不具有代理权，但以他人的名义与第三人进行法律行为。无权代理一般存在3种表现形式：①自始未经授权；②超越代理权；③代理权已终止。

2）表见代理

表见代理是指行为人虽无权代理，但由于行为人的某些行为，造成了足以使善意第三人相信其有代理权的表象，而与善意第三人进行的、由本人承担法律后果的代理行为。表见代理除需符合代理的一般条件外，还需具备以下特别构成要件：①须存在足以使相对人相信行为人具有代理权的事实或理由；②须本人存在过失；③须相对人为善意。

7. 不当或违法行为应承担的法律责任

1）委托书授权不明应承担的法律责任

委托书授权不明的，被代理人应当向第三人承担民事责任，代理人负连带责任。

2）损害被代理人利益应承担的法律责任

代理人不履行职责而给被代理人造成损害的，应当承担民事责任。代理人和第三人串通，损害被代理人的利益的，由代理人和第三人负连带责任。

3）第三人故意行为应承担的法律责任

第三人知道行为人没有代理权、超越代理权或者代理权已终止还与行为人实施民事行为给他人造成损害的，由第三人和行为人负连带责任。

4）违法代理行为应承担的法律责任

代理人知道被委托代理的事项违法仍然进行代理活动的，或者被代理人知道代理人的代理行为违法不表示反对的，由被代理人和代理人负连带责任。

相 关 测 试

1. 某施工单位法定代表人授权市场合约部经理赵某参加某工程招标活动，这个行为属于（　　）。

A. 法定代理　　　B. 委托代理　　　C. 指定代理　　　D. 表见代理

2. 关于表见代理的错误说法是（　　）。

A. 表见代理的行为人没有代理权

B. 表见代理是无效代理

C. 表见代理在本质上属于无权代理

D. 善意相对人有理由相信行为人有代理权

1.2.6 物权制度

物权是指权利人依法对特定的物享有直接支配和排他的权利，包括所有权、用益物权和担保物权，它是一项基本民事权利，也是大多数经济活动的基础和目的。建设单位对建

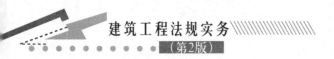

设工程项目的权利来自于物权中最基本的权利——所有权。

1. 物权的法律特征

物权是支配权、绝对权、财产权,具有排他性。

2. 物权的种类

物权包括所有权、用益物权和担保物权。

(1) 所有权。指所有人依法对自己财产(包括不动产和动产)所享有的占有、使用、收益和处分的权利。它是一种财产权,又称财产所有权,财产所有权的权能,是指所有人对其所有的财产依法享有的权利,它包括占有权、使用权、收益权、处分权。

(2) 用益物权。指权利人对他人所有的不动产或者动产,依法享有占有、使用和收益的权利。包括土地承包经营权、建设用地使用权、宅基地使用权和地役权(具体规定见任务4)。

(3) 担保物权。指权利人在债务人不履行到期债务或者发生当事人约定的实现担保物权的情形,依法享有就担保财产优先受偿的权利。如质押权、抵押权、留置权(具体规定见任务8)。

3. 物权的设立、变更、转让、消灭

1) 不动产物权的设立、变更、转让、消灭

不动产物权的设立、变更、转让、消灭,应当依照法律规定登记,自记载于不动产登记簿时发生效力。依法属于国家所有的自然资源,所有权可以不登记。不动产登记,由不动产所在地的登记机构办理。物权变动的基础往往是合同关系,需要注意的是,当事人之间订立有关设立、变更、转让和消灭不动产物权的合同,除法律另有规定或者合同另有约定外,自合同成立时生效;未办理物权登记的,不影响合同效力。

2) 动产物权的设立和转让

动产物权以占有和交付为公示手段。动产物权的设立和转让,应当依照法律规定交付。动产无权的设立和转让,自交付时发生效力,但法律另有规定的除外。船舶、航空器和机动车等物权的设立、变更、转让和消灭,未经登记,不得对抗善意第三人。

4. 物权的保护

物权保护是指通过法律规定的方法和程序保障物权人在法律许可范围内对其财产行为使占有、使用、收益、处分权利的制度。物权受到侵害的,权利人可以通过和解、调节、仲裁、诉讼等途径解决。因物权的归属、内容发生争议的,利害关系人可以请求确认权利。无权占有不动产或者动产的,权利人可以请求返还原物。妨害物权或者可能妨害物权的,权利人可以请求排除妨害或者消除危险。造成不动产或者动产毁损的,权利人可以请求修理、重作、更换或者恢复原状。侵害物权,造成权利人损害的,权利人可以请求损害赔偿,也可以请求承担其他民事责任。对于物权保护方式,可以单独适用,也可以根据权利被侵害的情形合并适用。侵害无权除承担民事责任外,违反行政管理的规定的,依法承担行政责任;构成犯罪的,依法追究刑事责任。

● 相 关 测 试

1. 用益物权不包含( )权能。

A. 占有　　　　B. 使用　　　　C. 收益　　　　D. 处分

2. 根据《中华人民共和国物权法》(简称《物权法》)规定，一般情况下动产物权的转让，自（　　）起发生效力。

A. 买卖合同生效　　B. 转移登记　　C. 交付　　　　D. 买方占有

3. 按照《物权法》的规定，建设用地使用权自（　　）时设立。

A. 合同签订　　　　B. 合同生效　　C. 登记　　　　D. 支付出让金

4. 甲公司将在乙公司办公楼附近实施基坑爆破。爆破前乙公司有权采取的物权保护方法是（　　）。

A. 请求确认权利　　　　　　　　B. 请求恢复原状
C. 请求消除危险　　　　　　　　D. 请求损害赔偿

1.2.7 债权制度

《民法通则》第 84 条第 1 款规定，债是按照合同的约定或者按照法律的规定，在当事人之间产生的特定的权利和义务关系，享有权利的人是债权人，负有义务的人是债务人。债是特定当事人之间的法律关系。债权人只能向特定的人主张自己的权利，债务人只需向享有该项权利的特定人履行义务，即债的相对性。

1. 债的内容

它是指债的主体双方间的权利与义务，即债权人享有的权利和债务人负担的义务，即债权与债务。债权是相对权，债务是指根据当事人的约定或者法律规定，债务人所负担的应为特定行为的义务。

2. 建设工程债的发生根据

1）合同

任何合同关系的设立，都会在当事人之间产生债权债务的关系。合同引起债的关系，是债发生的最主要、最普遍的依据。合同产生的债被称为合同之债。

2）侵权

侵权，是指公民或法人没有法律依据而侵害他人的财产权利或人身权利的行为。侵权行为一旦发生，即在侵权行为人和被侵权人之间形成债的关系。侵权行为产生的债权被称为侵权之债。《中华人民共和国侵权责任法》规定，建筑物、构筑物或者其他设施及其搁置物、悬挂物发生脱落、坠落造成他人损害，所有人、管理人或者使用人不能证明自己没有过错的，应当承担侵权责任。所有人、管理人或者使用人赔偿后，有其他责任人的，有权向其他责任人追偿。建筑物、构筑物或者其他设施及其搁置物、悬挂物发生脱落、坠落造成他人损害，由建设单位和施工单位承担连带责任。

相关链接

与建设工程相关的特殊侵权行为如下。

① 从事高空、高压、易燃、易爆、剧毒、放射性、高速运输工具等对周围环境有高度危险的作业造成他人损害。

② 违反国家保护环境防止污染的规定，污染环境造成他人损害。

③ 在公共场所、道旁或者通道上挖坑、修缮安装底下设施等，没有设置明显标志和采取安全措施造成他人损害。

④ 建筑物或者其他设施以及建筑物上的搁置物、悬挂物发生倒塌、脱落、坠落造成他人损害。

3) 无因管理

无因管理，是指管理人员和服务人员没有法律上的特定义务，也没有受到他人委托，自觉为他人管理事务或提供服务。无因管理指管理人员或者服务人员与受益人之间形成了债的关系。

4) 不当得利

不当得利，是指没有法律上或者和合同上的依据，有损于他人利益而自身取得利益的行为。由于不当得利造成他人利益的损害。因此在得利者与受害者之间形成债的关系。得利者应当将所得的不当利益返还给受损失的人。

3. 建设工程债的常见种类

常见的建设工程债的种类包括如下。

（1）施工合同债。发生在建设单位建设单位和施工单位之间的债。施工合同的义务主要是完成施工任务和支付工程款。

（2）买卖合同债。在建设工程活动中，会产生大量的买卖合同，主要是材料设备买卖合同。

（3）侵权之债。在侵权之债中，最常见的是施工单位的施工活动产生的侵权。如施工噪声或者废水废弃物排放等扰民，可能对工地附近的居民构成侵权。

相关测试

1. 在债的发生依据中，既未受人之托，也不负有法律规定的义务，而自觉为他人管理事务或提供服务的行为是（　　）。
   A. 无权代理　　　　B. 不当得利　　　　C. 侵权行为　　　　D. 无因管理
2. 物权和债权的性质分别可以表述为（　　）。
   A. 相对权，绝对权
   C. 绝对权，相对权
   B. 相对权，相对权
   D. 绝对权，绝对权
3. 就法律关系的主体而言，债的主体（　　）。
   A. 双方都是特定的
   B. 双方都不是特定的
   C. 债权人是特定的，债务人是不特定的
   D. 债务人是特定的，债权人是不特定的
4. 建设工程债发生的最主要的依据是（　　）。
   A. 侵权　　　　B. 合同　　　　C. 不当得利　　　　D. 无因管理

1.2.8　知识产权制度

知识产权可以分为两大类：一类是著作权，包括邻接权；另一类是工业产权，主要包括专利权和商标权。按照《民法通则》的规定，我国的知识产权包括著作权（版权）、专利权、商标专用权、发现权、发明权以及其他科技成果权。其中，前三类权利构成了我国知识产权的主体，在建设工程活动中也主要是这三种知识产权。

知识产权具有四大法律特征：一是财产权和人身权的双重属性；二是专有性；三是地域性；四是期限性。

1. 著作权

著作权是指作者及其他著作权人依法对文学、艺术和科学作品所享有的专有权。在我国，著作权等同于版权。

1）建设工程活动中常见的著作权作品

著作权保护的客体是作品，在建设工程活动中，会产生许多具有著作权的作品。

2）著作权主体

著作权的主体是指从事文学、艺术、科学等领域的创作出作品的作者，以及其他享有著作权的公民、法人或者其他组织。在特定情况下，国家也可以成为著作权的主体。

3）著作权的保护期

著作权的保护期由于权利内容以及主体的不同而有所不同：①作者的署名权、修改权、保护作品完整权的保护期不受限制。②公民的作品，其发表权、使用权和获得报酬权的保护期，为作者终生及其死后50年。如果是合作作品，截止到最后死亡的作者死亡后第50年的12月31日。③法人或者其他组织的作品、著作权（署名权除外）由法人或者其他组织享有的职务作品，其发表权、使用权和获得报酬权的保护期为50年，截止到作品首次发表后第50年的12月31日，但作品自创作完成后50年内未发表的，不再受著作权法保护。

4）计算机软件著作权的保护期限

自然人的软件著作权，保护期为自然人终生及其死亡后50年，截止到自然人死亡后第50年的12月31日；软件是合作开发的，截止到最后死亡的自然人死亡后第50年的12月31日。法人或者其他组织的软件著作权，保护期为50年，截止到软件首次发表后第50年的12月31日，但软件自开发完成之日起50年内未发表的，不再受到《计算机软件保护条例》的保护。

2. 专利权

专利权包括发明、实用新型和外观设计。《中华人民共和国专利法》（简称《专利法》）规定：发明是指产品、方法或者其改进所提出的新的技术方案。实用新型是指对产品的形状、构造或者其结合所提出的适于实用的新的技术方案。它与发明相似，都是一种新的技术方案，但发明专利的创造性水平高于实用新型。外观设计是指对产品的形状、图案或者其结合以及色彩与形状、图案的结合所作出的富有美感并适于工业应用的新设计。

1）授予专利权的条件

（1）授予发明和实用新型专利权的条件 授予专利权的发明和实用新型，应当具备新颖性、创造性和实用性。

（2）授予外观设计专利权的条件。授予专利权的外观设计，应当同申请日以前在国内外出版物上公开发表过或者国内公开使用过的外观设计不相同和不相近似，并不得与他人在先取得的合法权利相冲突。除了新颖性外，外观设计还应当具备富有美感和适于工业应用两个条件。

2) 专利权人的权利和期限、终止、无效

(1) 专利权人的权利。发明和实用新型专利权被授予后，除《专利法》另有规定的以外，任何单位或者个人未经专利权人许可，都不得实施其专利，即不得为生产经营目的制造、使用、许诺销售、销售、进口其专利产品，或者使用其专利方法以及使用、许诺销售、销售、进口依照该专利方法直接获得的产品。外观设计专利权被授予后，任何单位或者个人未经专利权人许可，都不得实施其专利，即不得为生产经营目的制造、销售、进口其外观设计专利产品。

(2) 专利权的期限。发明专利权的期限为20年，实用新型专利权和外观设计专利权的期限为10年，均自申请日起计算。

(3) 专利的申请和审批。申请发明或者实用新型专利的，应当提交请求书、说明书及其摘要和权利要求书等文件。国务院专利行政主管部门收到专利申请文件之日为申请日。如果申请文件是邮寄的，以寄出的邮戳日为申请日。专利审批分为初步审查和实质审查。初步审查后公布申请，实质审查后，授予满足要求的申请专利权。

3. 商标专用权

商标是指企业、事业单位和个体工商业者，为了使其生产经营的商品或者提供的服务项目有别于他人的商品或者服务项目，用具有显著特征的文字、图形、字母、数字、三维标志和颜色组合以及上述要素的组合来表示的标志。商标可以分为商品商标和服务商标两大类。商标专用权是指企业、事业单位和个体工商业者对其注册的商标依法享有的专用权。

1) 商标专用权的内容以及保护对象

商标专用权是指商标所有人对注册商标所享有的具体权利。同其他知识产权不同，商标专用权的内容只包括财产权，商标设计者的人身权受著作权法保护。商标专用权包括使用权和禁止权两个方面。商标专用权的保护对象是经过国家商标管理机关核准注册的商标，未经核准注册的商标不受商标法保护。

2) 注册商标的续展、转让和使用许可

注册商标的有效期为10年，自核准注册之日起计算。注册商标有效期满，需要继续使用的，应当在期满前6个月内申请续展注册；在此期间未能提出申请的，可以给予6个月的宽展期。宽展期满仍未提出申请的，注销其注册商标。每次续展注册的有效期为10年。

4. 建设工程商标权的保护

《商标法》第52条规定，注册商标的专用权，以核准注册的商标和核定使用的商品为限。有下列行为之一的，均属侵犯注册商标专用权：①未经商标注册人的许可，在同一种商品或者类似商品上使用与其注册商标相同或者近似的商标的；②销售侵犯注册商标专用权的商品的；③伪造、擅自制造他人注册商标标识或者销售伪造、擅自制造的注册商标标识的；④未经商标注册人同意，更换其注册商标并将该更换商标的商品又投入市场的；⑤给他人的注册商标专用权造成其他损害的。

5. 建设工程知识产权侵权的法律责任

1) 民事责任

建设工程知识产权侵权的民事责任《侵权责任法》规定，承担侵权责任的方式主要有：①停止侵害；②排除妨碍；③消除危险；④返还财产；⑤恢复原状；⑥赔偿损失；⑦赔礼道歉；⑧消除影响、恢复名誉。以上承担侵权责任的方式，可以单独适用，也可以合并适用。

2）行政责任

《商标法》规定，使用注册商标，有下列行为之一的，由商标局责令限期改正或者撤销其注册商标：①自行改变注册商标的；②自行改变注册商标的注册人名称、地址或者其他注册事项的；③自行转让注册商标的；④连续3年停止使用的。使用注册商标，其商品粗制滥造，以次充好，欺骗消费者的，由各级工商行政管理部门分别不同情况，责令限期改正，并可以予以通报或者处以罚款，或者由商标局撤销其注册商标。使用未注册商标，有下列行为之一的，由地方工商行政管理部门予以制止，限期改正，并可以予以通报或者处以罚款：①冒充注册商标的；②使用不得作为商标使用标志的；③粗制滥造，以次充好，欺骗消费者的。

赔偿损失的数额的4种确定方法：①侵权的赔偿数额按照权利人因被侵权所受到的实际损失确定；②实际损失难以确定的，可以按照侵权人因侵权所获得的利益确定；③权利人的损失或者侵权人获得的利益难以确定的，参照该知识产权许可使用费的倍数合理确定；④权利人的损失、侵权人获得的利益和专利许可使用费均难以确定的，人民法院可以根据专利权的类型、侵权行为的性质和情节等因素，确定给予一定数额的赔偿。

3）刑事责任

侵权行为触犯《刑法》第二百一十三条、第二百一十四条、第二百一十五条、第二百一十六条、第二百一十七条、第二百一十八条、第二百一十九条、第二百二十条等规定的，可能受到3年以上7年以下有期徒刑，并处罚金等处罚。

相 关 测 试

1. 我国知识产权的主体包括著作权、专利权和（　　）。

A. 发现权　　　　　　　　　　　　B. 商标专用权

C. 发明权　　　　　　　　　　　　D. 其他科技成果权甲建设单位委托乙设计

2. 单位编制工程设计图纸，但未约定该设计著作权归属。乙设计单位注册建筑师王某被指派负责该工程设计，则该工程设计图纸许可使用权归（　　）享有。

A. 甲建设单位　　　　　　　　　　B. 乙设计单位

C. 注册建筑师王某　　　　　　　　D. 甲、乙两单位共同

3. 王某经长期研究发明了高黏度建筑涂料胶粉，2001年3月5日委托某专利事务所申请专利，3月15日该专利事务所向国家专利局申请了专利，5月15日专利局将其专利公告，2003年2月13日授予王某专利权。该专利权届满的期限是（　　）。

A. 2021年3月5日　　　　　　　　B. 2021年3月15日

C. 2021年5月15日　　　　　　　D. 2023年2月13日

4. 注册商标的有效期为10年，其计算其实日为（　　）。

A. 核准注册之日　　　　　　　　　B. 提出申请之日

C. 续展申请之日　　　　　　　　　D. 初审公告之日

5. 某建设单位委托设计院进行一个建设工程项目的设计工作，合同中没有约定工程

设计图的归属。设计院委派李某完成了这一设计任务,该设计图纸的著作权属于( )。
A. 建设单位　　　B. 李某　　　　C. 施工单位　　　D. 设计院

6. 在建设工程知识产权侵权的民事责任中,最主要的是( )。
A. 恢复原状　　　B. 停止侵害　　　C. 赔礼道歉　　　D. 赔偿损失

7. 伪造、擅自制造他人注册商标标识,情节特别严重的,应判处( )。
A. 3年以下有期徒刑
B. 3年以上5年以下尤其徒刑
C. 3年以上7年以下有期徒刑
D. 5年以上8年以下尤其徒刑

8. 商标权的客体是( )。
A. 商标　　　B. 注册的商标　　　C. 文字和图案　　　D. 商标的图像

1.2.9 工程建设常见纠纷

1. 行政纠纷

行政管理机关在管理过程中,由于对其他建设工程法律主体做出的行政行为而引发的纠纷。常见行政纠纷如下。

(1) 立项许可纠纷。
(2) 招标管理纠纷。
(3) 土地管理纠纷。
(4) 城市规划管理纠纷。
(5) 质量安全管理纠纷。

2. 合同纠纷

由于承包商竞争过分激烈,"三边工程"引起的工程造价失控,从业人员法律意识薄弱,施工合同调价与索赔条款的重合,合同缺陷,双方理解分歧,工程款拖欠等原因常引起以下纠纷。

1) 施工合同主体纠纷
(1) 因承包商资质不够而导致的纠纷。
(2) 因无权代理与表见代理而导致的纠纷。
(3) 因联合体承包而导致的纠纷。
(4) 因"挂靠"问题而产生的纠纷。

2) 施工合同质量纠纷
以下原因都可能导致合同质量纠纷。
(1) 建设单位不顾实际地降低造价,缩短工期,不按建设程序运作。
(2) 在设计或施工中建设单位提出违反法律、行政法规和建筑工程质量、安全标准的要求。
(3) 将工程发包给没有资质的单位或者将工程任意肢解进行发包。
(4) 建设单位未将施工图设计文件报县级以上人民政府建设行政主管部门或者其他有关部门审查。
(5) 建设单位采购的建筑材料、建筑构配件和设备不合格或给施工单位指定厂家,明示、暗示使用不合格的材料、构配件和设备。

(6) 施工单位脱离设计图纸、违反技术规范以及在施工过程中偷工减料。

(7) 监理制度不严格。

(8) 施工单位未履行属于自己在施工前产品检验的强化责任。

(9) 施工单位对于在质量保修期内出现的质量缺陷不履行质量保修责任。

3) 施工合同分包与转包纠纷

(1) 因资质问题而产生的纠纷。

(2) 因履约范围不清而产生的纠纷。

(3) 因转包而产生的纠纷。

(4) 因配合与协调问题而产生的纠纷。

(5) 因违约和罚款问题而产生的纠纷。

(6) 因各方对分包管理不严而产生的纠纷。

4) 施工合同竣工验收纠纷

(1) 隐蔽工程竣工验收产生的纠纷。

(2) 未经竣工验收提前使用产生的纠纷。

5) 施工合同审计纠纷

(1) 因有关各方对审计监督权的认识偏差而产生的纠纷。

(2) 因审计机关的独立性得不到保证而产生的纠纷。

6) 建设工程物资采购合同质量纠纷

(1) 因合同约定不明确而产生的纠纷。

(2) 因检查验收不严格、不及时而产生的纠纷。

7) 建设工程物资采购合同数量纠纷

(1) 因合同约定不明确而产生的纠纷。

(2) 因检查验收不严格、不及时而产生的纠纷。

8) 建设工程物资采购合同履行期限、地点纠纷

(1) 因合同约定不明确而产生的纠纷。

(2) 因不按合同约定履行而产生的纠纷。

9) 建设工程物资采购合同价款纠纷

(1) 因合同约定不明确所引起的纠纷。

(2) 因履行期间价格的变动所引起的纠纷。

10) 建设工程勘察、设计纠纷

(1) 建设工程勘察、设计质量纠纷。

(2) 建设工程勘察、设计期限纠纷。

(3) 建设工程勘察、设计变更纠纷。

11) 建设工程监理合同纠纷

(1) 监理工作内容的纠纷。

(2) 监理工作缺陷纠纷。

3. 侵权纠纷

1) 相邻关系纠纷

因没有正确处理截水、排水、通行、通风、采光等方面的相邻关系而引起的纠纷。

2）环境保护纠纷

建设项目施工中可能对环境的影响主要体现在两个方面：一方面是对自然环境造成了破坏；另一方面是施工产生的粉尘、噪声、振动等对周围生活居住区的污染和危害。环境保护纠纷是指基于此而产生的纠纷。

3）施工中的安全措施不当产生的损害赔偿纠纷

工程施工过程中没有按照需要设置明显标志、采取安全措施而造成人、物损害。

4）施工中搁置物、悬挂物造成损害赔偿纠纷

施工中搁置物、悬挂物造成损害赔偿纠纷的成因是施工中搁置物和悬挂物管理不当，给他人造成人身和财产损害。

1.2.10 工程建设纠纷的解决方式

工程建设纠纷的解决方式主要包括和解、调解、仲裁和诉讼4种。和解与调解均以当事人自愿为前提，且和解协议与调解协议在尚未履行或未经双方签收之前并不具有强制执行力，其运用具有较大的灵活性，因而不予详述。下面着重阐述工程建设纠纷的仲裁与诉讼制度。

1. 工程建设纠纷的和解

1）和解的概念

和解是指工程建设纠纷的当事人通过自愿、平等协商，在互谅互让的基础上解决工程建设纠纷的活动。

2）和解的特征

（1）和解在当事人之间进行，没有第三人的参与。

（2）和解以当事人自愿平等协商为基础。

（3）和解协议不具有强制执行力。

2. 工程建设纠纷的调解

1）调解的含义与特征

调解是解决纠纷的一种方式，它是指由中立的第三者在当事人之间调停疏导，帮助交换意见，提出解决纠纷的建议，引导当事人达成解决纠纷的合意。调解具有以下几个特征。

（1）中立的第三者在当事人中进行工作。

（2）调解对纠纷的解决在根本上取决于当事人的合意。

（3）调解不仅能确定当事人各自的利益，而且可修复因纠纷而受损的关系。

（4）调解具有经济性，可省时省力。

2）调解的方式

在我国，调解主要有以下几种方式，不同的调解方式具有不同的法律效力。

（1）法院调解。法院调解是指在案件诉讼过程中，由法院审判人员对当事人进行调解。这种调解有利于当事人的和解与案件的执行，可节约救济资源。法院调解必须遵循自愿合法的原则，调解达成协议并经当事人签收调解书后即发生法律效力。

（2）行政调解。行政调解是指有权的国家行政机关根据当事人的申请，调解解决当事

人之间的纠纷。它是最廉价的一种权利救济方式。行政调解通常要经过申请调解、征求意见、调查事实、协商和制作并送达协议几个阶段。

(3) 民间调解。民间调解主要以人民调解委员会的调解为主。这种调解在未履行之前不具有法律效力，它在我国权利救济方面发挥着积极作用。

3. 工程建设纠纷的仲裁

1) 仲裁的概念、特征及类型

仲裁是指发生争议的双方当事人，根据其在争议发生前或争议发生后所达成的协议，自愿将该争议提交给中立的第三者进行裁判的争议解决制度和方式。作为一种解决财产权益纠纷的民间性裁判制度，仲裁既不同于解决同类争议的司法、行政途径，也不同于人民调解委员会的调解和当事人的自行和解，它具有自愿性、专业性、灵活性、保密性、快捷性、经济性和独立性等特点。

● 相 关 链 接

《中华人民共和国仲裁法》（简称《仲裁法》）根据案件当事人等案件要素，将仲裁划分为国内仲裁和涉外仲裁。国内仲裁是指不具有涉外因素的国内民事商事纠纷的仲裁，涉外仲裁则是指涉外经济贸易、运输和海事中发生的民事商事纠纷的仲裁。

《仲裁法》的基本原则包括：①基本原则；②根据事实、符合法律规定、公平合理解决纠纷的原则；③独立仲裁原则。

2) 仲裁程序

(1) 申请与受理。订有仲裁协议的双方当事人，在发生合同纠纷或财产权益纠纷后，任何一方均可向选定的仲裁委员会申请仲裁。仲裁委员会收到申请书5日内，认为符合受理条件的，应当受理。

(2) 组成仲裁庭。仲裁庭包括合议仲裁庭和独任仲裁庭两种。合议仲裁庭由3名仲裁员组成，设首席仲裁员；独任仲裁庭由1名仲裁员组成，即由1名仲裁员对争议案件进行审理并做出裁决。

(3) 仲裁审理。在开庭审理中，一般按下列程序进行：①首席仲裁员或独任仲裁员宣布开庭；②进行庭审调查和庭审辩论；③进行调解，调解达成协议的，仲裁庭应制作调解书或根据双方协议结果，制作裁决书；④调解未达成协议的，由仲裁庭按照多数仲裁员的意见做出裁决，不能形成多数意见时，按首席仲裁员的意见做出裁决。

● 特 别 提 示

仲裁审理分为开庭审理和书面审理两种方式，一般都采取开庭审理的方式。

(4) 执行。调解书或裁决书生效后，当事人应当履行裁决。一方当事人不履行的，对方可向有管辖权的人民法院申请强制执行。

● 特 别 提 示

(1) 当事人申请仲裁、仲裁委员会受理案件以及仲裁庭对仲裁案件的审理和裁决，都必须根据双方当事人之间所订立的有效的仲裁协议,没有仲裁协议就无从引发仲裁。

(2) 仲裁协议约束双方当事人对纠纷解决方式的选择权,排除法院的司法管辖权,授予仲裁机构仲裁管辖权并限定仲裁的范围。

(3) 仲裁与诉讼是两种不同的争议解决方式,在两者之间,当事人只能选择其一。

(4) 仲裁裁决一经做出,即为终局裁决,当事人就同一纠纷再申请仲裁或者向人民法院起诉,仲裁委员会或者人民法院不予受理。

4. 工程建设纠纷的诉讼

诉讼是指在人民法院审判人员的主持下,依法解决当事人之间纠纷的一种活动。

1) 民事诉讼

建设活动过程中所发生的工程建设纠纷大多是平等主体之间的纠纷,属于民事纠纷。民事诉讼是指法院在当事人和其他诉讼参与人的参加下,依法解决民事纠纷的活动以及由这些活动产生的各种诉讼关系的总和。民事诉讼具有公权性、强制性和程序性等特征。

2) 民事诉讼的管辖

民事诉讼管辖是指上下级人民法院之间和同级人民法院之间受理第一审民事案件的分工和权限。民事诉讼管辖有以下几种。

(1) 级别管辖。级别管辖就是要确定第一审民事案件由我国四级法院组织中哪一级法院管辖。一般来说,除法律规定由上级人民法院管辖的以外,第一审民事案件均由基层人民法院管辖。

(2) 地域管辖。地域管辖是指划分同级人民法院之间受理第一审民事纠纷案件的权限和分工,包括一般地域管辖、特殊地域管辖和专属管辖3种情形。一般地域管辖通常是以被告住所地或经常居住地为标准确定法院管辖,特殊地域管辖则以诉讼标的或当事人所在地来确定管辖法院,专属管辖是法律规定某些诉讼标的特殊案件由特定的人民法院管辖。

(3) 移送管辖和指定管辖。移送管辖是指没有管辖权的人民法院将已受理的案件移送给有管辖权的人民法院审理。接受移送的法院不得再自行移送。有管辖权的人民法院由于特殊原因,不能行使管辖权的,或者两个以上人民法院因管辖权发生争议的,由上级人民法院指定管辖的法院。

3) 民事诉讼当事人和代理人

诉讼代理中,最常见的是委托诉讼代理人。诉讼代理人代为承认、放弃、变更诉讼请求,进行和解、提起反诉或上诉,必须由委托人的特别授权委托书仅写"全权代理"而无具体授权情形的,不能认定为诉讼代理已获特别授权。

4) 民事诉讼的证据和诉讼时效

(1) 民事诉讼的证据。

① 证据的种类。它主要包括陈述、书证、物证、视听资料、电子数据、证言、鉴定意见、勘验笔录等。

② 证据的保全。在证据可能灭失或以后难以取得的情况下,利害关系人可以在提起诉讼或申请仲裁前,向证据所在地、被申请人住所地或有管辖权人民法院申请保全证据。

申请证据保全,需要提供担保。

③ 证据的应用。它主要包括:证明对象、举证责任、证据收集、证明过程、证明标准等。所有证据必须在有效举证期限内举证。民事纠纷的一般举证原则是"谁主张谁举证"。

a. 举证期限。一审普通程序审理民事案件,人民法院指定当事人举证的时限不得少于30日,人民法院征得双方同意后,可以少于30日。简易程序审理案件,人民法院指定的举证期限可以少于30日。

b. 质证。质证是指当事人在法庭的主持下,围绕证据的真实性、合法性、关联性,进行质疑、说明、辩驳。证人出庭作证,不得旁听法庭审理,审判人员和当事人可以对证人询问。鉴定人应出庭接受当事人质询。经法庭许可,当事人可以向证人、鉴定人、勘验人发问。

c. 认证。认证是指法院对证据的审核认定和审查判断。审核认定的规则如下。

第一,对单一证据的审核认定。主要包括:证据与案件的关联程度,各证据之间的联系综合审查判断。

第二,非法的、瑕疵证据不能作为或不能单独作为认定案件事实依据的证据。

(2) 诉讼时效。时效,是指一定事实状态在法律规定期间内的持续存在,从而产生与该事实状态相适应的法律效力。时效一般可分为取得时效和消灭时效。诉讼时效是指权利人在法定期间内,未向人民法院提起诉讼请求保护其权利时,法律规定消灭其胜诉权的制度。

① 诉讼时效的种类。

a. 普通诉讼时效。向人民法院请求保护民事权利的期间。普通诉讼时效期间通常为3年。

b. 短期诉讼时效。下列诉讼时效期间为1年:身体受到伤害要求赔偿的;延付或拒付租金的;出售质量不合格的商品未声明的;寄存财物被丢失或损毁的。

c. 特殊诉讼时效。国际货物买卖合同和技术进出口合同争议提起诉讼或仲裁的期限为4年。有关船舶发生油污损害的请求权,时效期间为三年,自损害发生之日起计算;但是,在任何情况下时效期间不得超过从造成损害的事故发生之日起六年。

d. 权利的最长保护期限。诉讼时效期间从知道或应当知道权利被侵害时起计算。但是,从权利被侵害之日起超过20年的,人民法院不予保护。

② 诉讼时效的起算。诉讼时效的起算,也即诉讼时效期间的开始,它是从权利人知道或应当知道其权利受到侵害之日起开始计算,即从权利人能行使请求权之日开始算起。

③ 诉讼时效的中止。诉讼时效的中止,是指在时效进行中,因一定法定事由的出现,阻碍权利人提起诉讼,法律规定暂时中止诉讼时效期间的计算,阻碍诉讼时效的法定事由消失后,诉讼时效继续进行,累计计算。我国《民法通则》第一百三十九条规定,在诉讼时效期间的最后六个月,因不可抗力或者其他障碍不能行使请求权的,诉讼时效中止。从中止诉讼时效的原因消除之日起,诉讼时效期间继续计算。发生诉讼时效中止的法定事由如下。

a. 不可抗力,指的是不能预见、不能避免并不能克服的客观情况。包括自然灾害和非出于权利人意思的"人祸",例如瘟疫、暴乱等。

b. 法定代理人未确定或丧失民事行为能力。最高人民法院《民通意见》第一百七十二条规定：在诉讼时效期间的最后 6 个月内,权利被侵害的无民事行为能力人、限制民事行为能力人没有法定代理人,或者法定代理人死亡、丧失代理权,或者法定代理人本人丧失行为能力的,可以认定为因其他障碍不能行使请求权,适用诉讼时效中止。

特别提示

中止时效的法定事由必须在诉讼时效期间的最后 6 个月内发生,或法定事由虽发生于 6 个月前但持续至最后 6 个月内的,才能发生中止时效的法律效果。

c. 其他。例如继承开始后,继承人或遗产管理人尚未确定时,其时效可中止等等。

④ 诉讼时效的中断。诉讼时效的中断,是指在时效进行中,因一定法定事由的发生,阻碍时效的进行,致使以前经过的诉讼时效期间统归无效,待中断事由消除后,其诉讼时效期间重新计算。我国《民法通则》第一百四十条规定,诉讼时效因提起诉讼、当事人一方提出要求或者同意履行义务而中断。从中断时起,诉讼时效期间重新计算。发生诉讼时效中断有如下事由：

a. 权利人之请求,指的是权利人于诉讼外向义务人请求其履行义务的意思表示。关于请求的方式,法律无明文规定,应认为口头或书面等能达请求效果的方式,均可使用。请求之相对人除义务人外,权利人若向主债务之保证人、债务人的代理人及财产代管人提出请求的,亦发生请求的效果。

b. 义务人的同意,是指义务人向权利人表示同意履行义务的意思。同意的方式,对此法律未有限制,口头或书面、明示或默示,均无不可,而且也不问义务人的同意是否有中断时效的目的。同意的表示人原则上应为义务人本人,义务人的代理人于授权范围内而为同意的,亦发生同意的效果,但保证人等同意履行义务的意思,对主债务人不生同意的效果。同意的相对人,原则上亦为权利人或权利人的代理人,对第三人为同意,不生同意的效果。

相关测试

甲某 2007 年 7 月 1 日因交通事故身体受到伤害,截至 2007 年 11 月 1 日没有行使请求权,2007 年 11 月 1 日又发生了其他障碍,导致无法行使请求权,直至 2008 年 1 月 31 日障碍消除,该情况诉讼时效期间终止时间为（　　）。

A. 2008 年 9 月 30 日　　　　　　B. 2008 年 7 月 31 日
C. 2009 年 9 月 30 日　　　　　　D. 2009 年 7 月 31 日

专家评析

在此题中,2008 年 1 月 1 日,是诉讼时效期间的最后六个月的开始时刻,所以从这时发生诉讼时效中止,到 2008 年 1 月 31 日障碍消除,诉讼时效中断一个月,所以,诉讼时效期间终止时间为 2008 年 7 月 31 日。

c. 提起诉讼或仲裁,是指权利人提起民事诉讼或申请仲裁,请求法院或仲裁庭保护其权利的行为。

5)民事诉讼的程序

民事诉讼的程序包括第一审程序、第二审程序、审判监督程序和督促程序。

(1)第一审程序。第一审程序是指人民法院审理第一审民事案件的诉讼程序。根据《中华人民共和国民事诉讼法》的规定,第一审程序主要包括起诉与受理、审理前的准备、开庭审理3个诉讼阶段。而法庭审理通常包括准备开庭、法庭调查、庭审辩论、评议调解征求和宣判5阶段。

相关链接

原告起诉必须具备以下条件:原告必须是与本案有直接利害关系的自然人、法人或其他组织;有明确的被告;有具体的诉讼请求、事实、理由;属于人民法院受理民事诉讼的范围和受诉人民法院管辖。

受理是指人民法院通过对当事人的起诉进行审查,对符合法律规定条件的,决定立案审理的行为。人民法院受理当事人起诉后,第一审程序的审理期限开始计算。

(2)第二审程序。第二审程序也称为上诉审程序,是指当事人不服地方各级人民法院未生效的第一审判决,在法定期间内向上一级人民法院提起上诉而引起的诉讼程序。第二审程序并不是民事诉讼的必经程序,当事人的上诉是第二审程序发生的前提。它一般包括上诉的提起与受理、上诉的审理和上诉的裁判3个阶段。上诉的期限:判决为15日,裁定为10日,均自判决书或裁定书送达之日起计算。对于上诉案件,二审法院应当组成合议庭开庭审理,合议庭认为不需要直接开庭审理的,在事实核对清楚后,也可以进行判决、裁定。二审法院对上诉案件经过审理,分情形做出驳回上诉、维持原判、依法改判、发回重审的裁判。二审法院的判决、裁定是终审的判决、裁定,一经做出即生效力。

特别提示

凡是在第一审程序中具有实体权利的当事人都可能成为上诉人或被上诉人,具体如下:第一审程序中的原告和被告、共同诉讼人、诉讼代表人、有独立请求权的第三人,以及一审法院的判决认定其承担责任的无独立请求权的第三人。当事人提起上诉,符合法定条件的,法院均应受理。

(3)审判监督程序。审判监督程序即再审程序,是指对已经发生法律效力的判决、裁定、调解书,人民法院认为确有错误,对案件再行审理的程序。人民法院可基于以下3种情形进行再审:一是人民法院行使审判监督权;二是人民检察院的抗诉;三是当事人申请。

人民法院按审判监督程序再审的案件,应裁定中止原判决的执行,另行组成合议庭进行审理。

特别提示

债权人提出支付令的申请,必须符合以下条件。

(1)债权人请求债务人给付的标的必须是金钱或有价证券。

(2) 请求给付的金钱或有价证券已到期且数额确定；债权人与债务人之间不存在对待给付义务。

(3) 支付令能够送达债务人。

(4) 督促程序。督促程序又称为债务催偿程序，是指人民法院根据债权人的申请，向债务人发出支付令，催促债务人在法定期限内向债权人清偿债务的法律程序。人民法院收到申请后，如认定该申请符合条件的，应在受理之日起15日内向债务人发出支付令。债务人应当在收到之日起15日内清偿债务。如债务人在法定期限内既不履行债务也不提出异议的，债权人可申请法院强制执行。如债务人在收到支付令15日内提出书面异议的，法院应终结督促程序，支付令失效。债权人可向人民法院起诉。

具体执行措施有查询、冻结、划拨被执行人的存款，扣留、提取被执行人的收入，查封、扣押、拍卖、变卖被执行人的财产，搜查被执行人的财产，强制被执行人迁出房屋或退出土地等。

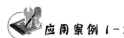

应用案例 1-2

1998年4月20日，原告某建筑工程有限责任公司(以下简称建筑公司)与被告某房地产开发有限公司(以下简称开发公司)签订建筑工程施工合同，建设石家庄煤矿机械厂第一生活区危改工程9、10号住宅楼。该合同约定，乙方以包工包料对工程进行总承包，总建筑面积为6900m²，每平方米造价为520元，预算工程款总价为3588000元，总工期为256天，开工日期为1998年4月20日，竣工日期为1998年12月31日；工期如果延误或提前，每日按实际结算工程总价款的1.5‰给付违约金及奖励；工程质量等级定为优良，如仅达到合格标准，按实际结算工程总价的3%罚款；如达到市优，奖励工程总价的2%；如达到省优，奖励工程总价的3%。该合同履行中原告建筑公司未按期限竣工，共延误工期122天，且工程质量未达到优良，经建设单位、施工单位以及监验单位石家庄市建筑施工管理处质安科，认证单位石家庄市建筑工程质量监督站共同验收该工程为合格工程。双方经对合同约定建筑工程和增项工程结算，确认该工程实际结算价款为6158621.30元。此时，被告开发公司已实际支付工程款5785294.12元，与决算工程款相差273227.16元。原告建筑公司向被告开发公司催要该款。被告开发公司称根据合同约定，应扣除原告方因工程质量未达到优良的罚款114930.26元，延误工期违约金701930.26元，两项合计816860.52元。实际上被告方已经不欠原告方工程款，而原告方还欠被告方违约金443633.34元。为维护双方的合作关系，被告方提出调解意见：只扣除原告方质量罚金114930.26元和违约金258296.92元与相差的373227.18元工程款相抵；对剩余的443633.34元违约金，被告方不再主张追偿。原告方未同意该调解意见。

2001年8月18日，原告建筑公司诉被告开发公司拖欠工程款273227.16元，要求被告支付该欠款及利息。被告开发公司答辩称：原告方工程质量未达到合同约定的优良标准，且未按期竣工，按合同约定应扣除质量罚款及违约金，两相抵扣，被告不欠原告的工程款，而原告还欠被告的违约金，对此违约金，被告方保留追偿的权利。

法院认为，被告开发公司关于工程质量问题和违约金问题的答辩意见符合反诉的特征，被告只有提起反诉，法院才能与本案一并审理。结果被告开发公司为不使自己的合法权益被侵害，只得按法院要求，提起反诉。

引导问题：该纠纷应如何解决？

【案例评析】

本案例中被告开发公司关于工程质量和违约金问题的答辩意见到底是针对原告诉讼请求的抗辩和反驳，还是必须提起反诉，这类问题在民事诉讼的司法实践中经常遇到，且人民法院以往对这类问题的实际处理也不一致：有的要求提起反诉，有的不要求提起反诉，使案件当事人困惑不解。

1.3 知识点回顾

本任务主要对我国工程建设程序的阶段划分和各阶段的工作内容，建设法律关系的构成要素、产生、变更、终止和法律责任的承担，我国建设法律体系及构成，建筑法律纠纷的常见处理方式等几方面的内容进行了介绍和学习。

1.4 推荐阅读资料

(1)《中华人民共和国建筑法》（1998年3月1日起施行）。
(2)《中华人民共和国合同法》（1999年10月1日起施行）。
(3)《工程建设项目招标代理机构资格认定办法》（2007年3月1日起施行）。
(4)《工程造价咨询企业管理办法》（2006年7月1日起施行）。
(5)《工程建设项目招标范围和规模标准规定》（原国家计委第3号令2000年5月1日）。
(6) www.zhaobiao.gov.cn 中国建设招标网和 www.tydf.cn 天圆地方建筑论坛。
(7) www.mypm.net/bbs 项目管理者联盟论坛。
(8) www.mohurd.gov.cn 中华人民共和国住房和城乡建设部网。
(9) www.zbsonline.com 招标师在线。
(10)《建设工程施工合同（示范文本）》（2013年7月1日起实施）。
(11)《城市房地产管理法》
(12)《物业管理条例》
(13) 13版《建设工程清单计价规范》（2013年7月1日起实施）。

1.5 基 础 训 练

1.5.1 单选题

1. 下列选项中有强制执行效力和终局效力的是（　　）。
　　A. 和解协议　　　　　　　　B. 调解协议
　　C. 仲裁庭调解书　　　　　　D. 法院在执行中当事人的和解协议
2. 在民事诉讼中，当事人不需要运用证据加以证明的是（　　）的事实。
　　A. 请求实体权益　　　　　　B. 免除自己法律责任
　　C. 主张程序违法　　　　　　D. 对方承认

3. 仲裁庭做出的调解书经双方当事人（　　）即发生法律效力。
   A. 签收后　　　B. 签收7天后　　　C. 签收15天后　　　D. 签收30天后
4. 仲裁庭的裁决书自（　　）发生法律效力。
   A. 做出之日　　　　　　　　　B. 做出之日起7天后
   C. 做出之日起15天后　　　　　D. 做出之日起30天后
5. 被告在收到起诉状副本之日起15天内应提出答辩状，被告不提出答辩状的（　　）。
   A. 人民法院不得开庭审理　　　B. 人民法院可判决被告败诉
   C. 不影响人民法院的审理　　　D. 人民法院可以缺席审理
6. 下列关于诉讼管辖的表述正确的是（　　）。
   A. 第一审重大涉外民事案件应当由中级人民法院管辖
   B. 建设工程施工合同纠纷应当由不动产所在地人民法院管辖
   C. 受移送人民法院认为移送的案件不属于本院管辖的，可继续移送有管辖权的人民法院
   D. 房屋买卖纠纷实行"原告就被告"原则
7. 某建筑工程公司委托其业务员甲某外出采购水泥，甲某以该建筑工程公司的名义与乙公司签订一份钢材购销合同，下列说法正确的是（　　）。
   A. 甲某的行为构成无权代理　　　B. 甲某的行为属于有权代理
   C. 甲某的行为构成滥用代理权　　D. 甲某的行为属于法定代理
8. 甲公司租用乙公司脚手架，合同约定每月底支付当月租金，但甲公司到期后拒付乙公司的诉讼时效期间应从应付之日起算（　　）年。
   A. 1　　　B. 2　　　C. 4　　　D. 20
9. 和解与调解相比较，其主要区别是（　　）。
   A. 是否能够经济及时地解决纠纷　　　B. 纠纷的解决有无第三方介入
   C. 是否有利于维护双方的合作关系　　D. 达成的协议是否具有强制执行的效力
10. 下列各项中，关于仲裁过程中证据的提供、收集和应用，说法正确的是（　　）。
    A. 证据的提供应该由公安或者检察部门负责
    B. 仲裁庭认为有必要收集的证据，经当事人同意，可以收集
    C. 仲裁庭对专门性问题认为需要鉴定的，可以交由当事人约定的鉴定部门鉴定，或由仲裁庭指定的鉴定部门鉴定
    D. 当事人认为需要的，可以向鉴定人直接提问
11. 建筑物或者其他设施以及建筑物上的搁置物、悬挂物发生倒塌、脱落、坠落造成他人损害的，应该遵循的处理原则为（　　）。
    A. 一般由受害人自行承担民事责任
    B. 一般由国家环保主管部门承担民事责任
    C. 除非建筑物的所有人或者管理人能够证明其无过错，否则建筑物的所有人或者管理人应当承担民事责任
    D. 无论建筑物的所有人或者管理人有无过错，均应当依法承担民事责任
12. 中标人不履行与招标人订立的合同的（　　）。
    A. 履约保证金不予退还，不再赔偿招标人超过部分的其他损失

B. 履约保证金不予退还，另外赔偿其他损失

C. 履约保证金不予退还，另外赔偿超过部分的其他损失

D. 按照实际损失赔偿

13. 甲施工企业转让、出借资质证书，允许乙以该企业名义承揽工程，因工程质量问题造成的损失（　　）。

　　A. 由甲承担赔偿责任　　　　　　B. 由乙承担赔偿责任

　　C. 由甲和乙承担连带赔偿责任　　D. 由甲和乙各承担一半责任

14. 某建筑公司安全员李某，长期从事安全管理工作，经验十分丰富。为了普及安全生产知识，自己编写了《安全生产十日谈》，被一家出版社看中，双方协商出版事宜，他们之间的关系属于法律体系中的（　　）调整。

　　A. 宪法　　　　B. 民法　　　　C. 经济法　　　　D. 商法

15. 法的形式主要为以宪法为核心的各种规范性文件，下列选项中不属于法的是（　　）。

　　A. 某省人大制定的地方性法规　　　B. 某经济特区人民政府制定的规范性文件

　　C. 某市高级人民法院发布的判例　　D. 我国参加的国际条约

16. 法律效力等级是正确适用法律的关键，下述法律效力排序正确的是（　　）。

　　A. 国际条约＞宪法＞行政法规＞司法解释

　　B. 法律＞行政法规＞地方政府规章＞地方性法规

　　C. 行政法规＞部门规章＞地方性法规＞地方政府规章

　　D. 宪法＞法律＞行政法规＞地方政府规章

17. 当地方性法规、规章之间发生冲突时，下述解决办法中正确的是（　　）。

　　A. 部门规章之间不一致的，适用新规定；同时颁布的，由双方协商

　　B. 同一机关制定的新的一般规定与旧的特别规定不一致时，由制定机关裁决

　　C. 部门规章与地方政府规章之间对同一事项的规定不一致时，由全国人大法工委裁决

　　D. 地方性法规与部门规章之间对同一事项的规定不一致，由国务院裁决

1.5.2　多选题

1. 表见代理除需符合代理的一般条件外，还需具备的特别构成要件包括（　　）。

　　A. 须本人存在过失　　　　　　　B. 须相对人为善意

　　C. 须被代理人丧失民事行为能力　D. 须相对人主观故意

　　E. 须存在足以使相对人相信行为人具有代理权的事实或理由

2. 生产经营单位与从业人员订立协议免除或减轻其对从业人员因生产安全事故伤亡依法应该承担的法律责任（　　）。

　　A. 该协议有效　　　　　　　　　B. 该协议无效

　　C. 对单位主要负责人处罚款　　　D. 不对单位主要负责人处罚款

　　E. 单位和从业人员按照协议承担责任

3. 建设工程债产生的根据有（　　）。

　　A. 合同　　　　B. 侵权　　　　C. 公正

D. 不当得利　　　E. 无因管理

4. 专利权的客体包括(　　)。
A. 技术秘密　　B. 计算机软　　C. 发明
D. 实用新型　　E. 外观设计

5. 下列属于民事责任承担方式的有(　　)。
A. 停止侵害　　B. 支付违约金　　C. 警告
D. 消除影响、恢复名誉　　E. 没收财产

6. 关于侵权责任，下列说法正确的有(　　)。
A. 因为行为人不履行合同义务所产生的责任
B. 某施工企业在施工过程中扰民将会产生侵权责任
C. 某建设单位的办公楼挡住了北面居民住宅区的阳光将会产生侵权责任
D. 某施工企业在施工过程中楼上掉下的砖头砸到了路上的行人将会产生侵权责任
E. 当对象是法人时，侵犯的客体只可能是财产权利

7. 在建设项目施工中，施工单位与其他主体产生合同之债的情形有(　　)。
A. 施工单位与材料供应商订立合同
B. 施工现场的砖块坠落砸伤现场外的行人
C. 施工单位将本应汇给甲单位的材料款汇入了乙单位账号
D. 材料供应商向施工单位交付材料
E. 施工单位向材料供应商支付材料款

1.6　拓展训练

【案例分析】

光华建筑公司是甲省的一家建筑施工企业。2005年，光华建筑公司参与了乙省的某大型基础设施建设项目的投标。为了能够在竞争中胜出，光华建筑公司提出了由自己垫付建设资金的优惠条件。经过多方努力，2005年5月12日，光华建筑公司收到了建设单位发来的中标通知书。为了集中精力完成主体工程建设，光华建筑公司经建设单位同意，将劳务作业分包给了北方建筑公司。分包合同的签订主要采用的是2003年建设部、国家工商行政管理总局颁发的《建设工程施工劳务分包合同(示范文本)》，其中对于为职工办理意外伤害保险的条款未作修改。2005年12月1日，北方建筑公司要求光华建筑公司为其施工现场的从事危险作业人员办理意外伤害险，遭到了光华建筑公司的拒绝。其理由是《建设工程施工劳务分包合同(示范文本)》第15.4款规定："劳务分包人必须为从事危险作业的职工办理意外伤害保险，交付保险费用。"因此，不应该由光华建筑公司承担。2006年2月3日，建设单位以光华建筑公司垫付建设资金违反了1996年6月4日建设部、国家计委、财政部下发的《关于严格禁止在工程建设中带资承包的通知》，请求按照无效合同处理，也不予支付工程款。

根据上述事件，请回答下列问题。

1. 下面不属于广义的法律的是(　　)。
A.《建筑法》　　　　　　　　B.《建设工程安全生产管理条例》

C. 《甲省建筑市场管理条例》　　D. 《建设工程施工劳务分包合同(示范文本)》

2. 《建设工程安全生产管理条例》第三十八条规定："施工单位应当为施工现场从事危险作业的人员办理意外伤害保险。实行总承包的，由总承包单位支付意外伤害险。"该条规定与《建设工程施工劳务分包合同(示范文本)》的规定不符，则就光华建筑公司是否应当为北方建筑公司支付意外伤害险事宜？你的看法是(　　)。

A. 按照合同约定，由北方建筑公司自己支付部门调整，光华建筑公司应承担连带责任
B. 适用《乙省建筑市场管理条例》
C. 由国务院裁决适用哪一个
D. 当事人自由协商适用哪一个

学习情境 2

建筑工程许可法律实务

任务 2 从业单位资格申请

引例 1

2010年1月3日，昆明在建新机场引桥在浇灌过程中垮塌，致7死34伤。吉林省松原市宁江区诚信劳务服务有限公司被罚30万元后，因不服处罚状告昆明市安全生产监督管理局。13日昆明市盘龙区法院对此案做出一审判决：昆明市安监局做出的行政处罚并无不当之处，驳回劳务公司的诉请。法院认定，原告作为劳务分包企业签订劳务协作合同书时，使用了虚假的建筑业企业资质证书及建筑施工企业安全生产许可证，且获得工程后没有履行安全生产管理职责，使用了有质量问题的材料等，其对事故的发生确实负有责任。昆明市安监局的处罚事实清楚，证据确凿，适用依据正确，程序合法。

引例 2

资质申报不再提供人员社保、注册证书、身份证等证明！

自2018年10月22日起，企业在申请工程勘察、工程设计、建筑业企业资质（含升级、延续、变更）时，不需提供企业资质证书、注册执业人员身份证明和注册证书，由资质许可机关根据全国建筑市场监管公共服务平台的相关数据自行核查比对。

企业在申请工程勘察、工程设计、建筑业企业资质（含新申请、升级、延续、变更）时，不需提供人员社保证明材料。由资质申报企业的法定代表人对人员社保真实性、有效性签字承诺，并承担相应法律责任。

各级住房城乡建设主管部门要充分运用信息共享等手段核实企业申报人员的真实性，加强对建设工程企业资质的动态监管。对不符合资质标准的企业，应当责令其限期整改，限期整改后仍不达标的，由资质许可机关撤回相应资质许可。

对发现资质申报弄虚作假的企业，按照《建设工程企业资质申报弄虚作假行为处理办法》（建市〔2011〕200号）有关规定处理，并计入企业诚信档案。

引导问题：根据引例1~2，回答以下相关问题。

(1) 什么是建筑业企业资质管理？建筑业企业资质分为哪些资质等级？

(2) 引例1涉及新规将给建筑业企业资质管理带来哪些影响？

(3) 从业单位资格申请包含哪些工作内容和程序？

2.1 任务导读

为建立和维护建筑市场的正常秩序，世界绝大多数国家都严格规定了从事建设活动主体的必备资格条件。《中华人民共和国建筑法》和《建筑业企业资质管理规定》要求从事建设工程的新建、扩建、改建和拆除等活动的单位，必须在资金、技术、装备等方面具备相应的资质条件。建立了从事建筑活动的建筑施工企业、勘察单位、设计单位、工程监理单位等进入建筑市场的资质审查制度，由此确立了建筑活动主体进入建筑市场从事建筑活动的准入规则。本任务的完成需了解相关法规对从业单位的条件和资质的相关规定。

2.1.1 任务描述

你所在一家建筑施工企业打算在本年度申报房屋建设工程施工总承包特级资质，你必须在 2014 年 5 月 1 日前完成该次申报相关法律资料和法律建议书。

2.1.2 任务目标

（1）按照正确的方法和途径，落实申报条件，收集相关法律资料。
（2）依据资料分析结果，确定该次资质申报工作步骤。
（3）按照申报工作时间限定，完成该次申报法律建议书和相关纠纷处理。
（4）通过完成该任务，提出后续工作建议，完成自我评价，并提出改进意见。

2.2 相关理论知识

2.2.1 从业单位的法定条件

《中华人民共和国建筑法》第十二条规定，从事建筑活动的建筑施工企业、勘察单位、设计单位和工程监理单位，应具备下列条件。

（1）有符合国家规定的注册资本。建筑施工企业、勘察单位、设计单位和工程监理单位在申请设立注册登记时，应达到国家规定的注册资本的数量标准。

相关链接

注册资本指从事建筑活动的单位在按照国家有关规定进行注册登记时，申报并确定的资金总额。它反映的是企业法人的财产权，也是判断企业经济力量的依据。在《建筑业企业资质等级标准》和《工程监理企业资质管理规定》中都有对建筑从业单位注册资本的具体规定。

（2）有与其从事的建筑活动相适应的专业技术人员。
①《中华人民共和国建筑法》第十四条规定，建筑施工企业、勘察单位、设计单位和工程监理单位从事建筑活动的专业技术人员，应依法取得建筑行业有关专业执业资格证书和依照国家规定的条件和程序取得有关技术职称。

② 这些专业技术人员必须具有法定的执业资格，即经过国家统一考试合格并被依法批准注册。

(3) 有从事相关建筑活动所应有的技术装备。

(4) 法律、行政法规规定的其他条件。

2.2.2 从业单位的资质

从事建筑活动的建筑施工企业、勘察单位、设计单位和工程监理单位的资质等级，是反映这些单位从事建筑活动的经济、技术能力和水平的标志。从事建筑活动的建筑施工企业、勘察单位、设计单位和工程监理单位，应按其拥有的注册资本、专业技术人员、技术装备和已完成的建设工程业绩等资质条件申请相应资质，经资质审查合格后取得相应等级的资质证书。从事建设活动的单位只能在其经依法核定的资质等级许可范围内从事有关建设活动，所有从业单位必须严格执行。住房和城乡建设部 2014 年 11 月 6 日下发布《建筑业企业资质标准》，本标准自 2015 年 1 月 1 日起施行。

2.2.3 建筑业企业资质管理

1. 资质分类

建筑业企业资质分为施工总承包、专业承包和施工劳务三个序列。其中施工总承包序列设有 12 个类别，一般分为 4 个等级（特级、一级、二级、三级）；专业承包序列设有 36 个类别，一般分为 3 个等级（一级、二级、三级）；施工劳务序列不分类别和等级。

2. 基本条件

具有法人资格的企业申请建筑业企业资质应具备下列基本条件。

(1) 具有满足《建筑业企业资质标准》要求的资产。

(2) 具有满足《建筑业企业资质标准》要求的注册建造师及其他注册人员、工程技术人员、施工现场管理人员和技术工人。

(3) 具有满足《建筑业企业资质标准》要求的工程业绩。

(4) 具有必要的技术装备。

3. 业务范围

(1) 施工总承包工程应由取得相应施工总承包资质的企业承担。取得施工总承包资质的企业可以对所承接的施工总承包工程内各专业工程全部自行施工，也可以将专业工程依法进行分包。对设有资质的专业工程进行分包时，应分包给具有相应专业承包资质的企业。施工总承包企业将劳务作业分包时，应分包给具有施工劳务资质的企业。

(2) 设有专业承包资质的专业工程单独发包时，应由取得相应专业承包资质的企业承担。取得专业承包资质的企业可以承接具有施工总承包资质的企业依法分包的专业工程或建设单位依法发包的专业工程。取得专业承包资质的企业应对所承接的专业工程全部自行组织施工，劳务作业可以分包，但应分包给具有施工劳务资质的企业。

(3) 取得施工劳务资质的企业可以承接具有施工总承包资质或专业承包资质的企业分包的劳务作业。

(4) 取得施工总承包资质的企业，可以从事资质证书许可范围内的相应工程的总承包、工程项目管理等业务。

（1）《建筑业企业资质标准》中的"注册建造师或其他注册人员"是指取得相应的注册证书并在申请资质企业注册的人员；"持有岗位证书的施工现场管理人员"是指持有国务院有关行业部门认可单位颁发的岗位(培训)证书的施工现场管理人员，或按照相关行业标准规定，通过有关部门或行业协会职业能力评价，取得职业能力评价合格证书的人员；"经考核或培训合格的技术工人"是指经国务院有关行业部门、地方有关部门以及行业协会考核或培训合格的技术工人。

（2）《建筑业企业资质标准》中的"企业主要人员"年龄限60周岁以下。

（3）《建筑业企业资质标准》要求的职称是指工程序列职称。

（4）施工总承包资质标准中的"技术工人"包括企业直接聘用的技术工人和企业全资或控股的劳务企业的技术工人。

（5）《建筑业企业资质标准》要求的工程业绩是指申请资质企业依法承揽并独立完成的工程业绩。

（6）《建筑业企业资质标准》中的"配套工程"含厂/矿区内的自备电站、道路、专用铁路、通信、各种管网管线和相应建筑物、构筑物等全部配套工程。

（7）《建筑业企业资质标准》中的"以上""以下""不少于""超过""不超过"均包含本数。

（8）施工总承包特级资质标准另行制定。

2.2.4　建筑业企业资质申报

现以建筑工程施工总承包资质申报为例，进行相关学习。建筑工程施工总承包资质分为一级、二级、三级。

1. 资质标准

1）一级资质标准

（1）企业资产。净资产1亿元以上。

（2）企业主要人员。

① 建筑工程、机电工程专业一级注册建造师合计不少于12人，其中建筑工程专业一级注册建造师不少于9人。

② 技术负责人具有10年以上从事工程施工技术管理工作经历，且具有结构专业高级职称；建筑工程相关专业中级以上职称人员不少于30人，且结构、给排水、设备、电气等专业齐全。

③ 持有岗位证书的施工现场管理人员不少于50人，且施工员、质量员、安全员、机械员、造价员、劳务员等人员齐全。

④ 经考核或培训合格的中级工以上技术工人不少于150人。

（3）企业工程业绩。近五年承担过下列四类中的两类工程的施工总承包或主体工程承包，工程质量合格。

① 地上 25 层以上的民用建筑工程 1 项或地上 18～24 层的民用建筑工程 2 项。
② 高度 100m 以上的构筑物工程 1 项或高度 80～100m(不含)的构筑物工程 2 项。
③ 建筑面积 3 万 m^2 以上的单体工业、民用建筑工程 1 项或建筑面积 2 万～3 万 m^2(不含)的单体工业、民用建筑工程 2 项;
④ 钢筋混凝土结构单跨 30m 以上(或钢结构单跨 36m 以上)的建筑工程 1 项或钢筋混凝土结构单跨 27～30m(不含)[或钢结构单跨 30～36m(不含)]的建筑工程 2 项。

2) 二级资质标准

(1) 企业资产。净资产 4000 万元以上。

(2) 企业主要人员。

① 建筑工程、机电工程专业注册建造师合计不少于 12 人,其中建筑工程专业注册建造师不少于 9 人。

② 技术负责人具有 8 年以上从事工程施工技术管理工作经历,且具有结构专业高级职称或建筑工程专业一级注册建造师执业资格;建筑工程相关专业中级以上职称人员不少于 15 人,且结构、给排水、设备、电气等专业齐全。

③ 持有岗位证书的施工现场管理人员不少于 30 人,且施工员、质量员、安全员、机械员、造价员、劳务员等人员齐全。

④ 经考核或培训合格的中级工以上技术工人不少于 75 人。

(3) 企业工程业绩。近五年承担过下列四类中的两类工程的施工总承包或主体工程承包,工程质量合格。

① 地上 12 层以上的民用建筑工程 1 项或地上 8～11 层的民用建筑工程 2 项。
② 高度 50m 以上的构筑物工程 1 项或高度 35～50m(不含)的构筑物工程 2 项。
③ 建筑面积 1 万 m^2 以上的单体工业、民用建筑工程 1 项或建筑面积 0.6 万～1 万 m^2(不含)的单体工业、民用建筑工程 2 项。
④ 钢筋混凝土结构单跨 21m 以上(或钢结构单跨 24m 以上)的建筑工程 1 项或钢筋混凝土结构单跨 18～21 m(不含)[或钢结构单跨 21～24m(不含)]的建筑工程 2 项。

3) 三级资质标准

(1) 企业资产。净资产 800 万元以上。

(2) 企业主要人员。

① 建筑工程、机电工程专业注册建造师合计不少于 5 人,其中建筑工程专业注册建造师不少于 4 人。

② 技术负责人具有 5 年以上从事工程施工技术管理工作经历,且具有结构专业中级以上职称或建筑工程专业注册建造师执业资格;建筑工程相关专业中级以上职称人员不少于 6 人,且结构、给排水、设备电气等专业齐全。

③ 持有岗位证书的施工现场管理人员不少于 15 人,且施工员、质量员、安全员、机械员、造价员、劳务员等人员齐全。

④ 经考核或培训合格的中级工以上技术工人不少于 30 人。

⑤ 技术负责人(或注册建造师)主持完成过本类别资质二级以上标准要求的工程业绩不少于 2 项。

2. 承包工程范围

1) 一级资质

可承担单项合同额 3000 万元以上的下列建筑工程的施工。

(1) 高度 200m 以下的工业、民用建筑工程。

(2) 高度 240m 以下的构筑物工程。

2) 二级资质

可承担下列建筑工程的施工。

(1) 高度 100m 以下的工业、民用建筑工程。

(2) 高度 120m 以下的构筑物工程。

(3) 建筑面积 4 万 m^2 以下的单体工业、民用建筑工程。

(4) 单跨跨度 39m 以下的建筑工程。

3) 三级资质

可承担下列建筑工程的施工。

(1) 高度 50m 以下的工业、民用建筑工程。

(2) 高度 70m 以下的构筑物工程。

(3) 建筑面积 1.2 万 m^2 以下的单体工业、民用建筑工程。

(4) 单跨跨度 27m 以下的建筑工程。

相关链接

(1) 建筑工程是指各类结构形式的民用建筑工程、工业建筑工程、构筑物工程，以及相配套的道路、通信、管网管线等设施工程。工程内容包括地基与基础、主体结构、建筑屋面、装修装饰、建筑幕墙、附建人防工程，以及给水排水及供暖、通风与空调、电气、消防、防雷等配套工程。

(2) 建筑工程相关专业职称包括结构、给排水、设备、电气等专业职称。

(3) 单项合同额 3000 万元以下且超出建筑工程施工总承包二级资质承包工程范围的建筑工程的施工，应由建筑工程施工总承包一级资质企业承担。

3. 资质申请与审批

1) 资质申请和许可程序

(1) 申请建筑业企业资质的，应依法取得工商行政管理部门颁发的公司法人《营业执照》。

(2) 企业申请住房和城乡建设部许可的建筑业企业资质应按照《建筑业企业资质管理规定》第十二条规定的申请程序提出申请。军队所属企业可由总后基建营房部工程管理局向住房和城乡建设部提出申请。

(3) 企业申请省、自治区、直辖市人民政府住房和城乡建设主管部门（以下简称省级住房城乡建设主管部门）许可的建筑业企业资质，按照省级住房和城乡建设主管部门规定的程序提出申请。省级住房和城乡建设主管部门应在其门户网站公布有关审批程序。

(4) 企业申请设区的市人民政府住房城乡建设主管部门许可的建筑业企业资质，按照设区的市人民政府住房城乡建设主管部门规定的程序提出申请。设区的市人民政府住房和城乡建设主管部门应在其门户网站公布有关审批程序。

(5) 企业首次申请或增项申请建筑业企业资质，其资质按照最低等级资质核定。

企业可以申请施工总承包、专业承包、施工劳务资质三个序列的各类别资质，申请资质数量不受限制。

（6）企业申请资质升级（含一级升特级）、资质增项的，资质许可机关应当核查其申请之日起前一年至资质许可决定做出前有无《建筑业企业资质管理规定》第二十三条所列违法违规行为，并将核查结果作为资质许可的依据。

（7）企业申请资质升级不受年限限制。

（8）资质许可机关应当在其门户网站公布企业资质许可结果。

（9）资质许可机关对建筑业企业的所有申请、审查等书面材料应当至少保存5年。

（10）《建筑业企业资质标准》中特种工程专业承包资质包含的建筑物纠偏和平移、结构补强、特殊设备起重吊装、特种防雷等工程内容，可由省级住房和城乡建设主管部门根据企业拥有的专业技术人员和技术负责人个人业绩情况，批准相应的资质内容。

省级住房和城乡建设主管部门根据本地区特殊情况，需要增加特种工程专业承包资质标准的，可参照"特种工程专业承包资质标准"的条件提出申请，报住房和城乡建设部批准后，由提出申请的省级住房和城乡建设主管部门予以颁布，并限在本省级行政区域内实施。

已取得工程设计综合资质、行业甲级资质，但未取得建筑业企业资质的企业，可以直接申请相应类别施工总承包一级资质，企业完成的相应规模工程总承包业绩可以作为其工程业绩申报。其他工程设计企业申请建筑业企业资质按照首次申请的要求办理。

（11）住房和城乡建设部负责许可的建筑业企业资质的中级及以上职称人员（涉及公路、水运、水利、通信、铁路、民航等方面资质除外）、现场管理人员、技术工人、企业资产的审核，由企业工商注册地省级住房和城乡建设主管部门负责，其中通过国务院国有资产管理部门直接监管的建筑企业（以下简称"中央建筑企业"）直接申报的，由中央建筑企业审核；省级住房和城乡建设主管部门以及中央建筑企业将审核结果与企业申报材料一并上报，住房和城乡建设部将审核结果与企业基本信息一并在住房和城乡建设部网站公示，并组织抽查。

（12）企业发生合并、分立、改制、重组以及跨省变更等事项，企业性质由内资变为外商投资或由外商投资变为内资的，承继原资质的企业应当同时申请重新核定，并按照《住房和城乡建设部关于建设工程企业发生重组、合并、分立等情况资质核定有关问题的通知》（建市〔2014〕79号）有关规定办理。

2）企业申请办理流程

整理材料——完善材料——缴纳人员社保材料——网上开户——网上信息采集——网上材料填报——出申请资质条形码——窗口申报材料核实及原件核定——窗口受理——网上出受理公告——审核公告——核定公告——领证

3）提交资料

企业应提交《建筑业企业资质申请表》一式一份，附件材料一套。其中涉及公路、水运、水利、通信、铁路、民航等方面专业资质的，每涉及一个方面专业，需另增加《建筑业企业资质申请表》一份，附件材料一套。

（1）首次申请或者增项申请建筑业企业资质，应当提交以下材料。

① 建筑业企业资质申请表及相应的电子文档。

② 企业法人营业执照副本。

③ 企业章程。

④ 企业负责人和技术、财务负责人的身份证明、职称证书、任职文件及相关资质标准要求提供的材料。

⑤ 建筑业企业资质申请表中所列注册执业人员的身份证明、注册执业证书。

⑥ 建筑业企业资质标准要求的非注册的专业技术人员的职称证书、身份证明及养老保险凭证。

⑦ 部分资质标准要求企业必须具备的特殊专业技术人员的职称证书、身份证明及养老保险凭证。

⑧ 建筑业企业资质标准要求的企业设备、厂房的相应证明。

⑨ 建筑业企业安全生产条件有关材料。

⑩ 资质标准要求的其他有关材料。

(2) 装订顺序。

企业申请资质需提供《建筑业企业资质申请表》(含电子文档)及相应附件资料,并按照下列顺序进行装订。

A. 综合资料(第一册)。

① 企业法人营业执照副本。

② 企业资质证书正、副本。

③ 企业章程。

④ 企业近三年建筑业行业统计报表。

⑤ 企业经审计的近三年财务报表。

⑥ 企业法定代表人任职文件、身份证明。

⑦ 企业经理和技术、财务负责人的身份证明、职称证书、任职文件及相关资质标准要求的技术负责人代表工程业绩证明资料。

⑧ 如有设备、厂房等要求的,应提供设备购置发票或租赁合同、厂房的房屋产权证或房屋租赁合同等相关证明,以及相关资质标准要求提供的其他资料。

⑨ 企业安全生产许可证(劳务分包企业、混凝土预制构件企业、预拌商品混凝土等企业可不提供)。

其中,首次申请资质的企业,无须提供上述②、④、⑤、⑨项材料,但应提供企业安全生产管理制度的文件。

B. 人员资料(第二册)。

① 建筑业企业资质申请表中所列注册人员的身份证明、注册证书。

② 建筑业企业资质标准要求的非注册的专业技术人员的职称证书、身份证明、养老保险凭证。

③ 部分资质标准要求企业必须具备的特殊专业技术人员的职称证书、身份证明及养老保险凭证,还应提供相应证书及反映专业的证明材料。

④ 劳务分包企业应提供标准要求的人员岗位证书、身份证明。

C. 工程业绩资料(申请最低等级资质不提供)(第三册)。

① 工程合同、中标通知书。

② 符合国家规定的竣工验收单(备案表)或质量核验资料。

③ 上述资料无法反映技术指标的,还应提供反映技术指标要求的工程照片、图纸、工程决算资料等。

④ 已具备工程设计资质的企业首次申请同类别或相近类别建筑业企业资质的,其申报材料除应提供首次申请所列全部材料外,申请除最低等级的施工总承包资质的,还应提供下列材料。

a. 工程合同、中标通知书。

b. 符合国家规定的竣工验收单(备案表)或质量核验资料。

c. 上述资料无法反映技术指标的,还应提供反映技术指标要求的工程照片、图纸、工程决算资料等。

(3) 资料要求。

① 附件材料应按"综合资料、人员资料、工程业绩资料"的顺序装订,规格为210mm×297mm(A4)型纸,并有标明页码的总目录及申报说明,采用软封面封底,逐页编写页码。

② 企业的申报材料必须使用中文,材料原文是其他文字的,须同时附翻译准确的中文译本。申报材料必须数据齐全、填表规范、印鉴齐全、字迹清晰,附件材料必须清晰、可辨。

③ 资质受理机关负责核对企业提供的资料原件,原件由企业保存。资质许可机关正式受理后,所有资料一律不得更换、修改、退还。上级相关主管部门对企业申请材料有质疑,企业应当提供相关资料原件,必要时要配合相关部门进行实地调查。

4. 资质证书管理

(1) 建筑业企业资质证书分为正本和副本,由住房和城乡建设部统一印制。新版建筑业企业资质证书正本规格为297mm×420mm(A3);副本规格为210mm×297mm(A4)。资质证书增加二维码标识,公众可通过二维码查询企业资质情况。资质证书实行全国统一编码,由资质证书管理系统自动生成。

(2) 每套建筑业企业资质证书包括1个正本和1个副本。同一资质许可机关许可的资质打印在一套资质证书上;不同资质许可机关做出许可决定后,分别打印资质证书。各级资质许可机关不得增加证书副本数量。

(3) 企业名称、注册资本、法定代表人、注册地址(本省级区域内)等发生变化的,企业应向资质许可机关提出变更申请。

(4) 企业遗失资质证书,应向资质许可机关申请补办。

(5) 企业因变更、升级、注销等原因需要换发或交回资质证书的,企业应将资质证书交原资质许可机关收回并销毁。

(6) 建筑业企业资质证书有效期为5年。证书有效期是指自企业取得本套证书的首个建筑业企业资质时起算,期间企业除延续、重新核定外,证书有效期不变;重新核定资质的,有效期自核定之日起重新计算(按简化审批手续办理的除外)。

(7) 资质证书的延续。

① 企业应于资质证书有效期届满3个月前,按原资质申报途径申请资质证书有效期延续。企业净资产和主要人员满足现有资质标准要求的,经资质许可机关核准,更换有效

期5年的资质证书,有效期自批准延续之日起计算。

② 企业在资质证书有效期届满前3个月内申请资质延续的,资质受理部门应受理其申请;资质证书有效期届满之日至批准延续之日内,企业不得承接相应资质范围内的工程。

③ 企业不再满足资质标准要求的,资质许可机关不批准其相应资质延续,企业可在资质许可结果公布后3个月内申请重新核定低于原资质等级的同类别资质。超过3个月仍未提出申请的,从最低等级资质重新申请。

④ 资质证书有效期届满,企业仍未提出延续申请的,其资质证书自动失效。如需继续开展建筑施工活动,企业应从最低等级资质重新申请。

5. 监督管理

(1) 各级住房和城乡建设主管部门及其他有关部门应对从事建筑施工活动的建筑业企业建立信用档案,制定动态监管办法,按照企业诚信情况实行差别化管理,积极运用信息化手段对建筑业企业实施监督管理。

县级以上人民政府住房和城乡建设主管部门及其他有关部门应当对企业取得建筑业企业资质后的资产和主要人员是否满足资质标准条件和市场行为进行定期或不定期核查。

(2) 企业申请资质升级(含一级升特级)、资质增项的,资质许可机关应对其既有全部建筑业企业资质要求的资产和主要人员是否满足标准要求进行检查。

(3) 企业应当接受资质许可机关,以及企业注册所在地、承接工程项目所在地住房和城乡建设主管部门及其他有关部门的监督管理。

(4) 对于发生违法违规行为的企业,违法行为发生地县级以上住房和城乡建设主管部门应当依法查处,将违法事实、处罚结果或处理建议告知资质许可机关,并逐级上报至住房和城乡建设部,同时将处罚结果记入建筑业企业信用档案,在全国建筑市场监管与诚信平台公布。企业工商注册地不在本省区域的,违法行为发生地县级以上住房和城乡建设主管部门应通过省级住房及城乡建设主管部门告知该企业的资质许可机关。

(5) 对住房及城乡建设部许可资质的建筑业企业,需处以停业整顿、降低资质等级、吊销资质证书等行政处罚的,省级及以下地方人民政府住房和城乡建设主管部门或者其他有关部门,在违法事实查实认定后30个工作日内,应通过省级住房和城乡建设主管部门或国务院有关部门,将违法事实、处理建议报送住房及城乡建设部;住房和城乡建设部依法作出相应行政处罚。

(6) 各级住房城乡建设主管部门应及时将有关处罚信息向社会公布,并报上一级住房和城乡建设主管部门备案。

相关链接

2014年10月1日起施行的《建筑工程施工转包违法分包等违法行为认定查处管理办法(试行)》第十一条规定,存在下列情形之一的,属于企业资质挂靠。

(1) 没有资质的单位或个人借用其他施工单位的资质承揽工程的。

(2) 有资质的施工单位相互借用资质承揽工程的,包括资质等级低的借用资质等级高的,资质等级高的借用资质等级低的,相同资质等级相互借用的。

(3) 专业分包的发包单位不是该工程的施工总承包或专业承包单位的,但建设单位依约作为发包单位的除外。

（4）劳务分包的发包单位不是该工程的施工总承包、专业承包单位或专业分包单位的。

（5）施工单位在施工现场派驻的项目负责人、技术负责人、质量管理负责人、安全管理负责人中一人以上与施工单位没有订立劳动合同，或没有建立劳动工资或社会养老保险关系的。

（6）实际施工总承包单位或专业承包单位与建设单位之间没有工程款收付关系，或者工程款支付凭证上载明的单位与施工合同中载明的承包单位不一致，又不能进行合理解释并提供材料证明的。

（7）合同约定由施工总承包单位或专业承包单位负责采购或租赁的主要建筑材料、构配件及工程设备或租赁的施工机械设备，由其他单位或个人采购、租赁，或者施工单位不能提供有关采购、租赁合同及发票等证明，又不能进行合理解释并提供材料证明的。

（8）法律、法规规定的其他挂靠行为。

2.3 任务实施

（1）确定并检查本次资质申请所需资料是否齐全，见表 2-3。

表 2-3 申报资料清查表

申报资料清单（对照法定内容及格式要求）	完成时间	责任人	任务完成则划"√"
	～		□
			□
			□

（2）确定本次申报的工作流程。
（3）完成本次申报的法律意见书。

特 别 提 示

意见书应包括申办须知、权利要求、本次资质证书的有效期及效力、资质证书的续期、资质证书查询与变更和风险防范等内容。

2.4 任务总结

1. 任务问题

（1）此次任务完成中存在的主要问题有哪些？
（2）问题产生的原因有哪些？
（3）提出相应的解决方法。

(4)您认为还需加强哪些方面的指导(实际工作过程及理论知识)?

2. 自我总结

(1)此次任务完成中存在的主要问题有哪些?

(2)问题产生的原因有哪些?

(3)提出相应的解决方法。

(4)您认为还需加强哪些方面的指导(实际工作过程及理论知识)?

2.5 知识点回顾

本次任务的完成主要涉及以下知识点：从事建设工程新建、扩建、改建和拆除等活动的施工企业、勘查单位、设计单位、工程监理单位，必须在资金、技术、装备等方面具备相应的资质条件和进入建筑市场的资质审查制度；从业单位资格申请的相关工作内容和程序；从业单位在执业过程中享有的权利和承担的义务。

2.6 基础训练

2.6.1 选择题

1. 按照建筑法规定，以下正确的说法是( )。
  A. 建筑企业集团公司可以允许所属法人公司以其名义承揽工程
  B. 建筑企业可以在其资质等级之上承揽工程
  C. 联合体共同承包的，按照资质等级高的单位的业务许可范围承揽工程
  D. 施工企业不允许将承包的全部建筑工程转包给他人

2. 关于建筑工程的发包、承包方式以下说法错误的是( )。
  A. 建筑工程的发包方式分为招标发包和直接发包
  B. 未经发包方同意且无合同约定，承包方不得对专业工程进行分包
  C. 联合体各成员对承包合同的履行承担连带责任
  D. 发包方有权将单位工程的地基基础、主体结构、屋面等工程分别发包符合资质的施工单位

3. 总承包单位依法将建设工程分包给其他单位施工，若分包工程出现质量问题时，应当由( )。
  A. 总承包单位单独向建设单位承担责任
  B. 分包单位单独向建设单位承担责
  C. 总承包单位与分包单位对分包工程的质量向建设单位承担连带责任
  D. 总承包单位与分包单位向建设单位都有承担全额责任的义务

4. 下列关于监理单位的表述错误的是( )。
  A. 应当取得相应等级的资质证书
  B. 不得转让工程监理业务
  C. 可以是建设单位的子公司

D. 应与监理分包单位共同向建设承担责任

5. 根据《建筑法》，下面关于分包的说法正确的有（　　）。

A. 承包单位可以将所承包的工程转包给他人

B. 所有的分包商都需要经建设单位认可

C. 分包商应当对建设单位负责

D. 如果分包商所承建的工程出现了质量事故，则业主可以要求总承包商为之承担责任

E. 分包商经业主同意可以将承揽的工程再分包

2.6.2 判断正误，如有错误，请做出相应修改

1. 施工特级资质的企业资信能力，必须达到以下标准。

（1）企业注册资本金 2 亿元以上。　　　　　　　　　　　　　　　（　）

（2）企业净资产 3.6 亿元以上。　　　　　　　　　　　　　　　　（　）

（3）企业近 3 年上缴建筑业营业税均在 4000 万元以上。　　　　　（　）

（4）企业银行授信额度近 3 年均在 4 亿元以上。　　　　　　　　　（　）

2. 受理建筑企业的申请之日起，60 日内完成初审。　　　　　　　　（　）

（1）申请单位向建设主管部门提交企业资质申请报告（申请铁路、交通、水利、信息产业、民航、消防等方面资质的企业除外）。　　　　　　　　　　　　（　）

（2）接到企业资质申请报告后，经初步询问和检验，即发给《建筑企业资质审核表》。
　　　　　　　　　　　　　　　　　　　　　　　　　　　　　　　（　）

（3）企业申报单位携带如下资料，到建委企业科注册：《建筑业企业资质申请表》一式四份；企业法人营业执照正副本原本，原资质证书原件；企业章程；企业法人代表、经理、技术、财务、经营负责人的任职文件、简历和职称证件；企业在职工程、技术和经济管理人员的职称证件及身份证明；企业验资报告；企业办公地址证明；企业完成代表工程及质量安全评定资料；工程合同及验收证明，新办企业除外；企业上年度和本年度财务决算报表，新办企业除外。　　　　　　　　　　　　　　　　　　　　　　（　）

2.6.3 简答题

1. 申请综合资质，应当向哪个行政部门提出申请？
2. 首次申请或者增项申请建筑业企业资质，应当提交哪些材料？
3. 取得建筑业企业资质的企业，申请资质升级、资质增项，在申请之日起前 1 年内不得存在哪些情形？
4. 哪些行政部门对相应的行业资质进行监督管理？他们可行使哪些权利？

2.6.4 案例分析

1993 年 10 月，某市帆布厂（以下简称甲方）与某市区修建工程队（以下简称乙方）订立了建设工程承包合同。合同规定：乙方为甲方建一框架厂房，跨度为 12m，总造价为 98.9 万元；承包方式为包工包料；建设工程工期由 1993 年 11 月 2 日至 1995 年 3 月 10 日。从工程开工直到 1995 年年底，工程仍未能完工，而且已完工工程质量部分不合格，

这期间甲方付给乙方工程款、材料垫付款共101.6万元。为此，双方发生纠纷。经查明，乙方在工商行政管理机关登记的经营范围为维修和承建小型非生产性建设工程，无资格承包此工程。经有关部门鉴定：该项工程造价为98.9万元，未完工程折价为11.7万元，已完工工程的厂房屋面质量不合格，返工费5.6万元。

问题：此纠纷应如何解决？

2.7 拓 展 训 练

1. 某单位现将申请施工总承包特级资质，请为其准备一份法律意见书。
2. 综合案例分析。

资质挂靠合同书

甲　　方：北京××装饰有限公司

注册地址：北京市××区××路8号　　邮政编码：1000××

乙　　方：

身份证号：

此合同本着公平、公正的原则，经双方协商同意而订立。

项目名称：

项目方：

第一条　合同目的。

经双方协商一致，就本合同设计项目同意乙方挂靠在甲方企业之下，从事甲方经营许可证范围内的经营项目。同时，甲乙双方订立本合同，明确双方的权利与义务及其挂靠期内的注意事项。

第二条　甲方的基本权利和义务。

权利：

(1) 甲方向乙方收取项目管理服务费为本项目合同额的　2　%。

(2) 乙方利用甲方名义所开发票，则乙方需向甲方缴纳发票面值金额的＿＿＿%（设计费营业税率5.5%，装饰施工费营业税率3.3%，所得税为剩余利润的25%），如所得税根据税务部门稽核确定为定律征收，则所得税为营业额×10%×25%，乙方缴纳所得税需遵循甲方所在税务部门的相关规定。

(3) 如乙方做出有损甲方信誉和形象之行为，甲方有权单方面终止本协议，本项目管理服务费不予归还，并追究乙方经济责任。

义务：

(1) 甲方在本协议生效之后，只向乙方提供相关经营业务所需的手续证件等。

(2) 对乙方提出的合理要求尽可能提供良好的服务。

第三条　乙方的基本权利和义务。

权利：

(1) 乙方可以获取甲方对其二条义务的承诺和兑现，若有问题可以随时向甲方提出意见。

(2) 本项目需要甲方所提供的设计所需资质及经营许可。

(3) 利用设计装饰业的资质，完全自主地开展相关项目设计业务。

(4) 经营上实行内部独立核算，自负盈亏。

(5) 一切正常利润归乙方所有，不受干涉。

义务：

(1) 在项目经营活动中严格遵守国家法律法规和甲方规章制度。

（2）负责解决合同项目中的全部事件，相关设计条件及设备自主负责解决。

（3）认真负责进行设计项目的质量和安全，对现在和将来发生的质量问题和事故乙方负完全责任。

（4）维护甲方的信誉和形象，不做任何假冒、欺诈、侵权、损誉的事情，若发生此类事件，则甲方有权追究乙方的法律责任，并要求进行相关经济赔偿和处罚。

（5）足额向甲方缴纳管理服务费，在开具发票前须先将税金交到甲方，项目结束清账前结清一切相关费用。

（6）乙方所做项目不得超过甲方经营许可证所规定的范围，如超出甲方经营许可证范围的项目，乙方需自己提供相关手续证件。

第四条　乙方设计的项目，其合同、保险、税务、财务、银行、统计、工资等事项由乙方自主办理。

第五条　乙方在经营活动中，若出现安全事故等重大意外，均由乙方独立承担，甲方不承担一切责任，特此声明。

第六条　乙方应当在合同签订时付清管理服务费。

第七条　乙方不得私自利用甲方资质执照对外签订和从事除本项目外的其他经营事项。

本合同以签订日期为生效日，有效期一年，一式三份，甲、乙双方各一份，相关主管单位一份。

甲方盖章：　　　　　　　　　　　　　　　　　　　乙方盖章：

经办人：　　　　　　　　　　　　　　　　　　　　乙方签字：

　　　年　　月　　日　　　　　　　　　　　　　　　　年　　月　　日

问题：请对该合同书的有效性及合同双方的风险性进行分析。

任务 3

执业申报与注册

引例 1

某市某家具有建设施工资质的单位,挂靠了3名项目经理,王先生就是其中一名,因王先生有一份比较理想的外企工作,就将项目经理资质证书以每年5000元的价格租借给该公司,该公司因得益于挂靠了3名有资质的项目经理,才有资格参加大型招标会,承揽了不少工程。今年年初,王先生看到网上有很多招募挂靠项目经理资质的企业,报酬不菲,打算换一家公司挂靠。他多次找到企业,要求将项目经理资质马上调出,请企业在调出申请上签字并盖章,同时,结算清全部的租金。企业一时找不到合适的项目经理顶替王先生,又因已参加了招投标,其中也有王先生的资质情况的详述,若王先生突然离开,势必会给企业一个措手不及的打击,企业领导采取了久拖不办的方式,躲着不给盖章。无奈之下,王先生欲将此单位起诉至法院,法院认为王先生的主张不属于法院受诉范围,不予受理;王先生又提出劳动仲裁,但劳动仲裁单位认为王先生并未与该公司形成正式劳动合同关系,双方是资质租赁合同关系,也不属于劳动仲裁的受诉范围。最终,只有待该企业找到了合适的项目经理顶替王先生的时候,王先生才得以将资质调出,但已经错过了合适的接收单位。

引导问题:根据该引例,讨论以下问题。

(1)我国建筑专业人员执业资格制度对执业资格有哪些规定?实行该制度的目的是什么?

(2)执业人员执业应满足哪些要求?

(3)目前我国建筑专业人员执业市场存在的主要问题有哪些?

【案例评析】

当前在建筑领域出租、出借资质的情况相当普遍,在建筑工伤纠纷、招投标合同纠纷、承揽合同纠纷中尤为突出,已由个人资质的出租演变成了单位专项资质的挂靠、出租、出借,用以收取挂靠费和租金,致使企业或个人承担了更大的法律风险。这些所谓的资质挂靠、资质出租,严重违反了诚实信用原则;更有甚者,以"拉大旗做虎皮"的手段,规避法律规定的强制性规定,逃避债务、风险及税收,破坏国家市场经济平衡协调作用。

《建筑法》第十四条、《建筑施工企业项目经理资质管理办法》第三十一条明确规定:从事建筑活动的专业技术人员,应依法取得相应的执业资格证书,并在执业资格证书许可的范围内从事建筑活动;伪造、涂改、出卖或转让《建筑施工企业项目经理资质证书》《全国建筑施工企业项目经理培训合格证》的,由企业所在地建设行政主管部门视情节轻重分别给予警告、扣留资质证书(或培训合格证书)、罚款或取消资质的处罚。本案例中王先生与该企业的做法明显都是违法行为。

3.1 任务导读

我国对建筑业专业技术人员实行执业资格制度。我国目前在建筑业实行执业资格制度的专业技术人员包括注册建筑师、注册结构工程师、注册监理工程师、注册造价工程师、注册咨询工程师、注册建造师等。我国建筑业专业技术人员执业资格的核心内容主要包括:①所有专业技术人员均需要参加统一考试;②均需要注册;③均有各自的执业范围;④均须接受继续教育;⑤执业人员不得同时应聘于两家不同的单位;⑥不得任意转让、出借执业证书等方面。完成本次任务需掌握各执业资格许可的相关法律制度和实务操作技巧。

3.1.1 任务描述

你所在一家建筑施工企业现有12名专业技术人员,分别打算申报注册结构工程师、注册监理工程师、注册造价工程师、注册咨询工程师、注册建造师执业资格。请根据每人具体情况,帮助他们完成执业注册与申报。

3.1.2 任务目标

(1)按照正确的方法和途径,落实申报条件,收集相关法律资料。

(2)依据资料分析结果,帮助专业技术人员执业资格许可确定该次申报工作步骤和法律建议。

(3)通过完成该任务,提出后续工作建议,完成自我评价,并提出改进意见。

3.2 相关理论知识

专业技术人员执业资格许可是指对具备一定专业学历、资历的从事建筑活动的专业技术人员,通过考试和注册,取得执业技术资格的一种制度。本任务以注册建筑师和注册建造师制度为例介绍相关执业制度。

3.2.1 注册建筑师

注册建筑师是指依法取得注册建筑师证书并从事房屋建筑设计及相关业务的人员。注册建筑师分为一级注册建筑师和二级注册建筑师。国家实行注册建筑师全国统一考试制度。注册建筑师全国统一考试办法,由国务院建设行政主管部门会同国务院人事行政主管部门及国务院其他有关行政主管部门共同制定,由全国注册建筑师管理委员会组织实施。

1. 注册建筑师的报考条件

符合下列条件之一的,可以申请参加一级注册建筑师考试。

(1) 取得建筑学硕士以上学位或者相近专业工学博士学位,并从事建筑设计或者相关业务2年以上的。

(2) 取得建筑学学士学位或者相近专业工学硕士学位,并从事建筑设计或者相关业务3年以上的。

(3) 具有建筑学专业大学本科毕业学历并从事建筑设计或者相关业务5年以上的,或者具有建筑学相近专业大学本科毕业学历并从事建筑设计或者相关业务7年以上的。

(4) 取得高级工程师技术职称并从事建筑设计或者相关业务3年以上的,或者取得工程师技术职称并从事建筑设计或者相关业务5年以上的。

(5) 不具有前4项规定的条件,但设计成绩突出,经全国注册建筑师管理委员会认定达到前4项规定的专业水平的。

符合下列条件之一的,可以申请参加二级注册建筑师考试。

(1) 具有建筑学或相近专业大学本科毕业以上学历,从事建筑设计或者相关业务2年以上的。

(2) 具有建筑设计技术专业或者相近专业大专毕业以上学历,并从事建筑设计或者相关业务3年以上的。

(3) 具有建筑设计技术专业4年制中专毕业学历,并从事建筑设计或者相关业务5年以上的。

(4) 具有建筑设计技术相近专业中专毕业学历,并从事建筑设计或者相关业务7年以上的。

(5) 取得助理工程师以上技术职称,并从事建筑设计或者相关业务3年以上的。

2. 注册建筑师的注册程序

注册建筑师考试合格,取得相应的注册建筑师资格的,可以申请注册。

一级注册建筑师的注册,由全国注册建筑师管理委员会负责;二级注册建筑师的注册,由省、自治区、直辖市注册建筑师管理委员会负责。

特别提示

《中华人民共和国注册建筑师条例》(国务院令第184号)第十三条规定,有下列情形之一的,不予注册。

(1) 不具有完全民事行为能力的。

(2) 因受刑事处罚,自刑罚执行完毕之日起至申请注册之日止不满5年的。

(3) 因在建筑设计或者相关业务中犯有错误受行政处罚或者撤职以上行政处分,自处罚、处分决定之日起至申请注册之日止不满2年的。

(4) 受吊销注册建筑师证书的行政处罚,自处罚决定之日起至申请注册之日止不满5年的。

(5) 有国务院规定不予注册的其他情形的。

全国注册建筑师管理委员会和省、自治区、直辖市注册建筑师管理委员会依照规定，决定不予注册的，应自决定之日起15日内书面通知申请人；申请人有异议的，可以自收到通知之日起15日内向国务院建设行政主管部门或者省、自治区、直辖市人民政府建设行政主管部门申请复议。

全国注册建筑师管理委员会应将准予注册的一级注册建筑师名单报国务院建设行政主管部门备案；省、自治区、直辖市注册建筑师管理委员会应将准予注册的二级注册建筑师名单报省、自治区、直辖市人民政府建设行政主管部门备案。

国务院建设行政主管部门或者省、自治区、直辖市人民政府建设行政主管部门发现有关注册建筑师管理委员会的注册不符合本条例规定的，应通知有关注册建筑师管理委员会撤销注册，收回注册建筑师证书。

准予注册的申请人，分别由全国注册建筑师管理委员会和省、自治区、直辖市注册建筑师管理委员会，由国务院建设行政主管部门统一制作的一级注册建筑师证书或者二级注册建筑师证书。

注册建筑师注册的有效期为两年。有效期届满需要继续注册。

3．注册建筑师的执业范围

它主要包括：建筑设计；建筑设计技术咨询；建筑物调查与鉴定；对本人主持设计的项目进行施工指导和监督；国务院建设行政主管部门规定的其他业务。

注册建筑师的执行业务应加入建筑设计单位。建筑设计单位的资质等级及其业务范围由国务院建设行政主管部门规定。

一级注册建筑师的执业范围不受建筑规模和工程复杂程度的限制。二级注册建筑师的执业范围不得超越国家规定的建筑规模和工程复杂程度。

4．权利和义务

1) 注册建筑师享有的权利

(1) 注册建筑师有权以注册建筑师的名义执行注册建筑师业务。

(2) 非注册建筑师不得以注册建筑师的名义执行注册建筑师业务。

(3) 二级注册建筑师不得以一级注册建筑师的名义执行业务，也不得超越国家规定的二级注册建筑师的执业范围执行业务。

(4) 国家规定的一定跨度、跨径和高度以上的房屋建筑，应由注册建筑师进行设计。

(5) 任何单位和个人修改注册建筑师的设计图纸，应征得该注册建筑师同意；但是，因特殊情况不能征得该注册建筑师同意的除外。

2) 注册建筑师应履行的义务

(1) 遵守法律、法规和职业道德，维护社会公共利益。

(2) 保证建筑设计的质量，并在其负责的设计图纸上签字。

(3) 保守在执业中知悉的单位和个人的秘密。

(4) 不得同时受聘于两个以上建筑设计单位执行业务。

(5) 不得准许他人以本人名义执行业务。

3.2.2 注册建造师执业资格制度

注册建造师是指通过考核认定或考试合格取得中华人民共和国建造师资格证书并按照规定注册，取得中华人民共和国建造师注册证书和执业印章，担任施工单位项目负责人及从事相关活动的专业技术人员。

未取得注册证书和执业印章的，不得担任大中型建设工程项目的施工单位项目负责人，不得以注册建造师的名义从事相关活动。

1. 建造师的考试

一级建造师执业资格实行统一大纲、统一命题、统一组织的考试制度，由人事部、住房和城乡建设部共同组织实施，原则上每年举行一次考试。住房和城乡建设部负责编制一级建造师执业资格考试大纲和组织命题工作，统一规划建造师执业资格的培训等有关工作。

二级建造师执业资格实行全国统一大纲，各省、自治区、直辖市命题并组织考试的制度。住房和城乡建设部负责拟定二级建造师执业资格考试大纲，人事部负责审定考试大纲。

报考人员要符合有关文件规定的相应条件。一级和二级建造师执业资格考试合格人员，分别获得《中华人民共和国一级建造师执业资格证书》和《中华人民共和国二级建造师执业资格证书》。

引导问题：申请建造师初始注册的人员应当具备的条件是（　　）。

A. 经考核认定或考试合格取得执业资格证书

B. 受聘于一个相关单位

C. 填写注册建造师初始注册申请表

D. 达到继续教育的要求

E. 没有明确规定的不予注册的情形

2. 建造师的注册

取得资格证书的人员，经过注册方能以注册建造师的名义执业。取得一级建造师资格证书并受聘于一个建设工程勘察、设计、施工、监理、招标代理、造价咨询等单位的人员，应当通过聘用单位向单位工商注册所在地的省、自治区、直辖市人民政府建设主管部门提出注册申请。

1）注册条件

申请初始注册时应当具备以下几个条件。

（1）经考核认定或考试合格取得执业资格证书。

（2）受聘于一个相关单位。

（3）达到继续教育的要求。

（4）没有不予注册的情形。

2）注册程序

对申请初始注册的人员，省、自治区、直辖市人民政府建设主管部门应当自受理申请之日起20日内完成审查，并将申请材料和初审意见报国务院建设主管部门。国务院建设主管部门应当自收到省、自治区、直辖市人民政府建设主管部门上报材料之日起20日内审批完毕并作出书面决定。有关部门应当在收到国务院建设主管部门移送的申请材料之日起10日内审核完毕,并将审核意见送国务院建设主管部门。

取得二级建造师资格证书的人员申请注册,由省、自治区、直辖市人民政府建设主管部门负责受理和审批,具体审批程序由省、自治区、直辖市人民政府建设主管部门依法确定。

注册证书与执业印章有效期为3年。初始注册者,可自资格证书签发之日起3年内提出申请。逾期未申请者,须符合本专业继续教育的要求后方可申请初始注册。

注册有效期满需继续执业的,应当在注册有效期届满30日前,按照《注册建造师管理规定》(中华人民共和国建设部令第153号)第七条、第八条的规定申请延续注册。延续注册的有效期为3年。

特别提示

申请人有下列情形之一的,不予注册。
(1) 不具有完全民事行为能力的。
(2) 申请在两个或者两个以上单位注册的。
(3) 未达到注册建造师继续教育要求的。
(4) 受到刑事处罚,刑事处罚尚未执行完毕的。
(5) 因执业活动受到刑事处罚,自刑事处罚执行完毕之日起至申请注册之日止不满5年的。
(6) 因前项规定以外的原因受到刑事处罚,自处罚决定之日起至申请注册之日止不满3年的。
(7) 被吊销注册证书,自处罚决定之日起至申请注册之日止不满2年的。
(8) 在申请注册之日前3年内担任项目经理期间,所负责项目发生过重大质量和安全事故的。
(9) 申请人的聘用单位不符合注册单位要求的。
(10) 年龄超过65周岁的。
(11) 法律、法规规定不予注册的其他情形。

引例 2

项目经理王某经考试合格取得了一级建造师资格证书,2006年3月受聘并注册于一个拥有甲级资质、专门从事招标代理的单位。

引导问题:按照《注册建造师管理规定》,王某享有哪些权利和应承担哪些义务?

(1) 王某可以以建造师名义从事( )。
A. 建设工程项目总承包管理工作　　B. 建设监理工作
C. 建设工程项目管理服务有关工作　　D. 造价咨询工作

(2) 2007年6月,王某与该单位解除了聘用合同,选择一家在本专业有多项工程服务资质的单位担任建设工程施工的项目经理,则他必须进行( )。
A. 初始注册　　B. 延续注册　　C. 变更注册　　D. 增项注册

(3) 王某在新单位按规定办理了注册以后，其注册有效期到（　　）止。
A. 2009 年 3 月　　B. 2009 年 6 月　　C. 2010 年 3 月　　D. 2010 年 6 月

(4) 王某与原执业单位解除合同关系时，为了不影响该单位的资质等级和工作，将自己的注册证书复制了一分交给了该单位，则王某的注册证书将（　　）。
A. 被吊销　　B. 被撤销　　C. 延续有效　　D. 引起诉讼

3. 注册建造师的执业

注册建造师的执业范围包括从事建设工程项目总承包管理或施工管理，建设工程项目管理服务，建设工程技术经济咨询，以及法律、行政法规和国务院建设主管部门规定的其他业务。

取得资格证书的人员应当受聘于一个具有建设工程勘察、设计、施工、监理、招标代理、造价咨询等一项或者多项资质的单位，经注册后方可从事相应的执业活动。

担任施工单位项目负责人的人员，应当受聘并注册于一个具有施工资质的企业。注册建造师的具体执业范围按照《注册建造师执业工程规模标准》执行。注册建造师不得同时在两个及两个以上的建设工程项目上担任施工单位项目负责人。

建设工程施工活动中形成的有关工程施工管理文件，应当由注册建造师签字并加盖执业印章。在施工单位签署质量合格的文件上，必须有注册建造师的签字盖章。

4. 注册建造师的权利和义务

1) 注册建造师享有的权利

(1) 使用注册建造师名称。

(2) 在规定范围内从事执业活动。

(3) 在本人执业活动中形成的文件上签字并加盖执业印章。

(4) 保管和使用本人注册证书、执业印章。

(5) 对本人执业活动进行解释和辩护。

(6) 接受继续教育。

(7) 获得相应的劳动报酬。

(8) 对侵犯本人权利的行为进行申述。

2) 注册建造师应当履行的义务

(1) 遵守法律、法规和有关管理规定，恪守职业道德。

(2) 执行技术标准、规范和规程。

(3) 保证执业成果的质量，并承担相应责任。

(4) 接受继续教育，努力提高职业水准。

(5) 保守在执业中知悉的国家秘密和他人的商业、技术等秘密。

(6) 与当事人有利害关系的，应当主动回避。

(7) 协助注册管理机关完成相关工作。

【案例评析】

引例 2 中，(1) 问题 A、B、C、D 选项均为建造师执业范围，但 A、B、D 三项超出了聘用单位业务范围，故选项 C 正确。

(2) 问题王某在原聘用单位已经注册，故不属于初始注册；原注册期限未满，故不属于延续注册；新聘用单位的专业和执业岗位不涉及增项注册的问题，无须进行增项注册。王某面临的仅仅是变更执业单位的问题，故只需进行变更注册，即 C 选项正确。

（3）问题变更注册按规定仍延续原注册有效期 3 年，故 A 选项正确。

（4）问题撤销注册是对申请人以欺骗、贿赂等不正当手段获准注册所做的处分，吊销注册证书是对当事人违规执业所做的处分。王某的注册证书属合法取得，违规使用，故选项 A 为正确答案，此种情形下注册证书不可能延续有效，也不至于引起诉讼。

相关链接

1999 年 3 月 3 日建设部、监察部令第 68 号发布，自发布之日起施行的《工程建设若干违法违纪行为处罚办法》规定如下。

禁止勘察、设计、施工、监理单位及其人员转让、出借资质证书、执业资格证书、职称证书，或者以其他方式允许他人以本单位或本人名义承接工程任务。

（1）对违反本条规定的勘察、设计单位的处理：责令改正、予以警告，没收违法所得，设计文件无效，并处罚款；责令停业整顿；将违法行为记录在案，作为资质年检的重要依据；造成重大事故的，降低资质等级，两年内不得升级；造成特大事故的，吊销资质证书。

（2）对违反本条规定的勘察设计执业注册人员或非执业注册的其他专业技术人员的处理：对于转让、出借执业资格证书和职称证书，允许他人以本人名义执行业务，或者在非本人执业单位编制的勘察设计文件上加盖印章和签字的，责令停止违法行为，没收违法所得，处以违法所得 5 倍以下罚款，并处停止执业一年；情节严重的，吊销执业资格证书，5 年内不予注册；对非执业注册的专业技术人员，处以罚款。

（3）对违反前款规定的施工、监理单位的处理如下。

① 责令改正，予以警告，没收违法所得，并处罚款；责令停业整顿；将违法行为记录在案，作为资质年检的重要依据。

② 对于再次转让、出借资质证书或者以其他方式允许他人以本单位名义承接工程的，除依照前项规定处理外，降低资质等级，两年内不得升级；发生重大事故的，吊销资质证书。

应用案例

原告蒋某与被告崔某于 2003 年 10 月 16 日签订"建房协议书"一份。协议约定，蒋某为崔某承建厂房，地点为某市，包工不包料。按实际米数 45 元/m²，分 3 次付清，房屋保修费为 5000 元整，房屋竣工后 2 个月验收合格后付清。厂房长约 35m，宽 12m，高 4m，南窗 10 个，北窗 6 个，门 2 个，厂房结构砖混 3.7 墙，里 J′1－t 缝，水泥地面，梯角线房顶防水，地基深 1m，地梁、圆梁；墙内墙、小仓库原告负责拆除；工期为从签订之日起 15 日。合同签订后，蒋某按约定拆除了原有的院墙、小仓库，承建厂房，施工至同年 11 月中旬，撤出工地。在撤出工地时，蒋某基本完成了约定的工程量，只未能进行屋顶防水及水泥地面的处理。蒋某已承建的房屋面积为 420m²，劳务费按约定每平方米 45 元计算，总计人工费为 18900 元。崔某在施工过程中，以借款形式已向蒋某支付人工费 10150 元。2005 年 1 月，蒋某以要求给付尚欠工程款为由，诉至该市人民法院。

引导问题： 根据该案例回答以下相关问题。

(1) 崔某与蒋某签订的建房协议是否有效？为什么？

(2) 该案应如何处理？

【案例评析】

《中华人民共和国建筑法》第十四条规定，从事建筑活动的专业技术人员，应依法取得相应的执业资格证书并在执业资格证书许可的范围内从事建筑活动。蒋某在本案例中，从事建筑活动时未能取得相应的执业资格证书，故崔某与蒋某签订的建房协议无效。蒋某已付出劳务，崔某应赔偿蒋某人工费损失，其数额按双方约定的 $45m^2$/元计算，计人工费为 18900 元，扣除未完工部分的人工费 1863.48 元及已付款 10150 元。

3.3 任务实施

(1) 请根据需申请人员具体情况，制订工作程序和准备资料清单。

① 二级注册结构工程师。

② 注册监理工程师。

③ 注册造价工程师。

④ 注册咨询工程师。

⑤ 一级注册建造师。

(2) 为上述执业资格提交一份法律建议书。

3.4 任务总结

1. 任务问题

(1) 此次任务完成中存在的主要问题有哪些？

(2) 问题产生的原因有哪些？

(3) 提出相应的解决方法。

(4) 您认为还需加强哪些方面的指导(实际工作过程及理论知识)？

2. 自我总结

(1) 此次任务完成中存在的主要问题有哪些？

(2) 问题产生的原因有哪些？

(3) 提出相应的解决方法。

(4) 您认为还需加强哪些方面的指导(实际工作过程及理论知识)？

3.5 知识点回顾

本次任务的完成主要涉及以下知识点：注册建筑师、建造师的报考条件、程序注册和执业范围。通过该两种执业资格法律制度的学习，了解其他执业资格法律制度，并会处理相关纠纷。

3.6 基础训练

3.6.1 单选题

1. 取得建造师资格证书的人员,以建造师名义执业的前提是按规定( )。
   A. 备案　　　　B. 注册　　　　C. 审批　　　　D. 认证

2. 万某 2006 年 9 月参加全国一级建造师资格考试,假如他成绩合格,就可以( )。
   A. 以建造师的名义担任建设工程项目施工的项目经理
   B. 通过注册取得建造师资格证书
   C. 取得建造师资格证书、通过注册以建造师名义执业
   D. 取得建造师注册执业证书和执业印章

3. 工程师李某经考试合格取得建造师执业资格证书后工作单位变动。通过新聘用单位进行的注册属于( )。
   A. 初始注册　　B. 延续注册　　C. 变更注册　　D. 增项注册

4. 工程师肖某取得建造师资格证书后,因故未能在 3 年内申请注册,3 年后申请初始注册时必须( )。
   A. 重新取得资格证书　　　　　B. 提供达到继续教育要求的证明材料
   C. 提供新的业绩证明　　　　　D. 符合延续注册的条件

5. 注册建造师延续执业,应在注册有效期满 30 日前申请延续注册,延续注册的有效期为( )年。
   A. 2　　　　　B. 3　　　　　C. 4　　　　　D. 5

6. 按照《注册建造师管理规定》,下列情形中不予注册的情形是( )。
   A. 申请人年近 59 岁
   B. 因执业活动受到刑事处罚,自处罚执行完毕之日起至申请注册之日止正好满 3 年
   C. 被吊销注册证书,自处罚决定之日起至申请注册之日止已经满 2 年
   D. 申请人自申请注册之日止 4 年前担任项目经理期间,所负责的项目发生过重大质量和安全事故

7. 关于一级注册建造师的执业活动,下列说法中正确的是( )。
   A. 施工单位的注册建造师可同时担任两个施工项目的负责人
   B. 注册建造师不能从事项目总承包管理和工程技术经济咨询
   C. 不得擅自在本人执业活动中形成的文件上签字并加盖执业印章
   D. 保证执业成果的质量并承担相应的责任

8. 注册建造师有权( )。
   A. 超出聘用单位业务范围从事执业活动
   B. 在两个或两个以上单位受聘或执业
   C. 允许信得过的人以自己的名义从事执业活动
   D. 对本人执业活动进行解释和辩解

9. 中国建造师执业划分为 14 个专业,下列选项中不属于这 14 个专业的是( )。

A. 水利水电工程 B. 通信与广电工程
C. 机械工程 D. 市政安装工程

10. 注册建造师执业的专业中，房屋建筑工程分为15个工程类别，其中不含（　　）。

A. 防腐保温工程 B. 环保工程
C. 附着升降脚手架 D. 机电安装工程

11. 注册建造师执业的专业中，公路工程分为7个工程类别，其中不含（　　）。

A. 交通机电系统工程 B. 交通安全设施工程
C. 环保工程 D. 隧道工程

12. 下列人员中不属于建设工程从业人员的是（　　）。

A. 注册资产评估师 B. 注册建造工程师
C. 注册建筑师 D. 注册监理工程师

3.6.2 多选题

1. 注册建造师张某辞去了原施工单位的工作，受聘于一家建设工程招标代理公司，他办理变更注册手续时应提交的材料包括（　　）。

A. 注册建造师变更注册申请表 B. 注册证书和执业印章
C. 专业增项资格证明 D. 与新聘用单位签订的聘用合同
E. 与原单位解除聘用合同的证明

2. 下列情形中，能导致注册建造师注册证书和执业印章失效的情形有（　　）。

A. 未达到注册建造师继续教育要求 B. 聘用单位破产
C. 聘用单位被吊销营业执照 D. 与聘用单位解除了合同关系
E. 注册有效期满但未延续注册

3. 根据《建造师执业资格制度暂行规定》，建造师的执业范围包括（　　）。

A. 担任工商管理工作
B. 担任建设工程施工的项目经理
C. 从事其他施工活动的管理工作
D. 法律、建设法规或国务院建设行政主管部门规定的其他业务
E. 地方政府根据当地实际需要规定的其他业务

4. 我国建筑业专业技术人员执业资格的共同点有（　　）。

A. 只有注册以后才能执业
B. 一次注册终生有效
C. 均需要接受继续教育
D. 不得同时注册于两家不同的单位
E. 均有各自的职业范围

5. 下列选项中，注册建造师应当履行的义务包括（　　）。

A. 遵守法律、法规和有关规定，恪守职业道德
B. 执行技术标准、规范和规程
C. 能力较强者应担任两个以上建设工程项目施工的负责人
D. 保守在执业中知悉的国家机密及他人的商业秘密

E. 对本人活动进行解释和辩解

6. 现行注册建造师执业的专业中,只设一级建造师执业资格的专业有(　　)。

A. 铁路工程　　B. 电力工程　　C. 港口与航道工程

D. 石油化工工程　E. 矿山工程

7. 根据《注册建造师管理规定》在下列情形中,不予注册的情形包括(　　)。

A. 甲曾于1年前因犯罪被判处管制两年

B. 乙5年前因故意伤害罪被判处拘役6个月

C. 丙今年已经63周岁

D. 丁去年担任项目负责人期间,该项目发生重大安全事故

E. 戊因事故中受伤,被鉴定为限制民事行为能力人

3.7　综合案例分析

曾某等六人诉重庆某建筑工程有限公司劳动关系纠纷案①

一、案情简介

申请人曾某等于2010年1月1日与被申请人重庆某建筑工程有限公司签订了劳动合同,合同期间从同年1月1日到2011年1月1日止,因为申请人有二级建造师执业资格证,故申请人被聘任为项目经理,单位扣押了申请人的二级建造师执业资格证、二级建造师注册证,约定了月基本工资为2000元,另约定每年有9000元的二级建造师注册证资质奖金。2011年1月1日合同到期,被申请人没有按合同约定支付工资、缴纳社会保险费用,并拒绝返还申请人证件。2011年5月23日,申请人找到被申请人要求返还二级建造师执业资格证和注册证,要求被申请人支付社会保险金、工资、经济补偿、经济损失。被申请人出具收条一张,证明收到了申请人的二级建造师执业资格证,后在申请人的强烈要求下,被申请人才返还给了申请人的执业证,但没有返还注册证,并拒绝支付各项费用。为维护申请人合法权益,根据相关规定,特提起仲裁。①请求解除劳动合同;②请求被申请人支付申请人一年工资24000元;③请求被申请人支付申请人经济补偿金2000元;④补缴社会保险金;⑤支付经济损失4500元;⑥返还申请人的二级建造师注册证。

二、劳动仲裁和法院审判

后劳动争议仲裁委员会查明,申请人在被申请人处没有实际上班(其实是被申请人没有安排工作给申请人),并认为,双方没有建立劳动关系,劳动关系以实际用工为依据,而不能以签订劳动合同为依据,仲裁委员会认为是这种行为属于"非法挂靠",是法律禁止的行为,为此驳回了申请人的请求。后申请人不服又起诉法院。

问题:

1. 请对该案涉及的法律关系、纠纷性质和纠纷解决途径进行说明。

2. 请提出该纠纷的处理方案。

---

① 节选自苟亿强《建造师"挂靠"纠纷第一案引发的思考》,重庆进明律师事务所律师博文。

任务 4

建筑用地与城市规划许可申办

引例 1

2008年1月初，A省电子公司（以下简称电子公司）欲在某市主干道上修建一幢儿童乐园大楼，向B市城市管理委员会和C区城市管理委员会提出申请。市、区城管会分别签署了"原则同意，请规划局给予支持，审定方案，办理手续"的意见。电子公司将修建计划报送B市规划局审批。在计划尚未审批，没有取得建设工程规划许可证的情况下，于1月6日擅自动工修建儿童乐园大楼。2008年3月9日，市规划局和市、区城管会的有关负责人到施工现场，责令其立即停工，并写出书面检查。电子公司于当日做出书面检查，表示同意停止施工，接受处理，但是实际并未停止施工。

2008年3月20日，市规划局根据《中华人民共和国城乡规划法》第四十条、第六十四条，《A省关于〈中华人民共和国城乡规划法〉实施办法》第二十三条、第二十四条的规定，做出违法建筑拆除决定书，限定电子公司在2008年4月7日前自行拆除未完工的违法修建的儿童乐园大楼。电子公司不服，向A省城乡建设环境保护厅申请复议。A省城乡建设环境保护厅于2008年4月19日做出维持市城市规划局的违法建筑拆除决定。在复议期间，电子公司仍继续施工，致使建筑面积为$1730m^2$的六层大楼基本完工。电子公司对复议不服，即向B市中级人民法院提出行政诉讼，请求法院撤销市规划局限期拆除房屋的决定。

引导问题：根据该引例，讨论以下问题。

(1) 建设用地涉及哪些相关知识？如何申请建设用地？

(2) 什么是城市规划？对建设工程程序会产生什么影响？

(3) 申办城市规划许可涉及哪些工作内容和工作程序？

(4) 引例1中的案件应如何处理？

任务4 建筑用地与城市规划许可申办

4.1 任务导读

城市规划许可包括：选址意见书、建设用地规划许可和建设工程规划许可3部分内容。完成本任务须了解建设工程规划许可证的概念及作用；熟悉建设用地规划许可证制度的内容；掌握城乡规划基本内容及"一书两证"正确的审批程序；掌握申办城市规划许可实务技巧。

相关链接

建设用地与建设规划许可证如图4.1所示。

图4.1 建设用地与建设规划许可证

4.1.1 任务描述

你所在的一家房地产开发企业欲就大学城商业街进行打造，你必须在2010年7月1日前获取该项目的城市规划许可。

4.1.2 任务目标

（1）按照正确的方法和途径，落实申报条件，收集相关法律资料。
（2）依据资料分析结果，申请建设用地，确定获取该次许可的工作步骤。
（3）按照本次任务时间限定，完成建设用地、建设工程规划许可，并完成法律建议书和相关纠纷处理。
（4）通过完成该任务，提出后续工作建议，完成自我评价，并提出改进意见。

4.2 相关理论知识

引例 2

A省电子公司打算新建一座20000m² 的办公楼，于2004年10月初向A省国土资源管理厅申请征用A省B市郊区的一块农用耕地。于2005年3月获得了A省国土资源管理厅的批准，2005年4月A省电子公司动土开工，进行办公楼的施工。2005年7月国家国土资源管理部检查时发现，A省电子公司办公楼工程的土地审批不符合规定，要求全面停建。A省电子公司不服，于2005年10月向A省高级法院提出了诉讼。

引导问题：根据该案例回答以下相关问题。

（1）建设用地申办涉及哪些程序？

（2）该案例中建设用地的取得是否合法？

（3）该案件应如何处理？

4.2.1 土地概述

1. 土地所有权

土地所有权是国家或农民集体依法对归其所有的土地所享有的具有支配性和绝对性的权利。我国实行土地的社会主义公有制，即全民所有制和劳动群众集体所有制。城市市区的土地属于国家所有；农村和城市郊区的土地，除由法律规定属于国家所有的以外，属于农民集体所有；宅基地和自留地、自留山，属于农民集体所有。

2. 对建设用地使用权的规定

（1）建设用地使用权是因建造建筑物、构筑物及其附属设施而使用国家所有的土地权利。建设用地使用权只能存在于国家所有的土地上，不包括集体所有农村土地。

（2）建设用地使用权的设立。建设用地使用权可以在土地的地表、地上或者地下分别设立。新设立的建设用地使用权不得损害已建立的用益物权。设立建设用地权，可以采用出让或者划拨等方式。建设用地的使用权的设立，应当向登记机构申请建设用地使用权登记，其使用权自登记时设立。

（3）建设用地使用权的流转、续期和消灭：建设用地使用权人有权将建设用地使用权转让、互换、出资、赠予或者抵押，但法律另有规定的除外。建设用地使用权人将建设用地使用权转让、互换、出资、赠予或者抵押，应当符合以下规定：①当事人应当采取书面形式订立相应的合同。使用期限由当事人约定，但不得超过建设用地使用权的剩余期限；②应当向登记机关申请变更登记；③附着于该土地的建筑物、构筑物及其附属设施一并处分。

（4）出让土地使用权的取得方式、出让年限。

① 土地使用权出让，可以采取拍卖、招标或者双方协议的方式。

② 土地使用权出让最高年限按下列用途确定：居住用地70年；工业用地50年；教育、科技、文化、卫生、体育用地50年；商业、旅游、娱乐用地40年；综合或者其他用地50年。

（5）划拨土地使用权的范围限于：①国家机关用地和军事用地；②城市基础设施用地和公益事业用地；③国家重点扶持的能源、交通、水利等基础设施用地；④法律、行政法规规定的其他用地。

3. 地役权

地役权是指为使用自己不动产的便利或提高其效益而按照合同约定利用他人不动产的权利。地役权的发生须有两个不同归属的土地存在，为他人土地利用提供便利的土地称为供役地，而享有地役权的土地称为需役地。从性质上说，地役权是按照当事人的约定设立的用益物权。

1）地役权的设立

设立地役权，当事人应当采取书面形式订立地役权合同。地役权自地役权合同生效时设立，可以向登记机构申请地役权登记；未经登记，不得对抗善意第三人。

地役权合同包括：①当事人的姓名或者名称住所；②供役地和需役地的位置；③利用目的和方法；④利用期限；⑤费用及其支付方法；⑥解决争议的方法。

2）地役权的变动

需役地以及需役地上的土地承包经营权、建设用地使用权、宅基地使用权部分转让时，转让部分涉及地役权，受让人同时享有地役权。供役地以及供役地上的土地承包经营权、建设用地全、宅基地使用权部分转让时，转让部分涉及地役权，地役权对受让人具有约束力。

相关链接

地役权实例

① 通行地役权。A、B为兄弟，分家后A取得前院，B取得后排房屋，B要想到自己的土地房屋上，必须通过A的地界。

② 取水地役权。A村有条河流过，相邻的B村没水喝，必须引水通过A村。

③ 眺望地役权 A、B为前后院邻居，A盖了2层小楼，为了看远处的景致，A给B100元，约定B不能盖高于2层的小楼，确保在自己的土地或建筑物中能够眺望风景。

④ 采光地役权。A、B为前后院邻居，B发现A准备该2层小楼，B害怕挡住他的光线，给A钱约定不能盖太高。

⑤ 还有排污地役权、支撑地役权等。

4. 建设用地的种类

建设用地分为国有建设用地、乡（镇）村建设用地与临时建设用地。

相关链接

（1）某一出让娱乐用地土地使用权转让，已使用10年，则转让后的土地使用权年限为最多为（　　）。

A. 60年　　　　B. 50年　　　　C. 40年　　　　D. 30年

（2）根据《城镇国有土地使用权出让和转让暂行条例》规定，下列关于土地使用权出让最高年限的表述正确的是（　　）。

A. 甲商业大楼用地使用权出让年限是50年

B. 乙工厂用地使用权出让年限是40年

C. 丙私立医院土地使用权出让年限是70年

D. 丁旅游娱乐中心土地使用权出让年限是40年

（3）关于临时建设用地，下列表述正确的是（　　）。

A. 在城市规划区内的临时用地，应当经城管局批准

B. 临时建设用地期限一般不超过两年

C. 临时建设用地可以修建永久性建筑

D. 临时用地不需要支付临时使用土地补偿费

（4）甲和乙的农田相邻，甲为浇灌自家农田必须从乙的农田里挖一条渠，此时甲可以和乙签订地役权合同，甲付给乙一定的报酬，从而取得从乙的农田挖渠的权利是（　　）。

  A. 土地使用权　　　B. 用益物权　　　C. 地役权　　　D. 处分权

5. 所有权的内容包括（　　）。

  A. 占有权　　　B. 处分权　　　C. 使用权

  D. 抵押权　　　E. 收益权

4.2.2 建设用地

建设用地包括土地利用总体规划中已确定的建设用地和因经济及社会发展的需要，由规划中的非建设用地转成的建设用地。前者称为规划内建设用地，后者则称为规划外建设用地。

1. 规划内建设用地

土地利用总体规划内的建设用地可用于进行工程项目建设。我国土地分属国家和农民集体所有，所以又分为国家所有的建设用地和农民集体所有的建设用地。

（1）2018年12月23日，第十三届全国人大常委会第七次会议重新审议了《中华人民共和国土地管理法(修正案)》，明确了对土地利用总体规划中已经依法登记并确定为工业、商业经营性用途的集体建设用地，土地所有人可以进行出让、出租，交由其他单位和个人使用。也就是说，我国依法转为国有土地不再是我国集体建设用地进行交易的前提条件，集体建设用地可以经过批准后直接进入建设用地的交易市场。

（2）对于规划为建设用地，而现在实为农用地的土地，在土地利用总体规划确定的建设用地规模范围内，由原批准土地利用总体规划的机关审批，按土地利用年度计划，分批次将农用地批转为建设用地。在为实施城市规划而占用土地时，必须先由市、县人民政府按土地利用年度计划拟订农用地转用方案，补充耕地方案、征用土地方案，分批次上报给有批准权的人民政府，由其土地行政主管部门先行审查，提出意见，再经其批准后，方可实施。为实施村庄集镇规划而占用土地的，也需按上述规定报批，但报批方案中没有征用土地方案。在已批准的农用地转为建设用地的范围内，具体建设项目用地可由市、县人民政府批准。

（3）具体建设项目需占用国有城市建设用地的，其可行性论证中的用地事项，须交土地行政主管部门审查并出具预审报告；其可行性报告报批时，必须附具该预审报告。在项目批准后，建设单位需持有关批准文件，向市、县人民政府土地行政主管部门提出用地申请，由该土地行政主管部门审查通过后，再拟订供地方案，报市、县人民政府批准，然后由市、县人民政府向建设单位颁发建设用地批准书。

2. 规划外建设用地

土地利用总体规划中，除建设用地外，土地还分为农用地和未利用土地。将国有未利用土地转为建设用地，按各省、自治区、直辖市的相关规定办理，但国家重点建设项目、军事设施和跨省、自治区、直辖市的建设项目及国务院规定的其他建设项目用地，需报国务院批准。如将农用地转为建设用地，《土地管理法》对此作了严格的限制，也规定了以下严格的审批程序。

(1) 省、自治区、直辖市人民政府批准的道路，管线工程和大型基础设施建设项目、国务院批准的建设项目的用地，涉及农用地转为建设用地的，须经国务院批准。

(2) 其他建设项目的用地，涉及农用地转为建设用地的，由省、自治区、直辖市人民政府批准。

3. 乡(镇)村建设的建设用地

乡镇企业的建设用地必须严格加以控制。各省、自治区、直辖市可按乡镇企业的不同行业和经营规模，分别规定用地标准。乡(镇)村建设用地应当符合乡(镇)村土地利用总体规划和土地利用年度计划，并依法办理审批手续。

1) 乡(镇)村建设用地的审批

农村集体经济组织使用乡(镇)村土地利用总体规划确定的建设用地兴办企业或以土地使用权入股、联营等方式与其他单位、个人共同兴办企业的，应持有关批准文件，向县级以上地方人民政府土地行政主管部门提出申请，按省、自治区、直辖市规定的批准权限和用地标准，由县级以上地方人民政府批准。

乡(镇)村建设用地中，如涉及占用农用地的，则需依照农用地转为建设用地的有关规定办理。

2) 土地使用权的收回

农村集体经济组织报经原批准用地的人民政府批准，可能因下列原因收回土地使用权。

(1) 为乡(镇)村公共设施和公益事业建设需用土地的，可以收回土地使用权，但对土地使用人应给予适当补偿。

(2) 不按批准的用途使用土地的。

(3) 因撤销、迁移等原因而停止使用土地的。

4. 国家征用土地

《土地管理法》规定，国家为公共利益需要，可以依法对集体所有的土地实行征用，同时也规定了对征用土地的审批程序及补偿办法。

1) 征用土地的审批

凡征用基本农田或非基本农田的耕地超过 $35hm^2$ 的或征用其他土地超过 $70hm^2$ 的，都必须报经国务院批准。征用上述规定以外的其他土地的，由省、自治区、直辖市人民政府批准，并报国务院备案。征用农用地的，必须依照《实施条例》的下述规定办理审批手续。

(1) 可行性论证时，由土地行政主管部门对其用地有关事项进行审查，并提出预审报告，预审报告必须随可行性研究报告一同报批。

(2) 建设单位持建设项目的有关批准文件，向市、县人民政府土地行政主管部门提出建设用地申请，由市、县人民政府土地行政主管部门审查，拟订农用地转用方案、补充耕地方案、征用土地方案和供地方案(涉及国有农用地的，不拟订征用土地方案)，经市、县人民政府审核同意后，逐级上报有批准权的人民政府批准。

(3) 农用地转用方案、补充耕地方案、征用土地方案和供地方案经批准后，由市、县人民政府组织实施，向建设单位颁发建设用地批准书。有偿使用国有土地的，由市、县人民政府土地行政主管部门与土地使用者签订国有土地有偿使用合同；划拨使用国有土地的，由市、县人民政府土地行政主管部门向土地使用者核发国有土地划拨决定书。

● 相 关 链 接

　　补充耕地方案由批准农用地转用方案的人民政府在批准农用地转用方案时一并批准；供地方案由批准征用土地的人民政府在批准征用土地方案时一并批准（涉及国有农用地的，供地方案由批准农用地转用的人民政府在批准农用地转用方案时一并批准）。

　　（4）土地使用者应当依法申请土地登记。建设项目确需使用土地利用总体规划确定的城市建设用地范围外的土地，涉及农民集体所有的未利用土地的，只报批征用土地方案和供地方案。

　　抢险救灾等急需使用土地的，可以先行使用。其中，属于临时用地的，灾后应恢复原状并交还原土地使用者使用，不再办理用地审批手续；属于永久性建设用地的，建设单位应在灾情结束后6个月内申请补办建设用地审批手续。

　　2）征用土地的实施

　　征用土地方案经依法批准后，由被征用土地所在的市、县人民政府组织实施，并将批准征地机关、批准文号、征用土地的用途、范围、面积及征地补偿标准、农业人员安置办法和办理征地补偿的期限等，在被征用土地所在的乡（镇）、村予以公告。

　　被征用土地的所有权人、使用权人应当在公告规定的期限内，持土地权属证书到公告指定的人民政府土地行政主管部门办理征地补偿登记。

　　市、县人民政府土地行政主管部门根据经批准的征用土地方案，会同有关部门拟订征地补偿、安置方案。征地补偿、安置争议不影响征用土地方案的实施。

　　征用土地的各项费用应当自征地补偿、安置方案批准之日起3个月内全额支付。

　　3）征用土地的补偿

　　《土地管理法》规定，征用耕地的补偿费包括土地补偿费、安置补助费及地上附着物和青苗的补偿费，征用土地的补偿费用，除属于个人的地上附着物和青苗的补偿费付给本人外，其余均由被征用土地单位统一管理、使用。法律规定，统一管理的征地补偿费用只能用于发展生产和安排多余劳动力的就业及作为不能就业人员的生活补助，不得移作他用。任何单位和个人都不得侵占、挪用被征用土地单位的征地补偿费用。被征用土地的农村集体经济组织应当将征用土地补偿费用的收支情况向本集体经济组织的成员公布，接受监督。市、县和乡（镇）人民政府也应加强对安置补助费使用情况的监督。

● 相 关 链 接

　　土地补偿标准如下。

　　（1）土地补偿费。为该耕地被征用前3年平均年产值的6~10倍。

　　（2）安置补助费。按需要安置的农业人口数计算，需要安置的农业人口数等于被征用耕地的数量除以征地前被征用土地单位平均每人占有的耕地数。每一个需要安置的农业人口的安置补助费标准为该耕地被征用前3年每亩（1亩≈666.67m²）平均年产值的4~6倍。但每公顷被征用耕地的安置补助费，最高不得超过土地被征用前3年平均年产值的15倍。

（3）地上附着物和青苗补偿费。补偿标准由省、自治区、直辖市规定。

（4）新菜地开发建设基金。征用的耕地为城市郊区的菜地时，用地单位还应按国家的有关规定缴纳新菜地开发建设基金。

征用其他土地的补偿费标准，由省、自治区、直辖市参照征用耕地的补偿标准另行规定。按照上述标准支付的土地补偿费和安置补助费，尚不能使需要安置的农民保持原有生活水平的，经省、自治区、直辖市人民政府批准，可以增加安置补助费，但安置补助费和土地补偿费的总和，不得超过土地被征用前3年平均年产值的30倍。

由有批准权的县级以上人民政府土地行政主管部门提出建设用地申请，经土地行政主管部门审查，报本级人民政府批准，国有建设用地可通过有偿使用和划拨两种方式交由建设单位使用。

应用案例 4-1

张某等163人原系东山村东新村民组村民。1982—1988年，市委组织部、市体委、省公安厅、市中级人民法院、市交通局汽车运输七场、省消防总队等8个单位。与东山村东新村民组、东山村村民委员会、乡政府签订征地合同，征用土地54.67亩。征地单位依据征地合同的约定，共支付乡政府征地补偿费、安置补助费人民币1626466元，乡政府累计拨付东山村村民委员会885185元。该村委会得此款后向被征土地村民发放安置补助费699738元。后村民委员会修建水果批发市场又占用东山村东新村民组部分土地，支付该村村民土地补偿费人民币1000000元，村民先后共得款799738元。此后，该村村民对乡政府及村民委员会发放的征地补偿费、安置补助费数额产生异议，认为其应得的征地补偿费、安置补助费被乡政府和村委会截留，未用于兴办公益事业和解决农民就业，侵犯了该村村民的合法利益。为此，张某等163人在向有关部门反映无结果的情况下，于1997年4月7日向省高级人民法院提起诉讼，请求判令乡政府及村民委员会返还被侵占的安置补助费。

引导问题：该纠纷应如何解决？

【案例评析】

《土地管理法实施条例》第二十六条规定："土地补偿费归农村集体经济组织所有；地上附着物及青苗补偿费归地上附着物及青苗的所有者所有。征用土地的安置补助费必须专款专用，不得挪作他用。需要安置的人员由农村集体经济组织安置的，安置补助费支付给农村集体经济组织，由农村集体经济组织管理和使用；由其他单位安置的，安置补助费支付给安置单位；不需要统一安置的，安置补助费发放给安置人员个人或者征得被安置人员同意后用于支付被安置人员的保险费用。市、县和乡（镇）人民政府应当加强对安置补助费使用情况的监督。"由此可见，国家征地所产生的土地补偿费、安置补助费属于农民集体经济组织所有。被征土地所产生的附着物和青苗补助费，属于附着物及青苗的所有者所有。1994年12月30日至1995年1月16日，江西省最高人民法院曾就征地补偿费、安置补助费的权属如何认定，批复江西省高级人民法院，进一步明确：征地补偿费、安置补助费属于农民集体组织所有，由该组织管理、经营，用于发展生产，安排就业，不得分给个人或者挪作他用。本案例原东新村民组建制被撤销，仍保留村民委员会机构的决定，安置补助费应归该农民集体经济组织所有。因此，一审法院裁定张某等163人非被征土地产生的安置补助费的权利人,适用法律正确。本法第四十九条赋予了农村集体经济组织对安置补偿费安排、使用、管理的权利,同时农村集体经济组织如何安排、使用、管理该笔费用,本法也作了相应的规定,即农村集体经济组织应当就征地补偿费、安置补助费的收支状况向集体经济组织的成员公布,接受监督,禁止侵占、挪用。本案例乡政府、村民委员会未就征地单位支付的1626466元征地补偿费、安置补助费的收支状况向东新村民组的村民公布,其行为违反上述法律规定。张某等163人与乡政府、村民委员会管理、使用因征地产生的征地补偿费及安置补助费引起的争议,不属于平等主体之间的民事纠纷,不应当由人民法院作为民事案件受理。一审法院以张某等163人不具备本案原告诉讼主体资格为由,裁定驳回其起诉,认定事实清楚,适用法律正确。

5. 取得国有建设用地

1) 国有建设用地使用权的划拨

《土地管理法》规定:经县级以上人民政府的批准,建设单位可通过划拨的方式取得国有建设用地的使用权。国务院颁发的《实施条例》中对以划拨方式取得的国家建设用地的审批程序做出了具体规定,建设单位必须按照批准文件的规定使用土地。

● 相 关 链 接

土地使用权证又称为国有土地使用权证,是指经土地使用者申请,由城市各级人民政府颁发的国有土地使用权的法律凭证。该证主要载明土地使用者名称、土地坐落、用途,土地使用权面积、使用年限和四至范围。

2) 国有建设用地使用权的出让

国有建设用地使用权的出让是指建设单位按照国务院规定的标准和办法,缴纳土地使用权出让金等土地有偿使用费和其他费用后,取得国有建设用地的使用权。出让方式一般包括出让国有土地使用权、租赁国有土地、国有土地使用权作价出资或入股等形式。

● 特 别 提 示

建设单位必须按土地使用权出让合同或其他有偿使用合同的约定使用土地;确需改变该幅土地建设用途的,应经有关人民政府土地行政主管部门同意,报原批准用地的人民政府批准。在城市规划区内改变土地用途的,在报批之前,应先经有关城市规划行政主管部门同意。

3) 国家建设用土地使用权的收回

《土地管理法》规定:相关人民政府土地行政主管部门在报经原批准用地的人民政府或有批准权的人民政府批准后,可将国有建设用地的使用权收回。

● 相 关 链 接

收回国家建设用地使用权的情形如下。

(1) 为公共利益需要使用土地的。

(2) 为实施城市规划进行旧城区改建，需要调整使用土地的。

(3) 土地出让等有偿使用合同约定的使用期限届满，土地使用者未申请续期或申请续期未获批准的。

(4) 因单位撤销、迁移等原因，停止使用原划拨的国有土地的。

(5) 公路、铁路、机场、矿场等经核准报废的。

因(1)、(2)两项而收回国有土地使用权的，国家对土地使用权人应给予适当补偿。

6. 临时用地

建设项目施工和地质勘查需要临时使用国有土地或农民集体所有土地的，由县级以上人民政府土地行政主管部门批准。其中，在城市规划区内的，还应先经有关城市规划行政主管部门同意。土地使用者应当根据土地权属，与有关土地行政主管部门或农村集体经济组织、村民委员会签订临时用地合同，并按合同的约定支付临时使用土地补偿费。

临时用地的使用者应按临时使用土地合同约定的用途使用土地，并不得修建永久性建筑。临时用地为耕地的，临时用地的使用者应自临时用地期满之日起1年内恢复种植条件。临时使用土地期限一般不超过两年。

7. 土地市场流转

1) 土地市场简介

土地市场分为一级市场和二级市场。县级以上人民政府可以通过划拨、出让、出租、作价入股、授权经营投资这五种资源配置方式，把土地资源配置给社会主体，这个过程就叫做土地的一级市场。

政府把资源配置给不同的社会主体，而这些主体当然就成了土地使用权人。这些土地使用权人再行处置土地使用资源的过程就叫做二级市场。出让的土地使用权由土地使用权再行处置的时候，也叫做出让土地使用权的转让。

2) 出租土地使用权

通过政府出租的方式，也可以获得国有土地使用权证，只是缴纳政府收益的方式不同，分年缴纳。但是它的权能和出让土地的权能是一样的，既可以流转抵押，也可以互换。

有些地方政府在招商引资的时候，招来的品牌企业对于可能短期内缴纳50年工业用地的出让金感到资金压力太大。政府可以在短期内通过出租的方式，向其配置土地资源。待其资金流比较充裕的时候，再转化成出让土地。

但是出租的使用权在流转时称为租赁。所以说政府的土地资源配置完成后，土地可以再行流向市场，而这个市场的特点就是由土地使用权人对土地进行处置。

3) 征收、征用和收回

征收，是把他人的物，变成自己的物，或是变成另外一个主体的物，也就是说是物的所有权的变动。

征用，是把他人所有的物临时拿过来使用，它属于临时性的改变，是使用权的状态变化。

在房地产体系里，只有土地使用权才针对收回，例如《国有土地房屋征收补偿条例》中有这样一句话："征收范围内的房屋所包含范围的土地使用权，在房屋征收的时候，要一并收回"。也就是说把房屋的所有权从业主的手里征收为国家所有的时候，相对应的土地使用权是收回的。

8. 地价

全地价、出让金总额、出让总地价在行业不同的语境里面，内涵都是一样的。

1）土地成本

常见的直接成本包括三种成本。

（1）把农村集体经济组织成员所有的土地强行征为国家所有的时候，要给予一个对价补偿和安置，这个就叫直接成本。

（2）三旧改造、棚户区改造、旧城改造、城中村改造等所有的这些改造，都要对原有的土地权利人和地上房屋的所有权人给予补偿和安置，那么这一部分成本都叫做直接成本。

（3）有些土地纳入政府储备库的时候，是不需要进行拆迁补偿和安置这个过程的。我们把它叫做单一产权的土地，如学校、工厂。工厂所有者可能持有五个或者三个土地证，但是这五个或三个土地证上的权利人是一个。我们把它叫做单一产权。这些单一产权可以走征收补偿程序，也可以单独走收购储备补偿程序。

收购储备的补偿价款就是土地取得的直接成本，这些地块通过征收补偿和安置，通过储备补偿，纳入政府的土地储备库，直接成本就完成了。

纳入储备库以后，地方政府要做很多工作，比较常见的是"七通一平"。在土地供给之前，市政府要做好包括道路、照明、绿化这些市政配套工作。甚至有些地方政府为了把地块卖出更好的价格，连小区里面的水井、道路和绿化都做好。开发商拿到土地使用权的时候，招拍挂成交；或者成为竞买人的时候，直接按照总平面图，建主楼座就可以了。这个时候地方政府可以获得比较高的土地价款，开发商也可以在短期迅速回流资金。

政府在土地储备的时候，直接成本和间接成本共同构成了土地成本。

2）地价的有关问题

划拨土地使用权有两个特点，一个是无偿，一个是无期限。土地使用权无偿取得，是说土地使用权人要向政府支付土地成本。支付土地成本后，不需要再支付其他费用。

国务院、国土资源部及财政部在2007年前后联合发布了多个关于地价管理的文件。国发〔2004〕62号文件及财综〔2006〕68号文中谈到两个很特殊的概念——禁止土地零地价出让、负地价出让。零地价出让是指以成本价出让土地；负地价出让是指以低于成本价出让土地。

3）划拨土地使用权出让金的补交

（1）划拨土地使用权的权益价。国土资源部在2007年发布了两个规范，一个是《招标拍卖挂牌出让国有土地使用权规范》（试行），另一个是《协议出让国有土地使用权规范》（试行），其中谈到了划拨土地使用权的权益价：划拨土地使用权的房地产转让的时候，要对它的权益价进行评估。

（2）划拨土地使用权的两个阶段，第一阶段非常类同于地价的分段。划拨土地使用权只缴纳成本价，其中不含政府收益，所以称为无偿取得。按规定，划拨土地使用权要走向有形市场，通过公开竞价的方式来确定40%土地出让金的缴纳数额。现在普遍的操作手法，就是按照土地的市场评估价的40%支付即可。

任务4　建筑用地与城市规划许可申办

9. 违反土地管理法的相关责任

(1) 买卖或者以其他形式非法转让土地的，由县级以上人民政府土地行政主管部门没收违法所得，对违反土地利用总体规划擅自将农用地改为建设用地的，责令限期拆除在非法转让的土地上新建的建筑物和其他设施，恢复土地原状，对符合土地利用总体规划的，没收在非法转让的土地上新建的建筑物和其他设施，可以并处非法所得50%以下的罚款；对直接负责的主管人员和其他直接负责人员，依法给予行政处分；构成犯罪的，依法追究刑事责任。

(2) 未经批准或者采取欺骗手段骗取批准，非法占用土地的，在土地利用总体规划确定的禁止开垦区内进行开垦的，由县级以上人民政府土地行政主管部门责令限期改正及退还非法占用的土地，对违反土地利用总体规划擅自将农用地改为建设用地的，责令限期拆除在非法占用的土地上新建的建筑物和其他设施，恢复土地原状，对符合土地利用总体规划的，没收在非法占用的土地上新建的建筑物和其他设施，可以并处非法占用土地30元/m²以下的罚款；对非法占用土地单位的直接负责的主管人员和其他直接责任人员，依法给予行政处分；构成犯罪的，依法追究刑事责任。超过批准的数量占用土地的，多占的土地以非法占用土地论处。

(3) 农村村民未经批准或者采取欺骗手段骗取批准，非法占用土地新建住宅的，由县级以上人民政府土地行政主管部门责令退还非法占用的土地，限期拆除在非法占用的土地上新建的房屋。超过省、自治区、直辖市规定的标准，多占的土地以非法占用土地论处。

(4) 无权批准征用、使用土地的单位或者个人非法批准占用土地的，超越批准权限非法。

应用案例4-2

某市第二中学位于市中心商业繁华地段。1999年3月，该校未经土地管理部门批准，拆掉临街的一栋简易食堂，利用原食堂的地基，修建了一栋占地400m²的两层楼商业铺面，全部用于出租经商，所获收益全部用于教师福利。

1999年5月，市土地管理部门发现这一情况后，立即立案查处。经查，市第二中学拆旧房建新房只经市建委同意，未向土地管理部门办理划拨土地使用用途变更手续，商业铺面修好后用于出租，也未将出租商业铺面的租金中所含的土地收益上交给国家。为此，市土地管理局决定依照《城市国有土地使用权出让转让暂行条例》第46条的规定没收市第二中学的非法所得并处以罚款。但因没有收集到证据，没有下达行政处罚决定书。

不料，在搜集证据时遇到了阻碍。校方拒绝向市土地管理局提供房屋出租合同，又对承租方施压，不准他们向市土地管理局提供证据，市土地管理局不能依法取得市第二中学违法出租土地的非法所得的准确数额，罚款金额计算不出。依据《行政处罚法》的规定，不能对市第二中学下达行政处罚决定书，因为一旦下达行政处罚书，对方向法院提起行政诉讼，市土地管理局因行政处罚所依据的证据不充分，可能会败诉。因此，市土地管理局依法申请市房地产价格评估，每平方米的月租金为55元。据此，市土地管理局对市第二中学下达了行政处罚决定书：责令市第二中学补办划拨土地使用权出租审批、登记手续；没收违法所得4万元，并处罚款2万元。

市第二中学收到行政处罚书后，拒不执行，也没有依法向人民法院提起诉讼。市土地管理局依法申请人民法院强制执行。

引导问题：该纠纷应如何处理？

【案例评析】

该案例中，某市第二中学拆食堂而盖商业铺面，实际上构成了两种不同的违法行为，即非法改变土地用处和违法出租划拨土地使用权。《土地管理法》第五十六条规定："建设单位使用国有土地的，应当按照土地使用权出让等有偿使用合同的约定或者土地使用权划拨批准文件的规定使用土地；确需改变该幅土地建设用途的，应当经有关人民政府土地行政主管部门同意，报原批准用地的人民政府批准。其中，在城市规划区内改变土地用途的，在报批前，应当先经有关城市规划行政主管部门同意。"本案例中，市第二中学未经批准，拆食堂而盖商业铺面，擅自改变土地用途，是非法占用国有划拨土地的行为。市土地管理局应依据《土地管理法》第七十六条的规定对市第二中学非法占用国有土地的行为给予处罚。但实际上，市土地管理局未对市第二中学非法占用土地的行为做出处理，这是市土地管理局行政执法的疏漏和错误，应依法更正。

划拨土地使用权的转让、出租和抵押须经市、县人民政府土地管理部门批准同意，补交土地出让金或上缴出租土地的土地收益，并提交相关的证明文件，如土地使用权证书，房地产所有权证书，出让、出租、抵押合同，向土地管理部门办理土地使用权出让、出租、抵押登记手续。土地使用权出让、出租、抵押，当事人不办理登记手续的，其行为无效，不受法律保护。土地管理部门将依法没收违法出让、出租、抵押划拨土地使用权的出让人、出租人、抵押人的非法所得，并根据情节处以罚款。

本案例中，市第二中学非法占用划拨土地修建商业铺面并用于出租，其出租行为未经市人民政府批准，未补交土地出让金，也没有办理划拨土地出租登记手续，属违法出租划拨土地使用权的行为，情节严重，市土地管理局对其处罚是正确的。

4.2.3 城乡规划的公布

经法定程序批准生效后的城乡规划即具有法律效力，需要及时向全社会公布，进行宣传。城乡规划公布一般是指城市人民政府将批准的城乡规划采用适当的方式向全社会公布。公布城乡规划的目的主要有两个方面：一是使建设单位和个人了解城乡规划，了解城乡规划建设的方针政策、目标内容和具体要求，以便自觉遵守，并服从城乡规划管理，自觉按照城乡规划的要求进行建设活动；二是有利于对擅自改变规划、违反规划的行为进行检举、控告、监督和处罚。

4.2.4 城乡规划实施的"一书两证"

1. 选址意见书

《中华人民共和国城乡规划法》第三十六条规定：按照国家规定需要有关部门批准或者核准的建设项目，以划拨方式提供国有土地使用权的，建设单位在报送有关部门批准或者核准前，应当向城乡规划主管部门申请核发选址意见书。选址意见书是指建设项目（主要指新建大中型工业与民用项目）在立项过程中，城乡规划行政主管部门对提出的关于建设项目选建具体用地地址的批复意见等具有法律效力的文件。国家对建设项目，特别是大、中型项目的宏观管理，在可行性研究阶段，主要是通过计划管理和规划管理来实现的。规定选址意见书制度是为了保证建设项目有计划、按规划的程序进行建设。

前款规定以外的建设项目不需要申请选址意见书。

1) 选址意见书的内容

（1）建设项目的基本情况。建设项目的基本情况主要包括建设项目的名称、性质、建设规模、市场需求预测、水源及其他能源的需求量；原材料及产品的运输方式与运输量；生产配套设施以及废水、废气、废渣的排放及处理方案。

（2）建设项目选址的依据。建设项目选址的主要依据有：经批准的项目建议书；建设项目所在城市的总体规划、分区规划；建设项目所在城市的交通、通信、能源、市政、防灾规划；建设项目所在城市的生活居住及公共设施规划；建设项目所在城市的环境保护规划和风景名胜、文物古迹管理规划等。

2) 建设项目选址意见书的核发权限

建设项目选址意见书按建设项目计划审批权限实行分级规划管理。

（1）县级人民政府计划行政主管部门审批的建设项目，由县人民政府城乡规划行政主管部门核发选址意见书。

（2）地级、县级市人民政府计划行政主管部门审批的建设项目，由该市人民政府城乡规划行政主管部门核发选址意见书。

（3）直辖市、计划单列市人民政府计划行政主管部门审批的建设项目，由直辖市、计划单列市人民政府城乡规划行政主管部门核发选址意见书。

（4）省、自治区人民政府计划行政主管部门审批的建设项目，由项目所在地县、市人民政府城乡规划行政主管部门提出审查意见，报省、自治区人民政府城市规划行政主管部门核发选址意见书。

（5）中央各部门、公司审批的小型和限额以下的建设项目，由项目所在地县、市人民政府城乡规划行政主管部门核发选址意见书。

（6）国家审批的大中型和限额以上的建设项目，由项目所在地县、市人民政府城乡规划行政主管部门提出审查意见，报省、自治区、直辖市、计划单列市人民政府城乡规划行政主管部门核发选址意见书，并报国务院城乡规划行政主管部门备案。

相关链接

《土地管理法》第十六条规定："在城市规划区内，土地利用应当符合城市规划。"《城市规划条例》第三十一条规定，城市规划主管部门审查批准用地位置、面积和范围，"发给用地许可证，方可使用土地"。《城市规划法》第三十一条明确规定："建设单位或者个人在取得建设用地规划许可证后方可向县级以上地方人民政府土地管理部门申请用地。"第三十九条规定："在城市规划区内，未取得建设用地规划许可证而取得建设用地的批准文件占用土地的，批准文件无效。"上述法律、法规明确规定了城市规划在保证城市土地合理利用方面的法律约束力和城市规划行政主管部门行使城市建设用地规划管理的法定职能。建设用地规划许可证是建设单位在向土地管理部门申请征用、划拨土地前，经城市规划行政主管部门确认建设项目位置、面积范围符合城市规划的法定内行凭证。它的意义在于确保土地利用符合城市规划，为土地管理部门在城市规划区内行使权属管理职能提供必要的法律依据，从而明确两个职能部门的职责分工，保证法定的城市建设用地审批程序的科学、合理。

2. 建设用地规划许可证

建设用地规划许可证是指由建设单位或个人向土地管理部门提出建设用地申请，城乡规划行政主管部门审查批准的建设用地位置、面积、界限的法律凭证。

1) 建设用地规划许可证制度的内容

(1) 申请条件如下。

① 申请书。

② 企业法人营业执照，事业单位为市、区编委批准机关成立的文件(复印件)。

③ 法定代表人证明书(原件)和法定代表人身份证复印件。

④ 被授权人身份证复印件和法人授权委托书。

⑤ 企业组织机构信息卡。

(2) 提交资料如下。

通过出让取得使用权的项目应提交：①建设单位申请；②《建设用地规划条件》；③《国有土地使用权出让合同》；④测量成果表(用地红线，确定的是宗地界址点，包括净用地、代征部分)；⑤项目批准、核准、备案文件；⑥其他(委托书、修建性详细规划、政府文件)。

通过划拨使用权的项目应提交：①建设单位申请；②《建设项目选址意见书》；③测量成果表(用地红线，确定的是宗地界址点，包括净用地、代征部分)；④项目批准、核准、备案文件；⑤其他(委托书、修建性详细规划、政府文件)。

(3) 建设用地的一般审批程序如下。

① 现场踏勘。城乡规划主管部门经受理建设单位用地申请后，应与建设单位会同有关部门到选址地点进行现场调查和踏勘。

② 征求意见。在城市规划区安排建设项目，占用土地一般会涉及许多单位和部门。城乡规划主管部门在审批建设用地前，应征求占用土地单位和部门以及环境保护、消防安全、文物保护、土地管理等部门的意见。

③ 提供设计条件。城乡规划主管部门初审通过后，应向建设单位提供建设用地地址与范围的红线图，红线图上应当标明土地利用现状和规划道路，并提出用地规划设计条件和要求。建设单位可以依据城乡规划主管部门下达的红线图委托设计单位进行项目规划方案设计。

④ 审查总平面图及用地面积。建设单位根据城乡规划主管部门提供的设计条件完成项目规划方案设计后，应将总平面图及其相关文件报送城市规划主管部门进行审查批准，并根据城市规划设计用地定额指标和该地块具体情况，审核用地面积。

⑤ 核发建设用地规划许可证。经审查合格后，城乡规划行政主管部门即向建设单位或个人核发建设用地规划许可证。建设用地规划许可证是建设单位在向土地管理主管部门申请征收、划拨前，经城市规划主管部门确认建设项目位置和范围的法律凭证。核发建设用地规划许可证的目的在于确保土地利用符合城市规划，维护建设单位按照规划使用土地的合法权益，同时也为土地管理部门在城市规划区内行使权属管理职能提供必要的法律依

据。土地管理部门在办理征收、划拨土地过程中，若确需改变建设用地规划许可证核定的位置和界限时，必须与城乡规划主管部门协商并取得一致意见，以保证修改后的位置和范围符合相应规划的要求。

相关链接

《建设用地规划许可证》申办程序

(1) 建设单位在每个工作日(周一至周六,以下同)持有关材料到规划局窗口(以下简称窗口)申报。

(2) 窗口工作人员在核收申报材料时，如发现有可以当场更正的错误，应当允许申请人当场更正；如发现材料不齐全或不符合要求，应当当场告知申请人需补正的全部内容。

(3) 窗口工作人员在核收申报材料时，应进行项目建设报件登记并注明收件内容及日期。

(4) 申报材料经窗口工作人员核收后，将申报材料转项目经办人。

(5) 项目经办人接到窗口转来的申报材料，经审核认为需补正相关文件，一次性书面告知申请人需补正的全部内容转窗口，通知申请人补正材料后重新申报。

(6) 经审核申报材料合格后，项目经办人进行现场踏查，符合规划要求的项目，由项目经办人完成会签工作并转设计科核发《建设用地规划许可证》，经窗口发给项目单位；经研究不符合规划要求的报件，由项目经办人填写"退件通知"，经窗口回复建设单位。

(7) 如在办理《建设用地规划许可证》过程中，发现该建设项目直接关系他人重大利益的，应当书面告知申请人、利害关系人；申请人、利害关系人有权进行陈述和申辩。

(8) 如申请人、利害关系人提出需要听证的，应当举行听证(听证程序按《长春市规划局规划行政许可听证工作规定》执行)。

(9) 申请人要求变更《建设用地规划许可证》内容的，应重新提出申请，按照规定程序换领《建设用地规划许可证》。

(4) 建设用地审批后的管理。建设用地批准后，城乡规划行政主管部门应当加强监督、检查工作。监督、检查的内容包括以下两个方面。

① 用地范围复核。主要是指城乡规划行政主管部门对征收、划拨的土地地界进行验核，杜绝违章占地情况的发生。

② 用地性质检验。主要是指城乡规划行政主管部门根据城市规划的要求，对征收土地的用途进行监督检查，纠正随意改变征地用途等违法行为。

特别提示

建设用地规划许可应当包括标有建设用地具体界限的附图和明确具体规划要求的附件。附图和附件是建设用地规划许可证的配套证件，具有同等的法律效力。附图和附件由发证单位根据法律、法规规定和实际情况制定。

2)《建设用地规划许可证》的内容

《建设用地规划许可证》包括下列内容：①编号；②发证单位、日期；③建设单位名称；④项目名称；⑤用地位置；⑥用地性质；⑦用地规模；⑧建设规模（容积率、建筑面积）；⑨附件。

特别提示

《建设用地规划许可证》有效期限为 6 个月，逾期未申请办理《建设工程规划许可证》的，该《建设用地规划许可证》自行失效。申请人需要延续依法取得的《建设用地规划许可证》有效期限的，应当在《建设用地规划许可证》有效期限届满 30 日前提出申请。

申办《建设用地规划许可证》的申请人须提交建设用地规划许可申请，并按要求提供《建设用地规划许可证》所规定的文件、图纸、资料进行申报。

3. 建设工程规划许可证

建设工程规划许可证是由城乡规划行政主管部门核发，用于确认建设工程是否符合城市规划要求的法律凭证。

1) 建设工程规划许可证的作用

(1) 确认建设单位和个人有关建设活动的合法地位。

(2) 作为建设活动过程中接受监督检查时的法律依据。

(3) 作为城市建设活动的重要历史资料和城市建设档案的重要内容。

2) 建设工程规划许可证制度的内容

(1) 申报资料。建设工程类工程需提供以下资料。

① 《建设工程规划许可证》申请表 1 份，并加盖申请人印章。

② 有关计划批准文件、设计条件或规划方案审批意见。

③ 土地使用权属证件及附图。

④ 1/500 或 1/1000 地形图两份，地形图上应由设计单位用 HB 铅笔标明下列内容：建筑基地用地界限、建筑物外轮廓及层数、新建建筑物与基地用地界限、道路规划红线及相关控制线、相邻建筑物间距尺寸轴线标号(作图格式见《报送建筑工程设计方案、建设工程规划许可证地形图示意图》)。

⑤ 符合出图标准并加盖建筑设计单位设计出图章的 1/500 或 1/1000 总平面设计图 2 份。

⑥ 建筑施工图一套，图纸须加盖设计单位图章。

⑦ 分层面积表(应按国家有关建筑面积规定计算)。

⑧ 建筑工程预算书。

⑨ 相关单位部门审核意见。

⑩ 日照分析文件一份(可选)。

⑪ 规划部门要求提供的其他材料。

⑫ 涉及拆迁的，应附送拆迁文件。

相关链接

市政工程类办证申报资料

① 《建设工程规划许可证》申请表 1 份，并加盖申请人印章。

② 有关计划批准文件、设计条件或规划方案审批意见。

③ 土地使用权属证件及附图（可选）。
④ 1/500 或 1/1000 地形图两份。
⑤ 符合出图标准并加盖市政府工程设计单位设计出图章的 1/500 或 1/1000 总平面设计图 2 份。
⑥ 施工图 2 套，图纸须加盖设计单位出图章。

（2）建设工程规划许可证的审批程序。

① 申请。建设单位应当持设计任务书、建设用地规划许可证和土地使用证等有关批准文件向城乡规划主管部门提出建设工程规划许可证核发申请。城乡规划主管部门对申请进行审查，确定建设工程的性质、规模等是否符合城市规划的布局和发展要求。对于建设工程涉及相关主管部门的，则应根据实际情况和需要，征求有关行政主管部门的意见，进行综合协调。

② 初步审查。城乡规划主管部门受理申请后，应对建设工程的性质、规模、建设地点等是否符合城市规划要求进行审查，并应征求环境保护、环境卫生、交通、通信等相关部门的意见，以便使规划更加合理完善。

③ 核发规划设计要点意见书。城乡规划主管部门根据对申请的审查结果和工程所在地段详细规划的要求，向建设单位或个人核发规划设计要点意见书，提出建设高度限制、城市规划红线的边界限制，并与四周已有工程的关系限制等规划设计要求。建设单位按照规划设计要点意见书的要求，委托设计部门进行方案设计工作。

④ 方案审查。建设单位或个人根据规划设计要点意见书完成方案设计后，应将设计方案（应不少于两个）的有关图纸、模型、文件报送城乡规划行政主管部门。城乡规划主管部门对各个方案的总平面布置、工程周围环境关系，以及个体设计体量、层次、造型等进行审查比较后，核发设计方案通知书，并提出规划修改意见。建设单位据此委托设计单位进行施工图设计。

⑤ 核发建设工程规划许可证。建设单位或个人按照设计方案通知书的要求完成施工图设计后，将注明勘察设计证号的初步设计文件（总平面图、个体建筑设计的平面图、立面图、剖面图、基础图、地下室平面图及其剖面图等施工图及相关设计说明）报城乡规划行政主管部门审查。经审查批准后，核发建设工程规划许可证。

◉ 相 关 链 接

（1）在哪些情况下，需要重新办理《建设工程规划许可证》？

当工程因以下情况确需修改的，应重新办理《建设工程规划许可证》：①涉及建筑物位置、立面、层数、平面、使用功能、建筑结构改变的；②市政工程中涉及规模、等级、走向、工艺设计、立面、平面、结构、功能及设备的容量、造型有较大变化的。

（2）对已建成的建筑需改变使用性质时，是否需要申请核发《建筑工程规划许可证》？

已建成的建筑确需改变使用性质的，须经城市规划主管部门批准，签订土地使用权出让合同书补充协议、付清地价款后，持设计文件等，向市规划主管部门申请核发《建设工程规划许可证》或建筑工程装饰、装修许可文件。涉及有关专业管理部门审批的，还应取得有关部门的审核意见。

(3)《建设工程规划许可证》的内容。

① 许可证编号。

② 发证机关名称和发证日期。

③ 用地单位。

④ 用地项目名称、位置、宗地号以及子项目名称、建筑性质、栋数、层数、结构类型。

⑤ 计容积率面积及各分类面积。

⑥ 附件包括总平面图、各层建筑平面图、各向立面图和剖面图。

建设工程规划许可证办理程序

(1) 规划窗口根据项目业主的申请,组织建筑设计方案技术审查,当日向并联审批部门发放《建筑设计方案并联审批办理通知书》。

(2) 各并联审批部门收到《建筑设计方案并联审批办理通知书》后,3个工作日内提出审查意见,签署《建筑设计方案并联审批审核意见书》反馈市规划局。

(3) 中心规划窗口收到并联审批部门《建设规划建筑设计方案并联审批审核意见书》后,5个工作日内完成方案审查和施工图纸审核。如方案需要修改,应提出修改意见,明确修改理由,项目申请人修改后重新报建;如方案得到批准,项目业主申请建设工程规划许可。

(4) 中心规划窗口根据项目业主申请和办理"建设工程规划许可证""消防设计防火审核""新建民用建筑项目防空地下室建设意见审查""气象防雷设计审核""城市建筑垃圾处置核准""拆除迁移环境卫生设施审批""白蚁防治手续"等并联审批事项的申报条件,受理建设工程规划许可申请,告知项目业主一次性填报表格,提交相关材料,当天向消防、人防、气象、市容、房管等并联审批部门发放《建设工程规划许可并联审批办理通知书》,并转交有关申报材料。

(5) 各并联审批单位在2个工作日内审批办结,签署《建设工程规划许可并联审批审核意见书》反馈市规划局,抄告项目业主。

(6) 规划窗口根据并联审批单位《建设工程规划许可并联审批审核意见书》,4个工作日内完成现场放验线,核发《建设工程规划许可证》。

(4) 建设工程审批后的管理。

① 验线。建设单位应当按照建设工程规划许可证的要求放线并经城乡规划行政主管部门验线后方可施工。对临近城市规划红线的工程,首先应请城乡规划勘测部门确定红线位置及定位坐标,然后再进行个体工程的放线。

② 现场检查。是指城乡规划管理工作人员进入有关施工现场,了解建设工程的位置、施工等情况是否符合规划设计条件。工程定位、建筑面积、建筑功能及建筑外观是重要的检查内容。

③ 竣工验收。竣工验收是工程项目建设程序中的最后一项。规划部门参加竣工验收,是对建设工程是否符合规划设计条件进行最后把关,以保证城市规划区内各项建设符合城

市规划。

特别提示

建设工程规划许可证所包括的附图和附件，按照建筑物、构筑物、道路、管线以及个人建房等不同要求，由发证单位根据法律、法规规定和实际情况制定。附图和附件是建设工程规划许可证的配套证件，具有同等法律效力。

4.2.5 相关法律责任

《中华人民共和国城乡规划法》第六十四条规定：未取得建设工程规划许可证或者未按照建设工程规划许可证的规定进行建设的，由县级以上地方人民政府城乡规划主管部门责令停止建设；尚可采取改正措施消除对规划实施的影响的，限期改正，并处建设工程造价5%以上10%以下的罚款；无法采取改正措施消除影响的，限期拆除，不能拆除的，没收实物或者违法收入，并处建设工程造价10%以下的罚款。

第六十五条规定：在乡、村庄规划区内未依法取得乡村建设规划许可证或者未按照乡村建设规划许可证的规定进行建设的，由乡、镇人民政府责令停止建设、限期改正；逾期不改正的，可以拆除。

第六十八条规定：城乡规划主管部门做出责令停止建设或者限期拆除的决定后，当事人不停止建设或者逾期不拆除的，建设工程所在地县级以上地方人民政府可以责成有关部门采取查封施工现场、强制拆除等措施。

【案例评析】

电子公司新建儿童乐园大楼虽经城管部门原则同意，并向市规划局申请办理有关建设规划手续，但在尚未取得建设工程规划许可证的情况下即动工修建，违反了《中华人民共和国城乡规划法》第四十条"在城市、镇规划区内进行建筑物、构筑物、道路、管线和其他工程建设的，建设单位或者个人应当向城市、县人民政府城乡规划主管部门，或者省、自治区、直辖市人民政府确定的镇人民政府申请办理建设工程规划许可证"的规定，属违法建筑。B市城市规划局据此做出限期拆除违法建筑的处罚决定并无不当。鉴于该违法建筑位于B市主干道一侧，属城市规划区的重要地区，未经规划部门批准即擅自动工修建永久性建筑物，其行为本身就严重影响了该区域的整体规划，且电子公司在市规划局制止及做出处罚决定后仍继续施工，依照《A省关于〈中华人民共和国城市规划法〉实施办法》和《B市城市建设规划管理办法》的规定，属从重处罚情节，因此电子公司以该建筑物不属严重影响城市规划的情节为由，请求变更市规划局拆除大楼的决定为罚款保留房屋的意见应不予支持。

4.3 任务实施

(1) 请制订本次许可获取的工作计划。
(2) 根据本项目要求，完成表4-1和表4-2的填写。

表4-1 建设用地规划许可申办工作计划表

一、项目概述		
序 号	事 项	
1	项目名称	
2	办理单位	
3	办理窗口	
4	办理时限	
5	收费标准及依据	
6	窗口电话	
7	投诉电话	

二、法定依据	
序 号	相关法规
1	
2	
3	
4	
5	
6	
7	

三、办理程序	
序 号	工作内容
1	
2	
3	
4	

四、申请材料		
序 号	材料名称	来源
1		
2		
3		
4		
5		
6		
7		
8		
9		
10		
11		

表4-2 建设工程规划许可申办工作计划表

一、项目概述		
序　号	事　项	
1	项目名称	
2	办理单位	
3	办理窗口	
4	办理时限	
5	收费标准及依据	
6	窗口电话	
7	投诉电话	

二、法定依据	
序号	相关法规
1	
2	
3	
4	
5	
6	
7	

三、办理程序	
序号	工作内容
1	
2	
3	
4	

四、申请材料		
序号	材料名称	来源
1		
2		
3		
4		
5		
6		
7		
8		
9		
10		

(3) 根据本项目要求，完成该次规划与用地许可申办法律意见书。

① 申办前置条件。

② 申办流程。

③ 申办注意事项。

④ 规划与用地许可证主要内容。

⑤ 规划与用地许可证有效期。

⑥ 能否变更许可内容，如何变更。

⑦ 风险防范。

4.4 任务总结

1. 任务问题

(1) 此次任务完成中存在的主要问题有哪些？

(2) 问题产生的原因有哪些？

(3) 提出相应的解决方法。

(4) 您认为还需加强哪些方面的指导（实际工作过程及理论知识）？

2. 自我总结

(1) 问题产生的原因有哪些？

(2) 提出相应的解决方法。

(3) 您认为还需加强哪些方面的指导（实际工作过程及理论知识）？

4.5 知识点回顾

本次任务的完成主要涉及以下知识点：国有土地使用权的概念、性质及分类；出让土地使用权的取得方式、出让年限；划拨方式供应土地的范围；规划内建设用地、规划外建设用地及乡镇用地；国家征用土地的审批程序及补偿办法；取得国有建设用地的程序与要点；《选址意见书》《建设用地规划许可证》《建设工程规划许可证》的内容、办理程序与要点。

4.6 基础训练

4.6.1 选择题

1. 根据《土地管理法》及《城市房地产管理法》的相关规定，下列各项中可以通过划拨方式取得国有土地使用权的有（　　）。

　　A. 三峡水利枢纽工程用地　　　　　　B. 北京市民政局用地

　　C. 奥运会主会场之一的水立方　　　　D. 商品房开发用地

　　E. 娱乐设施用地

2. 某村在宅基地发放过程中，许多村民递交了申请书，其中不应当批准的有（　　）。

A. 周某迷信自己的住宅风水不佳，卖给其他村民，并申请新的宅基地
B. 吴某将住房出租给来本地做生意的陈某，申请宅基地建造更多的可出租房屋
C. 郑某有两个儿子，大儿子已经领取了结婚证
D. 王某在村中央已有住宅一套，现申请在村庄边缘建房
E. 冯某欲搞开发建别墅

3. 以下属于用益物权的是(　　)。
   A. 地役权　　　　B. 抵押权　　　　C. 质权　　　　D. 留置权

4. 关于国有土地建设用地使用权的说法，错误的是(　　)。
   A. 国有土地建设用地使用权属于用益物权
   B. 国有土地建设用地使用权可以通过出让或划拨方式设立
   C. 国有土地建设用地使用权期间届满前，因公共利益需要可以征收
   D. 国有土地建设用地使用权期间届满的，自动续期

5. 施工方甲单位由于建设需要，需要经过乙厂的道路运送建筑材料。于是，甲、乙双方订立合同，约定施工方甲单位向乙厂支付一定的费用，甲单位可以通过乙单位的道路运送材料。在此合同中，施工单位甲拥有的权利是(　　)。
   A. 相邻权　　　　　　　　　　B. 地役权
   C. 土地租赁权　　　　　　　　D. 建设用地使用权

6. 某施工单位在某工程施工过程中，由于所采取的保护措施不当，致使与该工程毗邻的若干民宅开裂和倾斜，且一民居的围墙倒塌，造成部分居民出行不便。对此，受影响的居民可向该施工单位请求(　　)。
   A. 确认物权　　　B. 排除妨碍　　　C. 恢复原状
   D. 返还原物　　　E. 赔偿损失

7. 国有建设用地使用权的用益物权，可以采取(　　)方式设立。
   A. 出租　　　　　B. 出让　　　　　C. 划拨
   D. 抵押　　　　　E. 转让

8. 张三为了看风景，和邻居相约：张三付给他10万，邻居10年内不得在自己的土地上盖6层以上的建筑物，张三在这10年内有权禁止邻居盖6层以上的建筑物，该权利叫(　　)。
   A. 占有权　　　　B. 使用权　　　　C. 收益权　　　　D. 地役权

4.6.2 简答题

1. 在城市规划和建设用地许可获取工作中应包含哪些工作内容？
2. 什么是选址意见书？如何获取？
3. 什么是土地使用权？如何获取？
4. 什么是建设用地规划许可？如何获取？
5. 什么是建设工程规划许可？如何获取？
6. 以上几项许可在申办程序上，有无先后之分？

4.7 综合案例分析

富润家园位于北京市学院路，2013年8月，业主们意外得知，本该属于小区配套工程的7号楼竟被开发商"合法"出卖，原来的幼儿园、文化活动站也即将成为一座名为"浪淘沙沐浴会馆"的洗浴中心。2013年11月，业主们获悉，北京市规划委员会于2012年12月作出规划许可，撤销原来的规划许可证，并将7号楼的用途变更为"办公、变电室"，后再次变更为"商业、变电室"，其变更主要理由为北京市海淀区教育委员会出具的"关于富润家园配套意见书"，声称因原设计中配套幼儿园的建筑面积较小，不易办学，建议取消配套。

业主们认为，北京市规划委员会违法变更规划，取消幼儿园等生活配套设施，变相地为第三人将上述用房出售并开设洗浴中心创造条件，其行为违法，应予撤销。市规划委则认为，该委是依照第三人富润公司变更规划的申请，对第三人提交的消防、环保、人防等有关部门的审核意见进行审查，认为符合城市规划法律法规的规定，因此做出准许变更的规划许可，并未违反法定程序。原规划许可证中核准的幼儿园作为公共服务配套设施，不能满足建设指标的最小规模要求，在征求教育主管部门的意见后，同意海淀区教委取消该配套幼儿园的意见改为商业用房，并不违反相关规定。

问题：
1. 请对该案例涉及的法律关系、纠纷性质和纠纷解决途径进行说明。
2. 请提出该纠纷的处理方案。

任务 5

工程报建与施工许可申办

引例 1

近日，网传广东肇庆市将拆除一座投资方自称 3000 万元兴建的关公雕像的消息已经得到证实，原因是该铜像为"无用地手续、无规划报建手续、无建筑施工许可"的三无违法建筑，必须要拆除(10 月 10 日《广州日报》)令人大惑不解！这么大的一个项目，而且就在高高的山顶上施工，时间跨度又长达 6 年(从 2004 年开始设计、施工，到 2009 年下半年完成主体结构和装修工程)，在有关部门认定其为三无违法建筑的情况下，居然不加阻止，任由其畅通无阻建成，事到如今，则又要下令将此拆除！据 9 日新华网披露，肇庆将军山旅游有限公司有关负责人表示，早在 2005 年，该工程曾找过城乡规划局，当时对方称不在其管辖范围。而现在又表示，巨型关公像并不属于"必要的风景点"，将军山旅游风景区所在林地应当"严禁进行其他建筑开发"，其建设对生态环境和植被已造成严重不良影响。另据 10 日《广州日报》报道，此前，该市环保局曾多次要求该景区进行环评，但景区的出租方和承包方至今没有按规定进行环评。去年，肇庆市政府还为此事召开协调会议做出尽快补做环评的决定，但至今未得到落实。

引导问题：根据该引例，讨论以下问题。

(1) 应该如何看待该事件？

(2) 在建设工程程序中，报建与办理施工许可处于哪个环节？它对工程实施将产生什么影响？

5.1 任务导读

在工程建设准备阶段，工程报建是一个重要的环节，起着承上启下的作用。工程报建标志着工程建设前期准备阶段的工作已经完成，可以进入工程建设的实施阶段。

而建设工程实施施工许可制度，有利于避免不具备开工条件的建设工程盲目开工给当事人和社会造成损失和浪费，也便于建设行政主管部门全面掌握有关建设工程的基本情况，对在建工程及时进行监督和指导，保证建筑活动的合法性。完成本次任务须掌握建设工程报建与施工许可申报相关法律制度和实务技巧。

5.1.1 任务描述

你所在一家房地产开发企业欲对大学城商业街进行打造，现已获取该项目的城市规划和建设用地许可。你必须在2010年8月1日前完成该项目的工程报建和施工许可证的办理。

5.1.2 任务目标

(1) 按照正确的方法和途径，落实申报条件，收集报建与施工许可相关法律资料。
(2) 依据资料分析结果，确定完成该次任务的工作步骤。
(3) 按照任务工作时间限定，完成该次任务法律建议书和相关纠纷处理。
(4) 通过完成该任务，提出后续工作建议，完成自我评价，并提出改进意见。

5.2 相关理论知识

5.2.1 建设工程报建

建设工程报建制度是指建设单位在工程项目通过项目建议书(可分初步可行性研究或预可行性研究)、可行性研究、编制设计任务书、选择建设地点、立项审批、规划许可等前期筹备工作结束后，向建设行政主管部门申请转入工程建设的实施阶段，由建设行政主管部门依法对建设工程是否具备发包条件进行审查的一项制度。

1. 建设工程报建的范围和内容

1) 建设工程报建的范围

《工程建设项目报建管理办法》规定，凡在中华人民共和国境内投资兴建的工程建设项目，包括外国独资、合资、合作的工程项目，都必须实行报建制度，接受当地建设行政主管部门或其授权机构的监督管理。工程建设项目的投资和建设规模有变化时，建设单位应及时到当地建设行政主管部门或其授权机构进行补充登记。筹建负责人变更时，应重新登记。凡未办理报建登记的工程建设项目，不得办理招标投标手续和发放施工许可证，勘察、设计、施工单位不得承接该项工程的勘察、设计和施工工作。

2) 建设工程报建的内容

工程建设项目的报建内容主要包括：①工程名称；②建设地点；③投资的规模；④资金来源；⑤当年投资额；⑥工程规模；⑦开工、竣工日期；⑧发包方式；⑨工程筹建情况。

2. 建设工程报建的程序和相关资料

工程报建一般在项目所在地的建设工程交易中心完成报建，交易中心设置了集中办理一条龙服务窗口。

(1) 建设工程报建，首先要提供如下资料到建委办理登记手续：

① 发改委核发的《固定资产投资许可证》或主管部门批准的计划任务书。
② 规划部门核发的《建设用地规划许可证》和《建设工程规划许可证》。
③ 国土部门核发的《国有土地使用证》。
④ 符合项目设计资格设计单位设计的施工图纸和施工图设计文件审查批准书。
⑤ 人防办核发的《人民防空工程建设许可证》。
⑥ 消防部门核发的《建筑工程消防设计审核意见书》。
⑦ 防雷设施检测所核发的《防雷设施设计审核书》。
⑧ 地震办公室核发的《抗震设防审核意见书》。
⑨ 建设资金证明。
⑩ 工程预算书和造价部门核发的《建设工程类别核定书》。
⑪ 法律、法规规定的其他资料。
(2) 公开招标的建设工程，要补充如下资料到招标办办理手续。
① 建设单位法定代表人证明或法定代表人委托证明。
② 建设工程施工公开招标申请表。
③ 建设工程监理公开招标申请表。
(3) 邀请招标的建设工程，要补充如下资料到招标办办理手续。
① 建设单位法定代表人证明或法定代表人委托证明。
② 建设工程施工邀请招标审批表。
③ 建设工程监理邀请招标审批表。
④ 工商部门签发的私营企业证明。
⑤ 法人营业执照。
⑥ 其他申请邀请招标理由证明。
(4) 直接发包的建设工程，要补充如下资料到招标办办理手续。
① 建设单位法定代表人证明或法定代表人委托证明。
② 建设单位申请安排建设工程施工单位报告。
③ 建设单位申请安排建设工程监理单位报告。
④ 工商部门签发的私营企业证明。
⑤ 法人营业执照。
⑥ 建设工程直接发包审批表。

5.2.2 城市房屋拆迁管理

1. 房屋拆迁许可证的申请条件、内容及其法律效力

(1) 拆迁房屋的单位取得房屋拆迁许可证后，方可实施拆迁。
(2) 应向房屋所在地的市、县人民政府房屋拆迁管理部门提交下列资料。
建设项目批准文件；建设用地规划许可证；国有土地使用权批准文件；拆迁计划和拆迁方案；办理存款业务的金融机构出具的拆迁补偿安置资金证明。
(3) 房屋拆迁管理部门在发放房屋拆迁许可证的同时，应将房屋拆迁许可证中载明的拆迁人、拆迁范围、拆迁期限等事项，以房屋拆迁公告的形式予以公布。

2. 城市房屋拆迁主体、拆迁补偿安置协议的订立及纠纷处理

(1) 拆迁人可以自行拆迁，也可委托具有拆迁资格的单位进行拆迁。房屋拆迁管理部门不得作为拆迁人，不得接受拆迁委托。拆迁人委托拆迁的，应当向被委托的拆迁单位出具委托书，并订立拆迁委托合同。拆迁人应当自拆迁委托合同订立之日起15日内，报房屋拆迁管理部门备案。被委托的拆迁单位不得转让拆迁业务。

(2) 就补偿方式和补偿金额、安置用房面积和安置地点、搬迁过渡方式和过渡期限等事项，订立拆迁补偿安置协议。

(3) 拆迁补偿安置协议订立后，被拆迁人在搬迁期限内拒绝搬迁的，拆迁人可以依法向仲裁委员会申请仲裁，也可以依法向人民法院起诉。诉讼期间，拆迁人可以依法申请人民法院先予执行。

3. 城市房屋拆迁补偿的原则及方式

(1) 拆迁人应当依照《城市房屋拆迁管理条例》第二十二条规定，对被拆迁人给予补偿。拆除违章建筑和超过批准期限的临时建筑，不予补偿；拆除未超过批准期限的临时建筑，应当给予适当补偿。

(2) 拆迁补偿有两种方式，分别为货币补偿和房屋产权调换。

4. 搬迁补助费和临时安置补助费

根据《城市房屋拆迁管理条例》第三十一条规定，拆迁人应当对被拆迁人支付搬迁补助费。在过渡期内，被拆迁人自行安排住处的，拆迁人应当支付临时安置补助费；使用拆迁人提供的周转房的，拆迁人不支付临时安置补助费。

相 关 测 试

(1) 李某所在的居住小区已被公告列入拆迁范围，李某的下列行为中符合法律规定的是（　　）。

A. 将自己的旧房翻修扩建，增加了 $50m^2$ 建筑面积

B. 将房屋出租给附近大学的学生居住

C. 将临街的住房改造为商业铺面

D. 将房屋转让给邻居赵某

(2) 居民孙某不满意拆迁人的补偿安置方案，双方未能达成协议，因而拒绝搬迁。后经市房屋拆迁管理部门裁决孙某应于30日内搬迁，现期限届满，孙某仍然未搬。下列做法符合法律规定的是（　　）。

A. 拆迁人可以对其房屋进行强制拆除

B. 拆迁人向城市房屋拆迁管理部门申请强制拆迁

C. 由拆迁人申请人民法院强制拆迁

D. 强制拆迁前，拆迁人向公证机关办理证据保全

5.2.3 建设工程施工许可

《中华人民共和国建筑法》第七条规定，建设工程开工前，建设单位应当按照国家有

关规定向工程所在地县级以上人民政府建设行政主管部门申请领取施工许可证。这个规定确立了我国工程建设的施工许可制度。

1. 建设施工许可制度

建设施工许可制度是指由国家授权有关行政主管部门，在建设工程施工开始之前，对该项工程是否符合法定的开工条件进行审查，对符合条件的建设工程发给施工许可证，允许该工程开工建设的一项制度。施工许可证是指建设工程开始施工前建设单位向建设行政主管部门申请的可以施工的证明，是建设单位能够从事建设工程开工活动的法律凭证。

2. 实施施工许可证的范围

根据《中华人民共和国建筑法》第七条规定，除国务院建设行政主管部门确定的限额以下的小型工程，以及按照国务院规定的权限和程序批准开工报告的建设工程外，其余所有在我国境内的建设工程均应领取施工许可证。

住房和城乡建设部 2001 年 7 月 4 日发布的《建筑工程施工许可管理办法》规定，在中华人民共和国境内从事各类房屋建筑及其附属设施的建造、装饰装修和与其配套的线路、管道、设备的安装，以及城镇市政基础设备工程的施工，建设单位在开工前应当依照本办法的规定，向工程所在地县级以上人民政府建设行政主管部门申请领取施工许可证。应申请领取施工许可证而未领取的工程不得开工。

相 关 链 接

在我国以下 6 类工程不需要办理施工许可证。

（1）国务院建设行政主管部门确定的限额以下的小型工程。工程投资额在 30 万元以下或者建筑面积在 300 m^2 以下的建设工程，可以不申请办理施工许可证。省、自治区、直辖市人民政府建设行政主管部门可以根据当地实际情况，对限额进行调整，并报国务院建设行政主管部门备案。

（2）按照国务院规定的权限和程序批准开工报告的建设工程。

（3）抢险救灾工程和临时性建筑。《中华人民共和国建筑法》明确规定此类工程开工前不需要申请施工许可证。

（4）农民自建两层以下（含两层）的住宅工程。

（5）作为文物保护的建设工程。《中华人民共和国建筑法》第八十三条第二款规定，依法核定作为文物保护的纪念建筑物和古建筑等的修缮，依照文物保护的有关法律规定执行。

（6）军用房屋建筑。由于此类工程涉及军事秘密，《中华人民共和国建筑法》第八十四条规定："军用房屋建设工程建筑活动的具体管理办法，由国务院、中央军事委员会依据本法制定"。

3. 申请领取施工许可证的条件

根据《建设工程施工许可管理办法》第四条规定，建设单位申请领取施工许可证，应当同时具备下列条件，并提交相应的证明文件。

（1）已经办理该建设工程用地批准手续。根据《中华人民共和国土地管理法》和《中华人民共和国城市房地产管理法》的规定，任何单位和个人进行建设，需要使用土地的，必须依法申请使用土地。其中需要使用国有建设用地的，应当向县级以上地方人民政府土地行政主管部门申请，经其审查，报同级人民政府批准，颁发土地使用权证书。

（2）在城市规划区的建设工程，已经取得建设工程规划许可证。

（3）施工场地已经基本具备施工条件，需要拆迁的，其拆迁进度符合施工要求。很多工程都涉及拆迁，如果拆迁工作进展不顺利，就意味着后续工作无法进行。因此，工程开工前，必须先解决拆迁的问题。这里的拆迁是指房屋拆迁，房屋拆迁是指因国家建设、城市改造、整顿市容和环境保护等需要，根据城市规划和国家专项工程的拆迁计划以及当地政府的用地文件，由建设单位或个人对现存建设用地上的房屋及其附属物进行拆除，并由拆迁人对房屋所有者或使用者进行迁移安置并视情况给予一定补偿的活动。对在城市旧区进行建设工程的新建、扩建和改建，拆迁是施工准备的一项重要任务。对成片进行综合开发的，应根据建设工程建设计划，在满足施工要求的前提下，分期分批进行拆迁。拆迁必须按计划和施工进度要求进行，过迟或过早都会造成损失和浪费。

（4）已经确定施工企业，并完成合同备案。建设工程的施工必须由具备相应资质的建筑施工企业来担当。只有确定了建筑施工企业，才具有开工的可能。根据《中华人民共和国招标投标法》的规定，建设单位确定建筑施工企业应当采取公开招标或邀请招标的方式，公开、公平、公正地进行开标、评标和定标。在依法确定建筑施工企业后，双方应当签订建设工程承包合同，明确双方的权利、义务和责任，并完成合同备案。

（5）有满足施工需要的施工图纸及技术资料。建设工程项目一般经过两个阶段的设计，即初步设计和施工图设计。初步设计是指根据批准的设计任务书进行踏勘测量，并编制初步设计文件，主要任务是提出施工方案意见，编制设计概算等。施工图设计是建筑设计的最后阶段，它的主要任务是满足施工要求，即在初步设计或技术设计的基础上，综合建筑、结构、设备各工种，相互交底，核实校对，深入了解材料供应、施工技术、设备等条件，把满足工程施工的各项具体要求反映在图纸上，做到整套图纸齐全，准确无误。在建设工程开工前，建筑施工企业要认真做好施工图纸的自审和会审工作，要领会设计意图，掌握技术要求，以便精心施工。

相关链接

施工图设计的内容主要包括：确定全部工程尺寸和用料；绘制建筑结构、设备等全部施工图纸；编制工程说明书、结构计算书和预算书；等等。施工图设计的深度应能满足设备材料的安排和非标准设备的制作、施工图预算的编制、施工等要求。施工图纸是实现建设工程的最根本的技术文件，是施工的依据，要求设计单位按工程的施工顺序和施工进度安排好施工图纸的配套交付计划，保证施工的需要。

技术资料是建设工程施工的重要前提条件。在建设工程开工前，必须有满足施工需要的技术资料。技术资料包括地形、地质、水文和气象等自然条件资料和主要原材料、燃料来源、水电供应和运输条件等技术经济条件资料。

特别提示

国家对施工图设计文件实施审查制度。由建设行政主管部门认定的施工图审查机构按照有关法律、法规，对施工图涉及公共利益、公众安全和工程建设强制性标准的内容进行的审查。施工图经审查不合格的，不得使用。

（6）有保证工程质量和安全的具体措施。《建设工程安全生产管理条例》第十条规定，建设单位在领取施工许可证时，应当提供建设工程有关安全生产施工措施的资料。施工组织设计必须在建设工程开工前编制完成，由建筑施工企业负责编制，按照其隶属关系及工程的性质、规模、技术繁简程度实行分级审批。施工企业编制的施工组织设计中有根据建设工程特点制定的相应质量、安全技术措施，专业性较强的工程项目编制的专项质量、安全施工组织设计，并按照规定办理了工程质量、安全监督手续。第四十二条规定，建设行政主管部门在审核发放施工许可证时，应当对建设工程是否具有安全措施进行审查，对没有安全施工措施的，不得颁发施工许可证。

（7）按照规定应该委托监理的工程已委托监理。工程监理是指监理单位接受建设单位的委托和授权，根据国家批准的工程项目建设文件、工程建设法规和工程建设监理合同以及其他工程建设合同所进行的旨在实现投资目的的微观监督管理活动。国家推行建设工程监理制度。凡是按照规定应该委托监理的工程必须委托监理，否则将不予颁发施工许可证。

（8）建设资金已经落实。在建设工程开工前，建设资金必须落实。建设工期不足一年的，到位资金原则上不得少于工程合同价的50%，建设工期超过一年的，到位资金原则上不得少于工程合同价的30%。建设单位应当提供银行出具的到位资金证明，有条件的可以实行银行付款保函或者其他第三方担保。建设单位在建设工程施工过程中必须拥有足够的建设资金，这是预防拖欠工程款，保证施工顺利进行的基本经济保障。计划、财政、审计等部门应严格审查建设项目开工前和年度计划中的资金来源，据实出具资金证明。对建设资金不落实或资金不足的建设工程，建设行政主管部门不予颁发施工许可证。

（9）办理质量和安全监督协议。建设方须到质监站办理建设工程质量监督手续和到安监站办理建设工程施工安全监督手续。

（10）已购买人身意外伤害险。

相关链接

（1）办理建设工程质量监督，要提供如下资料到质监站办理手续。
① 《规划许可证》。
② 工程施工中标通知书或工程施工发包审批表。
③ 工程监理中标通知书或工程监理发包审批表。
④ 施工合同及其单位资质证书复印件。
⑤ 监理合同及其单位资质证书复印件。
⑥ 施工图设计文件审查批准书。
⑦ 建设工程质量监督申请表。
⑧ 法律、法规规定的其他资料。

（2）办理建设工程施工安全监督，要提供如下资料到安监站办理手续，建设单位提供的资料如下。
① 工程施工安全监督报告。

② 工程施工中标通知书或工程施工发包审批表。
③ 工程监理中标通知书或工程监理发包审批表。
④ 工程项目地质勘查报告（结论部分）。
⑤ 施工图纸（含地下室平、立、剖）。
⑥ 工程预算书（总建筑面积、层数、总高度、造价）。

（10）法律、行政规定的其他条件。《中华人民共和国消防法》规定，对于按规定需要进行消防设计的建设工程，建设单位应当将其消防设计图纸报送公安消防机构审核；未经审核或者经审核不合格的，建设行政主管部门不得颁发施工许可证，建设单位不得施工。

4. 申请办理施工许可证的程序

建设单位是建设项目的投资者，做好各项施工准备工作是法定义务，因此施工许可证的申领，应当由建设单位来承担。建设单位申请办理施工许可证应当按照下列程序进行。

（1）建设单位提出书面申请。建设单位向发证机关领取"建设工程施工许可证申请表"。

（2）建设单位持加盖单位及法定代表人印鉴的"建设工程施工许可证申请表"，并附《建设工程施工许可管理办法》第四条规定的证明文件，向发证机关提出申请。

（3）发证机关在收到建设单位报送的"建设工程许可证申请表"和所附证明文件后，对于符合条件的，应当自收到申请之日起15日内颁发施工许可证。对于证明文件不齐全或者失效的，应当限期要求建设单位补正，审批时间可以自证明文件补正齐全后作顺延；对于不符合条件的，应当自收到申请之日起15日内书面通知建设单位，并说明理由。

对有权颁发施工许可证的建设行政主管部门不批准施工许可证的申请，或未在规定时间内颁发施工许可证的，建设单位可以依据《中华人民共和国行政复议法》的规定，向复议机关申请行政复议，对行政复议决定不服的，可以向人民法院提起行政诉讼，也可依据《中华人民共和国行政诉讼法》的规定直接向人民法院提起行政诉讼。

建设工程在施工过程中，建设单位或者施工单位发生变更的，应当重新申请领取施工许可证。

5. 施工许可证的管理

1）施工许可证的有效期与延期

建设单位应当自领取施工许可证之日起3个月内开工。这一规定的目的在于保证施工许可证的有效性，利于发证机关监督。

建设单位因客观原因不能开工的，在施工许可证期满前建设单位可以向发证机关提出延期申请，并说明理由。这里的客观原因一般是指"三通一平"没有完成，材料、构件、必要的施工设备等没有按照计划进场。延期以两次为限，每次不得超过3个月。也就是说，延期最长为6个月，再加上领取施工许可证之日起的3个月，建设单位有理由不开工的最长期限为9个月。如果超过9个月仍不开工，该施工许可证即失去效力。

2）施工许可证的自行废止

施工许可证自行废止有两种情况：一是既不在3个月内开工，又不向发证机关申请延期；二是超过延期的次数和时限，即建设单位在申请的延期内仍没有开工。建设工程自颁发施工许可证之日起，不论何种原因，均需在9个月内开工，否则施工许可证自行废止。施工许可证废止后，建设单位需按规定重新领取施工许可证，方可开工。明确规定施工许可证的有效期限与延期，可以督促建设单位及时开工，保证施工组织的顺利进行，提高投资效益，维护施工许可证的严肃性。

3）中止施工与恢复施工

为了加强对建筑施工的监督管理，保证建设工程质量和安全生产，《中华人民共和国建筑法》和《建设工程施工许可管理办法》都对中止施工和恢复施工做出了明确规定。

（1）中止施工。中止施工是指建设工程开工后，在施工过程中因为发生特殊情况而中途停止施工的行为。中止施工的时间一般都比较长，难以在中止时确定具体恢复施工日期。中止施工后，建设单位应做好两个方面的工作：一是向有关建设行政主管部门报告中止施工的时间、原因、施工现状、维护管理措施等，此报告应当在中止施工之日起两个月内完成；二是按照有关规定做好建设工程的维护管理工作。

相关链接

在建设工程施工过程中，造成中止施工的特殊情况主要有以下几种。

（1）地震、洪水和台风等法律规定的不可抗力事件。

（2）宏观调控压缩基建规模。

（3）建设资金不到位等。

（2）恢复施工。恢复施工是指建设工程中止施工后，造成中止施工的情况消除，建设单位可以继续进行施工的行为。建设工程恢复施工时，中止施工不满1年的，建设单位应当向发证机关报告恢复施工的有关情况；中止施工满1年的工程恢复施工前，建设单位应当报发证机关核验施工许可证。发证机关重新确定其是否仍具备组织施工的条件，如果符合条件的，施工许可证继续有效，应允许恢复施工；对不符合条件的，施工许可证收回，不允许恢复施工，待具备条件后，建设单位重新申领施工许可证。

5.2.4 建设工程开工报告的管理

按照国务院规定的权限和程序批准开工报告的建设工程，不再领取施工许可证。具体管理的内容如下。

（1）开工报告批准后，按照国务院有关规定批准开工报告的建设工程，因特殊情况不能按期开工的，应当及时向批准机关报告情况。

（2）在施工过程中，因发生特殊情况而中途停止施工的，建设单位应当尽快向发证机关报告中止施工的有关情况，包括中止施工的时间、原因、施工现状、维护管理措施等。

（3）因发生特殊情况而不能按期开工超过6个月的，开工报告自行失效，建设单位应当按照国务院有关规定重新向批准开工报告机关申请办理开工报告的批准手续。

引例 2

1996年4月6日，某市乙建筑工程总公司第五建筑工程公司（以下简称第五建筑工程公司）与某市甲生物工程公司（以下简称甲公司）签订了承建甲公司第2号车间的建筑安装工程承包合同，合同约定承包方式为包工包料，工期为122天，预算工程价款为3399980

元。合同签订后，第五建筑工程公司开始了现场施工。后该市乙建筑工程总公司发现该工程没有立项报批且合同价款偏低，遂让第五建筑工程公司索回甲公司手里的合同文本，并对工程造价提出异议，要求重新签订合同。但甲公司坚持原合同，双方因此并没有签订新合同。

1996年11月工程竣工，甲公司共给付工程款3107250元。因手续不齐全，该工程一直未领取开工证和产权证。同时双方对工程造价也意见不一。后天津市乙建筑工程总公司向法院起诉了甲公司。

引导问题：未领取施工许可证可以对外发包工程吗？

5.3 任务实施

（1）根据本项目要求，检查本次申报所需资料是否齐全，完成表5-1的填写。

表5-1 报建与施工许可申报资料清查表

报建与施工许可申报资料清单	完成时间	责任人	任务完成则划"√"
			☐
			☐
			☐

（2）根据本项目情况，填写表5-2完成报建工作。

表5-2 建设工程项目报建登记表

审字第　　号

建设单位		单位地址	
工程名称		建设地点	
建设规模		总投资	
资金来源		拟定发包方式	
投资计划文号			
投资许可证		计划开竣工日期	
工程筹建情况	建设用地		
	拆　迁		
	勘　察		
	设　计		
	负责人		
	经办人		
建设单位意见	（盖章）　　年　月　日		

续表

所属主管 部门意见	（盖章） 年　月　日		
建设行政主管 部门意见	（盖章） 年　月　日		

（3）根据本项目要求，完成报建与施工许可申办法律意见书。

内容应包括：申办前置条件、申办流程、申办注意事项、报建与施工许可证主要内容、施工许可证有效期与延期、能否变更许可内容、如何变更、风险防范。

5.4 任 务 总 结

1. 任务问题

（1）此次任务完成中存在的主要问题有哪些？

（2）问题产生的原因有哪些？

（3）提出相应的解决方法。

（4）您认为还需加强哪些方面的指导（实际工作过程及理论知识）？

2. 自我总结

（1）此次任务完成中存在的主要问题有哪些？

（2）问题产生的原因有哪些？

（3）提出相应的解决方法。

（4）您认为还需加强哪方面的指导（实际工作过程及理论知识）？

5.5 知 识 点 回 顾

本次任务的完成主要涉及以下知识点：建设工程报建的相关概念；建设工程报建的范围和内容；建设工程报建的程序；项目报建需提交的相关材料；建设工程报建的审批权限和职责；房屋拆迁许可证的申请条件、内容及其法律效力；城市房屋拆迁主体、拆迁补偿安置协议的订立及纠纷处理；城市房屋拆迁补偿的原则及方式；搬迁补助费和临时安置补助费；建筑施工许可的相关概念；实施施工许可证的范围；申请领取施工许可证的条件；申请办理施工许可证的程序；施工许可证的管理。

5.6 基 础 训 练

5.6.1 单选题

1. 工程项目报建标志着工程建设的（　　）已经结束。

A. 可行性研究工作　　　　　　　　B. 立项审批工作

C. 前期准备工作　　　　　　　　D. 资金筹集工作

2. 某建设项目为住宅楼工程，中标价为 500 万元，招标文件规定合同工期为 15 个月，建设单位在申请施工许可证时，其落实的资金最低不得少于（　　）万元。

A. 250　　　　B. 200　　　　C. 150　　　　D. 100

3. 某建设单位 2006 年 7 月 5 日领取施工许可证，最迟应当自（　　）开工，否则应该申请办理延期手续。

A. 2006 年 8 月 5 日　　　　　　B. 2006 年 9 月 5 日
C. 2006 年 10 月 5 日　　　　　D. 2007 年 5 月 5 日

4. 某建设单位 2006 年 3 月 5 日领取施工许可证，由于周边关系协调问题一直没有开工，也未办理延期手续。同年 12 月 7 日准备开工，下列表述正确的是（　　）。

A. 建设单位应当向发证机关报告
B. 建设单位应当报发证机关核验施工许可证
C. 建设单位应当重新领取施工许可证
D. 是否重新办理施工许可证由发证机关决定

5. 拆迁人与被拆迁人因补偿安置问题引起纠纷，致使拆迁进展缓慢。为解决纠纷，拆迁人可采用的方法不包括（　　）。

A. 仲裁　　　　B. 诉讼　　　　C. 听证　　　　D. 行政裁决

6. 在城市房屋拆迁过程中，在拆迁范围内的下列建筑物中，应予以相应补偿的是（　　）。

A. 甲从乙手中购买的一套住房，房屋过户手续尚未办清
B. 居住在底层临街的乙将住房改为商店后要求商业用途补偿
C. 丙在自家楼前自建的储藏间
D. 丁单位在数年前施工中搭建的工人宿舍

5.6.2 多选题

1. 以下工程不需要申请施工许可证的有（　　）。

A. 某公园的喷泉工程投资 38 万元　　　B. 某配电房建筑面积 200m²
C. 已经领取开工报告的会议中心　　　　D. 为修建青藏铁路而建的临时性建筑
E. 某军区建的军事指挥所

2. 下列申报施工许可证的材料中，不符合颁发施工许可证条件的有（　　）。

A. 已经交付了土地出让金，但土地证尚未办好
B. 没有规划许可证，但规划局出具正在办理的便函
C. 有拆迁许可证，拆迁已经结束
D. 已经订立施工合同，但中标施工企业资质不能满足要求
E. 办理了质量监督手续

3. 某公司改建办公大楼，该工程由某建筑集团承建，根据《中华人民共和国建筑法》关于施工许可证的有关规定，下列说法正确的有（　　）。

A. 该工程无须领取施工许可证
B. 应由该公司向建设行政主管部门申请领取施工许可证

C. 应由该建筑集团向建设行政主管部门申请领取施工许可证

D. 即使未领取施工许可证，该工程也可以开工

E. 未领取施工许可证，该工程不得开工

4. 甲开发公司因计划拆迁某旧城区，向市政府房屋拆迁管理部门申请领取房屋拆迁许可证，下列属于甲公司应当提交的资料有（   ）。

A. 建设项目批准文件　　　　　　B. 建设用地规划许可证

C. 国有土地使用证书　　　　　　D. 拆迁计划和拆迁方案

E. 办理存款业务的金融机构出具的拆迁补偿安置资金证明

5. 张某的住房在旧城改造中被拆迁人某房地产开发公司拆除，则张某的下列主张符合我国拆迁法律规范的有（   ）。

A. 只能要求拆迁人予以货币补偿

B. 只能要求拆迁人给予产权调换

C. 可以要求拆迁人予以货币补偿

D. 可以要求拆迁人给予产权调换

E. 要求采取货币补偿和产权调换相结合

5.6.3　简答题

1. 工程报建的基本程序有哪些？
2. 什么是工程施工许可？申请领取施工许可证应满足哪些条件？
3. 施工许可证的有效期与延期的含义是什么？

5.7　拓　展　训　练

【案例分析】

浙江某旅游文化有限公司（以下简称甲公司）与某建设集团有限责任公司（以下简称乙公司）于2011年4月11日签订了甲方公园挡土工程建设工程施工合同，2011年10月13日签订了《建设工程施工合同》。合同约定：甲方公园大门售票房、管理用房、八卦石屋工程由乙公司承建，工程实行包工包料，合同工期总共24天，工程要求优良，工程逾期一天，按工程造价的万分之一计罚等。

合同签订后，乙公司开始施工，施工过程中，工程监理单位杭州某工程建设有限公司多次对乙公司的工程质量问题提出整改意见。乙公司多次要求甲公司及时办理相关手续，甲公司则要求乙公司加紧施工，及时完工。2012年1月28日杭州市质检站向乙公司发出停工通知书，载明乙公司在承建甲方公园工程过程中，存在质量管理和质量保证方面的问题，要求乙公司及时整改，但乙公司对整改意见置之不理，也不再通知质检站进行工程检查，从而使工程埋下隐患。后由于双方就工程施工许可证及工程质量问题发生纠纷，乙公司遂向法院提起了诉讼。在审理过程中，甲公司提出反诉。乙公司以甲公司无法提供施工许可证，导致无法施工为由提出了一系列诉讼请求，而甲公司则以乙公司承建的甲方公园大门售票房、管理用房、八卦石屋存在诸多质量问题要求解除合同，并要求乙公司赔偿损失。

在原审诉讼期间，甲公司经有关部门批准取得了工程的土地使用权建设工程规划许可证并办理了施工许可证。双方当事人对甲公司在起诉前未办理施工许可证等问题无异议，但对工程的质量问题意见不一，乙公司申请对工程造价进行审查计，甲公司要求对工程质量进行鉴定。原审法院遂委托了浙江省建设工程质量监督检查站对工程质量进行了鉴定。

问题：

1. 请对该案例涉及的法律关系、纠纷性质和纠纷解决途径进行说明。

2. 该案例涉及项目建设程序存在哪些违法之处？未办理施工许可证签署合同，是否会导致合同无效？

3. 请提出该纠纷的处理方案。

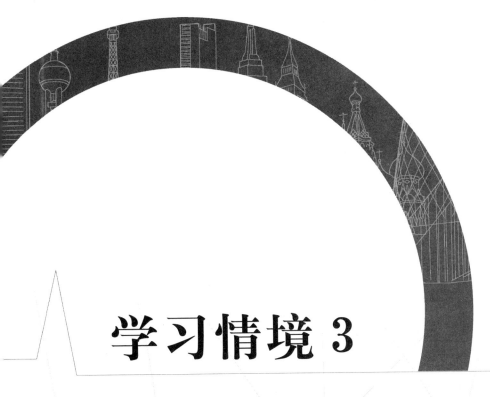

学习情境 3

建筑工程发承包法律实务

任务 6 发承包前期法律服务

引例 1

A公司因建生产厂房与B公司签订了工程总承包合同。然后，经A公司同意，B公司将工程勘查设计任务和施工任务分别发包给C设计单位和D建筑公司，并各自签订书面合同。合同约定由D根据C提供的设计图纸进行施工，工程竣工时依据国家有关规定、设计图纸进行质量验收。合同签订后，C按时交付设计图纸，D依照图纸进行施工。工程竣工后，A会同有关质量监督部门对工程进行验收，发现工程存在严重质量问题，是由于C未对现场进行仔细勘查、设计不符合规范所致。A公司遭受重大损失，但C称与A不存在合同关系拒绝承担责任，B以自己不是设计人为由也拒绝赔偿。

引导问题：根据该引例，回答以下问题。

（1）什么是工程发承包？发承包合同缔结过程中涉及哪些法律术语？

（2）我国发承包常见的发包方式有哪些？A、B、C、D在该合同中各自的身份是什么？

（3）B公司发包工程项目的做法是否符合法律规定？

（4）发承包基本原则是什么？

（5）B公司、C设计单位承担责任的理由是否充分？为什么？

6.1 任务导读

建设工程发承包活动是一项特殊的商品交易活动，该活动从始至终受到《中华人民共和国建筑法》《中华人民共和国招标投标法》《中华人民共和国合同法》等相关法规及管理条例的调控。本任务的完成须了解相关建设工程发、承包法律法规及条例、法律原则；熟悉建设工程发承包法律责任；掌握建设工程发承包方式、行为规范；熟悉和掌握建设工程合同订立、建设工程合同效力、合同条款的解释原则和缔约过失责任；了解《建设工程施工合同（示范文本）》（GF—2013—0201）框架结构。

6.1.1 任务描述

一家房地产开发企业欲就大学城商业街进行打造,现已获取该项目的城市规划和建设用地许可,完成了工程报建和施工许可证的办理。假如你分别接受发承包的委托,为他们提供前期法律服务。你必须在2010年7月20日前提交该项目的发承包前期法律意见书。

6.1.2 任务目标

(1)按照正确的方法和途径,根据本项目要求收集相关法律资料。
(2)依据资料分析结果,明确委托方的权利和义务。
(3)按照工作时间限定,协助完成本项目发承包前期法律事务。
(4)通过完成该任务,提出后续工作建议,完成自我评价,并提出改进意见。

6.2 相关理论知识

6.2.1 建设工程发承包制度

建设工程发承包制度是建筑业适应市场经济的产物。建设工程的勘察、设计、施工、安装单位均要通过参加市场竞争来承揽建设工程项目。

建设工程发包是指建设单位或者受其委托的招标代理机构通过招标方式或直接发包的方式将建设工程的全部或部分交由他人承包,并支付相应费用的行为。

建设工程承包是指通过招标方式或直接发包的方式取得建设工程的全部或部分,取得相应费用并完成建设工程的全部或部分的行为。

6.2.2 建设工程发承包原则

1. 建设工程发承包实行以招标发包为主、直接发包为辅的原则

工程发包可以分为招标发包与直接发包两种形式。招标发包是一种科学先进的发包方式,也是国际通用的形式。《中华人民共和国建筑法》规定,建设工程依法实行招标发包,对不适于招标发包的可以直接发包。《中华人民共和国招标投标法》规定,符合该法要求招标范围的建设工程,必须依照该法实行招标发包。招标投标活动应该遵循公开、公正、公平的原则,择优选择承包单位。

2. 禁止发承包双方采取不正当竞争手段的原则

发包单位及其工作人员在建设工程发包中不得收受贿赂、回扣或者索取其他好处。承包单位及其工作人员不得利用向发包单位及其他工作人员行贿、提供回扣或者给予其他好处等不正当手段承揽工程。

3. 建设工程确定合同价款的原则

建设工程合同价款应当按照国家有关规定,由发包单位与承包单位在合同中约定。

全部或者部分使用国有资金投资或者国家融资的建设工程,应当按照国家发布的计价规则和标准编制招标文件进行评标定标,确定工程承包合同价款。

相关链接

2001年11月5日中华人民共和国建设部以令第107号形式,发布了《建设工程施工发包与承包计价管理办法》,自2001年12月1日起施行。根据该办法,工程发承包计价包括编制施工预算、招标标底、投标报价、工程结算和签订合同等活动。该办法还对以上工程发承包计价的原则及具体方法做出了详细规定。

6.2.3 建设工程发承包行为规范

1. 发包行为规范

(1) 发包单位应将建设工程发包给合格的承包人。《中华人民共和国建筑法》第二十二条规定,建筑工程实行招标发包的,发包单位应将建筑工程发包给依法中标的承包单位;建筑工程实行直接发包的,发包单位应将建筑工程发包给具有相应资质的承包单位。

特别提示

所谓依法中标,一方面是指中标单位是经过《中华人民共和国招标投标法》法定程序评选的;另一方面是指中标单位必须符合招标要求且具备建造该工程的相应资质条件。

承包单位必须具备以下两个条件。

① 具备建造该工程的相应资质条件。

② 所建工程的要求和承包单位的资质证书的级别必须一致。

(2) 发包单位应当按照合同的约定,及时拨付工程款项。拖欠工程款是目前规范建筑市场的难点问题。为此,《中华人民共和国建筑法》第十八条第二款对此作出了以上规定。该规定不仅规范了发包单位拖欠工程款的行为,同时也为施工企业追回拖欠工程款提供了法律依据。

(3) 发包单位及其工作人员不得在发包过程中收受贿赂、回扣或者索取其他好处。根据《中华人民共和国建筑法》第十七条第一款规定,发包单位及其工作人员在建筑工程发包中不得收受贿赂、回扣或者索取其他好处。

相关链接

所谓收受贿赂,是指发包单位及其工作人员利用自己的特殊地位非法收受他人财物的行为。所谓收受回扣,是指在建设工程的发包中,发包单位及其工作人员非法收取从对方的工程款项中扣出的钱财。索取其他好处包括主动要求对方给予一定的贿赂、回扣、手续费、出国名额、子女就业机会等情况。

(4) 发包单位应依法发包,并不得干涉分包。发包单位应依照法律、法规规定的程序和方式进行公开招标并接受有关行政主管部门的监督。《中华人民共和国建筑法》第二十条规定,建设工程实行公开招标的,发包单位应依照法律程序和方式,发布招标公告,提供载有招标工程的主要技术要求、主要合同条款、评标标准和方法以及开标、评标、定标的程序等内容的招标文件。开标应当在招标文件规定的时间、地点公开进行，并接受有关行政主管部门的监督。开标后应当按照招标文件规定的评标标准和程序对标书进行评价、比较，在具备相应资质条件的投标者中，择优选定中标者。建设单位不得直接指定分包工程承包人。任何单位和个人不得对依法实施的分包活动进行干预。

（5）发包人不得将建设工程肢解发包。《中华人民共和国建筑法》第二十四条第一款规定，提倡对建筑工程实行总承包，禁止将建筑工程肢解发包。肢解发包是我国目前建筑市场混乱的重要诱因，危害公共安全。

● 相 关 链 接

肢解发包是指发包人将应当由一个承包人完成的建设工程肢解成若干部分分别发包给几个承包人。

建设工程肢解发包处罚依据《建设工程质量管理条例》第五十五条的规定，违反本条例规定，建设单位将建设工程肢解发包的，责令改正，处工程合同价款0.5%以上、1%以下的罚款；对全部或者部分使用国有资金的项目，并可以暂停项目执行或者暂停资金拨付。依据《建设工程质量管理条例》第七十三条的规定，对单位直接负责的主管人员和其他直接责任人员处单位罚款5%以上、10%以下的罚款。

● 特 别 提 示

禁止肢解发包并不等于禁止分包。例如，在工程施工中，总承包单位有能力并有相应资质承担上下水、暖气、电气、电信、消防工程和清运渣土的，就应由其自行组织施工和清运；若总承包单位需将上述某种工程分包的，根据合同约定在征得建设单位同意后，也可分包给具有相应资质的企业，但必须由总承包单位统一进行管理，切实承担总包责任。建设单位要加强监督检查，明确责任，保证工程质量和施工安全。

（6）发包人不得向承包人指定购入用于建设工程的建筑材料、建筑构配件和设备或指定生产厂商、供应商。

2. 建设工程承包行为规范

（1）承包单位及其工作人员不得利用向发包单位及其工作人员行贿、提供回扣或者给予其他好处等不正当手段承揽工程。

（2）承包单位承揽工程时应遵守资质管理相关法律规定。《中华人民共和国建筑法》第二十六条第一款明确规定，承包建设工程的单位应持有依法取得的资质证书，并在其资质等级许可的业务范围内承揽工程。《中华人民共和国建筑法》第二十六条第二款规定，禁止建筑施工企业超越本企业资质等级许可的业务范围，或者以任何形式用其他建筑施工企业的名义承揽工程。禁止建筑施工企业以任何形式允许其他单位或者个人使用本企业的资质证书、营业执照，以本企业的名义承揽工程。

● 特 别 提 示

分包工程发包人没有将其承包的工程进行分包，在施工现场所设项目管理机构的项目负责人、技术负责人、项目核算负责人、质量管理人员、安全管理人员不是工程承包人本单位人员的，视同允许他人以本企业名义承揽工程。

（3）禁止将承包工程进行违法分包。违法分包包括两种情况：一是施工总承包合同中未有约定，未经建设单位认可，分包工程发包人将承包工程中的部分专业工程分包给他人；二是分包工程发包人将专业工程，或者劳务作业分包给不具备相应资质条件的分包工程承包人。

（4）禁止将建设工程转包。转包是指承包单位承包建设工程后，不履行合同约定的责任和义务，将其承包的全部建设工程转给他人或者将其承包的全部工程肢解以后，再以分包的名义分别转给他人承包的行为，是一种违反双方合同的行为。《中华人民共和国建筑法》第二十八条明确规定，禁止转包工程，禁止以分包名义将工程肢解后分别转包给他人。

● 特 别 提 示

分包工程发包人将工程分包后，未在施工现场设立项目管理机构和派驻相应人员，并未对该工程的施工活动进行组织管理的，视同转包行为。

6.2.4 建设工程发承包合同

建设工程发承包方通过缔结发承包合同建立发承包关系。在建立该种关系过程中，发承包方必须遵循既定的程序，并受到相关法规约束。

● 相 关 链 接

合同法共有5个原则包括：平等原则、自愿原则、公平原则、诚实信用原则和不损害社会公益原则。

合同有广义与狭义之分，狭义的合同是指债权合同，广义合同还包括身份关系合同、行政合同、劳动合同和政府间协议等。现行合同法只调整狭义的合同。身份关系合同、行政合同、劳动合同和政府间协议都不受合同法的调整。

根据不同的标准，可以将合同划分为不同的种类，主要有要式合同和不要式合同，双务合同和单务合同，有偿合同和无偿合同，有名合同和无名合同。《中华人民共和国合同法》规定的15种合同即为有名合同。建设工程施工合同属于有名合同。建设工程施工合同属于双务有偿合同。

1. 建设工程合同的概念及特征

《中华人民共和国合同法》第二百六十九条规定，建设工程合同是承包人进行工程建设，发包人支付价款的合同。建设工程合同包括工程勘察、设计、施工合同。建设工程实行监理的，发包人也应与监理人订立委托监理合同。建设工程合同具有以下几个特征。

1）建设工程合同是一种特殊类型的承揽合同

建设工程合同是双务、有偿和诺成合同。建设工程合同的承揽标的具有特殊性，为不动产建设项目。这使得建设工程合同具有内容复杂、履行期限长、投资规模大、风险较大等特点。

2）合同主体的严格性

建设工程的主体一般只能是法人，发包人、承包人必须具备一定的资格才能成为建设工程合同的合法当事人，否则，建设工程合同可能因主体不合格而导致无效。发包人对需要建设的工程，应经过计划管理部门审批，落实投资计划，并且应当具备相应的协调能力。承包人是有资格从事工程建设的企业，而且应具备相应的勘察、设计、施工等资质，没有资格证书的，一律不得擅自从事工程勘察、设计业务；资质等级低的，不能越级承包工程。

3）形式和程序的严格性

建设工程合同履行期限长、工作环节多、涉及面广，应当采取书面形式，双方权利、义务应通过书面合同形式予以确定。同时，国家对建设工程的投资和程序有严格的管理程序，建设工程合同的订立和履行、也必须遵守国家关于基本建设程序的规定。

2. 建设工程合同的分类

1）按照工程建设阶段分类

建设工程的建设过程包括勘察、设计、施工3个阶段，围绕不同阶段订立相应合同。《中华人民共和国合同法》第二百六十九条第二款规定了建设工程合同包括工程勘察、设计、施工合同。

（1）建设工程勘察合同，即发包人与勘察人就完成商定的勘察任务明确双方权利和义务的协议。建设工程勘察是指根据建设工程要求，查明、分析、评价建设场地的地质地理环境特征和岩土工程条件，编制建设工程勘察文件的活动。

（2）建设工程设计合同，即发包人与设计人就完成商定的工程设计任务明确双方权利和义务的协议。建设工程设计是指根据建设工程要求，对建设工程所需的技术、经济、资源和环境等条件进行综合分析、论证，编制建设工程设计文件的活动。

相关链接

建设工程设计合同实际上包括两个合同：一是初步设计合同，即在建设工程立项阶段承包人为项目决策提供可行性资料的设计而与发包人签订的合同；二是施工设计合同，是指在承包人与发包人就具体施工设计达成的协议。施工图设计须接受政府审查。

（3）建设工程施工合同，即发包人与承包人为完成商定的建设工程项目的施工任务明确双方权利义务的协议。建设工程施工是指根据建设工程设计文件的要求，对建设工程进行新建、扩建、改建的活动。

相关链接

施工合同主要包括建筑和安装两方面内容，这里的建筑是指对工程进行营造的行为，安装主要是指与工程有关的线路、管道和设备等设施的装配。

2）按照承发包方式（范围）分类

（1）勘察、设计或施工总承包合同。勘察、设计或施工总承包，即发包人将全部勘察、设计或施工的任务分别发包给一个勘察、设计单位或一个施工单位作为总承包人，经发包人同意，总承包人可以将勘察、设计或施工任务的一部分分包给其他符合资质的分包人。总承包人与分包人订立分包合同，总承包人与分包人就工作成果对发包人承担连带责任。发包人与总承包人订立总承包合同，据此明确各方权利义务的协议即为勘察、设计或施工总承包合同。

（2）单位工程施工承包合同。单位工程施工承包，即在一些大型、复杂的建设工程中，发包人可以将专业性很强的单位工程发包给不同的承包人。明确各方权利和义务，即为单位工程施工承包合同。如与承包人分别签订土木工程施工、电气与机械工程承包等合同，各承包人单位之间为平行关系。该类合同常见于大型工业建筑安装工程，大型、复杂的建设工程。

（3）工程项目总承包合同。工程项目总承包是指建设单位将包括工程设计、施工、材料和设备采购等一系列工作全部发包给一家承包单位，由其进行实质性设计、施工和采购工作，最后向建设单位交付具有使用功能的工程项目。工程项目总承包实施过程可依法将部分工程分包。据此明确各方权利义务的协议即工程项目总承包合同。

按照规定可分包的工程有：①工程的次要部分；②群体工程（指结构技术要求相同的工程）半数以下的单位工程；③门窗制作安装等。

3）按照承包工程计价方式（或付款方式）分类

（1）固定价格合同，即该合同在约定风险范围内其合同价款不再调整。双方在专用条款内约定合同价款包含的风险范围、风险费用的计算方法和风险范围以外的合同价款调整方法。

（2）可调价格合同，即该合同可根据双方的约定调整其合同价款。双方在专用条款内约定合同价款调整方法。

（3）成本加酬金合同，即该合同价款包括成本和酬金两部分。双方在专用条款内约定成本构成和酬金的计算方法。

1）可调价格合同中合同价款的调整因素
（1）法律、行政法规和国家有关政策变化影响合同价款。
（2）工程造价管理部门公布的价格调整。
（3）一周内非承包人原因停水、停电、停气造成停工累计超过8h。
（4）设计变更及发包方确认的工程量增减。
（5）双方约定的其他因素。
2）成本加酬金合同适用条件
（1）承发包双方之间有高度信任，承包方在某些方面有独特的技术、特长和经验。
（2）工程内容及技术指标尚未全面确定，投标报价的依据尚不充分，发包方工期要求紧迫，必须发包的工程。

4) 建设工程有关的其他合同

(1) 建设工程物资采购合同。建设工程物资采购合同是指出卖人转移建设工程物资所有权于买受人，买受人支付价款的明确双方权利和义务关系的协议。

出卖人的主要义务包括：①交付标的物；②将标的物的所有权转移给买受人；③标的物的质量应符合约定；④保证第三人不得向买受人主张任何权利；⑤交付有关单证和资料。

买受人的主要义务包括：①支付价款；②受领标的物。

(2) 借款合同。

① 贷款人、借款人的主要义务。

② 自然人之间的借款合同(也称为民间借贷)有如下特殊规则：借款合同不一定采用书面形式，可以灵活约定形式；借款合同未约定利息的，视为无息；借款合同利息可以适当高于法定利率，但是最高不得超过银行同类贷款利率的4倍，且不允许复利。

(3) 租赁合同。

(4) 承揽合同。承揽合同的主要特征有：①承揽合同目的主要在于工作成果；②标的物具有特定性；③承揽人的工作具有独立性；④承揽人应自行完成工作。

(5) 建设工程保险合同。建设工程保险合同是指发包人或承包人为防范特定风险而与保险公司明确权利和义务关系的协议。

(6) 建设工程担保合同。建设工程担保合同是指义务人(发包人或承包人)或第三人(保险公司)与权利人(承包人或发包人)签订为保证建设工程合同全面、正确履行而明确双方权利和义务关系的协议。

相 关 测 试

(1) 下列原则中，不属于《中华人民共和国合同法》规定的基本原则的是(   )。
A. 平等、自愿原则   B. 等价有偿原则
C. 诚实信用原则   D. 不损害社会公益原则

(2) 甲、乙、丙、丁四人对合同法中的自愿原则各抒己见，下列表述中错误的是(   )。
A. 甲：自愿就是绝对的合同自由   B. 乙：自愿是在法定范围内的自由
C. 丙：自愿不能危害社会公共利益 D. 丁：自愿不得有损社会公共道德

(3) 甲、乙、丙、丁四人讨论如何完整、准确地理解《中华人民共和国合同法》中的公平原则，下列表述中错误的是(   )。
A. 甲：公平包括当事人双方的权利义务要对等
B. 乙：公平包括合同风险的分配要合理
C. 丙：公平包括当事人双方法律地位一律平等
D. 丁：公平包括合同中违约责任的确定要合理

(4) 某工程施工合同从谈判签约到履行结束的整个过程中，甲方与乙方都有不同程度的违反诚实信用原则的情形。下列表述中，属于违反后契约义务的情形是(   )。
A. 合同签订时，甲方隐瞒了本工程项目土地使用权的问题
B. 合同履行时，甲方无故迟延提供施工场地工程地质资料
C. 合同履行时，乙方串通监理方在施工过程中偷工减料

D. 合同终止后，乙方泄露本工程引进设备的重要技术指标

（5）某建筑公司成功中标市房管局的办公大楼工程项目，签订施工合同时，双方风险的分配、违约责任的约定明显不合理，严重损害了乙方的合法权益。则该施工合同的签订违反了《中华人民共和国合同法》原则中的（　　）。

　　A. 平等原则　　　B. 公平原则　　　C. 诚实信用原则　　　D. 自愿原则

（6）某建筑公司低价中标市房管局的办公大楼工程项目，签订施工合同时，房管局坚持要特别约定该合同在履行过程中不允许变更或解除。则该施工合同的签订违反了《中华人民共和国合同法》原则中的（　　）。

　　A. 平等原则　　　B. 公平原则　　　C. 诚实信用原则　　　D. 自愿原则

（7）某工程施工合同签订时，建设单位隐瞒了本工程项目土地使用权的问题，合同履行中，施工单位串通监理方在施工过程中偷工减料。上述行为违反了《中华人民共和国合同法》原则中的（　　）。

　　A. 平等原则　　　B. 公平原则　　　C. 诚实信用原则　　　D. 自愿原则

（8）依照合同法理论，狭义的合同是指（　　）。

　　A. 劳动合同　　　B. 物权合同　　　C. 债权合同　　　D. 身份合同

（9）下列协议中，适用《中华人民共和国合同法》的是（　　）。

　　A. 收养协议　　　B. 监护协议　　　C. 工程承包协议　　　D. 婚姻关系协议

（10）依据当事人之间是否互负义务，合同可以分为双务合同与单务合同。下列合同中，属于单务合同的是（　　）。

　　A. 买卖合同　　　　　　　　　B. 赠予合同
　　C. 建设工程施工合同　　　　　D. 勘察设计合同

---

3. 建设工程合同的订立

合同订立的过程就是意思表示交流的过程，也是反复的要约邀请、要约与承诺的过程。要约与承诺在日常生活中司空见惯，菜市场家庭主妇与小商贩关于菜价的讨价还价，或大型商场里年轻女孩与销售小姐关于时装价位的津津有味的反复博弈，都是合同的缔结过程。

引例 2

事件1。甲对乙声称："我正在考虑卖掉家中祖传的1套红木家具，价格暂定为20万元"。

事件2。甲对乙提出："我愿意卖掉家中祖传的1套红木家具，价格为20万元"。

事件3。某汽车销售商于报纸上发一条广告，称"新到一批德国原产奥迪轿车，价格为××元人民币……见报后10天内保证有货"。

引导问题：以上事件哪些构成要约？

1）要约

要约是希望和他人订立合同的意思表示，要约的内容也是将来成立的合同的内容。一个意思表示满足以下条件时，才构成一项要约：第一，要约必须是特定人的意思表示；第二，要约必须是向要约人希望与之缔结合同的受要约人发出；第三，要约必须有订立合同

的意图；第四，要约的内容须具体和确定；第五，须有受拘束的意思表示。可见，引例2事件2甲的意思表示构成要约，事件1则不构成。事件3广告中"见报后10天内保证有货"，即表明广告发布者有受拘束的意思表示，所以构成要约。

引例 3

事件1：顾客甲在逛商场时看到一时装，上前询问销售员乙："这件时装多少钱可以卖？"乙即问："你出多少钱买？"甲回答说："400元，你卖不卖？"乙应声回答："至少800元，少了不卖！"

事件2：某公司于报纸上发广告称："我公司现有某型号的水泥1000t，系××水泥厂名牌产品，每吨价格为300元，我公司可送货，先来先买，欲购从速，现货供应"。

引导问题：以上事件哪些是要约？哪些是要约邀请？

(1) 要约与要约邀请的区别。要约邀请是希望他人向自己发出要约的意思表示，又称要约引诱。寄送的价目表、拍卖公告、招标公告、招股说明书都是常见的要约邀请。商业广告原则上是要约邀请，但当其内容符合要约规定的，应视为要约。可见，引例3事件1甲的询问与乙的反问的意见表示均为要约邀请，而甲、乙各自回答的意思表示均为要约。事件2中的商业广告均可构成要约。

引例 4

事件1：甲于3月1日向乙发出一商业要约普通信函，要以优惠价购买乙的某种商品。3月5日到达乙处。

事件2：如事件1中要约函3月5日到达乙的信箱，恰巧乙外出办事，3月7日回来后才发现该要约函。

引导问题：以上事件的要约何时生效？

(2) 要约的生效。

① 生效时间。要约生效时间采取到达主义。"到达"的含义是指到达受要约人及其代理人可控制的区域范围内，至于受要约人及其代理人是否看到，在所不论。电子要约的到达以电文进入特定或收件人的任何系统为准。可见引例4事件1要约的生效时间是3月5日，事件2要约的生效时间仍是3月5日。

② 效力。要约一旦生效，要约人自此有接受承诺的义务，不得随意撤回、撤销、变更要约。同时，受要约人取得了承诺的权利而非义务。

③ 要约期限。要约期限，即要约有效期限，也是受要约人的承诺期限，可由要约人自由规定。法律也有直接规定要约期限限制的，如《中华人民共和国证券法》第八十三条规定，收购要约约定的收购期限不得少于30日，并且不得超过60日。当然，在30～60日内，要约人还有权利决定具体期限。

引例 5

事件1：甲3月1日发出要约后，逢3月2日市场行情变突，于是于3月3日发出撤回原要约的信函，以特快专递寄出，3月4日到达乙处。

事件2：乙收到要约时准备于3月8日下午发出承诺。于3月5日，甲发现市场行情突变，于是当日发出撤销要约的通知，以特快专递邮出并于3月8日一早到达乙处。

引导问题：以上事件哪些要约无效？

（3）要约的撤回与撤销。

① 撤回是指要约人对尚未生效的要约阻止其生效的意思表示。撤回须在要约到达受要约人之前或同时到达受要约人；但拍卖中竞买人一经发出应价要约，即不得撤回。

② 撤销是指要约人对已生效但未获承诺的要约取消其拘束力的意思表示。撤销的意思表示须在要约到达受要约人后，受要约人作出承诺之前到达受要约人。

可见事件1、2的要约都无效。

相关链接

要约失效原因（《中华人民共和国合同法》第二十条）。

（1）被通知拒绝的。

（2）被依法撤销的。

（3）承诺期满，受要约人未承诺的。

（4）受要约人对要约的内容作出实质性变更的。

（5）拍卖中竞买人的应价要约，有更高应价出现的（《中华人民共和国拍卖法》第三十六条）。

引例 6

事件1：甲发给乙的要约函末称，"你若承诺，必须在3月8日前作出，过期不候"。

事件2：如事件1中甲为取信于乙，并表明自己订约的决心，于3月1日发给乙的要约中载明"本要约为不可撤销要约"字样。

事件3：如事件1中甲3月1日发给乙的要约中称，"事急，请贵方早回话，并早作履行准备，我公司期待与贵方的合作"。乙见函后立即着手备货，并于3月6日基本备齐。

引导问题：以上事件哪些要约可以撤销？

（4）不可撤销的要约。以下3种情形要约不可撤销：一是要约人确定了承诺期限的；二是要约人以其他形式明示要约不可撤销的；三是受要约人有理由认为要约不可撤销，并做了履行合同准备工作的。

可见，引例6中3个事件的要约都不能撤销，受要约人都可以发出承诺。

引例 7

甲发给乙一要约，乙收到后未置可否，丙于乙处见到该要约，即以乙名义对甲发出一承诺函，承诺函到达甲处，甲未置可否。

引导问题：甲、丙之合同是否成立？为什么？

2）承诺

承诺是当事人一方对他方提出的要约完全同意的意思表示。承诺是一种意思表示，其表示方式同要约方式相同，原则上以通知（口头、书面）做出，例外情况下以行为（推定）做出，而沉默作为表示方式的一种受到了严格的限制。受要约人对要约表示承诺，合同即告成立（实践合同除外）。所以，尽管在订立合同中可能有反复的要约邀请、要约，但承诺只有一个。

承诺人须为受要约人,并不能对要约内容作实质性改变。

因此,引例7中合同未成立。因为丙发出的承诺函并非承诺,而是一个新要约,甲对新要约未置可否,意在以沉默表示拒绝[见《中华人民共和国合同法》第二十条第(3)项]。

引例 8

甲建筑工程公司向乙、丙两水泥厂各发一函,均称:"急需1000号水泥1000t,价格为300元/t,货到付款"。乙水泥厂收到函后即传真给甲:"函收到,即日发出。"丙水泥厂收到函后未回函,但当即组织车队运输1000号水泥1000t,给甲送去。

引导问题:甲与乙、丙之合同是否成立?为什么?

(1)承诺方式。承诺原则上以通知的方式做出;依交易习惯或要约表明者,也可以以行为做出。因此,引例8中,甲与乙、丙的合同均已成立(甲之函在性质上为要约)。因为乙以通知方式,丙以行为方式做出了有效的承诺。

 应用案例6-1

甲发给乙水泥厂函后,乙当即回函:"同意发货,款交货"。甲收到回函后立即汇30万元至乙账户。问:乙之回函是什么性质?

引导问题:甲、乙之合同是否成立?为什么?

【案例评析】

乙之回函为新要约,甲、乙合同成立,因为甲对乙之新要约以行为方式做出了承诺。如该案中乙当即回函称:"同意发货,价格300.01元/t。"则乙之函不是新要约,此为对主要条款的细微变更,应属非实质性变更。如甲收到乙的回函,发来传真称:"贵方擅改吨价,不可。"则甲、乙之合同即无法成立。如非实质性变更构成承诺的,以承诺内容为合同内容。

○ 特 别 提 示

对要约内容作非实质性变更的,原则上构成承诺,但有以下两个例外。
(1)要约人及时表示反对的。
(2)要约表明不得作任何变更的。

 应用案例6-2

中、美两公司磋商一普通商品贸易合同,美方发来要约,中方承诺全部同意,但承诺函又加上一句"贵方应提供商品原产地证明"。美方收到后未予回复。后在履行合同中,中方要求美方提供原产地证明,美方称无此义务。

引导问题:中、美双方谁的请求有道理?

【案例评析】

中方的请求有道理,因为"贵方应提供商品原产地证明"为非实质性变更,美方收到后未予回复,没有及时反对,原则上构成承诺。

引例 9

北京甲于3月1日发一要约信函给广州乙,载明乙务必于3月10日前承诺,3月5日到达乙处。乙于3月11日做出承诺,以特快专递邮出,3月12日到达甲处。甲未置可否。

引导问题:甲、乙合同是否成立?

(2)承诺迟到、迟延。承诺迟到即迟发迟到,是指受要约人逾承诺期而发出的承诺。迟到原则上为新要约,但如要约人及时通知该承诺有效的,合同成立。由此可见引例9中甲、乙之合同不成立。但如甲收到承诺函后,当日回电称接受该承诺函,合同则成立。

引例 10

如引例9中,乙于3月8日做出承诺,并当日以特快专递邮出。依特快专递惯例,3月9日即到。但于3月15日,甲才收到该邮件。经查,由于特快专递公司一职员疏忽,忘投此信,故耽误了几日。甲收到后未予任何回复。

引导问题:甲、乙合同是否成立?

承诺迟延即未迟发而迟到,指受要约人于承诺期内发出承诺并依通常情形可适时到达要约人,但因第三人原因(如邮差)致承诺逾期到达要约人。与迟到恰好相反,迟延原则上承诺有效。但如要约人及时通知因逾期而不接受的,为新要约。由此可见引例10中甲、乙之合同成立,但甲收到邮件后,于次日通过电话告诉乙,不接受该承诺,则合同不能成立。再如,乙的特快专递确实于3月9日到达甲之信箱,逢甲外出办公。于3月15日方看到该函。甲、乙合同仍于3月9日成立,因为"到达"不以要约人看到为要件。

(3)承诺撤回。承诺撤回的对象是已经发出但尚未生效的承诺。撤回的意思表示应在承诺到达要约人之前或与承诺同时到达要约人。与要约不同,承诺不存在撤销的问题。

3)建设工程合同的订立过程

建设工程合同的订立,当事人可以采取协议的形式,但由于当事人之间的权利和义务关系复杂,建设质量、建设周期、工程价款等可变因素较多,为减少和防止国有资产的流失,法律提倡该类合同的签订采用招标、投标形式进行。招标是指招标人事先公布有关工程、货物和服务等交易业务的采购条件和要求,以吸引他人参加竞争承接。这是招标人为签订合同而进行的准备,在性质上属要约邀请(要约引诱)。投标是指投标人获悉招标人提出的条件和要求后,以订立合同为目的向招标人做出意愿参加有关任务的承接竞争,在性质上属要约。定标是指招标人完全接受众多投标人中提出最优条件的投标人,在性质上属承诺。承诺即意味着合同成立,定标是招标投标活动的核心环节。招标投标的过程,是当事人就合同条款提出要约邀请、要约、新要约、再要约……直至承诺的过程。

4. 建设工程合同的主要内容

1)建设工程合同的主体

发包人、承包人是建设工程合同的当事人。发包人、承包人必须具备相关法规规定的资格条件,才能成为建设工程合同的合法当事人,否则,建设工程合同可能因主体不合格而导致无效。

2)建设工程合同的基本条款

建设工程合同应当具备一般合同的条款,如发包人、承包人的名称和住所、标的、数量、质量、价款、履行方式、地点、期限、违约责任、解决争议的方法等。由于建设工程合同标的的特殊性,法律还对建设工程合同中某些内容做出了特别规定,成为建设工程合同中不可缺少的条款。

(1) 勘察、设计合同的基本条款。《中华人民共和国合同法》第二百七十四条规定，勘察、设计合同的内容包括提交有关基础资料和文件（包括概预算）的期限、质量要求、费用以及其他协作条件等条款。

① 提交有关基础资料和文件（包括概预算）的期限。当事人之间应当根据勘察、设计的内容和工作难度确定提交工作成果的期限。勘察人、设计人必须在此期限内完成并向发包人提交工作成果。超过这一期限的，应当承担违约责任。

② 勘察或者设计的质量要求。这是此类合同中最为重要的合同条款，也是勘察或者设计人所应承担的最重要的义务。勘察或者设计人应当对没有达到合同约定质量的勘察或者设计方案承担违约责任。

③ 勘察或者设计费用。这是勘察或者设计合同中的发包人所应承担的最重要的义务。勘察设计费用的具体标准和计算办法应当按《工程勘察收费标准》、《工程设计收费标准》中的有关规定执行。

④ 其他协作条件。除上述条款外，当事人之间还可以在合同中约定其他协作条件。至于这些协作条件的具体内容，应当根据具体情况来认定。如发包人提供资料的期限，现场必要的工作和生活条件，设计的阶段、进度和设计文件份数等。

(2) 建设施工合同的基本条款。《中华人民共和国合同法》第二百七十五条规定，施工合同的内容包括工程范围、建设工期、中间交工工程的开工和竣工时间、工程质量、工程造价、技术资料交付时间、材料和设备供应责任、拨款和结算、竣工验收、质量保修范围和质量保证期、双方相互协作等条款。

① 工程范围。当事人应在合同中附上工程项目一览表及其工程量，主要包括建筑栋数、结构、层数、资金来源、投资总额以及工程的批准文号等。

② 建设工期。即全部建设工程的开工和竣工日期。

③ 中间交工工程的开工和竣工日期。所谓中间交工工程，是指需要在全部工程完成期限之前完工的工程。对中间交工工程的开工和竣工日期，都应在合同中做出明确约定。

④ 工程质量。这是发、承包人最重要的条款。双方必须遵守《建设工程质量管理条例》的有关规定，保证工程质量符合工程建设强制性标准。

⑤ 工程造价。工程造价或工程价格由成本（直接成本、间接成本）、利润（酬金）和税金构成。工程价格包括合同价款、追加合同价款和其他款项。实行招投标的工程应当通过工程所在地招标投标监督管理机构采用招投标的方式定价；对于不宜采用招投标的工程，可采用施工图预算加变更洽商的方式定价。

⑥ 技术资料交付时间。发包人应当在合同约定的时间内按时向承包人提供与本工程项目有关的全部技术资料，否则造成的工期延误或者费用增加应由发包人负责。

⑦ 材料和设备供应责任。即约定工程建设过程中所需材料和设备的供应方及材料和设备的验收程序。

⑧ 拨款和结算。即发包人向承包人拨付工程价款和结算的方式和时间。

⑨ 竣工验收。竣工验收应当根据《建设工程质量管理条例》第十六条的有关规定执行。

⑩ 质量保修范围和质量保证期。合同当事人应当根据实际情况确定合理的质量保修范围和质量保证期，但不得低于《建设工程质量管理条例》规定的最低质量保修

期限。

除了上述 10 项基本合同条款外,当事人还可约定其他协作条款,如施工准备工作的分工、工程变更时的处理办法等。有些建设工程合同,国家有关部门制定了统一的示范文本,订立合同时可以参照相应的示范文本。合同的示范文本实际上就是含有格式条款的合同文本。采用示范文本或其他书面形式订立的建设工程合同,在组成上并不是单一的,凡能体现招标人与中标人协商一致协议内容的文字材料,包括各种文书、电报、图表等,均为建设工程合同文件。订立建设工程合同时,应当注意明确合同文件的组成及其解释顺序。建设工程合同文件一般包括 9 部分组成,解释合同文件的优先顺序如下。

① 合同协议书。

② 中标通知书(如果有)。

③ 投标函及其附录(如果有)。

④ 专用合同条款及其附件。

⑤ 通用合同条款。

⑥ 技术标准和要求。

⑦ 图纸。

⑧ 已标价工程量清单或预算书。

⑨ 其他合同文件。

建设工程合同的所有合同文件,应能互相解释,互为说明,保持一致。当事人对合同条款的理解有争议的,应按照合同所使用的词句、合同的有关条款、合同的目的、交易习惯以及诚实信用原则,确定该条款的真实意思。合同文本采用两种以上的文字订立并约定具有同等效力的,对各文本使用的词句推定具有相同的含义。各文本使用的词句不一致的,应当根据合同的目的予以解释。

相关链接

第 62 条 当事人就有关合同内容约定不明确,依照本法第六十一条的规定仍不能确定的,适用下列规定。

(1)质量要求不明确的,按照国家标准、行业标准履行;没有国家标准、行业标准的,按照通常标准或者符合合同目的的特定标准履行。

(2)价款或者报酬不明确的,按照订立合同时履行地的市场价格履行;依法应当执行政府定价或者政府指导价的,按照规定履行。

(3)履行地点不明确,给付货币的,在接受货币一方所在地履行;交付不动产的,在不动产所在地履行;其他标的,在履行义务一方所在地履行。

(4)履行期限不明确的,债务人可以随时履行,债权人也可以随时要求履行,但应当给对方必要的准备时间。

(5)履行方式不明确的,按照有利于实现合同目的的方式履行。

(6)履行费用的负担不明确的,由履行义务一方负担。

第 63 条 执行政府定价或者政府指导价的,在合同约定的交付期限内政府价格调整时,按照交付时的价格计价。逾期交付标的物的,遇价格上涨时,按照原价格执行;价格下降时,按照新价格执行。逾期提取标的物或者逾期付款的,遇价格上涨时,按照新价格执行；价格下降时，按照原价格执行。

第98条 合同权利义务的终止，不影响合同中结算和清理条款的效力。

第125条 当事人对合同条款的理解有争议的，应当按照合同所使用的词句、合同的有关条款、合同的目的、交易习惯以及诚实信用原则，确定法条款的真实意思。

(2)《示范文本》的组成。《示范文本》由合同协议书、通用合同条款和专用合同条款三部分组成。并附有11个附件，包括：承包人承揽工程项目一览表、发包人供应材料设备一览表和工程质量保修书、主要建设工程文件目录、承包人用于本工程施工的机械设备表、承包人主要施工管理人员表、分包人主要施工管理人员表、履约担保、预付款担保、支付担保、暂估价表（材料、工程设备、专业工程）。

① 合同协议书。《示范文本》合同协议书共计13条，主要包括：工程概况、合同工期、质量标准、签约合同价和合同价格形式、项目经理、合同文件构成、承诺以及合同生效条件等重要内容，集中约定了合同当事人基本的合同权利义务。

② 通用合同条款。通用合同条款是合同当事人根据《中华人民共和国建筑法》《中华人民共和国合同法》等法律法规的规定，就工程建设的实施及相关事项，对合同当事人的权利义务做出的原则性约定。

通用合同条款共计20条，主要包括：一般约定、发包人、承包人、监理人、工程质量、安全文明施工与环境保护、工期和进度、材料与设备、试验与检验、变更、价格调整、合同价格、计量与支付、验收和工程试车、竣工结算、缺陷责任与保修、违约、不可抗力、保险、索赔和争议解决。前述条款安排既考虑了现行法律法规对工程建设的有关要求，也考虑了建设工程施工管理的特殊需要。

③ 专用合同条款。专用合同条款是对通用合同条款原则性约定的细化、完善、补充、修改或另行约定的条款。合同当事人可以根据不同建设工程的特点及具体情况，通过双方的谈判、协商对相应的专用合同条款进行修改补充。在使用专用合同条款时，应注意以下事项。

a. 专用合同条款的编号应与相应的通用合同条款的编号一致。

b. 合同当事人可以通过对专用合同条款的修改，满足具体建设工程的特殊要求，避免直接修改通用合同条款。

c. 在专用合同条款中有横道线的地方，合同当事人可针对相应的通用合同条款进行细化、完善、补充、修改或另行约定；如无细化、完善、补充、修改或另行约定，则填写"无"或"/"。

(2)《示范文本》的性质和适用范围。《示范文本》为非强制性使用文本。《示范文本》适用于房屋建筑工程、土木工程、线路管道和设备安装工程、装修工程等建设工程的施工承发包活动，合同当事人可结合建设工程具体情况，根据《示范文本》订立合同，并按照法律法规规定和合同约定承担相应的法律责任及合同权利义务。

5.《建设工程施工合同(示范文本)》(GF—2017—0201)框架结构

2017年10月30日，住建部公布了2017版《建设工程施工合同(示范文本)》(GF—2017—0201)(简称"2017版合同文本")。《建设工程施工合同(示范文本)》由合同协议书、通用合同条款和专用合同条款三部分组成。

1) 合同协议书

《建设工程施工合同(示范文本)》合同协议书共计13条，主要包括：工程概况、合同工期、质量标准、签约合同价和合同价格形式、项目经理、合同文件构成、承诺以及合同生效条件等重要内容，集中约定了合同当事人基本的合同权利义务。

2）通用合同条款

通用合同条款是合同当事人根据《中华人民共和国建筑法》《中华人民共和国合同法》等法律法规的规定，就工程建设的实施及相关事项，对合同当事人的权利义务作出的原则性约定。

通用合同条款共计20条，具体条款分别为：一般约定、发包人、承包人、监理人、工程质量、安全文明施工与环境保护、工期和进度、材料与设备、试验与检验、变更、价格调整、合同价格、计量与支付、验收和工程试车、竣工结算、缺陷责任与保修、违约、不可抗力、保险、索赔和争议解决。前述条款安排既考虑了现行法律法规对工程建设的有关要求，也考虑了建设工程施工管理的特殊需要。

3）专用合同条款

专用合同条款是对通用合同条款原则性约定的细化、完善、补充、修改或另行约定的条款。合同当事人可以根据不同建设工程的特点及具体情况，通过双方的谈判、协商对相应的专用合同条款进行修改补充。在使用专用合同条款时，应注意以下事项：

第一，专用合同条款的编号应与相应的通用合同条款的编号一致；

第二，合同当事人可以通过对专用合同条款的修改，满足具体建设工程的特殊要求，避免直接修改通用合同条款；

第三，在专用合同条款中有横道线的地方，合同当事人可针对相应的通用合同条款进行细化、完善、补充、修改或另行约定；如无细化、完善、补充、修改或另行约定，则填写"无"或划"/"。

6. 合同的效力

合同有效须具备以下3个要件：主体合格、意思表示真实、内容和程序合法。合同的成立与生效是合同法律制度中两种不同的制度。合同成立不一定生效，多数情况下，成立与生效的时间相同。

1）无效合同的认定

无效合同是指合同虽然已经成立，但因欠缺合同生效要件，从而不产生法律效力的合同。法定无效合同的情形有：一方以欺诈、胁迫的手段订立合同，损害国家利益；恶意串通，损害国家、集体或者第三人利益；以合法形式掩盖非法目的；损害社会公共利益；违反法律、行政法规的强制性规定。

● 特 别 提 示

无效条款的认定如下。

(1) 免除造成对方人身伤害责任的。

(2) 免除因故意、重大过失致对方财产损害责任的。

(3) 格式条款提供方免除其责任的；格式条款提供方加重对方责任的；格式条款提供方排除对方主要权利的。

2）可变更、可撤销合同

可变更、可撤销合同包括：因重大误解订立的合同；在订立合同时显失公平的合同；因欺诈、胁迫而订立的合同；乘人之危订立的合同。撤销权人可以申请撤销，也可以申请变更。当事人请求变更的，人民法院或者仲裁机构不得撤销。

3）效力待定合同

效力待定合同是指合同虽然成立，但因其欠缺生效要件，因此其效力能否发生尚未确定，有待于其他行为或事实使之确定的合同。

具体包括限制民事行为能力人依法不能独立签订的合同，无权代理人以被代理人名义订立的合同，超越权限订立的合同和无处分权的人处分他人财产订立的合同四大类。合同效力因权利人的追认而有效，否认而无效。但表见代理无须权利人追认，代理行为产生的合同有效。

相 关 链 接

表见代理是指代理人无明示代理权，但授权人（被代理人）的言辞或行为致使善意的第三人在客观上有充分理由相信代理人有代理权，进而与代理人发生某项民事法律行为。我国《合同法》第四十九条规定：行为人没有代理权、超越代理权或者代理权终止以后以被代理人名义订立合同，相对人有理由相信行为人有代理权的，该代理行为有效。表见代理的构成要件包括4方面：一是代理人未获得明确授权；二是客观上存在使第三人相信有代理权的情形；三是这种相信必须是合理的；四是第三人的行为是善意的且无过失。

应用案例6-3

2004年8月，飞翔公司与张先生签订一份委托合同。根据该合同的规定，飞翔公司授权张先生与全国各地的潜在供应商开展业务谈判，以拓展商机，但张先生的授权范围只限于业务谈判，无权代表飞翔公司签订合同。2004年9月，张先生与原告宏图公司就购买计算机一事进行磋商。从谈判开始，张先生就告知原告，自己只是代理被代理人进行谈判。谈判的过程中，原告问及被代理人的身份，张先生声称暂时不想透露，在以后适当的时候会告知原告谁是被代理人，原告对此表示同意。2004年11月，原告与张先生签订了100台计算机的购销合同，此时张先生仍然未透露被代理人的真实身份，买方一栏签署了张先生自己的名字，原告也未深究此事。根据合同规定，在原告将100台计算机运到指定地点后，由张先生的被代理人支付货款80万元。合同签订后，原告于2004年12月将货物运至指定地点后，却无人接收。原告要求张先生接收货物并支付货款，张先生拒绝支付，理由是：他只是飞翔公司的代理人，是为飞翔公司购买货物。原告找到飞翔公司，要求其接收货物并支付货款，飞翔公司断然拒绝，理由是：我公司仅授权张先生进行业务谈判，而未授权他为本公司签订合同，这一行为完全属于张先生自己的行为，应由他自己负责。无奈，原告自己雇车将计算机拉回，遂起诉至法院，要求被告继续履行合同，支付80万元货款，并赔偿因被告拒收货物给原告造成的损失3万元。

引导问题：该案例应如何解决？

【案例评析】

在本案例中，关键在于原告是否有理由相信张先生具有代理权。当张先生最初与原告接触时，就告知原告自己只是代理人而不是本人，但不方便透露被代理人的身份，直至签订合同。在这期间，原告作为有经验的商家，对张先生不愿意透露被代理人的真实身份，其是否真正有代理权应当产生合理的怀疑，而原告却因疏忽大意未追究此事，因此不能认定原告有理由相信张先生有代理权，故此案不构成表见代理，张先生的代理行为对飞翔公司不具有约束力。被告张先生与被告飞翔公司是委托代理关系，张先生的代理权限仅是为飞翔公司进行业务谈判，张先生与原告签订买卖合同的行为超越了飞翔公司对其的授权范围，其签约行为事后也未得到飞翔公司的追认，同时，张先生从谈判到签约都没有明确告知原告被代理人的真实身份，原告也因为疏忽大意没有对张先生是否具有代理权进行深究，因此也不能适用《中华人民共和国合同法》第四十九条关于表见代理的规定，故张先生的代理行为应认定为无效，被告飞翔公司不承担法律责任，应由被告张先生承担赔偿损失的责任。

4）附条件、附期限合同

当事人对合同的效力可以约定附条件。附生效条件的合同，自条件成就时生效。附解除条件的合同，自条件成就时失效。当事人为自己的利益不正当地阻止条件成就的，视为条件已成就；不正当地促成条件成就的，视为条件不成熟。当事人约定的条件应当是未来的、不确定的、合法的并且不与合同主要内容相矛盾。

当事人对合同的效力可以约定附期限。附生效期限的合同，自期限届至时生效。附终止期限的合同，自期限届满时失效。

相 关 测 试

（1）2007年3月1日，某大学向本市某建筑公司发出全面维修教学楼的要约，3月5日，建筑公司相关负责人来到该大学就要约之事协商确认并签订了合同。下列表述中，违背《中华人民共和国合同法》相关规定的是（　　）。

　　A. 承诺生效的时间是3月1日　　　　B. 承诺生效的地点是该大学
　　C. 合同成立的时间是3月5日　　　　D. 合同成立的地点是该大学

（2）合同的主体资格合格是指当事人必须具有（　　）。

　　A. 完全的民事权利能力
　　B. 完全的民事行为能力
　　C. 完全的民事权利能力和民事行为能力
　　D. 相应的民事权利能力和民事行为能力

（3）下列关于合同无效的表述中正确的是（　　）。

　　A. 一方以欺诈、胁迫的手段订立合同
　　B. 损害国家、集体或者第三人利益
　　C. 以合法形式掩盖非法目的
　　D. 违反地方性法规的强制性规定

（4）根据《中华人民共和国合同法》的规定，下列各类合同免责条款中有效的是（　　）。

　　A. 造成对方人身伤害的　　　　　　B. 因故意造成对方财产损失的
　　C. 过失造成对方财产损失的　　　　D. 重大过失造成对方财产损失的

（5）下列合同中属于无效合同的是（　　）。

　　A. 有重大误解的合同　　　　　　　B. 内容不明确的合同
　　C. 结构有缺陷的合同　　　　　　　D. 损害社会公益的合同

（6）下列合同中，属于可变更、可撤销合同的是（　　）。

　　A. 损害社会公共利益的合同　　　　B. 以合法形式掩盖非法目的
　　C. 不慎造成误解的合同　　　　　　D. 显失公平的合同

（7）某建筑公司与某钢铁厂于2007年2月5日签订一钢材购销合同，而钢铁厂却将劣质钢材以优质的价格出售给该建筑公司使其蒙受损失,依据《中华人民共和国合同法》的规定如下。

① 该合同的性质属于( )。
A. 无效合同   B. 部分无效合同
C. 效力待定合同   D. 可变更、可撤销合同

② 如果该合同的履行使国家利益受到损害,则该合同的性质属于( )。
A. 无效合同   B. 部分无效合同
C. 效力待定合同   D. 可变更、可撤销合同

③ 无论该合同无效、被撤销或终止,均不影响合同中有关( )。
A. 主要权利条款的效力   B. 主要义务条款的效力
C. 违约责任条款的效力   D. 解决争议方法的条款的效力

④ 无论该合同无效、被撤销,下列关于其后果的表述中正确的是( )。
A. 建筑公司蒙受的损失应当由自己承担
B. 建筑公司蒙受的损失应当由钢铁厂赔偿
C. 将双方所取得的财产收归国家所有
D. 将钢铁厂所取得的合同价款收归国家所有

⑤ 该建筑公司于2007年3月8日得知自己有撤销权。则下列关于其撤销权消灭的表述中正确的是该公司( )。
A. 于2008年2月5日前未行使撤销权
B. 于2008年3月8日前未行使撤销权
C. 未明确表示是否放弃撤销权
D. 未明确表示是否继续履行该合同

(8) 下列关于效力待定合同的表述中正确的是( )。
A. 代理人以被代理人名义订立的合同
B. 限制民事行为能力人独立订立的合同
C. 财产所有权人处分自己财产的合同
D. 法定代表人未超越权限订立的合同

(9) 甲为某单位的法定代表人,某日与一个体工商户乙签订了一份合同。该合同中,甲已经超越了其法人在章程中对其代表权限的限制,但是乙却不知情,则该合同( )。
A. 无效   B. 有效   C. 部分有效   D. 效力待定

(10) 李某擅自与王某签订合同将朋友余某委托其照看的一套单元房转让,则下列关于该转让合同效力的表述中正确的是( )。
A. 合同无效   B. 合同部分有效
C. 余某追认则合同生效   D. 余某死亡则合同生效

(11) 某工程项目的施工合同中约定,如该工程获得鲁班奖,则甲方给乙方一辆汽车作为奖励。则下列表述中正确的是( )。
A. 该合同属附期限的合同   B. 该合同属附条件的合同
C. 所附期限是否到来具有可能性 D. 所附条件是否成就具有必然性

7. 无效建设工程合同的认定

无效建设工程合同指因违反法律规定而没有法律约束力，国家不予承认和保护，甚至对违法当事人进行制裁的建设工程合同。建设工程合同属下列情况之一的，合同无效。

（1）没有经营资格而签订的合同，到合同履行完毕直至提起诉讼时仍没有取得相应资格。没有经营资格是指没有从事建筑经营活动的资格。根据企业登记管理的有关规定，企业法或者其他经济组织应当在经依法核准的经营范围内从事经营活动。《建筑市场管理规定》第十四条规定"承包工程勘察、设计、施工和建筑构配件、非标准设备加工生产的单位（以下统称承包方），必须持有营业执照、资质证书或产品生产许可证、开户银行资信证等证件，方准开展承包业务"，对从事建设工程承包业务的企业明确提出了必须具备相应资质条件的要求。

（2）超越资质等级所订立的合同，到合同履行完毕直至提起诉讼时仍没有取得相应资格。《工程勘察和设计单位资格管理办法》和《工程勘察设计单位登记管理暂行办法》规定，工程勘察设计单位的资质等级分为甲、乙、丙、丁四级，不同资质等级的勘察设计单位承揽业务的范围有严格的区别；而根据《建筑业企业资质管理规定》，建筑安装企业应当按照《建筑业企业资质证书》所核定的承包工程范围从事工程承包活动，无《建筑业企业资质证书》、避开或擅自超越《建筑业企业资质证书》所核定的承包工程范围从事承包活动的，由工程所在地县级以上人民政府建设行政主管部门给予警告、停工的处罚，并可处以罚款。

（3）跨越省级行政区域承揽工程，跨越省级行政区域承揽工程，但未办理审批许可手续而订立的合同，到合同履行完毕直至提起诉讼时仍没有办理相应手续。《建筑市场管理规定》第十五条规定，跨省、自治区、直辖市承包工程或者分包工程、提供劳务的施工企业，应持单位所在地省、自治区、直辖市人民政府建设行政主管部门或者国务院有关主管部门出具的外出承包工程的证明和资质等级证书等证件，向工程所在地的省、自治区、直辖市人民政府建设行政主管部门办理核准手续，并到工商行政等机关办理有关手续。勘察、设计单位跨省承揽任务的，应依照《全国工程勘察、设计单位资格认证管理办法》的有关规定办理类似许可手续。一些省、自治区、直辖市对外地企业到其行政区域内承揽工程的情形也有明确规定。

（4）违反国家、部门或地方基本建设计划，未取得《建设工程规划许可证》《建设用地规划许可证》，未依法取得土地使用权并没有得到补办，或违反《建设工程规划许可证》的规定进行建设，严重影响城市规划的合同。

（5）违法招投标手续所订立的合同，而该项目是必须进行招标的项目。该情形主要包括：一是应该招标而未招标；二是违反招投标强制性规定而导致招标无效。

（6）非法转包和违法分包的合同。

（7）采取欺诈、胁迫的手段，危害国家利益的合同。

（8）违反国家指令性建设计划及其他损害国家利益和社会公共利益的合同。《中华人民共和国合同法》第二百七十三条规定，国家重大建设工程合同，应当按照国家规定的程序和国家批准的投资计划、可行性研究报告等文件订立。

引例 11

甲、乙两人各开一酒店，两酒店相邻，生意都很兴隆。后甲因投身其他行业而欲将酒店转手给丙，丙出价 80 万元。乙闻后担心财力雄厚的丙接手甲的酒店后，在日后竞争中自己落于下风。于是乙积极与甲磋商，表明自己有决心买下酒店并出价 100 万元。甲见乙出价高，遂终止与丙的磋商，转而一心一意与乙谈判。乙见丙退出，即对甲提出自己无意买下该酒店。

引导问题：乙应对甲承担什么责任？

8. 缔约过失责任

缔约过失责任是指在合同成立前的缔约过程中，因缔约一方致合同不成立或无效，或被撤销所具有的过失，因该过失而承担的责任。其主要有以下 3 种情形：一是假借订立合同，恶意进行磋商；二是故意隐瞒与订立合同有关的重要事实或者提供虚假情况；三是其他违背诚实信用原则的行为。

缔约过失责任与违约责任不同，违约责任以合同的有效成立为基础，在合同成立前，因过失而致相对人受损害时，不能依合同请求损害赔偿，而需依缔约过失责任请求赔偿。违约责任救济的是履行利益，而缔约过失责任救济的是法律肯定的信赖利益。《招标投标法》第 45 条规定："中标通知书对招标人和中标人具有法律效力。中标通知书发出后，招标人改变中标结果的，或者中标人放弃中标项目的，应当依法承担法律责任。"该责任实际就是缔约过失责任。缔约过失责任的承担方式主要是返还财产、赔偿损失。损失主要包括直接损失和可信赖利益的损失。

由此可见，引例 11 中乙应对甲承担缔约过失责任。

9. 建设工程发承包相关法律责任

1）建设单位法律责任

（1）发包单位将工程发包给不具有相应资质条件的承包单位的法律责任。《中华人民共和国建筑法》第六十五条第一款规定，发包单位将工程发包给不具有相应资质条件的承包单位的，应由有关行政执法机关责令其改正，并处以罚款。《建设工程质量管理条例》第五十四条规定，建设单位将建设工程发包给不具有相应资质等级的勘察、设计、施工单位或者委托给不具有相应资质等级的工程监理单位的，责令其改正，并处 50 万元以上、100 万元以下的罚款。由此造成原合同无效的，过错方应承担缔约过失责任。

（2）发包单位将建设工程肢解发包的法律责任。《中华人民共和国建筑法》第二十四条第一款规定，对发包单位将建设工程肢解发包的，由有关行政执法机关责令改正，处以罚款。《建设工程质量管理条例》第五十五条规定，对肢解发包的单位应处工程合同价款 0.5% 以上、1% 以下的罚款；全部或者部分使用国有资金的项目，肢解发包的，除责令其改正，处工程合同价款 0.5% 以上、1% 以下的罚款外，并可以暂停项目执行或者通知有关部门暂停资金拨付。

所谓"责令改正"，是指行政执法机关要求发包单位立即纠正其违法将建设工程肢解发包的行为，收回被肢解发包的工程，对因此造成的损失，由发包单位承担相应的责任。

2)勘察单位、设计单位、建筑施工企业和工程监理单位的法律责任

(1)《中华人民共和国建筑法》第十三条第二款规定,对承包单位超越本单位资质等级承揽工程业务的行为,给予以下处罚。

首先,责令停止违法行为,处以罚款;其次,责令停业整顿,降低资质等级;最后,对情节严重的,吊销资质证书。对上述的承包单位超越资质等级承揽业务有违法所得的,予以没收。

这里的"情节严重"一般可包括采用较为恶劣的欺骗手段越级承包;超越多级次承包的,属于屡犯的;或者其承建的工程存在严重的质量问题等。"违法所得"是指超越资质等级承揽工程的所得。

(2)《建设工程质量管理条例》第六十条第一款规定,违反本条例规定,勘察、设计、施工、工程监理单位超越本单位资质等级承揽工程的,责令停止违法行为,对勘察、设计单位或者工程监理单位处合同约定的勘察费、设计费或者监理酬金1倍以上、2倍以下的罚款;对施工单位处工程合同价款2%以上、4%以下的罚款,可以责令停业整顿,降低资质等级;情节严重的,吊销资质证书;有违法所得的,予以没收。

(3)《中华人民共和国建筑法》第十三条第三款规定,对未依法取得资质证书承揽工程的行为,由有关行政执法机关决定予以取缔,并处以罚款;违法承揽工程所签订的工程承包合同应属无效;对其未取得资质证书承揽工程所取得的违法所得,予以没收。《建设工程质量管理条例》第六十条第二款规定,未取得资质证书承揽工程的,予以取缔,依照前款规定处罚款;有违法所得的,予以没收,还应按《建设工程质量管理条例》第六十条第一款的规定进行罚款处罚。

(4)以欺骗手段取得资质证书的法律责任。《中华人民共和国建筑法》第六十五条第四款规定,以欺骗手段取得资质证书的,吊销资质证书,处以罚款;构成犯罪的,依法追究刑事责任。根据《建设工程质量管理条例》第六十条第三款的规定,以欺骗手段取得资质证书承揽工程的,吊销资质证书,处合同约定的勘察费、设计费或者监理酬金1倍以上、2倍以下的罚款;对施工单位处工程合同价款2%以上、4%以下的罚款;有违法所得的,予以没收。

相关链接

以欺骗手段取得资质证书的行为是指建筑施工企业、勘察单位、设计单位和工程监理单位,用瞒报、谎报其拥有的注册资金、专业技术人员、技术装备和已完成的建设工程业绩等手段欺骗资质等级管理机关而取得资质证书的行为。

3)建筑施工企业转让、出借资质证书或者以其他方式允许他人以本企业的名义承揽工程的法律责任的规定对建筑施工企业转让、出借本企业的资质证书或者以其他方式允许他人以本企业的名义承揽工程的违法行为,《中华人民共和国建筑法》第六十六条做出了以下处理:责令改正;没收违法所得,并处罚款;责令停业整顿,降低资质等级;情节严重的,吊销资质证书。对因该项承揽工程不符合规定的质量标准造成的损失,建筑施工企业与使用本企业名义的单位或者个人承担连带赔偿责任。

4)承包单位将承包的工程转包或者违反法律规定进行分包的法律责任的规定

(1)承包单位将承包的工程转包的法律责任。《中华人民共和国建筑法》第六十七条

第一款规定，承包单位将承包的工程转包的，或者违反本法规定进行分包的，责令改正，没收违法所得，并处罚款，可以责令停业整顿，降低资质等级；情节严重的，吊销资质证书。

承包单位有前款规定的违法行为的，对因转包工程或者违法分包的工程不符合规定的质量标准造成的损失，与接受转包或者分包的单位承担连带赔偿责任。

（2）承包单位违法分包的法律责任。《中华人民共和国建筑法》第六十七条、《建设工程质量管理条例》第六十二条规定，对承包单位违反本法规定进行分包的应承担以下法律责任：责令改正；没收违法所得；并处罚款；（对勘察、设计单位处合同约定的勘察费、设计费25%以上、50%以下的罚款；对施工单位处工程合同价款0.5%以上、1%以下的罚款；工程监理单位转让工程监理业务的，责令改正，没收违法所得，处合同约定的监理酬金25%以上、50%以下的罚款。）责令停业整顿，降低资质等级；情节严重的，吊销资质证书；对违法分包的工程不符合规定的质量标准造成的损失，由违法分包的单位与接受转包或分包的单位承担连带赔偿责任。

【案例评析】

合同缔结过程是通过要约邀请—要约—反要约—承诺建立合同关系的。引例1中，A是发包人，B是总承包人，C、D是分包人。按照发包原则和发包行为规范，B作为总承包人应自行施工，不应将工程全部转包给他人。其虽经发包人同意，但仍违反了《中华人民共和国建筑法》第二十八条的禁止性规定，其与C、D所签订的两个分包合同是无效的。

对工程质量问题，B作为总承包人应承担责任，C、D也应该依法分别向发包人A承担责任。B、C拒绝承担责任的理由违反了《中华人民共和国建筑法》第二十九条的规定，因此B、C应共同承担连带责任。

6.3 任务实施

（1）依据资料分析结果，明确委托方的权利和义务。

（2）根据本项目实际情况，结合相关法规为委托方提交法律意见书，完成前期法律服务。法律意见书应包括发包前置条件、发包流程、发包注意事项、发包合同主要内容、发包风险预测、风险防范和后期工作建议。

6.4 任务总结

1. 任务问题

（1）此次任务完成中存在的主要问题有哪些？

（2）问题产生的原因有哪些？

（3）提出相应的解决方法。

（4）您认为还需加强哪些方面的指导（实际工作过程及理论知识）？

2. 自我总结

（1）此次任务完成中存在的主要问题有哪些？

(2) 问题产生的原因有哪些?

(3) 提出相应的解决方法。

(4) 您认为还需加强哪些方面的指导(实际工作过程及理论知识)?

6.5 知识点回顾

本次任务的完成主要涉及以下知识点:相关建设工程发、承包法律法规及条例、法律原则;建设工程发承包法律责任;建设工程发承包方式、行为规范;建设工程合同订立过程及主要内容、建设工程合同效力、合同条款的解释原则、缔约过失责任和《建设工程施工合同(示范文本)》(GF—2013—0201)框架结构、发承包方的法律责任。

6.6 基 础 训 练

6.6.1 单选题

1. 一方当事人以缔结合同为目的,向对方当事人提出合同条件,希望对方当事人接受的意思表示即为( )。

　　A. 要约邀请　　B. 要约　　　　C. 承诺　　　　D. 缔约

2. 下列选项中,属于要约的是( )。

　　A. 招股说明书　B. 投标书　　　C. 招标公告　　D. 商品价目表

3. 下列书面文件中,( )是承诺。

　　A. 招标公告　　B. 投标书　　　C. 中标通知书　D. 合同书

4. 下列( )不属于欺诈行为的构成要件。

　　A. 欺诈方有欺诈的故意

　　B. 欺诈方实施了欺诈行为

　　C. 欺诈必须是非法的

　　D. 相对人因受到欺诈而做出错误的意思表示

5. 按照《中华人民共和国合同法》的规定,合同履行中如果价款或报酬不明确,应按照( )履行。

　　A. 订立合同时履行地的政府定价

　　B. 订立合同时履行地的市场价格

　　C. 履行合同时履行地的政府定价

　　D. 履行合同时履行地的市场价格

6. 按照《中华人民共和国合同法》的规定,合同履行地点不明确时,给付货币的,在( )所在地履行。

　　A. 支付货币一方

　　B. 接受货币一方

　　C. 接受货币方或支付货币方

　　D. 非接受货币方及支付货币方的第三方

7. 执行政府定价或者政府指导价，逾期交付标的物的，遇价格变化时，正确的处理方法是（　　）。

　　A. 遇价格上涨时，按照新价格执行

　　B. 遇价格下跌时，按照平均价格执行

　　C. 遇价格上涨时，按照原价格执行

　　D. 遇价格下跌时，按照原价格执行

8. 下面没有违反《中华人民共和国建筑法》承揽工程的有（　　）。

　　A. 借用其他施工企业的名义承揽工程

　　B. 与其他承包单位联合共同承包大型建设工程

　　C. 经建设单位同意，某施工企业超越本企业资质承揽工程

　　D. 某一级企业与二级企业联合承包了只有一级企业才有资质承包的项目

9. 甲为某单位的法定代表人，某日与一个体工商户乙签订了一份合同。该合同中，甲已经超越了其法人在章程中对其代表权限的限制，但是乙却不知情，则该合同（　　）。

　　A. 无效　　　　B. 有效　　　　C. 部分有效　　　　D. 效力待定

6.6.2 多选题

1. 下列属于要约邀请的有（　　）。

　　A. 商业广告　　　B. 投标书　　　C. 招标公告

　　D. 拍卖公告　　　E. 商品价目表

2. 根据《中华人民共和国合同法》的规定，下列免责条款无效的有（　　）。

　　A. 因不可抗力造成对方财产损失的　　　B. 造成对方人身伤害的

　　C. 因违约造成对方财产损失的　　　　　D. 故意造成对方财产损失的

　　E. 因重大过失造成对方财产损失的

3. 下列合同中，（　　）属于效力待定的合同。

　　A. 甲、乙恶意串通订立的损害第三人丙利益的合同

　　B. 某公司法定代表人超越权限与善意第三人订立的买卖合同

　　C. 代理人甲超越代理权限与第三人丙订立的买卖合同

　　D. 限制民事行为能力人甲与他人订立的纯获利的合同

　　E. 无处分权的人处分他人财产的合同

4. 建设单位将建设工程肢解发包的（　　）。

　　A. 由工商行政管理机关吊销营业执照

　　B. 处工程合同价款 0.5% 以上、1% 以下的罚款

　　C. 发包无效，并承担赔偿损失

　　D. 构成犯罪的，依法追究刑事责任

5. 建设单位将建设工程发包给不具有相应资质等级的勘察、设计、施工单位，（　　）。

　　A. 由工商行政管理机关吊销营业执照

　　B. 处 50 万元以上、100 万元以下的罚款

　　C. 发包无效，并承担赔偿损失

　　D. 构成犯罪的，依法追究刑事责任

6. 建筑施工企业有下列（　　）行为的，对因该工程不符合规定的质量标准而造成的损失，承担连带赔偿责任。

A. 转让、出借资质证书的工作人员以财物数额较大的，处 3 年以下有期徒刑或者拘役；数额巨大的，处 3 年以上、10 年以下有期徒刑，并处罚金。单位犯前款罪的，对单位判处罚金，对其直接负责的主管人员和其他直接责任人员，依照前款的规定处罚

B. 将工程发包给不具有相应资质条件的承包单位

C. 允许他人以本企业的名义承揽工程

D. 将承包的工程转包

E. 违反建筑法规定进行分包

6.6.3 案例分析

2005 年 11 月 15 日，A 房地产开发公司将其开发的怡景新苑 9 号、10 号住宅楼工程发包给 B 建筑公司承建，承建范围为土建、装饰、水电、暖卫；开工日期为 2005 年 11 月 20 日，竣工日期为 2006 年 7 月 1 日；合同价款为 713 万元。B 建筑公司承包上述工程后，将其转包给王某，双方于 2006 年 8 月 20 日补签协议一份，约定：B 建筑公司同意王某施工承建怡景新苑 9 号、10 号住宅楼工程；工期自 2005 年 12 月 26 日至 2006 年 10 月 30 日；王某承担 B 建筑公司在与建设单位 A 房地产开发公司所签建设工程承包合同中应承担的所有责任和义务，按该建设工程承包合同约定的质量标准、工期、安全生产等进行施工；实行自主经营，独立核算，自负盈亏，一切债权债务由王某承担。

2006 年 4 月 6 日，王某以 B 建筑公司项目部的名义，与原告 C 混凝土公司签订了预拌混凝土供需合同，由 C 混凝土公司供给混凝土，双方对供货数量、质量、价款及其支付方式等进行了约定。该合同由王某签字并加盖 B 建筑公司项目部的印章。合同签订后，原告 C 混凝土公司按合同约定完成供货义务，经双方结算，共计货款 557812.50 元，王某已付款 40 万元，尚欠 157812.50 元未付。原告 C 混凝土公司诉至法院，要求被告 B 建筑公司及王某支付欠款 157812.50 元及违约金。被告 B 建筑公司抗辩称，其从未与原告签订预拌混凝土供需合同，双方不存在买卖混凝土合同关系，更不知付款之事。该供需合同是原告与王某签订的，王某不是本公司职工，其签订合同所用印章是其私自刻制的，公司对此不知情，应由王某自行承担责任。被告王某未作任何抗辩。该案例在审理过程中，经法院调查，王某承认预拌混凝土供需合同中 B 建筑公司项目部的印章是其私刻的。

问题：该案例中的责任应由谁承担？为什么？

6.7　拓 展 训 练

某高校打算重建学生活动中心，建筑面积为 8000 m^2，请按照建设工程程序法规和发承包制度的相关法规，拟定一份法律意见书。

任务 7

招投标与合同评审法律服务

引例 1

1999年9月10日某房地产开发有限公司就某住宅项目进行邀请招标，某建筑集团第三公司与其他3家建筑公司共同参加了投标，结果由原告中标。1999年10月14日，被告就该项工程向原告发出中标通知书。该通知书载明：工程建筑面积为82174m^2，中标造价人民币为8000万元，要求于10月25日签订工程承包合同，10月28日开工。

中标通知书发出后，原告按被告的要求提出，为抓紧工期，应该先做好施工准备，后签订工程合同。原告同意了这个意见。随后，原告进场，平整了施工场地，将打桩桩架运至现场，并配合被告在10月28日打了两根桩，完成了项目的开工仪式。但是，工程开工后，还没有等到正式签订承包合同，双方就因为对合同内容的意见不一而发生了争议。2000年3月1日，被告函告原告："将另行落实施工队伍"。

双方协商不成，原告只得诉至法院。在法庭上，原告指出，被告既已发出中标通知书，就表明招投标过程中的要约已经承诺，按招投标文件和《施工合同示范文本》的有关规定，签订工程承包合同是被告的法定义务。因此，原告要求被告继续履行合同。但被告辩称：虽然已发了中标通知书，但这个文件并无合同效力，且双方的合同尚未签订，因此双方还不存在合同上的权利义务关系，被告有权另行确定合同相对人。

引导问题： 根据该引例，回答以下问题。

（1）我国建筑相关法规对建设工程做出了哪些规定？

（2）引例1中中标通知书具有什么效力？

（3）对中标合同应怎样进行评审？

（4）该纠纷应如何解决？

任务7 招投标与合同评审法律服务

7.1 任务导读

建设工程招投标活动是建立发承包关系的一种方式,同时又是一项重要的法律活动。完成本任务须学习工程招标投标的具体规定,了解招标投标的相关概念,熟悉招标投标的范围和规模标准,掌握招标、投标、开标、评标的法律规定,熟悉违反《中华人民共和国招标投标法》等法律法规的法律责任。同时还应掌握合同评审的要点与技巧。

7.1.1 任务描述

一家房地产开发企业欲就金强大学城商业街进行打造,现已获取该项目的城市规划和建设用地许可,完成了工程报建和施工许可证的办理。假如你分别接受承包的委托,为他们提供招投标与合同评审服务,并必须在2010年8月10日前提交法律意见书。

7.1.2 任务目标

(1) 按照正确的方法和途径,收集相关法律资料。
(2) 依据资料分析结果,协助完成本项目发承包前期招投标工作。
(3) 按照工作时间限定,进行合同条款分析和风险预测,完成本项目合同评审和签订。
(4) 通过完成该任务,提出后续工作建议,完成自我评价,并提出改进意见。

7.2 相关理论知识

工程招投标是指建设单位(即业主或项目法人)通过发布招标邀请的方式,将工程建设项目的勘察、设计、施工、材料设备供应、监理等业务,一次或分期发包,通过投标方的投标竞争,对投标人的技术水平、管理能力、经营业绩与报价等方面进行综合考察,最终将工程发包给最有承包能力而报价最优的投标人承接。其最突出的优点是:将竞争机制引入工程建设领域,将工程项目的发包方、承包方和中介方统一纳入市场,实行交易公开,给市场主体的交易行为赋予了极大的透明度;鼓励竞争,防止和反对垄断,通过平等竞争,优胜劣汰,最大限度地实现投资效益的最优化。

引例 2

四川省某高校科教楼工程为该市重点教育工程,2006年7月由市计委批准立项,建筑面积为7800m^2,投资780万元,项目于2007年2月28日开工。此项目施工单位由业主经市政府和主管部门批准不招标,奖励给某建设集团承建,双方签订了施工合同。

引导问题:该案中的施工合同有效吗?

7.2.1 必须进行招标的工程项目

《招标投标法》规定,凡在中华人民共和国境内进行下列工程建设项目,包括项目的勘察、设计、施工、监理以及与工程建设有关的重要设备、材料等的采购,必须进行招标。

（1）大型基础设施、公用事业等关系社会公共利益、公共安全的项目。

（2）全部或者部分使用国有资金投资或国家融资的项目。

（3）使用国际组织或者外国政府贷款、援助资金的项目。

（4）国务院发展改革部门确定的国家重点建设项目和各省、自治区、直辖市人民政府确定的地方重点建设项目，其货物采购应当公开招。

（5）项目的勘察、设计、施工、监理及与工程建设有关的重要设备、材料等的采购，达到下列标准之一的，必须进行招标。

① 施工单项合同估算价在400万元人民币以上的。

② 重要设备、材料等货物的采购，单项合同估算价在200万元人民币以上的。

③ 勘察、设计、监理等服务的采购，单项合同估算价在100万元人民币以上的。

④ 单项合同估算价低于第①、②、③项规定的标准，但项目总投资额在3000万元人民币以上的。

凡按照规定应该招标的工程不进行招标，应该公开招标的工程不公开招标的，招标单位所确定的承包单位一律无效。建设行政主管部门按照《建筑法》第八条的规定，不予颁发施工许可证；对于违反规定擅自施工的，依据《建筑法》第六十四条的规定，追究其法律责任。

可见，引例2中科教楼工程由市政府和主管部门批准不招标，以奖励的形式直接发包给某建设集团承建是违法的，由此签署的合同无效。

相关链接

《招标投标法》第六十六条规定：涉及国家安全、国家秘密、抢险救灾或者属于利用扶贫资金实行以工代赈、需要使用农民工等特殊情况，不适宜进行招标的项目，按照国家有关规定可以不进行招标。

（1）涉及国家安全的项目主要是指国防、尖端科技、军事装备等涉及国家安全和会对国家安全造成重大影响的项目。

（2）涉及国家秘密的项目是指关系国家安全和利益，依照法定程序确定，在一定时间内只限一定范围的人知晓的项目。

（3）抢险救灾，时间紧迫的项目。

（4）对扶贫以工代赈项目

《招标投标法实施条例》第九条规定，除《招标投标法》第六十六条规定的可以不进行招标的特殊情况外，有下列情形之一的，可以不进行招标。

（1）需要采用不可替代的专利或者专有技术。

（2）采购人依法能够自行建设、生产或者提供。

（3）已通过招标方式选定的特许经营项目投资人依法能够自行建设、生产或者提供。

（4）需要向原中标人采购工程、货物或者服务，否则将影响施工或者功能配套要求。

（5）国家规定的其他特殊情形。

7.2.2 招标方式

1. 公开招标

公开招标又称为无限竞争招标,是由招标单位通过报刊、广播、电视等方式发布招标广告,有投标意向的承包商均可参加投标资格审查,审查合格的承包商可购买或领取招标文件,参加投标的招标方式。

公开招标方式的优点是:投标的承包商多、竞争范围大,业主有较大的选择余地,有利于降低工程造价,提高工程质量和缩短工期。其缺点是:由于投标的承包商多,招标工作量大,组织工作复杂,需投入较多的人力、物力,招标过程所需时间较长,因而此类招标方式主要适用于投资额度大,工艺、结构复杂的较大型工程建设项目。

2. 邀请招标

邀请招标又称为有限竞争性招标。这种招标方式不发布广告,业主根据自己的经验和所掌握的各种信息资料,向有承担该项工程施工能力的 3 个以上(含 3 个)承包商发出投标邀请书,收到邀请书的单位有权利选择是否参加投标。邀请招标与公开招标一样都必须按规定的招标程序进行,要制订统一的招标文件,投标人都必须按招标文件的规定进行投标。

邀请招标方式的优点是:参加竞争的投标商数目可由招标单位控制,目标集中,招标的组织工作较容易,工作量比较小。其缺点是:由于参加的投标单位相对较少,竞争范围较小,使招标单位对投标单位的选择余地较少,如果招标单位在选择被邀请的承包商前所掌握信息资料不足,则会失去发现最适合承担该项目的承包商的机会。

> **特别提示**
>
> 国务院发展改革部门确定的国家重点建设项目和各省、自治区、直辖市人民政府确定的地方重点建设项目,以及全部使用国有资金投资或者国有资金投资占控股或者主导地位的工程建设项目应当公开招标。有下列情形之一的,经批准可以进行邀请招标如下。
>
> (1) 项目技术复杂或有特殊要求,只有少量几家潜在投标人可供选择的。
> (2) 受自然地域环境限制的。
> (3) 安全、国家秘密或者抢险救灾,适宜招标但不宜公开招标的。
> (4) 拟公开招标的费用与项目的价值相比,不值得的。
> (5) 法规规定不宜公开招标的。
> 《招标投标法实施条例》第九条规定,但有下列情形之一的,可以邀请招标。
> (1) 技术复杂、有特殊要求或者受自然环境限制,只有少量潜在投标人可供选择。
> (2) 采用公开招标方式的费用占项目合同金额的比例过大。

7.2.3 招标的组织形式

招标的组织形式可分为自己招标和代理招标。如果不具备招标评标组织能力的招标单位,应当委托具有相应资格的工程招标代理机构代理招标。

自2017年12月28日起修订施行的《中华人民共和国招标投标法》对代理机构的规定有3处变化。

(1) 招标代理机构无需自建专家库,专家库由相关部门统一建设、统一管理,以确保专家评审的客观公正性。

(2) 对招标代理机构不再设定行政许可,这是由于招标代理机构是提供招标代理业务咨询服务的中介机构性质所决定的,不对代理的招投标项目承担主体责任,招标方自主选择代理机构属于市场行为,代理机构可以通过市场竞争、发挥行业自律作用予以规范,发展改革、建设等行政主管部门可以通过强化事中事后管理措施进行监督,不需要以行政许可的方式设定准入门槛。

(3) 违反招投标法规,情节严重的招标代理机构,禁止其一年至二年内代理依法必须进行招标的项目并予以公告,直至由工商行政管理机关吊销营业执照。

7.2.4 招投标程序

招投标是招标人选择中标人并与其签订合同的过程,招投标应有一系列的工作程序。

引例 3

某市越江隧道工程全部由政府投资。该项目为该市建设规划的重要项目之一,且已列入地方年度固定资产投资计划,概算已经主管部门批准,征地工作尚未全部完成,施工图纸及有关技术资料齐全。现决定对该项目进行施工招标。因估计除本市施工企业参加投标外,还可能有外省市施工企业参加投标,故业主委托咨询单位编制了两个标底,准备分别用于对本市和外省市施工企业投标价的评定。业主对投标单位就招标文件所提出的所有问题统一作了书面答复,并以备忘录的形式分发给各投标单位,采用问题及答复见表7-1。

表7-1 问题及答复

序 号	问 题	提问单位	提问时间	答 复
1				
…				
N				

在书面答复投标单位的提问后,业主组织各投标单位进行了施工现场踏勘。在投标截止日期前10天,业主书面通知各投标单位,由于某种原因,决定将收费站工程从原招标范围内删除。开标会由市招投标办的工作人员主持,市公证处有关人员到会,各投标单位代表均到场。开标前,市公证处人员对各投标单位的资质进行审查,并对所有投标文件进行审查,确认所有投标文件均有效后,正式开标。主持人宣读投标单位名称、投标价格、投标工期和有关投标文件的重要说明。

引导问题：根据引例3，回答以下问题。

(1) 工程项目招标应具备哪些条件？

(2) 业主对投标单位进行资格预审应包括哪些内容？

(3) 该项目施工招标在哪些方面存在问题或不当之处？并逐一说明。

1. 招标准备阶段

这一阶段的工作主要由招标人完成，主要包括以下内容。

(1) 选择招标方式。

(2) 办理招标备案。建设工程招标前，招标人要向建设行政主管部门办理申请招标手续。招标备案文件应说明招标工作范围、招标方式、计划工期、对投标人的资质要求、招标项目的前期准备工作的完成情况、自行招标还是委托代理招标等内容，获得认可后才可以开始招标工作。

招标应具备的条件

(1) 招标人已经依法成立。

(2) 初步设计及概算应当履行审批手续的，已经批准。

(3) 招标范围、招标方式和招标组织形式等应当履行核准手续的，已经核准。

(4) 有相应资金或资金来源已经落实。

(5) 有招标所需的设计图纸及技术资料。

(3) 编制招标文件。为保证招标活动的正常进行，招标准备阶段应编制好招标过程中可能涉及的有关文件，其内容大致包括招标公告、资格预审文件、招标文件、合同协议书及评标标准和办法等。

2. 招投标阶段

(1) 发布招标公告或投标邀请书。对于公开招标的项目，应当通过国家指定的报刊、信息网络或其他媒介发布招标公告；对于邀请招标的项目，应向投标人发出投标邀请书。

相 关 链 接

招标人有下列行为之一的，属于以不合理条件限制、排斥潜在投标人或者投标人。

(1) 就同一招标项目向潜在投标人或者投标人提供有差别的项目信息。

(2) 设定的资格、技术、商务条件与招标项目的具体特点和实际需要不相适应或者与合同履行无关。

(3) 依法必须进行招标的项目以特定行政区域或者特定行业的业绩、奖项作为加分条件或者中标条件。

(4) 对潜在投标人或者投标人采取不同的资格审查或者评标标准。

(5) 限定或者指定特定的专利、商标、品牌、原产地或者供应商。

（6）依法必须进行招标的项目非法限定潜在投标人或者投标人的所有制形式或者组织形式。

（7）以其他不合理条件限制、排斥潜在投标人或者投标人。

（2）投标人通过大众媒体所发布的公告获取招标信息，并准备供招标人审查的有关投标资格的资料。投标人在投标过程中应遵循以下原则。

① 严厉禁止以低于成本的价格竞标。

② 投标人不得相互串通投标，损害国家利益、社会公共利益和他人的合法利益；不得向招标人或评标委员会成员行贿以谋取中标；不得以他人名义投标或以其他方式弄虚作假、骗取中标。

③ 投标人之间不得相互约定抬高、压低或约定分别以高、中、低价位报价；不得先进行内部议价，内定中标人后再进行投标及有其他串通投标行为；不得与招标人串标。

特别提示

《中华人民共和国招标投标法》规定，除依法允许个人参加投标的科研项目外，其他项目的投标人必须是法人或经济组织，自然人不能成为建设工程的投标人。

相关链接

联合体投标

如单个投标人往往不能独立承建一些大型或复杂的建设工程项目，法律允许几个投标人组成一个联合体，以一个投标人的身份共同投标。联合体各方均应当具备承担招标项目的相应能力，国家有关规定或者招标文件对投标人资格条件有规定的，联合体各方均应当具备规定的相应资格条件。由同一专业的单位组成的联合体，按照资质等级较低的单位确定资质等级。

联合体各方应签订共同投标协议，明确约定各方在拟承包的工程中所承担的义务和责任，并将共同投标协议连同投标文件一并提交招标人。联合体中标的，联合体各方应当共同与招标人签订合同，就中标项目向招标人承担连带责任。

联合体参加资格预审并获通过的，其组成单位的任何变化都必须在提交投标文件截止之日前征得招标人的同意。如果变化后的联合体含有事先未经过资格预审或者资格预审不合格的法人或其他组织，或者使联合体的资质降到资格预审文件中规定的最低标准以下的，招标人有权拒绝。

（3）资格预审。资格预审是招标人对投标人的财务状况、技术能力等方面事先进行的审查。资格审查时，招标人不得以不合理的条件限制、排斥潜在投标人或者投标人，不得对潜在投标人或者投标人实行歧视待遇。任何单位和个人不得以行政手段或其他不合理方式限制投标人的数量。

相关链接

资格审查应主要审查潜在投标人或者投标人是否符合下列条件。

(1) 具有独立订立合同的权利。

(2) 具有履行合同的能力，包括专业、技术资格和能力，资金、设备和其他物质设施状况，管理能力，经验、信誉和相应的从业人员。

(3) 没有处于被责令停业，投标资格被取消，财产被接管、冻结，破产状态。

(4) 在最近3年内没有骗取中标和严重违约及重大工程质量问题。

(5) 法律、行政法规规定的其他资格条件。

（4）发放招标文件。招标文件是招标人向投标单位介绍工程情况和招标条件的书面文件，也是招标人签订工程承包合同的基础。招标文件不得要求或标明特定的生产供应商以及含有倾向或排斥潜在投标人的内容。招标文件一经发出，招标人不得擅自变更内容或增加条件。确实需要澄清或修改的，招标人应当在招标文件要求提交投标文件截止时间至少15日前，以书面形式通知所有招标文件收受人。该澄清或修改的内容视为招标文件的组成部分。招标文件的发售期不得少于5日。

相关链接

招标文件包括下列内容。

第一部分　投标须知、合同条件及合同格式
　第一章　投标人须知及其前附表
　第二章　合同条件
　第三章　合同协议条款
　第四章　合同格式
第二部分　技术规范
　第五章　技术规范
第三部分　投标文件
　第六章　投标书及投标书附录
　第七章　工程量清单与报价表
　第八章　辅助资料表
　第九章　资格审查表
第四部分　图纸
　第十章　图纸

（5）招标人组织现场考察。招标人根据招标项目的具体情况，可以组织潜在投标人勘察项目现场。招标人不得组织单位或者部分潜在投标人踏勘项目现场。

特别提示

(1) 招标人应当在招标文件中载明投标有效期。投标有效期从提交投标文件的截止之日起算。

(2) 投标保证金不得超过招标项目估算价的2%。投标保证金有效期应当与投标有效期一致。依法必须进行招标的项目的境内投标单位，以现金或者支票形式提交的投标保证金应当从其基本账户转出。

（3）招标人不得规定最低投标限价。

（6）招标人解答投标人的质疑。投标人研究招标文件和现场考察后以书面形式提出某些质疑问题，招标人应及时给予书面回答。招标人对任何一位投标人所提出的问题，必须以书面形式解答，并发送给每一位投标人。回答函件作为招标文件的组成部分，如果书面解答的问题与招标文件中的规定不一致，以函件的解答为准。

【案例评析】

引例 3 中，征地工作尚未全部完成，招标人不具备招标条件；招标人编制了两个标底是歧视招标；招标人就招标文件所提出的所有问题统一作了书面答复，并以备忘录的形式分发给各投标单位，泄露了其他投标人信息；修改招标文件确定的新投标截止日期应不少于 15 天；市公证处人员无权对各投标单位的资质及投标文件进行审查。

（7）投标人编制投标文件。投标文件应对招标文件提出的实质性要求和条件作出响应，即对招标文件中有关招标项目的技术要求、投标报价要求和评标标准、合同的主要条款等逐一回答，不得对招标文件进行修改或提出任何附带条件，不得遗漏或回避招标文件中的问题。

● 相 关 链 接

投标文件一般包括投标函、投标报价、施工组织设计、商务和技术偏差表。投标人根据招标文件载明的项目实际情况，拟在中标后将中标项目的部分非主体、非关键性工作进行分包的，应当在投标文件中载明。

（8）投标人提交投标文件。标书编制后，应按招标文件要求的份数，按正本和副本分别装入投标袋内，在投标袋外加贴密封条，并加盖企业公章和法人代表印章，在规定的时间内送达招标单位所指定的地点。

● 特 别 提 示

投标人在招标文件要求提交投标文件的截止日期前，可以补充、修改或者撤回已提交的投标文件，并书面通知招标人，补充、修改的内容作为投标文件的组成部分。在提交投标文件截止时间后到招标文件规定的投标有效期终止之前，投标人不得补充、修改、替代或撤回其投标文件。

招标人必须对标底、潜在投标人的名称和数量以及可能影响公平竞争的其他有关招标情况保密；招标人不得在开标前开启投标文件，并将招标情况告知其他投标人；不得协助投标人撤换投标文件、更改报价；不得与投标人商定，投标时压低或抬高报价，中标后再给投标人或招标人额外补偿；招标人不得预先内定投标人。

《中华人民共和国招标投标法》规定，提交投标文件的投标人少于 3 个的，招标人应当依法重新招标。重新招标后投标人仍少于 3 个的，属于必须审批的工程建设项目，报经原审批部门批准后可以不再进行招标，其他工程建设项目，招标人可以自行决定不再进行招标。

相关链接

(1) 有下列情形之一的,视为投标人相互串通投标。
① 不同投标人的投标文件由同一单位或者个人编制。
② 不同投标人委托同一单位或者个人办理投标事宜。
③ 不同投标人的投标文件载明的项目管理成员为同一人。
④ 不同投标人的投标文件异常一致或者投标报价呈规律性差异。
⑤ 不同投标人的投标文件相互混装。
⑥ 不同投标人的投标保证金从同一单位或者个人的账户转出。

(2) 投标人有下列情形之一的,属于《招标投标法》第三十三条规定的以其他方式弄虚作假的行为。
① 使用伪造、编造的许可证件。
② 提供虚假的财务状况或者业绩。
③ 提供虚假的项目负责人或者主要技术人员简历、劳动关系证明。
④ 提供虚假的信用状况。
⑤ 其他弄虚作假的行为。

引例 4

某办公楼的招标人于 2000 年 10 月 11 日向具备承担该项目能力的 A、B、C、D、E 5 家承包商发出投标邀请书,其中说明,10 月 17~18 日 9:00~16:00 时在该招标人总工程师室领取招标文件,11 月 8 日 14 时为投标截止时间。该 5 家承包商均接受邀请,并按规定时间提交了投标文件。但承包商 A 在送出投标文件后发现报价估算有较严重的失误,遂赶在投标截止时间前 10min 递交了一份书面声明,撤回已提交的投标文件。

开标时,由招标人委托的市公证处人员检查投标文件的密封情况,确认无误后,由工作人员当众拆封。由于承包商 A 已撤回投标文件,故招标人宣布有 B、C、D、E 4 家承包商投标,并宣读该 4 家承包商的投标价格、工期和其他主要内容。

评标委员会委员由招标人直接确定,共由 7 人组成,其中招标人代表 2 人,本系统技术专家 2 人、经济专家 1 人、外系统技术专家 1 人、经济专家 1 人。

在评标过程中,评标委员会要求 B、D 两投标人分别对施工方案作详细说明,并对若干技术要点和难点提出问题,要求其提出具体、可靠的实施措施,作为评标委员的招标人代表希望承包商 B 再行当考虑一下降低报价的可能性。

按照招标文件中确定的综合评标标准,4 个投标人综合得分从高到低的依次顺序为 B、D、C、E,故评标委员会确定承包商 B 为中标人。由于承包商 B 为外地企业,招标人于 11 月 10 日将中标通知书以挂号方式寄出,承包商 B 于 11 月 14 日收到中标通知书。

由于从报价情况来看,4 个投标人的报价从低到高的依次顺序为 D、C、B、E,因此,从 11 月 16 日至 12 月 11 日招标人又与承包商 B 就合同价格进行了多次谈判,结果承包商 B 将价格降到略低于承包商 C 的报价水平,最终双方于 12 月 12 日签订了书面合同。

引导问题:根据引例 4,回答以下问题。

(1) 什么是开标和评标,有哪些法律规定?

（2）从招投标的性质看，本案例中的要约邀请、要约和承诺的具体表现是什么？

（3）从所介绍的背景资料来看，在该项目的招标投标程序中在哪些方面不符合《招标投标法》的有关规定？请逐一说明。

3. 建设工程项目开标

建设工程项目的开标是指招标人依照招标文件规定的时间、地点，开启所有投标人提交的投标文件，公开宣布投标人的名称、投标报价和投标文件中的其他主要内容的行为。

开标由招标人或其委托的招标代理机构主持，并邀请所有投标人参加，还可邀请招标主管部门、评标委员会、监察部门的有关人员参加，也可委托公证部门对整个开标过程依法进行公证。

4. 投标人出席开标会议，参加评标期间的澄清会议

投标人如未按时出席开标会议，视为放弃该次投标。

相关链接

通常以下情况构成废标。

（1）逾期送达的或者未送达指定地点的。

（2）未按招标文件要求密封的。

（3）无单位盖章并无法定代表人签字或盖章的。

（4）未按规定格式填写，内容不全或关键字迹模糊、无法辨认的。

（5）投标人递交两份或多份内容不同的投标文件，或在一份投标文件中对同一招标项目报有两个或多个报价，且未声明哪一个有效（按招标文件规定提交备选投标方案的除外）。

（6）投标人名称或组织机构与资格预审时不一致的。

5. 建设工程项目的评标

建设工程项目的评标是指按照招标文件的规定和要求，对投标人报送的投标文件进行审查和评议，从而找出符合法定条件的最佳投标的过程。评标由招标人组建的评标委员会负责进行。

1）评标委员会的组建

评标委员会依法组建，负责评标活动，向招标人推荐中标候选人或者根据招标人的授权直接确定中标人。评标委员会的专家成员应当从省级以上人民政府有关部门提供的专家名册，或者招标代理机构的专家库内的相关专家名单中确定。成员人数为5人以上的单数，其中技术、经济等方面的专家不得少于成员总数的2/3。评标委员会成员名单一般应于开标前确定。评标委员会成员名单在中标结果确定前应当保密。

2）评标专家的条件

（1）从事相关领域工作满8年并具有高级职称或具有同等专业水平。

（2）熟悉有关招标投标的法律法规，并具有与招标项目相关的实践经验。

（3）能够认真、公正、诚实、廉洁地履行职责。

（4）身体健康，能够承担评标工作。

相关链接

有下列情形之一的，不得担任评标委员会专家。

（1）投标人或投标人主要负责人的近亲属。

（2）项目主管部门或者行政监督部门的人员。

（3）与投标人有经济利益关系，可能影响对投标公正评审的。

（4）曾因在招标、评标以及其他与招标投标有关活动中从事违法行为而受过行政处罚或刑事处罚的。

3）评标程序

（1）初步评审。评标委员会应当依据招标文件规定的评标标准和方法，对投标文件进行系统的评审和比较，主要审查各投标文件是否为响应性投标，确定投标文件的有效性。审查内容包括：投标人的资格、投标保证的有效性、报送资料的完整性、投标文件与招标文件的要求有无实质性背离、报价计算的正确性等。

（2）详细评审。对于经初步评审合格的投标文件，评标委员会应当根据招标文件确定的评标标准和方法，对其技术标部分和商务标部分作进一步评审、比较。评标方法一般有经评审的最低投标价法、综合评估法或者法律、行政法规允许的其他评标方法。评标委员会成员的义务是：评标时，应严格按照招标文件确定的评标标准和方法，对投标文件进行评审和比较；设有标底的，应参考标底；任何未在招标文件中列明的标准和方法，均不得采用。

4）评标纪律

（1）评标委员会成员应当客观、公正地履行职务，遵守职业道德，对所提出的评审意见承担个人责任。

（2）评标委员会成员不得私下接触投标人，不得接受投标人的任何馈赠或者其他好处。

（3）评标委员会成员和参与评标的有关工作人员不得透露对投标文件的评审和比较、中标候选人的推荐情况以及与评标有关的其他情况。

5）评标时限

招标文件载明投标有效期为提交投标文件截止日至公布中标的时间。评标和定标应当在投标有效期结束日30个工作日前完成，不能在这个时间段完成的，招标人应当通知所有投标人延长投标有效期。拒绝延长投标有效期的投标人有权收回投标保证金，同意延长的投标人应当相应的延长其投标担保的有效期，但不得修改投标文件的实质性内容。因延长投标有效期造成投标人损失的，招标人应当给予补偿，但因不可抗力需延长投保有效期的除外。

6）提交评标结果

评标委员会推荐的中标候选人应当限定在1～3人，并标明排列顺序。招标人应当接受评标委员会推荐的中标候选人，不得在评标委员会推荐的中标候选人之外确定中标人。招标人也可以授权评标委员会直接确定中标人。依法必须进行招标的项目，招标人应当自收到评标报告之日起3日内公示中标候选人，公示期不得少于3日。

评标委员会经过评审，认为所有投标都不符合招标文件要求的，可以否决所有投标。

对于依法必须进行招标的项目的所有投标都被否决后，招标人应当依法重新招标。

6. 招标人确定中标人

招标人确定的中标人的投标应当满足下列条件之一。

(1) 能够最大限度地满足招标文件中规定的各项综合评价标准。

(2) 能够满足招标文件的实质性要求，并且经评审的投标价格最低，但是投标价格低于成本的除外。

中标人确定后，招标人应向中标人发出中标通知书，并同时将中标结果通知所有未中标的投标人。同时，招标人应当自确定中标人之日起15日内，向有关行政监督部门提交招标投标情况的书面报告。中标通知书对招标人和中标人均具有法律效力。中标通知书发出后，招标人改变中标结果的，或者中标人放弃中标项目的，应依法承担相应的法律责任。

7. 投标人接受中标通知书

双方签订合同，提供履约担保，分送合同副本。

【案例评析】

引例4中存在以下违法之处：招标文件发出到投标截止时间少于20天；承包商A虽撤回投标文件，但开标时仍应宣布；评标委员会委员的产生不合法；评标时，投标人澄清时，不能要求其作实质性变更，评标委员会希望承包商B再行考虑一下降低报价的可能性是违法的；中标后，招标人与中标人无法定事由不能对中标价格作实质性变更，承包商B将价格降到略低于承包商C的报价水平是违法的。

特 别 提 示

招标人和中标人应当自中标通知书发出之日起30日内，按照招标文件和中标的投标文件订立书面合同，招标人和中标人在合同上签字盖章后合同生效。招标人和中标人不得再行订立背离合同实质内容的其他协议。对招标文件要求投标人提交履约保证金的，投标人应当提交。拒绝提交的视为放弃中标项目。

中标人应当按照合同约定履行义务，完成中标项目。中标人可以按照合同约定或者经招标人同意，将中标项目的部分非主体、非关键性工作分包；中标人不得将中标项目转包，也不得肢解后以分包的名义转让。

应用案例 7-1

上诉人(原审被告)：深圳市中电照明有限公司(以下简称中电公司)。

被上诉人(原审原告)：汕头市达诚建筑总公司深圳分公司(以下简称达诚公司)。

基本案情，具体情况如下：

2000年7月4日，被告中电公司向深圳市建设局申请对中电照明研发中心工程进行对外招标，7月11日获得批准。8月11日，原告达诚公司向被告支付了保证金人民币100万元，并于8月18日向深圳市建设工程交易服务中心呈送《中电照明研发中心标书》。8月29日，中电公司在深圳市建设工程交易服务中心第四会议室召开中照研发中心开标会。会上由深圳市建设工程造价管理站(以下简称造价站)公开宣读中照研发中心的标底为人民币 19010550.12 元，然后公开了 6 个投标单位的投标价，其中原告的投标价为人民币 17004308.68 元。9 月 20 日，被告向造价站发函，以造价站的标底与其送审的预算数额有出入为由，要求标底按隐框玻璃幕墙进行调整并重新定标。造价站回函称，被告送交的资料没有任何说明铝合金固定窗修改为隐框玻璃幕墙的资料，同意仅就该工程量清单中第 143 项（铝合金固定窗）用同一工程量按隐框玻璃幕墙单价计算调整。9 月 30 日，被告以修改后的标底召开定标会，重新确定投标价为人民币 1991.7393 万元，并宣布深圳市第三某建筑工程总公司（以下简称三建）得分最高，为中标单位。

引导问题：该案应如何处理？

【案例评析】

本案例是深圳市首例招投标争议案，因而备受传媒和社会各界的广泛关注。尽管该案经过二审法院的努力，在分清是非责任的基础上以调解方式解决。但是，该案例中所涉及的法律问题仍然值得探讨和研究。

1）被告在开标后修改招标文件是无效的

《中华人民共和国招标投标法》第二十三条规定："招标人对已发出的招标文件进行必要澄清或者修改的，应当在招标文件要求提交投标文件截止时间至少 15 日前，以书面形式通知所有招标文件接收人。该澄清或者修改的内容为招标文件的组成部分。"本条规定招标文件进行修改或者澄清的法定程序。这是法律强制性规定，没有遵守此规定的，其修改及其澄清是无效的。

本案例中，《招标书》注明"外墙装饰：玻璃墙和灰色涂料。门窗：铝合金和高级柚木门。工程清单第一百八十九项为玻璃幕墙制作安装，第一百四十三项为铝合金固定窗"。因此，从被告提交的答疑及书面答复"第五项外墙按隐框幕墙制作安装"，根本不能让人理解为修改招标中的门窗、铝合金和高级柚木门及工程实物量清单第一百四十三项铝合金固定窗；而原告对此并无过错。因此，被告在公布标底之后，又以标底错误为由中止招投标程序，并修改招标文件和标底，显然是不符合法律强制性规定的，应承担一定的法律责任。

2）被告应承担缔约过失责任

招投标是以订立合同为目的的民事活动。招标人发出的招标公告或投标邀请书、投标人提交的投标文件、招标人向中标的投标人发出的中标通知书，按其法律性质分别属于《合同法》中的要约邀请、要约和承诺。但建设工程合同又是一种要式合同，其成立的标志是签订书面合同。在合同成立之前，招标人未履行向投标人发出中标通知的法定义务，致使合同不能成立，应承担缔约过失责任，而非违约责任。故一审法院认定招标人违约并承担违约责任值得商榷。

3）投标保证金不应与订金等同

本案例中，原告在招投标过程中交给被告 100 万元的保证金。原《深圳经济特区建设工程招标投标条例》第十八条第二款规定："定标后，中标人拒绝签订工程承包合同的，应向中标人双倍返还保证金"（2002 年修订后的《条例》保留了类似条款）。一审法院据此判决被告双倍返还保证金。但从二审法院调解的结果来看，事实上推翻了一审的判决，并没有把投标保证金按"双倍返还"的订金罚则处理。

7.2.5 相关法律责任

1. 招标人的法律责任

相关链接

（1）按《招标投标法实施条例》规定，招标人有下列限制或者排斥潜在投标人行为之一的，处1万元以上5万元以下的罚款。

① 依法应当公开招标的项目不按照规定在指定媒介发布资格预审公告或者招标公告。

② 在不同媒介发布的同一招标项目的资格预审公告或者招标公告的内容不一致，影响潜在投标人申请资格预审或者投标。

（2）依法必须进行招标的项目的招标人不按照规定发布资格预审公告或者招标公告，构成规避招标的，处项目合同金额0.5‰以上1‰以下的罚款；对全部或者部分使用国有资金的项目，可以暂停项目执行或者暂停资金拨付；对单位直接负责的主管人员和其他直接责任人员依法给予处分。第六十四条 招标人有下列情形之一的，由有关行政监督部门责令改正，可以处10万元以下的罚款。

① 依法应当公开招标而采用邀请招标。

② 招标文件、资格预审文件的发售、澄清、修改的时限，或者确定的提交资格预审申请文件、投标文件的时限不符合招标投标法和本条例规定。

③ 接受未通过资格预审的单位或者个人参加投标。

④ 接受应当拒收的投标文件。

招标人有前款第一项、第三项、第四项所列行为之一的，对单位直接负责的主管人员和其他直接责任人员依法给予处分。

（3）招标人超过本《条例》规定的比例收取投标保证金、履约保证金或者不按照规定退还投标保证金及银行同期存款利息的，由有关行政监督部门责令改正，可以处5万元以下的罚款；给他人造成损失的，依法承担赔偿责任。

（1）必须进行招标的项目而不进行招标的，将必须进行招标的项目化整为零或者以其他任何方式规避招标的，责令限期改正，可以处项目合同金额0.5‰以上、1‰以下的罚款；对于全部或者部分使用国有资金的项目，可以暂停项目执行或者暂停资金拨付；对单位直接负责的主管人员和其他直接责任人员依法给予处分。

（2）招标人以不合理的条件限制或者排斥潜在投标人的，对潜在投标人实行歧视待遇的，强制要求投标人组成联合体共同投标的，或者限制投标人之间竞争的，责令改正，可以处1万元以上、5万元以下的罚款。

（3）依法必须进行招标的项目的招标人向他人透露已获取招标文件的潜在投标人的名称、数量或者可能影响公平竞争的有关招标投标的其他情况的，或者泄露标底的，给予警告，可以处1万元以上、10万元以下的罚款；对单位直接负责的主管人员和其他直接责任人员依法给予处分；构成犯罪的，依法追究刑事责任。所列行为影响中标结果的，中标无效。

（4）依法必须进行招标的项目，招标人违反本法规定，与投标人就投标价格、投标方案等实质性内容进行谈判的,给予警告,对单位直接负责的主管人员和其他直接责任人员依法给予处分。所列行为影响中标结果的,中标无效。

(5) 招标人在评标委员会依法推荐的中标候选人以外确定中标人的,依法必须进行招标的项目在所有投标被评标委员会否决后自行确定中标人的,中标无效。责令改正,可以处中标项目金额0.5%以上、1%以下的罚款;对单位直接负责的主管人员和其他直接责任人员依法给予处分。

(6) 招标人与中标人不按照招标文件和中标人的投标文件订立合同的,或者招标人、中标人订立背离合同实质性内容的协议的,责令改正;可以处中标项目金额0.5%以上、1%以下的罚款。

相 关 链 接

(1) 投标人有下列行为之一的,属于《招标投标法》第五十三条规定的情节严重行为,由有关行政监督部门取消其1~2年内参加依法必须进行招标的项目的投标资格。

① 以行贿谋取中标。
② 3年内2次以上串通投标。
③ 串通投标行为损害招标人、其他投标人或者国家、集体、公民的合法利益,造成直接经济损失30万元以上。
④ 其他串通投标情节严重的行为。

(2) 投标人自接受处罚执行期限届满之日起3年内又有该款所列违法行为之一的,或者串通投标、以行贿谋取中标情节特别严重的,由工商行政管理机关吊销营业执照。

法律、行政法规对串通投标报价行为的处罚另有规定的,从其规定。

(3) 投标人以他人名义投标或者以其他方式弄虚作假骗取中标的,中标无效;构成犯罪的,依法追究刑事责任;尚不构成犯罪的,依照招标投标法第五十四条的规定处罚。依法必须进行招标的项目的投标人未中标的,对单位的罚款金额按照招标项目合同金额依照招标投标法规定的比例计算。

投标人有下列行为之一的,属于《招标投标法》第五十四条规定的情节严重行为,由有关行政监督部门取消1~3年内参加依法必须进行招标的项目的投标资格:

① 伪造、变造资格、资质证书或者其他许可证件骗取中标。
② 3年内2次以上使用他人名义投标。
③ 弄虚作假骗取中标给招标人造成直接经济损失30万元以上。
④ 其他弄虚作假骗取中标情节严重的行为。

投标人自本条第二款规定的处罚执行期限届满之日起3年内又有该款所列违法行为之一的,或者弄虚作假骗取中标情节特别严重的,由工商行政管理机关吊销营业执照。

(4) 出让或者出租资格、资质证书供他人投标的,依照法律、行政法规的规定给予行政处罚;构成犯罪的,依法追究刑事责任。

2. 投标人的法律责任

(1) 投标人相互串通投标或者与招标人串通投标的,投标人以向招标人或者评标委员会成员行贿的手段谋取中标的,中标无效,处中标项目金额0.5%以上1%以下的罚款,对单位直接负责的主管人员和其他直接责任人员处单位罚款数额5%以上、10%以下的罚款；有违法所得的，并处没收违法所得；情节严重的，取消1～2年内参加依法必须进行招标的项目的投标资格并予以公告，直至由工商行政管理机关吊销营业执照；构成犯罪的，依法追究刑事责任；给他人造成损失的，依法承担赔偿责任。

（2）投标人以他人名义投标或者以其他方式弄虚作假，骗取中标的，中标无效，给招标人造成损失的，依法承担赔偿责任；构成犯罪的，依法追究刑事责任。依法必须进行招标的项目的投标人有前款所列行为尚未构成犯罪的，处中标项目金额0.5%以上、1%以下的罚款，对单位直接负责的主管人员和其他直接责任人员处单位罚款数额5%以上、10%以下的罚款；有违法所得的，并处没收违法所得；情节严重的，取消其1～3年内参加依法必须进行招标的项目的投标资格并予以公告，直至由工商行政管理机关吊销营业执照。

3. 中标人的法律责任

（1）中标人将中标项目转让给他人的，将中标项目肢解后分别转让给他人的，或者将中标项目的部分主体、关键性工作分包给他人的，或者分包人再次分包的，转让、分包无效，处转让、分包项目金额0.5%以下的罚款；有违法所得的，并处没收违法所得，并责令停业整顿；情节严重的，由工商行政管理机关吊销营业执照。

（2）招标人与中标人不按照招标文件和中标人的投标文件订立合同的，或者招标人、中标人订立背离合同实质性内容的协议的，责令改正；可以处中标项目金额0.5%以上、1%以下的罚款。

（3）中标人不履行与招标人订立的合同的，履约保证金不予退还，给招标人造成的损失超过履约保证金数额的，还应当对超过部分予以赔偿；没有提交履约保证金的，应当对招标人的损失承担赔偿责任。中标人不按照与招标人订立的合同履行义务，情节严重的，取消2～5年内参加依法必须进行招标的项目的投标资格并予以公告，直至由工商行政管理机关吊销营业执照。因不可抗力不能履行合同的，不适用前两款规定。

（4）《工程建设项目施工招标投标办法》规定，中标通知书发出后，中标人放弃中标项目的，无正当理由不与招标人签订合同的，在签订合同时向招标人提出附加条件或者更改合同实质性内容的，或者拒不提交所要求的履约保证金的，招标人可取消其中标资格，并没收其投标保证金；给招标人的损失超过投标保证金数额的，中标人应当对超过部分予以赔偿；没有提交投标保证金的，应当对招标人的损失承担赔偿责任。

4. 招标代理机构的法律责任

《中华人民共和国招标投标法》规定，招标代理机构泄露应当保密的与招标投标活动有关的情况和资料的，或者与招标人、投标人串通损害国家利益、社会公共利益或者他人合法权益的，处5万元以上、25万元以下的罚款，对单位直接负责的主管人员和其他直接责任人员处单位罚款数额5%以上、10%以下的罚款；有违法所得的，并处没收违法所得；情节严重的，暂停直至取消招标代理资格；构成犯罪的，依法追究刑事责任；给他人造成损失的，依法承担赔偿责任。

5. 评标委员会成员的法律责任

《中华人民共和国招标投标法》规定，评标委员会成员收受投标人的财物或者其他好处的，评标委员会成员或者参加评标的有关工作人员向他人透露对投标文件的评审和比较、中标候选人的推荐以及与评标有关的其他情况的，给予警告，没收收受的财物，可以并处3万元以上、5万元以下的罚款，对有所列违法行为的评标委员会成员取消担任评标委员会成员的资格，不得再参加任何依法必须进行招标的项目的评标；构成犯罪的，依法追究刑事责任。

相关链接

《工程建设项目施工招标投标办法》规定，评标过程有下列情况之一的，评标无效，应当依法重新进行评标或者重新进行招标，有关行政监督部门可处3万元以下的罚款。

(1) 使用招标文件没有确定的评标标准和方法的。

(2) 评标标准和方法含有倾向或者排斥投标人的内容，妨碍或者限制投标人之间的竞争，且影响评标结果的。

(3) 应当回避担任评标委员会成员的人参与评标的。

(4) 评标委员会的组建及人员组成不符合法定要求的。

(5) 评标委员会及其成员在评标过程中有违法行为，且影响评标结果的。

《工程建设项目施工招标投标办法》规定，评标委员会成员在评标过程中擅离职守，影响评标程序正常进行，或者在评标过程中不能客观公正地履行职责的，有关行政监督部门给予警告；情节严重的，取消担任评标委员会成员的资格，不再参加任何招标项目的评标。

6. 国家机关及工作人员的法律责任

《中华人民共和国招标投标法》规定，任何单位违反本法规定，限制或者排斥本地区、本系统以外的法人或者其他组织参加投标的，为招标人指定招标代理机构的，强制招标人委托招标代理机构办理招标事宜的，或者以其他方式干涉招标投标活动的，责令改正；对单位直接负责的主管人员和其他直接责任人员依法给予警告、记过、记大过的处分，情节较重的，依法给予降级、撤职、开除的处分。

个人利用职权进行前款违法行为的，依照前款规定追究责任。

《中华人民共和国招标投标法》规定，对招标投标活动依法负有行政监督职责的国家机关工作人员徇私舞弊、滥用职权或者玩忽职守，构成犯罪的，依法追究刑事责任；不构成犯罪的，依法给予行政处分。

应用案例 7-2

中山医大三院医技大楼设计建筑面积为19945m²，预计造价为7400万元，其中土建工程造价约为3402万元，配套设备暂定造价为3998万元。2001年初，该工程项目进入广东省建设工程交易中心以总承包方式向社会公开招标。

经常以"广州辉宇房地产有限公司总经理"身份对外交往的包工头郑某得知该项目的情况后，即分别到广东省和广州市4家建筑公司进行活动，要求挂靠4家公司参与投标。这4家公司在未对郑某的广州辉宇房地产有限公司的资质和业绩进行审查的情况下，就同意其挂靠，并分别商定了"合作"条件：一是投标保证金由郑某支付；二是广州市原告代郑某编制标书，由郑支付"劳务费"，其余3家公司的经济标书由郑某编制；三是项目中标后全部或部分工程由郑某组织施工，挂靠单位收取占工程造价3%～5%的管理费。上述4家公司违法出让资质证明，为郑某搞串标活动提供了条件。2001年1月郑某给4家公司各汇去30万元投标保证金，并支付给广州市原告1.5万元编制标书的"劳务费"。

为揽到该项目，郑某还不择手段地拉拢广东省交易中心评标处副处长张某、办公室副主任陈某。郑某以咨询业务为名，经常请张、陈吃喝玩乐，并送给张某港币5万元、人民币1000元，以及人参、茶叶、香烟等物品；送给陈某港币3万元和洋酒等物品。张某、陈某两人积极为郑某提供"咨询"服务，不惜泄露招投标中有关保密事项，甚至带郑某到审核标底现场向有关人员打探标底，后因现场监督严格而未得逞。

2001年1月22日下午开始评标。评委会置该项目招标文件规定于不顾，把原安排22日下午评技术标、23日上午评经济标两段评标内容集中在一个下午进行，致使评标委员会没有足够时间对标书进行认真细致地评审，一些标书明显存在违反招标文件规定的错误未能被发现。同时，评标委员在评审中还把标底价50%以上的配套设备暂定价3998万元剔除，使造价总体下浮变为部分下浮，影响了评标结果的合理性。24日19:20左右，评标结束，中标单位为深圳市总公司。

由于郑某挂靠的4家公司均未能中标，郑某便鼓动这4家公司向有关部门投诉，设法改变评标结果。因不断发生投诉，有关单位未发出中标通知书。

引导问题：根据该案例，回答以下问题。

(1) 本次招标存在哪些问题？

(2) 该次招标效力应如何认定？

(3) 该纠纷应如何处理？

【案例评析】

中山医大三院医技大楼工程招投标中的违纪违法问题，是一宗包工头串通有关单位内部人员干扰和破坏建筑市场秩序的典型案件。本案例中的有关当事人违反了多项法律强制性规定，依法应当受到惩处，但本案例的行政处理结果值得斟酌。

首先，《招标投标法》规定了6种"中标无效"的法定情形。在本案例中，从招标人和招标代理机构的行为看，并无导致中标无效的法定事由。而从投标人郑某的行为看，虽然实施了串标和骗标的行为，但由于中标人并不是郑某，所以也不符合中标无效的法定情形。因此，尽管本案中存在着一系列的违法违纪行为，但并不必然导致中标无效，行政监督部门做出的处理决定是不符合法律规定的。

其次，工程建设项目的招标投标活动是建设工程合同订立的过程，在法律性质上属于民事行为。作为整个招投标活动的组成部分，中标自然也属于民事行为的一种，应当受到民法的调整。《民法通则》根据法律效力的不同，把民事行为分为民事法律行为(合法有效的民事行为)、无效的民事行为及可撤销、可变更的民事行为。而判定民事行为是否有效，只能由法院或仲裁机构做出，除此以外的任何机构(主要指行政管理部门)均无权确认民事行为的法律效力。《招标投标法》规定的6种中标无效情形，属于无效的民事行为，只能由人民法院依法确认无效；也就是说，人民法院是确认"中标无效"的唯一权力主体。如果赋予行政监督部门宣布"中标无效"的权力，就从根本上犯了行政法律规范与民事法律规范相竞合的错误，这在法律上是讲不通的。

引例 5

某施工合同对工程速度与工程师指示做出了以下约定。

（1）承包人应在签订合同后两周之内，向工程部提供各施工阶段明细进度表，把工程分成若干部分和子项，并表明每一部分和每一子项工程的施工安排。进度表日期不能超过合同所规定的日期，本进度要在得到工程部的书面确认之后方可执行。工程部有权对进度作其认为有利于工程的必要的修改，承包商无权要求对此更改给予任何补偿。工程部对于进度表的确认和所提出的更改并不影响承包人按照规定日期施工的义务和承包人对于施工方式及所用设备的安全性、准确性的责任。

（2）承包人的施工应使工程部工程师满意，监理工程师有权随时发布他认为合适的追加方案和设计图纸、指令、指示、说明，以上统称为工程师的指示。工程师的指示包括以下各项，但不局限于此。

① 对于设计、工程种类和数量的变更。
② 决断施工方案、设计图纸与规范不符的任何地方。
③ 决定清除承包人运进工地的材料，换上工程师所同意的材料。
④ 决定重做承包人已经施工，而工程师未曾同意的工程。
⑤ 推迟实施合同中规定的施工项目。
⑥ 解除工地上任何不受欢迎的人。
⑦ 修复缺陷工程。
⑧ 检查所有隐蔽工程。
⑨ 要求检验工程或材料。

承包人应及时、认真地遵从并执行工程师发出的指示，同时还应详细地向工程师汇报所有与工程和工程所必要的原料有关的问题。

如果工程师向承包人发出了口头指示或说明，随即又做了某种更改，工程师应加以书面肯定。如果没有这样做，承包人应在指示或说明发出后7天内，书面要求工程师对其加以肯定。如果工程师在另外的7天内没有向承包人做出书面肯定，工程师的口头指示或说明则视为书面指令或说明。

引导问题：以上合同条款存在什么问题？合同评审应从哪些方面进行评审？

7.2.6 中标合同评审

建设工程合同具有投资大、周期长、风险环节多、管理难度大的特点，因此建设工程合同双方应在签订合同时，注意以下问题。

引例 6

某市准备建设一个火车站，相关部门组织成立了建设项目法人，估计工程总造价为20亿元。在可行性研究报告、项目建议书、设计任务书等经市计划主管部门审核后，报国务院、国家发改委审批申请国家重大建设工程立项。审批过程中项目法人以公开招标的方式与具有施工资质的企业签订了《建筑工程总承包合同》。合同签订后，国务院计划主管部门公布该工程为国家重大建设项目，批准的投资计划中主体工程部分调整为18亿元。该计划下达后，项目法人要求承包人修改合同，降低包干造价，承包人不同意，双方因此产生矛盾。此后项目法人向该市人民法院提起诉讼，请求解除合同。

引导问题：根据引例6，回答以下问题。

(1) 该工程建设合同是否合法有效？为什么？

(2) 该项目法人要求解除合同是否可行？

(3) 合同的有效性主要涉及哪些具体情形？

1. 严格审查合同的有效性

合同的有效性是合同履行的前提。合同的无效包括合同整体无效和合同部分无效。导致建设工程施工合同无效的风险因素有多种，主要集中在以合法形式掩盖非法目的和违反法律、行政法规的强制性规定两个方面，主要有以下几种情形。

1) 未依法进行招投标

违反招标投标法律规定的行为主要表现为：应当招标的工程而未招标的；当事人泄露标底的；投标人串通作弊、哄抬标价，致使定标困难或无法定标的；招标人与个别投标人恶意串通内定投标人的。

引例6中火车站建设项目属于大型建设项目，且被列入国家重大建设项目，依法不得任意扩大投资规模，应经国务院有关部门审批并按国家批准的投资计划订立合同。本例中合同双方在审批过程中签订建筑施工承包合同，确定时并未取得有审批权限主管部门的批准文件，缺乏合同成立的前提条件，合同金额也超出国家批准的投资的有关规定，扩大了固定资产投资规模。违反了国家计划，属于无效合同，该项目法人是可以要求解除合同的。但是发包人应当对订立无效合同的后果承担主要责任，赔偿施工企业的相应损失。

2) 合同主体不合格

实践中，主体不合格是导致所签订建设工程施工合同无效的主要原因。建设工程施工合同法律关系中的主体主要涉及发包方和承包方。无论是发包方还是承包方，其主体资格都要受以下两方面的限制：一是经营范围的限制，主要表现为营业执照对行为能力的规定和限制；二是行业特殊规定的建筑施工企业，在注册资本、专业技术人员、技术装备和已完成建筑工程业绩等方面应具备相应条件，取得相应资质等级证书后，方可在其资质许可范围内从事建筑施工活动。实践中，未取得资质或者资质等级不合格的主体往往采用挂靠经营的方式来规避对资质的审查。

引例 7

承包人和发包人签订了采矿工业场地平整工程合同，规定工程按当地所在省建筑工程预算定额结算。在履行合同过程中，因发包人未解决好征地问题，使承包人7台推土机无法进入场地，窝工200天，致使承包人没有按期交工。经发包人和承包人口头交涉，在征得承包人同意的基础上按承包人实际完成的工程量变更合同，并商定按"冶金部某省某厂估价标准机械化施工标准"结算。工程完工结算时因为窝工问题和结算定额发生争议。承包人起诉，要求发包人承担全部窝工责任并坚持按第一次合同规定的定额结算，而发包人在答辩中则要求承包人承担延期交工责任。

引导问题：该项目应以哪个定额标准结算？发包人和承包人口头交涉是否有效？

2. 依法采用书面形式

建设工程承包合同一般具有合同标的大、合同内容复杂、履行期限较长等特点，为慎重起见，应当采用书面形式。在实践中，当事人可以选择住房和城乡建设部、国家工商总局颁发的《建设工程施工合同（示范文本）》订立合同，也可参照国际咨询工程师联合推荐使用的《土木工程施工合同条件（国际通用）》（即 FIDIC 合同条件）订立建设工程承包合同。但在合同文本的选择上应选择自己熟悉的文本。

可见引例 7 中发包人和承包人的口头交涉是无效的。该项目应以第一个合同的定额标准结算。

3. 严格审查合同条款

应明确规定工程范围、建设工期、工程开工和竣工时间、工程质量、工程造价、技术资料交付时间、材料和设备供应责任、拨款和结算、交工验收、质量保证期等条款，以避免合同陷阱和合同漏洞，减少合同纠纷和冲突。

4. 恰当约定工程的计价方式，明确造价的程序和方法

多数工程在施工过程中都会有设计变更、现场签证和材料差价的发生，所以明智的选择是一般不约定"一次包死，不做调整"。合同中必须对价款调整的范围、程序、计算依据和设计变更、现场签证、材料价格的签发、确认做出明确规定。关于材料涨跌价差可约定为：若任一种建材政府指导价上涨或下跌幅度超过 5%（具体比例双方可协商），则甲乙双方应在该指导价公布后 10 天内，按公布后的该建材指导价对原合同金额进行相应的追加或调减。

5. 合同用语应准确、严密

诸如工程竣工结算、工程款支付等重要条款，尽可能制订齐备、用语准确、严密，最终达到维护当事人的合法权益，避免和减少纠纷的目的；对合同生效方式也应当注意，实践中应注意合同加盖的公章应与合同名称相一致，并有法定代表人或授权代表签名，法定代表人证书或授权代表委托书应作为合同附件。

6. 明确约定进度款的支付条件和竣工结算程序

一般情况下，工程进度款按月付款或按工程进度拨付，但如何申请拨款，需报何种文件，如何审核确认拨款数额以及双方对进度款额认识不一致时如何处理，往往缺少详细的合同约定，引起争议，影响工程施工，应当约定清楚。合同中也应明确约定参加工程验收的单位、人员、采用的质量标准、验收程序、须签署的文件及产生质量争议的处理办法等。此外，合同还应约定具体的竣工结算程序。

7. 具体约定工期顺延的情形和停工损失的计算方法

合同一般约定发生以下情形，经发包方或者监理单位确认，工期可以相应顺延。
(1) 发包方未能按专用条款的约定提供图纸及开工条件。
(2) 发包方未能按约定日期支付工程预付款、进度款，致使施工不能正常进行。
(3) 工程师未按合同约定提供所需指令、批准等，致使施工不能正常进行。
(4) 设计变更和工程量增加。
(5) 一周内非承包方原因停水、停电、停气造成停工累计超过 8h。
(6) 不可抗力。
(7) 专用条款中约定或工程师同意工期顺延的其他情况。

同时，合同还应明确工程窝工状况下工效下降的计算方式及损失赔偿范围；工程停建、缓建，中间停工时的退场、现场保护、工程移交、结算方法和损失赔偿范围。

8. 约定项目履行

约定项目履行中各方明示代表外的其他人的行为效力和合同单方解除权的行使条件与程序

9. 明确提前使用及延期交付的情况

明确工程中间交验或建设单位提前使用工程部分的保修问题；建设单位原因造成工程结算竣工验收延期情况下的工程结算程序和法律责任；工程尾款的回收办法和保证措施。

10. 预防工程定金、保证金或预付款陷阱

应核实发包方过往的资信状况；落实工程是否办理了合法报建手续；发包方是否已落实工程后续资金（此点对垫资承包尤为重要，以防止垫付的资金被套牢）。尽量要求发包方提供财产抵押或第三人担保，并进行公证，对发包方收取的工程定金、保证金、预付款由公证机关制作赋予强制执行效力的债权文书。

11. 明确监理工程师及双方管理人员的职责和权限

合同中应明确列出各方派出的管理人员名单，明确各自的职责和权限，特别应将具有变更、签证、价格确认等签认权的人员、签认范围、程序、生效条件、合同外工程量的计价原则等约定清楚，防止无权人员随意签字。

12. 详细约定违约情形及违约责任

实践中，很多工程承包合同无违约责任，或违约责任订得不全面、不具体，无法操作。没有违约责任的承包合同对双方缺乏约束力，失去了订立合同的意义。因此，必须将承担或减免违约责任的条件、方式和时间等写明，以便合同的履行。

7.3 任务实施

（1）根据本项目具体情况和业主要求填写招标工作任务表，并提交法律意见书。

（2）根据本项目具体情况，按照承包方要求，完成合同评审表的填写，并提交书面承包合同法律意见书。

7.4 任务总结

1. 任务问题

（1）此次任务完成中存在的主要问题有哪些？

（2）问题产生的原因有哪些？

（3）提出相应的解决方法。

（4）您认为还需加强哪些方面的指导（实际工作过程及理论知识）？

2. 自我总结

（1）本次任务完成中存在的主要问题有哪些？

(2) 问题产生的原因有哪些?
(3) 提出相应的解决方法此。
(4) 您认为还需加强哪些方面的指导(实际工作过程及理论知识)?

7.5 知识点回顾

本任务的完成主要涉及以下知识点：工程招标投标的具体规定，招投标的范围、规模标准和程序要求，招标、投标、开标、评标的法律规定，合同评审的要点与技巧，违反《中华人民共和国招标投标法》等法律法规的法律责任。

7.6 基 础 训 练

7.6.1 单选题

1. 需要审批的工程项目，经有关审批部门批准，可以不招标的情形是(　　)。
A. 项目技术复杂或有特殊要求，只有少量几家潜在投标人可供选择的
B. 拟公开招标的费用与项目的价值相比，不值得的
C. 施工企业自建自用的工程，且该施工企业资质等级符合工程要求的
D. 受自然地域环境限制的

2. 在建设工程招投标活动中，在提交投标文件截止时间后到投标有效期终止之前，下列对有关投标文件处理的表述中正确的是(　　)。
A. 投标人可以替换已提交的投标文件
B. 投标人可以补充已提交的投标文件
C. 招标人可以修改已提交的招标文件
D. 投标人撤回投标文件的，其投标保证金将被没收

3. 甲、乙、丙、丁四家公司组成联合体进行投标，则下列联合体成员的行为中正确的是(　　)。
A. 该联合体成员甲公司又以自己名义单独对该项目进行投标
B. 该联合体成员应签订共同投标协议
C. 该联合体成员乙公司和丙公司又组成一个新联合体对该项目投标
D. 甲、乙、丙、丁四家公司设立一个新公司作为该联合体投标的牵头人

4. 下列项目必须进行招标的是(　　)。
A. 施工主要技术采用特定的专利或者专有技术的
B. 施工企业自建自用的工程，且该施工企业资质等级符合工程要求的
C. 使用国家政策性贷款的项目，施工单项合同估算价在200万元人民币以上的
D. 在建工程追加的附属小型工程或者主体加层工程，原中标人仍具备承包能力的

5. 根据《工程建设项目施工招标投标办法》，投标有效期从(　　)之日开始计算。
A. 发布招标文件　　　　　　　B. 购买招标文件
C. 提交投标文件截止　　　　　D. 发布中标通知

6. 有关合同类型的使用范围，下列理解正确的是(　　)。

A. 单价合同适用于工程量不大且能精确计算、工期较短、技术不太复杂、风险不大的项目

B. 总价合同的适用范围比较宽，其风险可以得到合理的分摊

C. 成本加酬金合同的缺点是发包人对工程总造价不易控制，承包人也不注意降低项目成本

D. 根据承包主体的不同，建设工程施工合同可分为总价合同、单价合同和成本加酬金合同3种

7.6.2 多选题

1. 根据《工程建设项目招投标范围和规模标准规定》的规定，下列项目中必须进行招标的有(　　)。

A. 项目总投资为3500万元，但施工单项合同估算价为60万元的体育中心篮球场工程

B. 某中学新建一栋投资额约150万元的教学楼工程

C. 利用国家扶贫资金300万元，以工代赈且使用农民工的防洪堤工程

D. 项目总投资为2800万元，但合同估算价约为120万元的某市科技服务中心的主要设备采购工程

E. 总投资2400万元，合同估算金额为60万元的某商品住宅的勘察设计工程

2. 关于招标投标活动公开原则的说法，正确的有(　　)。

A. 招标信息公开　　　　　　　B. 评标标准公开

C. 开标程序公开　　　　　　　D. 评标委员会组成人员公开

E. 中标结果公开

3. 根据《标准施工招标文件》中的通用条款，应由发包人承担的工作包括(　　)。

A. 委托监理人按合同约定的时间向承包人发出开工通知

B. 根据合同进度计划，组织设计单位向承包人进行设计交底

C. 按合同约定及时组织竣工验收

D. 按专用合同条款的约定向承包人提供施工场地

E. 保证工程施工和人员的安全

4. 下列有关不可抗力的表述中正确的有(　　)。

A. 不可抗力是指合同当事人不能预见或可以预见但不能避免和克服的客观情况

B. 不可抗力包括瘟疫、水灾、骚乱、暴动、战争等情况

C. 对于地震、海啸等自然灾害应根据合同专用条款的约定判断是否为不可抗力

D. 因不可抗力事件所导致停工，承包商既可索赔费用，又可索赔工期

E. 因不可抗力所导致的工程清理费用，由发包人承担

7.6.3 案例分析

某房地产公司计划在北京开发某住宅项目，采用公开招标的形式，有A、B、C、D、E 5家施工单位领取了招标文件。本工程招标文件规定2003年1月20日上午10：30为投

标文件接收终止时间。在提交投标文件的同时，投标单位需提供投标保证金20万元。

在2003年1月20日，A、B、C、D 4家投标单位在上午10:30前将投标文件送达，E单位在上午11:00送达。各单位均按招标文件的规定提供了投标保证金。

在上午10:25时，B单位向招标人递交了一份投标价格下降5%的书面说明。

在开标过程中，招标人发现C单位的标袋密封处仅有投标单位公章，没有法定代表人印章或签字。

问题：
1. B单位向招标人递交的书面说明是否有效？
2. 通常情况下，废标的情形有哪些？

7.7 拓 展 训 练

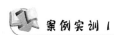

某高校与恒大地产开发公司签署了《联合开发协议》，《协议》约定高校出地，恒大出资对学校临街用地进行开发，开发收益40%归学校。2008年恒大地产推出了"一平方米产权"销售活动，购买者购买后仍由恒大统一营运管理，购买者从第二年开始，每平方收取原价30%的收益。该公司当时打出了大幅促销广告，其中宣称大地保险公司为该次销售活动隆重承保，共有146户购买，购买者前3年如期分红，2012年初恒大被万科公司收购。当购买者要求万科公司按原协议支付当年收益时，万科公司出示了两公司的内部协议，表明自己不对恒大原任何债务负责，购买者索要无果后，遂要求大地保险公司承担责任，保险公司以自己与购买方无任何保险合同予以拒绝。

问题：
1. 请对该案例涉及的法律关系、纠纷性质进行说明。
2. 请分析该案例涉及合同的有效性。
3. 请给出处理意见，再为购房人支支招。

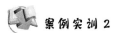

某生物技术开发公司作为外资引进，在温江区海峡高科技园区建设20000m^2制药厂房。在完成项目立项后，温江区政府为迎接上级检查希望其加强建设进度，在未取得规划许可的情况下，建设方按科技园区管委会的要求自行确定了施工单位。在办理施工许可证的同时，施工方动土施工。在主体工程即将结束时，规划局以该项目选址地在温江区城市总体规划里为市政绿化带，做出了拆除在建工程的决定。

问题：请分析该案例涉及法律问题，并给出处理意见，再为该公司支支招。

任务 8

履约法律服务

引例 1

1995年2月24日，甲建筑公司与乙厂就乙厂技术改造工程签订建设工程合同。合同约定：甲公司承担乙厂技术改造工程项目56项，负责承包各项目的土建部分；承包方式按预算定额包工包料，竣工后办理工程结算。合同签订后，甲公司按合同的约定完成该工程的各土建项目，并于1996年11月14日竣工。然而，乙厂于1996年9月被丙公司兼并，由丙公司承担乙厂的全部债权债务，承接乙厂的各项工程合同、借款合同及各种协议。甲公司在工程竣工后多次催促丙公司对工程进行验收并支付所欠工程款。丙公司对此一直置之不理，既不验收已竣工工程，也不支付工程款。甲公司无奈将丙公司诉至法院。

引导问题：根据该引例，回答以下问题。
(1) 合同履行过程中容易发生哪些纠纷？涉及哪些相关知识？
(2) 该案应如何处理？

8.1 任务导读

项目履约过程中的重要法律事务是处理合同纠纷和索赔涉及的法律事务，本次任务的完成需学习合同履行、3种抗辩权、两种财产保全制度、合同转让与变更、合同的解除、合同纠纷与索赔事务涉及的法律程序和处理原则。

8.1.1 任务描述

一家房地产开发企业与A企业就大学城商业街项目，施工合同正在履行。现你已接受承包方的委托，为其提供合同履行期间的法律服务，并提交该项目的承包合同后期法律意见书。

8.1.2 任务目标

(1) 按照正确的方法和途径，收集相关法律资料。
(2) 依据资料分析结果，协助处理合同纠纷和索赔事务。
(3) 按照工作时间限定，提出法律建议和完成承包合同后期法律意见书。
(4) 通过完成该任务，提出后续工作建议，完成自我评价，并提出改进意见。

8.2 相关理论知识

8.2.1 合同履行

合同履行是指合同双方当事人按照合同的规定，全面完成各自应履行的义务和实现各自应享有的权利，使双方当事人的目的得以实现的行为。合同履行应遵循全面履行原则和诚实信用原则。

1. 合同履行抗辩权

合同履行抗辩权是指在双务合同中，一方当事人享有的依法向对方要求或否认对方权利主张的权利。抗辩权主要包括同时履行抗辩权、先履行抗辩权和不安抗辩权。

引例 2

甲、乙订立一商品买卖合同，约定甲给付乙 10t 货物，乙付款 100 万元。后甲交付了 7t 货物，同时请求乙付款 100 万元。

引导问题：乙应如何行使抗辩权？为什么？

1) 同时履行抗辩权

同时履行抗辩权是指双务合同的当事人在无先后履行顺序时，一方在对方未为对待给付以前，可拒绝履行自己的债务的权利，同时履行抗辩制度主要用于双务合同，如买卖、互易、租赁、承揽、有偿委托、保险、雇佣、劳动等合同，其构成要件如下。

(1) 须由同一双务合同互负债务。
(2) 须双方互负的债务均已届清偿期。
(3) 须对方未履行债务或未提出履行债务。
(4) 须对方的对待给付是可能履行的。

特别提示

(1) 此处的"不履行"应指主给付义务，他方不履行从给付义务及附随义务(见《合同法》第 60 条第 2 款)的，一方不得行使履行抗辩权。除非该从给付义务、附随义务的不履行会导致一方合同目的的不能实现。

(2) 若受领对方部分给付，可以提出相当部分的对待给付，对于剩余的部分仍然可以主张同时履行抗辩权，拒绝自己的给付。债务人瑕疵履行，债权人可请求其消除缺陷或另行给付，在债务人未消除缺陷或另行给付时，债权人有权行使同时履行抗辩权，拒绝自己的给付。

【案例评析】

引例2中甲、乙未约定履行顺序，故乙可行使同时履行抗辩权，但此时应行使30万元的抗辩权，对另外70万元，乙无权行使抗辩权。但如引例2中甲已交付了100t货物，而未交付与货物有关的一般资料，乙不可以甲未交付资料为由拒付货款。因为交付提取标的物单证以外的单证、资料为从给付义务。

引例 3

甲、乙订有一买卖合同，约定甲于6月1日前交货，乙收到货后1个月内付款。过了6月1日，甲未交货，但要求乙付款，乙称："你必须先交货，我1个月后再付款"。

引导问题：乙的主张有无道理？

2) 先履行抗辩权

先履行抗辩权是指在双务合同中应当先履行的一方当事人未履行或者不适当履行，到履行期限的对方当事人享有不履行、部分履行的权利。其构成要件如下。

（1）须双方当事人互负债务。

（2）两个债务须有先后履行顺序。

（3）先履行一方未履行或其履行不符合债的本旨。先履行一方未履行，既包括先履行一方在履行期限届至或届满前未予履行的状态，又包含先履行一方于履行期限届满时尚未履行的现象。先履行一方的履行不符合债的本旨，是指先履行一方虽然履行了债务，但其履行不符合当事人约定或法定的标准、要求（违约）。履行债务不符合债的本旨，在这里指迟延履行、不完全履行（包括加害给付）、部分履行和不能履行等形态。

由此可见，乙的主张有道理。乙在行使先履行抗辩权。

引例 4

甲与乙订立合同，规定甲应于1999年8月1日交货，乙应于同年8月7日付款。7月底，甲发现乙财产状况恶化，无支付货款的能力，并有确切证据，遂提出终止合同，但乙未允。基于上述因素，甲于8月1日未按约定交货。

引导问题：甲的行为是否具有法律依据？

3) 不安抗辩权

不安抗辩权是指先给付义务人在有证据证明后给付义务人的经营状况严重恶化，或者转移财产、抽逃资金以逃避债务，或者谎称有履行能力的欺诈行为，以及其他丧失或者可能丧失履行债务能力的情况时，可中止自己的履行。后给付义务人接收到中止履行的通知后，在合理的期限内未恢复履行能力或者未提供适当担保的，先给付义务人可以解除合同，其构成要件如下。

（1）双方互负债务，即不安抗辩权，也只存于双务合同中。

（2）一方有先给付的义务，即不安抗辩权人乃先给付义务人。

（3）先给付义务人的债务已届期满。

（4）他方有难为给付之风险。

（5）他方未提供担保。

由此可见，甲有权不按合同约定交货，除非乙提供了相应的担保。

4）抗辩权行使程序

(1) 行使人须证明存在行使该抗辩权的依据。

(2) 中止履行自己的义务。

(3) 中止履行后，应及时通知对方。

(4) 对方履行相应义务，或提供适当担保、恢复履行能力的，应即恢复履行自己的义务。

(5) 对方既不适当提供担保亦未在合理期限内恢复履行能力的，行使人可解除合同，并可要求返还财产、赔偿损失。

5）抗辩权的效力

3种抗辩权均属延期的抗辩权，只是暂时阻止对方当事人请求权的行使，非永久的抗辩权。当对方当事人完全履行了合同义务，则抗辩权消灭，当事人应当履行自己的义务。当事人行使抗辩权致使合同延期履行的，延迟履行责任应由对方当事人承担。

引例 5

2000年元旦，甲某（该公司职员）与某建筑安装公司（下称建筑公司）签订内部承包协议，约定甲某承包该公司第一项目部并作为项目经理，向公司上交管理费，其所联系的工程以公司名义签订合同但由甲某组织实施。2000年7月17日，某科研所就西桥小区1号楼施工招标，甲某代表建筑公司投标并中标，中标价168.2万元，暂估建筑面积5100 m^2。第二天，甲某以建筑公司委托代理人身份与该科研所签订施工合同，工期330天，价款168.2万元，单价每平方米270元，建筑面积6896 m^2，最后以实际竣工面积计算，单价不得改变。2002年2月20日，工程竣工验收合格并交付使用。科研所与建筑公司双方对竣工建筑面积为5932 m^2 无异议，但就结算总价款出现争议。2003年上半年，双方就结算事宜达成和解，但是，科研所并未支付结算款。2004年6月甲某以建筑公司怠于行使对科研所到期债权而损害其应得款项为由，以科研所为被告，代位建筑公司请求法院判令科研所支付剩余工程款及利息79万元，提起代位权诉讼。

引导问题：什么是代位权？它的行使条件和程序有哪些？甲某提起代位权诉讼是否能得到支持？

2. 债权的财产保全制度

1）代位权

代位权是指当债务人怠于行使其对第三人的权利而有害于债权人的债权实现时，债权人为保全自己的债权，可以自己的名义行使债务人之权利的权利。债权人代位权必须通过诉讼程序行使。其构成要件包括如下内容。

(1) 债权人与债务人之间须有合法的债权债务关系在。

(2) 须债权人与债务之间的债务及债务人与第三人（次债务人）之间的债权均到清偿期。

(3) 须债务人怠于行使其对第三人的权利。

所谓怠于行使权利，是指能够行使权利而不行使。若债务人不能行使或者虽然行使但无结果债权人均不得行使代位权。

(4) 须债务人怠于行使权利的行为有害于债权人的债权。

所谓有害于债权人的债权乃是指由于债务人不行使对次债务人的权利直接导致债务人不能履行对债权人的债务。若债务人能够履行其对债权人的债务仅是不愿意履行，此时债权人只能诉请法院强制执行而不得行使代位权。

引例 5 中，甲提起代位权能得到支持，甲可以要求科研所支付建筑公司所欠甲工程款，但不能超过 79 万元。行使代位权产生的相关费用由建筑公司承担，一并在 79 万元总额中扣除。

引 例 6

1998 年 3 月，某咨询公司向某银行支行（下称"银行"）贷款 300 万美元，并由某科技公司提供连带责任保证。由于咨询公司未按期偿还贷款，科技公司作为保证人与咨询公司向银行承担连带清偿责任。2001 年 6 月，科技公司承担保证责任，向该银行偿还本金 200 万美元、利息 47 万美元。此后，科技公司向咨询公司行使追索权，均未果。咨询公司的资产状况不能满足该生效判决的执行需要。执行期间，科技公司获悉以下事实：1998 年 8 月 6 日，咨询公司与某物业管理中心（下称"物业中心"）签订"股权转让协议"，将咨询公司所持有某贸易中心的 50% 股权无偿转让给物业中心；1998 年 9 月该转让获得主管部门批准；1998 年 11 月，国家工商行政管理局企业注册局做出变更登记，将贸易中心的股东由咨询公司变更登记为物业中心；1999 年 1 月 25 日，《证券报》在贸易中心的招股说明书上载明咨询公司曾转让股权。2003 年，科技公司以咨询公司无偿转让股权，恶意侵害其债权为由，诉至法院请求撤销该无偿转让股权行为。

引导问题：什么是撤销权？行使撤销权应满足的条件有哪些？行使时应当遵循什么程序？

2）撤销权

撤销权是指当债务人实施了减少其责任财产的处分行为而有害于债权人的债权时，债权人可依法请求法院撤销债务人所实施之行为的权利。债权人撤销权由债权人以自己的名义通过诉讼方式行使。撤销权在行使范围上，以保全债权人的债权为限。其构成要件包括如下内容。

（1）债务人实施了减少财产的处分行为。减少财产的行为包括无偿行为和有偿但是却使总财产减少的行为，如非正常压价行为。这些行为主要包括：赠予他人财产、非正常压价、为原先没有担保的债务提供担保、放弃债权等。

（2）该减少财产的行为损害了债权人的债权。

（3）该减少财产的行为必须是纯粹财产行为，身份行为即使导致债务人的财产减少，也不能进行撤销。

（4）该减少财产行为必须已经发生法律效力。

撤销权应自债权人知道或者应当知道撤销事由之日起 1 年内行使，自债务人的行为发生之日起 5 年内没有行使撤销权的，该撤销权消灭。

引例 6 中科技公司有权撤销咨询公司无偿转让股权的行为。

引 例 7

某工程采用 FIDIC 合同 1988 年第 4 版和工程量清单计价模式，外墙采用灰砂砖，内墙采用轻质陶粒砖。图纸中没有明确要求砖墙与混凝土柱、梁、墙、板接触的地方挂铁丝网，承包商也没有报价。工程施工过程中，业主要求承包商按规范要求在砖墙与混凝土柱、梁、墙、板接触的地方挂 300mm 宽的批荡铁丝网，承包商报来变更单价。

引导问题：根据引例 5，回答以下问题。

（1）引例 5 中引起合同变更的主要原因是什么？该如何处理？

（2）合同变更的主要内容有哪些？你有哪些法律建议？

3. 合同的变更与转让

1）合同的变更

合同的变更分为约定变更和法定变更，狭义的合同变更通常表现为对合同某些条款的修改或补充，而广义的合同变更通常还要包括合同主体的变更。合同变更成立需满足以下 4 个条件：合同关系已经存在；合同内容发生变化；经合同当事人协商一致，或者法院、仲裁庭裁决，或者援引法律直接规定；符合法律、行政法规要求的方式。

2）合同的转让

合同的转让有 3 种类型：合同权利转让、合同义务转移和合同权利义务概括转移。

合同权利转让包括合同权利部分转让和合同权利全部转让。合同权利部分转让可以约定是按份分享合同债权，也可以约定连带共享债权，如果没有约定就按连带共享债权推定。而合同权利全部转让后，原债权人就脱离合同关系，受让人成为合同新债权人，与债权有关的从权利、抗辩权、抵消权也随之转移。合同权利转让时需满足以下 4 个条件：被转让的合同权利须有效存在；转让人与受让人达成合同权利转让的协议；被转让的合同权利应具有可转让性；应通知债务人，且该通知除经受让人同意外是不能撤销的。合同权利转让后，受让人称为合同新债权人，其他权利也随之转移。

合同义务转移也分为合同义务全部转移和合同义务部分转移。合同义务部分转移由第三人与原债务人共同承担连带债务。而合同义务全部转移后，原债务人脱离合同关系，抗辩权和从债务也随之转移。合同义务转移时需满足以下 4 个条件：被转移的债务有效存在；第三人须与债务人达成协议；被转移的债务应具有可转移性；应当经债权人同意。

合同权利义务概括转移包括全部转移和部分转移，对于部分转移应约定各自分得的债权债务的份额和性质，若约定不明或没有约定，应视为连带之债。概括转移应满足以下 4 个条件：转让人和承受人达成合同转让协议；原合同必须有效；原合同为双务合同；经对方同意。

● 特 别 提 示

企业合并或分立，原企业的合同权利义务将全部转移给新企业，这属于法定的权利义务概括转移，不需要取得合同相对人的同意。

● 相 关 测 试

（1）下列关于合同变更与变更前合同之间关系的表述中正确的是（　　）。

A. 合同变更后，已经履行的债务失去了法律依据，应该恢复原状

B. 合同变更部分条款后，未变更的部分视为已经变更

C. 合同变更后，已经存在的损害赔偿请求权不复存在

D. 合同变更必须以原合同关系存在为前提

（2）甲公司对乙公司享有 50 万元债权，对丙公司、丁公司各有 40 万元货款未付。现

甲公司决定将其50万元债权转让给A公司,将对丙的债务转移给B公司。另出于营业需要,从甲公司分出新公司C。甲公司与C公司达成债务分配协议,约定丁公司的债务由C公司承担。

① 甲公司将对乙公司的债权转让给A公司,应当(　　)。
A. 通知乙公司　　　　　　　　B. 经乙公司同意
C. 使乙公司的抗辩只能针对甲公司　D. 只转让主权利,不转让从权利

② 甲公司将对丙公司的债务转移给B公司的行为,应当(　　)。
A. 通知丙公司　　　　　　　　B. 经丙公司同意
C. 只转让主债务,不转让从债务　D. 必须进行批准、登记

③ 丁公司的债权40万元,应当(　　)。
A. 由甲公司承担清偿责任
B. 由C公司承担清偿责任
C. 由甲公司和C公司承担连带清偿责任
D. 由甲公司和C公司按约定比例承担清偿责任

【案例评析】

引例1中,合同在履行过程中,合同主体发生变化,新主体应承担原合同主体约定的所有合同义务。所以,只要工程质量竣工验收合格,丙公司应按合同约定支付甲公司全部工程款。

引例7中,虽然图纸没有明确要求挂铁丝网,但规范中对此有要求,按照合同解释顺序,规范优先于图纸,这属于承包商漏报项目,而合同要求承包商对其投标报价的完备性负责,因此漏报挂铁丝网项目属于承包商自己的风险,由承包商自己承担;承包商在技术标中明确提到:"墙与混凝土柱、梁、墙、板交界处加铺200mm宽铁丝网并绷紧定牢"。很明显是承包商的预算员漏报项目了,即使批价格,也只能批100mm宽的价格;虽然业主要求砖墙与混凝土柱、梁、墙、板接触的地方挂300mm宽的铁丝网,但这种通知是用于帮助承包商控制工程质量,完全可以不发,将来出现抹灰质量问题,还是由承包商负责,因此此通知不构成工程变更,对业主无约束力。

应用案例8-1

2000年4月15日,重庆A房地产开发有限公司在中国银行重庆渝中支行向其发出的22份债权确认书上盖章,确认了中国银行重庆渝中支行从1997年7~11月与之签订的22份借款合同尚欠的借款本息已到期,总计8.3亿。2000年4月28日,中国某资产管理公司重庆办事处与中国银行重庆渝中支行达成债权转让协议,约定由中国银行重庆渝中支行将已到期的借款人重庆A房地产开发有限公司签订8.3债权元转让给中国某资产管理公司重庆办事处。2000年5月12日,原告中国某资产管理公司重庆办事处,就上述债权转让向被告重庆A房地产开发有限公司发出渝东0104122号债权确认通知单,该通知单载明中国银行渝中支行对重庆A房地产开发有限公司的债权8.3亿已转让给管理公司。2000年6月8日,被告重庆A房地产开发有限公司的法定代表人张文平在该债权确认单的回执上签字并加盖了公章。2000年5月15日,被告重庆A房地产开发有限公司将其所有的位于重庆市渝中区长江一路54号西南技术商城裙楼第5层,共计5166.82m² 的房产以560.00

元/m² 的价格卖给了本案的第三人重庆 B 信息产业有限公司。

引导问题：该案存在哪些关键问题？资产管理公司可行使哪些权利？

【专家评析】

该案存在以下关键问题。

(1) 债权转让是否有效？

资产管理公司重庆办事处与中国银行重庆渝中支行达成债权转让协议，合同主体合格，意思表示真实，涉及转让债权合法，并通知了原债务人债权转让合法有效。资产管理公司成为 A 房地产开发有限公司新的债权人。

(2) 资产管理公司可否行使撤销权？

因 A 房地产开发公司以明显不合理的价格处分自有的房产，导致其自有资产大量减少，从而对资产管理公司的债权实现造成严重损害。资产管理公司具备行使撤销权的条件。故可请求法院判令撤销被告重庆 A 房地产开发公司与第三人重庆 B 信息产业有限公司之间的房屋买卖行为，宣告该房屋买卖行为无效并撤销交易登记；由 A 房地产开发公司承担本案全部诉讼费用。

应用案例 8-2[①]

2002 年 2 月，某房地产公司（下称 L 公司）与某建筑公司（下称 B 公司）签订《门窗加工承揽及安装合同书》，约定 B 公司为 L 公司开发建设的某小区承包塑钢门窗工程。合同约定："甲方预留工程总价的 5% 作为门窗质量保证金，保修期为 2 年；质量保证金在第一年保修期满后 10 天内，甲方向乙方支付 60% 的质量保证金（即总价款的 3%），其余部分质量保证金（即总价款的 2%）；在第二年保修期满后 5 天内支付完毕"。同年 8 月，上述工程经质量监督站验收合格。2005 年 11 月，另外一家建筑公司（下称 S 公司）因其他合同纠纷起诉 B 公司欠款 ×× 万元，同时向法院申请诉讼保全，要求冻结 B 公司在 L 公司的到期债权 ×× 万元；2006 年 2 月，S 公司取得生效判决并申请执行，在执行程序中，L 公司向法院提出执行异议，称其对 B 公司不负有债务；2009 年 3 月，S 公司对 L 公司提出代位权之诉，要求 L 公司代为返还 B 公司欠付 S 公司的工程款。

引导问题：该案存在哪些关键问题？S 公司的要求能否得到支持？

【专家评析】

B 公司在工程竣工验收之后，从未向 L 公司索要过欠款，依据合同约定的付款时间（2004 年），距离 S 公司提出代位权请求（2009 年），早已超过了两年的诉讼时效。由此该案存在以下几个关键问题：

(1) S 公司行使代位权之前，能否以自己的名义中断 B 公司与 L 公司之间的诉讼时效？

诉讼时效是指债权请求权不行使，达到一定期间而失去国家强制力保护的制度。诉讼时效仅适用债权请求权，其他请求权（如物上请求权）并不适用诉讼时效。因债权具有相对性，则诉讼时效的行使自然也存在相对性，即仅存在于同一债权债务的相对方。结合本案来看，S 公司显然不是 L 公司与 B 公司之间合同关系的当事人，自然就不是同一债权债务

---

① 节选自韩静，德衡律师集团合伙人、建设项目部主任，《由一则代位权案例引发的思考》，百度文库。

关系项下的一方，因前述的诉讼时效及中断均具有严格的相对性，故直至本案S公司行使代位权之前，S公司无论以何种方式，都不能代替B公司向L公司主张权利以达到中断诉讼时效的目的(L公司自愿履行除外)，只有B公司自行主张权利方能构成时效中断。

(2) 采取财产保全措施的行为，能否构成时效中断？

依据《民法通则》第一百四十条规定："诉讼时效因提起诉讼，当事人一方提出要求或者同意履行义务而中断。"最高院关于《民事案件诉讼时效的司法解释》第十二条："当事人一方因人民法院提交起诉状或者口头起诉的，诉讼时效从提交起诉状或者口头起诉之日起中断。"冻结到期债权的措施归根结底只是一种法院限制案外人清偿债务的司法措施，而非当事人要求清偿债务的主张，不能构成时效中断。

(3) 超过诉讼时效的债权能否通过代位权得到实现？

超过诉讼时效的债权不应作为债权人代位权的发生基础。债权人代位权的产生，以合法债权的存在为前提。超过诉讼时效的债权虽然不能等同于非法债权，但因其丧失了胜诉权，该债权的效力即变得不完全，此时除了债务人自愿履行其债务外，该债权已经失去了法律强制力的保护，债权人也不得申请法院强制执行。

由此可见，S公司的要求得不到法律强制力的保护。

4. 建设工程价款优先受偿权

优先受偿权是指根据法律规定，抵押权人、质权人、留置权人就债务提供的抵押物、质物、留置物，在债务人届期不能清偿债务时，从担保物中优先受清偿的权利。

1) 建设工程价款优先受偿权的法定特征

(1) 建筑工程优先受偿权是一种法定的权利，是法律规定的建筑工程价款在诸多建筑纠纷中居优先受偿的地位。这一规定不是当事人可以选择的条款，而是赋予承包人的一项法定权利。

(2) 建筑工程价款优先受偿权的性质属于担保物权，带有某种程度的强制性。这种强制性不但可以对建筑物进行拍卖或折价并进行优先受偿，还主要体现在法院的强制执行中。

(3) 建筑工程优先受偿权是以建筑物为担保的债权。权利人对建筑物的所有人的追偿，可以通过建筑物得到担保，而且这种担保是无须登记和公示的。

(4) 这种优先权可随建筑物所有权转移而转移，效力一直追及于该建筑物。但也受到一定的限制，即当该建筑物作为商品房时，消费者在交付购买商品房的全部或者大部分款项后，权利人就该商品房享有的工程价款优先受偿权不得对抗买受人。

(5) 这种优先权的行使有一定的时效，逾期则可视为放弃权利，该优先受偿权就失去优先性，与其他权利受偿属同一顺序。

承包人的优先受偿权不同于留置权，不因丧失占有而消灭。

2) 建设工程价款优先受偿权问题的司法解释

这样一来就出现了一个问题，在上面两个条件都存在的情况下，银行和施工单位都可以将建成的工程项目拍卖并将所得款项占有。那么到底优先将这笔款项支付给谁呢？针对这个问题，2002年6月11日，最高人民法院审判委员会第1225次会议通过了《最高人民法院关于建设工程价款优先受偿权问题的批复》，做出了如下解释。

(1) 人民法院在审理房地产纠纷案件和办理执行案件中，应当依照《中华人民共和国合同法》第二百八十六条的规定,认定建筑工程的承包人的优先受偿权优于抵押权和其他债权。

(2) 消费者交付购买商品房的全部或者大部分款项后,承包人就该商品房享有的工程价款优先受偿权不得对抗买受人。

(3) 建筑工程价款包括承包人为建设工程应当支付的工作人员报酬、材料款等实际支出的费用,不包括承包人因发包人违约所造成的损失。

(4) 建设工程承包人行使优先权的期限为6个月,自建设工程竣工之日或者建设工程合同约定的竣工之日起计算。

应用案例8-3

2001年8月20日,甲公司与乙公司签订《建设工程施工合同》,约定由乙公司人承包某工程,工程承包造价为8000万元,工程四层以下的竣工日期为2002年12月31日,5层以上结构竣工,日期由合同双方另行协商。4层以下竣工后,双方就该部分工程款进行结算。乙公司在如约开工后,截至2002年12月,完成了4层以下及5层部分工程。但是,由于甲公司无法支付工程所需的大量后续资金,工程不得不全面停工。2003年1月,双方签订了停工协议,确认。

由于资金问题,2002年12月31日工程全面停工,5层以上施工日期由甲公司另行通知。截至2003年10月8日,工程未复工。为此,乙公司与甲公司签订了一份补充合同,约定:原合同继续履行,甲公司负责筹措资金,使工程早日复工,并由乙公司负责对停工后的现场进行保护,费用由甲公司承担。但直至2003年12月,工程仍未能复工。甲公司已支付工程款100万元。乙公司多次催告甲公司支付拖欠的工程款,均无结果。按照双方的合同约定,争议解决的方式为当地仲裁委员会仲裁。2003年12月,为追索拖欠的工程款及损失,乙公司向当地仲裁委员会提起仲裁,要求裁决甲公司偿付拖欠的工程款及损失4000万元,并请求对工程行使优先受偿权。而乙公司则认为,工程并未整体竣工,不能支付工程款。

引导问题:工程并未整体竣工,能优先受偿工程价款吗?

【专家评析】

根据《合同法》第二百八十六条的规定:"发包人未按照约定支付价款的,承包人可以催告发包人在合理期限内支付价款。发包人逾期不支付的,除按照建设工程的性质不宜折价、拍卖的以外,承包人可以与发包人协议将该工程折价,也可以申请人民法院将该工程依法拍卖。建设工程的价款就该工程折价或者拍卖的价款优先受偿。"由此可见,发包人未按约定支付价款,经承包人催告后在合理期限内仍不支付的,承包人可以与发包人协议将该工程折价,也可以申请人民法院将该工程依法拍卖。建设工程的价款就该工程折价或者拍卖的价款优先受偿。承包人行使优先受偿权,应当注意以下几点。

(1) 发包人不支付价款的,承包人不能立即将该工程折价、拍卖,而是应当催告发包人在合理期限内支付价款。根据《担保法》第八十七条的规定,合理期限最短为2个月。在具体案件中,判断合理期限的标准还应根据具体情况来定。如果在该期限内,发包人已经支付了价款,承包人只能要求发包人承担支付约定的违约金或者支付逾期的利息、赔偿其他损失等违约责任。如果在催告后的合理期限内,发包人仍不能支付价款的,承包人才能将该工程折价或者拍卖以优先受偿。

(2) 承包人对工程依法折价或者拍卖的，应当遵循一定的程序。发包人对工程折价的，应当与发包人达成协议，参照市场价格确定一定的价款，把该工程的所有权由发包人转移给承包人，从而使承包人的价款债权得以实现。承包人因与发包人达不成折价协议而采取拍卖方式的，应当申请人民法院依法将该工程予以拍卖。承包人不得委托拍卖公司或者自行将工程予以拍卖。

(3) 工程折价或者拍卖后所得价款如果超出发包人应付价款数额的，该超过的部分应当归发包人所有；如果折价或者拍卖所得价款还不足以清偿承包人价款债权额的，承包人可以请求发包人支付不足部分。

(4) 按照工程的性质不宜折价、拍卖的，承包人不能将该工程折价或者拍卖。如该工程的所有权不属于发包人，承包人就不得将该工程折价。国家重点工程、具有特定用途的工程等也不宜折价或者拍卖。

综上，根据当事人双方的建设工程施工合同，工程到达第 4 层之时，应当就工程款进行结算，即甲公司应支付相应的工程款。支付工程款是发包方即甲公司的主要义务，对工程进行施工是乙公司的义务，乙公司已经对工程进行施工，并且通过验收，那么甲公司应当同样履行义务。本案中，甲公司并没有履行支付工程款的义务，乙公司催告甲公司在合理时期内支付工程款，而甲公司依然未支付，乙公司自然可以依据合同法第 286 条的规定，主张优先受偿权。

5. 合同的权利义务终止

1) 合同的解除

(1) 合同解除概述。对于有效成立的合同，当其具备约定的解除条件或者法定的解除条件，并通过当事人的合同解除行为后，合同就可以解除。合同解除是指合同关系归于消灭，当事人不再受合同约束。合同解除后尚未履行的应终止履行；已经履行的，根据履行情况和合同性质，当事人可以要求恢复原状、采取其他补救措施，并有权要求赔偿损失。合同解除分为约定解除和法定解除。约定解除进一步细分为协商解除（即当事人以第二个合同解除第一个合同）和行使约定解除权的解除。法定解除是指在符合以下法定条件时，当事人一方有权通知另一方解除合同。

① 因不可抗力致使不能实现合同目的。
② 在履行期满前，当事人一方明确表示或以自己的行为表明不履行主要债务。
③ 当事人一方迟延履行主要债务，经催告后在合理期限内仍未履行。
④ 当事人一方迟延履行债务或有其他违约行为致使不能实现合同目的。
⑤ 法律规定的其他情形。

(2) 合同权利义务终止的其他情形。

① 因履行而终止，也称合同因清偿而终止。
② 因解除而终止。
③ 因抵消而终止。法定的债务抵消应同时满足以下 4 个条件：双方当事人互负债务；双方债务的种类、品质相同；债权已届履行期；并非依照法律规定或按照合同性质不得抵消的债务。
④ 合同因提存而终止。提存是指债权人无正当理由拒绝接受履行或其下落不明，或

数人就同一债权主张权利,债权人一时无法确定,致使债务人一时难以履行债务,经公证机关证明或人民法院裁决,债务人可以将履行标的物提交有关部门保存的行为。自提存之日起,债务人的债务消灭,债权人的债权得到清偿,标的物的所有权转归债权人。债权人领取提存物的权利,自提存之日起5年内不行使而自动消灭,提存物扣除提存费用后归国家所有,自提存起,标的物毁损、灭失的风险转归债权人,提存费用应当由债权人承担。

⑤ 合同因免除债务而终止。免除是债权人处分自己权利的行为,其一旦做出免除的意思表示就产生效力,不得任意撤回。

⑥ 合同因混同而终止。混同是合同的债权和债务同归于一人,混同的原因有:债权人继承债务人的财产(或债务人继承债权人的债权)、债权人和债务人双方的企业合并、债务人的债务由债权人承担、债务人受让了债权人的债权。

相关测试

(1) 下列关于合同权利义务终止的说法正确的是(　　)。
A. 合同终止会引起合同权利义务客观上不复存在
B. 合同权利义务终止是合同责任的终止
C. 合同权利义务终止就终止了合同的经济往来结算条款的效力
D. 合同权利义务终止后合同的遗留问题无须再处理

(2) 施工单位与材料供应商签订的商品混凝土供应合同,规定在施工单位浇筑混凝土期间,材料供应商必须保证商品混凝土的供应,但在合同履行中,材料供应商不能按约定履行其义务,严重影响施工的正常进行,于是施工单位解除了其与材料供应商的合同。对此,请就以下几个相关问题做出选择。

① 施工单位解除合同,应当通知材料供应商,合同从(　　)解除。
A. 当事人提出的时间　　　　B. 发出通知的时间
C. 通知到达对方的时间　　　D. 对方接受通知的时间

② 合同解除引起的法律效力是(　　)。
A. 合同从未发挥效力　　　　B. 合同效力继续存在
C. 尚未履行的应继续履行　　D. 合同当事人不再受合同约束

③ 合同解除后,尚未履行的应终止履行,已经履行的,根据履行情况和合同性质,当事人不可以要求(　　)。
A. 赔偿损失　　B. 支付违约金　　C. 采取补救措施　　D. 恢复原状

2) 建设工程合同的解除
(1) 发包人行使法定解除权的条件如下。
① 承包人明确表示或以行为表明不履行合同主要义务。实践中认定"以行为表示将不履行合同主要义务",则多是以承包人的停工行为为依据的。如承包人在合同的履行过程中发现继续履行合同将不能有任何盈利,甚至工程造价会低于成本价。在与发包方协商无果后,往往会无限期停工、中途退场,这时则可以认定为其以行为表示将不履行合同主要义务。

特别提示

对于承包人的停工行为,应视具体情况来认定其是否是拒绝履行合同主要义务。如当事人在施工合同中约定了发包方的预付款义务、支付进度款的义务以及其他实现开工条件等义务，但发包方未履行上述义务致使承包人开工或施工重大困难的，承包人可以停工。这里承包人的停工可认为是行使先履行抗辩权，认为是承包人以行为表示不履行合同主要义务。同时，该条所涉及的发包人的合同解除权还应与承包人享有合同解除权的几种情形对应起来，即承包人享有合同解除权的情形也是发包人不履行其义务或履行迟延等违约行为致使承包人履行困难。当然，如果发包方对工程工期有特别要求，而此时发包人解除合同的依据应是《中华人民共和国合同法》第九十四条第四项的规定："当事人一方迟延履行债务或者有其他违约行为致使不能实现合同目的"。

② 承包人在合同约定的期限内没有完工，且在发包人催告的合理期限内仍未完工的。工期延误是承包方比较常见的违约行为。工程未能在合同约定的期限内完工，其原因可能是多方面的，不可归责于承包人的原因，则不能由承包人承担工期延误的责任。当判断是否支持发包人解除合同的主张时，还应适当考虑合同工期对发包人的合同目的实现的影响及工程延误对发包人造成的损失大小。如果发包方为生产经营性的企业，合同的标的为厂房或经营用房，则可认为工期延误对发包方合同目的实现有重大影响；反之，若为办公用房或生活用房，则可认为工期延误非重大影响发包人的合同目的实现，此时，应不支持发包人的合同解除主张，但承包人应承担工期延误的违约责任，违约责任可以是合同约定的违约金，也可以是法定的损害赔偿，发包方总能保证自己的损失能够得到完全赔偿。

相关链接

当事人常在合同中约定工期顺延的情形如下。

发包人未能按合同约定提供图纸和开工条件；发包人未能按约定日期支付工程预付款、进度款，致使施工不能正常进行；工程师未按照合同约定提供所需的指令、批准等，致使施工不能正常进行；设计变更和工程量增加；不可抗力等。

③ 承包人已经完成的建设工程质量不合格，并拒绝修复的。这里的工程质量不合格，只能是限于工程主体结构质量不合格或建设工程对质量有特别要求的情形。只有当工程主体结构质量不合格时才可能认定为发包人的合同目的无法实现，对于非主体结构的质量瑕疵，则可主张减少价款或要求对方承担违约金等。

④ 承包方非法转包和违法分包。对于转包行为和分包行为应区别对待。对于分包行为则不宜一刀切地认为发包方都可以行使解除权。如果分包单位具有分包工程相应资质，且其资质等级或施工能力和总承包人相当甚至高于总承包人，则不一定一律支持发包人的主张。

(2) 承包人行使合同解除权的条件如下。

① 发包人未按约定支付工程款。合同若没有约定承包人的垫资义务，则发包人应承担支付工程款(主要是指工程进度款)的合同一主要义务。《合同法》第九十四条规定，一方当事人不履行合同主要债务，经对方催告后，在合理期限内仍不履行的，则可以解除合同。然而该《解释》中限定该不履行主要义务的违约行为还要使承包人无法施工，即履行困难。

② 发包人提供的主要建筑材料、建筑构配件和设备不符合强制性标准。该情形下，

承包人可在合同中约定"发包人提供的主要建筑材料、建筑构配件和设备不符合强制性标准的,经承包人催告后,发包人在某期限内仍未更换的,承包人可自行更换,费用由发包方承担,并相应的顺延工期",作为解除权的行使条件。

③ 发包人不履行其他协助义务。发包人的协助义务一般包括提供或补充建筑材料、提供施工场地、办理施工所需的相关手续、提供施工图纸等。在发包方不履行相应协助义务的情况下,承包人多会选择工期顺延、要求发包人承担承包人窝工、停工的损失等权利主张。只有当发包方不想继续履行合同,故意不履行相应的协助义务而设置障碍时,承包人方才选择解除合同。

(3) 建设工程合同解除的法律后果。根据《中华人民共和国合同法》第九十七、第九十八条以及该《建设工程施工合同纠纷案件适用法律问题的解释》第十条规定,建设工程施工合同解除后,已经完成的建设工程质量合格的,发包人应当按照约定支付相应的工程价款;已经完成的建设工程质量不合格的,参照对建设工程经竣工验收不合格的规定处理。因一方违约导致合同解除的,违约方应当赔偿因此而给对方造成的损失。

特 别 提 示

合同一旦依法解除,权利人则无权再依据合同约定来主张若不解除合同的可得利益,对于合同,如果履行的可得利益,不应当属于赔偿的范围。

① 建设工程设计合同解除的法律后果。《建设工程设计合同(一)》(示范文本 GF—2000—0209)第7.1条规定:在合同履行期间,发包人要求解除合同,设计人未开始设计工作的,不退还发包人已付的定金;已开始设计工作的,发包人应根据设计人已进行的实际工作量,不足一半时,按该阶段设计费的一半支付;超过一半时,按该阶段设计费的全部支付。合同解除后,设计人仍应对已提交设计资料及文件出现的遗漏或错误负责修改或补充。

② 建设工程勘察合同解除的法律后果。《建设工程勘察合同(一)》(示范文本 GF—2000—0203)规定:合同履行期间,由于工程停建而终止合同或发包人要求解除合同时,勘察人未进行勘察工作的,不退还发包人已付定金;已进行勘察工作的,完成的工作量在50%以内时,发包人应向勘察人支付预算额50%的勘察费;完成的工作量超过50%时,则应向勘察人支付预算额100%的勘察费。勘察成果资料质量不合格,不能满足技术要求时,其返工勘察费用由勘察人承担。

③ 建设工程监理委托合同解除的法律后果。委托人解除合同的,委托人除对受托人已履行的部分给付监理报酬外,对在不可归责于受托人的情况下,因解除委托合同给委托人造成的监理报酬减少承担赔偿责任。

受托人解除合同的,对在不可归责于委托人的情况下,若委托人自己不可能亲自处理该项事务,而且又不能及时找到合适的受托人代其处理该委托事务而发生损害的,受托人应承担赔偿责任。

6. 违约责任

1) 违约责任概述

(1) 违约责任的承担方式。违约责任的规定可以弥补守约方因对方违约而蒙受的损失，符合公平原则，其本质主要表现为补偿性。违约行为分为预期违约和实际违约，也可分为单方违约和双方违约。

违约责任的构成要件包括有违约事实（即客观要件）和当事人有过错（即主观要件）两个方面。其中预期违约构成要件如下。

① 违约的时间必须在合同有效成立后至合同履行期限截止前。

② 违约必须是对根本性合同义务的违反，即导致合同的目的落空。违约责任实行严格责任原则。

违约责任承担的方式主要有继续履行、采取补救措施或赔偿损失。赔偿损失不得超过违反合同一方订立合同时预见到或应当预见到的因违反合同可能造成的损失。

当事人既约定违约金，又约定定金的，一方违约时，对方可以选择使用违约金或定金的条款。

（2）不可抗力及违约责任的免除。不可抗力是指不能预见、不能避免并不能克服的客观情况。因不可抗力事件造成的违约可以免除责任。不可抗力事件发生后，当事人应及时通知对方，如果通知不及时，给对方造成损失的扩大，则扩大的损失不能免除责任。当事人因防止损失扩大而支出的合理费用，由违约方承担。合同当事人可以约定免责条款，但约定的侵犯对方人身权或财产权的免责条款是无效的。

2）建设工程合同当事人的主要义务和违约责任

（1）建设工程合同发包人的主要义务和违约责任如下。

① 勘察、设计合同发包人的主要义务和违约责任。在建设工程中，勘察、设计合同发包人的主要义务是：向勘察人、设计人提供开展工作所需的基础资料和技术要求，并对提供的时间、进度和资料的可靠性负责；提供必要的工作和生活条件；按照合同规定支付勘察、设计费；维护勘察人、设计人的工作成果，不得擅自修改，不得转让给第3人重复使用。发包人的违约行为常表现为三种具体方式，即发包人变更计划、发包人提供的资料不准确、发包人未按照期限提供必需的勘察、设计工作条件。

发包人就自己的违约行为应承担以下违约责任：因发包人变更计划，提供的资料不准确，或者未按照期限提供必需的勘察、设计工作条件而造成勘察、设计的返工、停工或者修改设计的，发包人应当按照勘察人、设计人实际消耗的工作量增付费用；发包人迟延支付勘察、设计费的，除应支付勘察、设计费外，还应承担其他的违约责任，如支付违约金、赔偿逾期利息等；由于发包人擅自修改勘察设计成果而引起的工程质量问题，发包人应当承担责任；发包人未经乙方同意，甲方对乙方交付的设计文件不得复制或向第三方转让或用于本合同外的项目，乙方有权索赔。

② 施工合同发包人的主要义务和违约责任。在建设工程中，施工合同发包人的主要义务有：做好施工前的各项准备工作；为施工人提供必要的条件，配合施工人的工作；按照合同规定向施工人支付工程预付款；在不妨碍施工人正常作业的情况下，进行必要的监督检查；按照合同规定向施工人支付工程进度款；组织竣工验收，支付竣工结算款。

发包人就自己的违约行为应承担以下责任。

第一，如发包人未按照约定的时间和要求提供原材料、设备、场地、资金、技术资料的,承包人可以顺延工程日期,并有权要求赔偿停工、窝工等损失。在此种情况下发包人承担违约责任的方式是赔偿损失,施工人有权要求工期和费用索赔。

第二,如出现发包人提供的技术资料存在错误、发包人变更设计文件、发包人变更工程量、发包人未按约定及时提供建筑材料和设备、发包人未提供必要的工作条件致使施工人无法正常作业等情况,发包人应当承担不履行、不适当履行或迟延履行违约责任。发包人应赔偿承包人因此造成的停工、窝工、倒运、机械设备调迁、材料和构件积压等损失和实际费用,发包人应当采取措施弥补或者减少损失,在此种情况下发包人承担违约责任的方式是采取补救措施和赔偿损失。

第三,隐蔽工程隐蔽前,如发包人接到通知后不及时检查,导致施工人无法进行隐蔽施工,发包人应承担迟延履行违约责任,承包人可以顺延工程日期,并有权要求赔偿停工、窝工等损失。在此种情况下发包人承担违约责任的方式是赔偿损失,施工人有权要求工期顺延和费用索赔。

如发包人逾期不支付工程款的,除按照建设工程的性质不宜折价、拍卖的以外,承包人可以与发包人协议将该工程折价,也可以申请人民法院将该工程依法拍卖。建设工程的价款就该工程折价或者拍卖的价款优先受偿。

(2) 建设工程合同承包人的主要义务和违约责任如下。

① 勘察、设计合同承包人的主要义务和违约责任。在建设工程中,勘察、设计合同承包人的主要义务有:按照勘察、设计合同规定的进度和质量要求向发包人提交勘察、设计成果;配合施工,进行技术交底,解决施工过程中有关设计的问题,负责设计修改,参加工程竣工验收。

勘察、设计合同承包人就自己的违约行为应承担以下违约责任。

如勘察人、设计人提交的勘察、设计文件不符合质量要求,将承担瑕疵履行违约责任;如勘察人、设计人不按合同约定的期限提交勘察、设计文件,将承担迟延履行违约责任。《中华人民共和国合同法》第二百八十条规定,勘察、设计的质量不符合要求或者未按照期限提交勘察、设计文件拖延工期,造成发包人损失的,勘察人、设计人应当继续完善勘察、设计,减收或者免收勘察、设计费并赔偿损失。在此种情况下勘察人、设计人通过继续履行和赔偿损失的方式承担违约责任。

② 施工合同承包人的主要义务和违约责任。在建设工程中,施工合同承包人的主要义务有:做好施工准备工作;按照合同要求进行施工;在不影响正常作业的前提下,随时接受发包人对进度、质量的监督检查;按照合同规定,按质如期完成工程,参加竣工验收,进行工程交付;在规定的保修期内,针对由于本方原因造成的工程质量问题,无偿负责维修。

施工合同承包人应就自己的违约行为承担以下违约责任。

施工人对施工质量应承担瑕疵履行违约责任;施工人对工期延误应承担迟延履行违约责任。为此,《中华人民共和国合同法》第二百八十一条规定,因施工人的原因致使建设工程质量不符合约定的,发包人有权要求施工人在合理期限内无偿修理或者返工、改建。经过修理或者返工、改建后,造成逾期交付的,施工人应当承担违约责任。在此种情况下施工人承担违约责任的方式主要表现为继续履行,同时还要承担逾期交付引起的违约责任,发包人可从支付违约金、减少价款、行使担保债权等方式中选择适当的方式要求施工人承担违约责任。

施工人不仅应对施工质量负责,而且应对建设工程合理使用期间的质量安全承担责任。如果由于施工人的原因,在合理使用期限内发生了质量事故,造成发包人、最终用户或者第三者人身财产损害,那么施工人不仅应承担加害履行违约责任,还要依法承担相应的侵权责任,从而发生施工人违约责任与侵权责任之间的责任竞合。发包人可以选择违约责任或者侵权责任要求施工人赔偿损失,其他受损害人可以根据侵权责任要求施工人承担损害赔偿责任。

● 相关测试

(1) 施工合同履行过程中出现以下情况,当事人一方可以免除违约责任的是( )。

A. 因为三通一平工期拖延,发包方不能在合同约定的时间内给承包商提供施工场地

B. 因为发包方拖延提供图纸,导致工期拖延

C. 因为发生洪灾,承包方无法在合同约定的工期内竣工

D. 因为承包方自有设备损坏,导致工期拖延

(2) 甲乙双方的施工合同约定工程应于2007年5月10日竣工,但是乙方因为管理不善导致工程拖期,在5月20日到5月25日该地区发生洪灾,造成工期一再拖延,最后竣工时间为2007年5月31日。甲方在支付乙方工程费用时,拟按照合同约定扣除因乙方工程拖期的违约费用,那么甲方应该计算( )天的拖期违约损失。

A. 15　　　　　B. 16　　　　　C. 17　　　　　D. 21

(3) 甲与乙订立了一份材料购销合同,约定甲向乙交付相应的材料,货款为80万元,乙向甲支付定金4万元;同时约定任何一方不履行合同应支付违约金6万元。合同到期后,甲无法向乙交付材料,乙为了最大限度保护自己的利益,应该请求( )。

A. 甲双倍返还定金8万元

B. 甲双倍返还定金8万元,同时请求甲支付违约金6万元

C. 甲支付违约金6万元,同时请求返还支付的定金4万元

D. 甲支付违约金6万元

7. 合同的担保

担保活动应遵循平等、自愿、公平、诚实信用的原则,担保合同是主合同的从合同,若主合同无效,则担保合同亦无效。在5种担保形式中,保证的担保人只能是第三人,抵押和质押的担保人可以是债务人也可以是第三人,留置和定金的担保人只能是债务人。

(1) 保证。保证人与债权人可就单个主合同分别订立保证合同,也可以协议在最高债权额限度内就一定期间连续发生的借款合同或某项商品交易合同订立一个保证合同。保证担保的范围包括主债权及利息、违约金、损害赔偿金和实现债权的费用。国家机关,以公益为目的的事业单位、社会团体,企业法人的分支机构和职能部门一般不得成为保证人,保证的方式分为一般保证和连带责任保证。一般保证和连带责任保证的保证人与债权人未约定保证期间的,保证期间为主债务履行期届满之日起6个月。在保证期间,债权人许可债务人转让债务或者债权人与债务人协议变更主合同的,应当取得保证人的书面同意,否

则保证人不再承担保证责任。

（2）抵押。抵押是债务人或第三人不转移对财产的占有，将该财产作为债权的担保，抵押权人具有优先受偿权。对于将土地使用权、城市房地产或乡村企业的厂房等建筑物、林木、航空器船舶车辆、企业设备和其他动产抵押的，抵押合同自登记之日起生效。对于当事人以其他财产抵押的，可以自愿到抵押人所在地的公证部门办理抵押登记，抵押合同自签订之日起生效。抵押期间，抵押人转让已办理登记的抵押物的，应当通知抵押权人并告知受让人转让物已经抵押的情况，否则转让行为无效。

（3）质押。质押是债务人或第三人将其动产或权力移交债权人占有，将该动产作为债权的担保。注意：股票、商标专用权、专利权、著作权的质押合同自登记之日起生效。

（4）留置。因保管合同、运输合同、加工承揽合同发生的债权，债务人不履行债务的，债权人有留置权。

（5）定金。定金应以书面形式约定，定金数额不得超过主合同标的额的20%，定金合同从实际交付定金之日起生效。债务人履行债务后，定金应当抵作价款或收回。给付定金方不履行合同的，无权要求返还定金；收受定金方不履行合同的，应双倍返还定金。

相 关 测 试

（1）保证合同是（　　）签订的合同。
A. 债权人与债务人　　　　　　B. 债权人与保证人
C. 债务人与保证人　　　　　　D. 保证人与被保证人

（2）某项目勘察费用为40万元，合同中约定定金为20%，也约定了违约金为5万元，请分析在下列情况下违约方应承担的违约责任。

① 如果发包方尚未支付定金，承包方因自身原因不能按约定履行合同，则其应支付给发包方（　　）万元。
A. 4万元　　　B. 5万元　　　C. 8万元　　　D. 9万元

② 发包方按承包方的请求支付了20万元定金，承包方亦不能按照合同约定履行合同导致合同解除，那么承包方应支付给发包方（　　）万元。
A. 40　　　　B. 28　　　　C. 20　　　　D. 16

（3）甲、乙二人签订了一份买卖合同，由丙作为乙在收到货物后支付货款的保证人，但合同对保证方式没有约定。现在，乙收到货物后拒不付款，丙承担保证责任的方式应为（　　）。

A. 一般保证责任

B. 连带保证责任

C. 由丙与甲重新协商确定保证责任的方式

D. 由甲、乙和丙重新协商确定保证责任的方式

（4）下列选项中，（　　）属于担保形式的一种。
A. 动员预付款　B. 材料预付款　C. 定金　　　　D. 罚金

（5）财产抵押权设置后，将限制的是财产的（　　）。
A. 占有权　　　B. 使用权　　　C. 收益权　　　D. 处分权

（6）当事人以房地产进行抵押，抵押合同自（　　）之日起生效。
A. 签字盖章　　　　　　　　　B. 抵押登记

C. 债务人不履行债务　　　　　D. 主合同生效

(7) 动产质押合同从（　　）时生效。

A. 登记之日　　　　　　　　　B. 签字之日

C. 质物移交质权人占有　　　　D. 债务人不履行合同之日

(8) 乙向甲借款 10 万元，由丙提供保证，后乙与丁签订转让合同，把还款的义务转移给了丁，并取得了甲的同意，下列选项中最确切的是（　　）。

A. 债务转移无效

B. 丙继续承担保证责任

C. 经丙书面同意后才继续承担保证责任

D. 经丙口头同意后才继续承担保证责任

8.2.2　建设工程合同常见纠纷

建设工程合同纠纷是指因建设工程合同的生效、解释、履行、变更和终止等行为而引起的建设工程合同当事人的所有争议。建设工程合同一般涵盖了一项建设工程合同从订立到终止的整个过程，尤其是在大型建设工程合同及涉外建设工程合同中。

(1) 建设工程合同的效力，即建设工程合同是否有效之争议。

(2) 建设工程合同文字语言理解之争议。

(3) 违约发生的纠纷。承包方的违约主要表现有工期违约、质量违约等。发包方的违约主要表现在不能按时支付工程进度款、未能提供施工进场的条件、中期擅改设计等导致的工程造价增加或者其他损失的，承包人最终都以工程索赔的形式加入工程结算书中，而发包人往往对有关款项不予认定，从而产生纠纷，这种纠纷在建设工程结算纠纷中比较常见。

(4) 工程计量纠纷。合同已确定工程量，但实际施工中，因设计变更，工程师签发的变更指令，现场地质、地形条件的变化等引起的工程量增减，均会产生纠纷。

(5) 工程质量纠纷。建设工程承包合同中承包方所用建筑材料不符合质量标准要求，偷工减料，无法生产合同规定的合格产品，导致施工有严重缺陷，造成质量纠纷。

(6) 工期延误责任纠纷。虽然许多合同条件中都规定了工期延误损害赔偿的罚则、承包商对于非自己责任的工期延误免责条件以及要求业主赔偿该项目工期延误的损失的情形，但由于工期延误原因多样，要分清各方责任十分困难，由此而产生纠纷。

(7) 工程付款纠纷。工程计量、质量纠纷，工期延误责任认定纠纷都会导致或直接表现为付款纠纷，承发包商由此产生工程付款纠纷。建设工程合同违约责任应当由何方承担及承担多少都会产生争议。

(8) 延期付款利息纠纷。尽管有明文规定业主拖欠工程款应付延期利息，但执行起来却非常困难，特别是延期利息数额巨大时，双方纠纷就更容易产生。比如合同约定工程决算完毕付清尾款，但因施工方迟迟不报送决算文件，或报送决算文件不齐全，或所报决算文件双方争议过大，导致决算工作无法进行，进而剩余工程款无法支付。特别是争议过大时，究竟是谁的过错导致工程款支付拖延，也是是否支付延期付款利息的争议所在。

(9) 终止合同纠纷。当业主认为，承包商不履约，严重拖延工程并无力改变局面，或承包商破产或严重负债无力偿还致使工程停顿等情形时，宣布终止合同将承包商逐出工地,并要求赔偿损失,甚至通知开具履约保函和预付款保函的银行全额支付保函金额,承包商却否认自己责任,要求取得已完工工程款项。同样,承包商可能认为业主不履约,严重拖延应付工程款并已无力支付欠款、破产或严重干扰阻碍承包商工作等,宣布终止合同,业主则否认上述行为。以上两种情形都会发生终止合同纠纷。

引 例 8

某汽车制造厂建设施工土方工程中,承包商在合同标明有松软石的地方没有遇到松软石,因此工期提前1个月。但是在合同中未标明有坚硬岩石的地方遇到很多坚硬岩石,开挖工作变得更加困难,因此造成了实际生产率比原计划低得多,经测算影响工期3个月。由于施工速度减慢,使得部分施工任务拖到雨季进行按一般公认标准推算,又影响工期2个月。为此承包商准备提出索赔。

引导问题:根据该引例,回答以下问题。
(1) 该项施工索赔能否成立?为什么?
(2) 在工程施工中,通常可以提供的索赔证据有哪些?

8.2.3 索赔相关知识

工程索赔是指当事人在合同实施过程中,基于非由自己过错引起的损失,根据法律、合同规定及惯例,向对方提出给予补偿的请求。索赔可能发生在工程建设的各个阶段,但以施工阶段发生的索赔居多。对施工合同的双方来说,索赔是维护双方合法利益的权利。它同合同条件中双方的合同责任一样,构成严密的合同制约关系。承包商可以向业主提出索赔,业主也可以向承包商提出索赔。

1. 工程索赔的起因

发生工程建设工程索赔的主要原因如下。

1) 设计方面

在工程施工阶段发生设计与实际间的差异等原因导致的工程项目在工期等方面的索赔。

2) 施工合同方面

在施工过程中双方在签订施工合同时未能充分考虑和明确各种因素对工程建设的影响,致使施工合同在履行中出现各种各样的矛盾,从而引起施工索赔。

3) 意外风险和不可预见因素

在施工过程中,发生了如地震、台风、流沙泥、地质断层、天然溶洞、沉陷和地下构筑物等引起的施工索赔。

4) 不依法履行施工合同

承发包双方在履行施工合同的过程中往往因一些意见分歧和经济利益驱动等人为因素,不严格执行合同文件而引起的施工索赔。

除上述原因外,工程项目的特殊性,如工程规模大、技术难度大、投资额大、工期长、材料设备价格变化快。工程项目内外环境的复杂多变性及参与工程建设主体的多元性等问题,也要随着工程的逐步开展而不断暴露出新问题,必然使工程项目受到影响,导致工程项目成本和工期的变化,这就是索赔形成的根源。

2. 工程索赔的分类

工程施工过程中发生索赔所涉及的内容是广泛的，通常有如下分类。

1) 按索赔事件所处合同状态分类

(1) 正常施工索赔。是指在正常履行合同中发生的各种违约、变更、不可预见因素、加速施工、政策变化等引起的索赔。

(2) 工程停、缓建索赔。是指已经履行合同的工程因不可抗力、政府法令、资金或其他原因必须中途停止施工所引起的索赔。

(3) 解除合同索赔。是指因合同中的一方严重违约，致使合同无法正常履行的情况下，合同的另一方行使解除合同的权力所产生的索赔。

2) 按索赔依据的范围分类

(1) 合同内索赔。是指索赔所涉及的内容可在履行的合同中找到条款依据，并可根据合同条款或协议预先规定的责任和义务划分责任，业主或承包商可据此提出索赔要求。按违约规定和索赔费用、工期的计算办法计算索赔值。一般情况下，合同内索赔的处理解决相对较顺利。

(2) 合同外索赔。是指索赔所涉及的内容难于在合同条款及有关协议中找到依据，但可能来自民法、经济法或政府有关部门颁布的有关法规所赋予的权力。如在民事侵权行为、民事伤害行为中找到依据所提出的索赔。

(3) 道义索赔。是指承包商在合同内外都找不到索赔依据，无索赔条件和理由。但业主体谅承包商为完成某项困难的施工，承受了额外的费用损失，甚至承受重大亏损，出于善意给其以经济补偿。因在合同条款中没有此项索赔的规定，因此也称为"额外支付"。

3) 按合同有关当事人的关系进行索赔分类

(1) 承包商向业主的索赔。是指承包商在履行合同中非因己方过失产生的工期延误及额外支出后向业主提出的赔偿要求。这是施工索赔中最常发生的情况。

(2) 总承包向其分包或分包之间的索赔。是指总承包单位与分包单位或分包单位之间为共同完成工程施工所签订的合同、协议在实施中的相互干扰事件影响利益平衡，其相互之间发生的赔偿要求。

(3) 业主向承包商的索赔。是指业主向不能有效地管理控制施工全局，造成不能按期、按质、按量地完成合同内容的承包商提出损失赔偿要求。

(4) 承包商同供货商之间的索赔。

(5) 承包商向保险公司、运输公司索赔等。

4) 按照索赔的目的分类

(1) 工期延长索赔。是指承包商对施工中发生的非己方责任事件造成计划工期延误后向业主提出的赔偿要求。

(2) 费用索赔。是指承包商对施工中发生的非己方责任事件造成的合同价外费用支出向业主方提出的赔偿要求。

5) 按照索赔的处理方式分类

(1) 单项索赔。是指某一事件发生对承包商造成工期延长或额外费用支出时，承包商可以对这一事件的实际损失在合同规定的索赔有效期内提出的索赔。这是常用的一种索赔方式。

（2）综合索赔。又称为总索赔、一揽子索赔。是指承包商就施工过程中发生的多起索赔事件，提出一个总索赔。

> **特别提示**
>
> 综合索赔中涉及的事件一般都是单项索赔中遗留下来的、意见分歧较大的难题，责任的划分、费用的计算等都各持己见，不能立，即解决，在履行合同过程中对索赔事件保留索赔权，而在工程项目基本完工时提出，或在竣工报表和最终报表中提出。

6）按引起索赔的原因分类

（1）业主或业主代表违约索赔。

（2）工程量增加索赔。

（3）不可预见因素索赔。

（4）不可抗力损失索赔。

（5）加速施工索赔。

（6）工程停建、缓建索赔。

（7）解除合同索赔。

（8）第三方因素索赔。

（9）国家政策、法规变更索赔。

3．常见工程索赔

1）施工现场条件变化索赔

在工程施工中，由于不利的自然条件及人为障碍，经常导致设计变更、工期延长和工程成本大幅度增加。在这种情况下，承包方可提出索赔。不利的自然条件主要包括以下两种情形。

（1）招标文件中对现场条件的描述失误。招标文件虽已提出施工现场存在的不利条件，但描述严重失实，或位置差异极大，或其严重程度差异极大，从而使承包商原定的实施方案变得不再适合或根本没有意义。

（2）有经验的承包商难以合理预见的现场条件。这种意外的不利条件是指招标文件未提及，而且按该项工程的一般工程实践，一个有经验的承包商是难以预见的现场条件。如在挖方工程中，承包方发现地下古代建筑遗迹物或文物，遇到高腐蚀性水或毒气等，处理方案导致承包商工程费用增加，工期增加。

2）业主违约索赔

业主违约会导致承包商的工程成本或工期增加，具体体现为以下6种情形。在该种情况下，承包商可以提出索赔。

（1）业主未按工程承包合同规定的时间和要求向承包商提供施工场地、创造施工条件。如未按约定完成土地征用、房屋拆迁、清除地上地下障碍，保证施工用水、用电、材料运输、机械进场、通信联络需要，办理施工所需各种证件、批件及有关申报批准手续，提供地下管网线路资料等。

（2）业主未按工程承包合同规定的条件提供应的材料、设备。业主所供应的材料、设备到货场、站与合同约定不符，单价、种类、规格、数量、质量等级与合同不符，到货日期与合同约定不符等。

(3) 监理工程师未按规定时间提供施工图纸、指示或批复。

(4) 业主未按规定向承包商支付工程款。

(5) 监理工程师的工作不适当或失误。如提供数据不正确、下达错误指令等。

(6) 业主指定的分包商违约。如其出现工程质量不合格、工程进度延误等。

3) 变更指令与合同缺陷索赔

(1) 变更指令索赔。在施工过程中,监理工程师发现设计、质量标准或施工顺序等问题时,往往指令增加新工作,改换建筑材料,暂停施工或加速施工等。这些变更指令会增加承包商的施工费用或工期,承包商就此可提出索赔要求。

(2) 合同缺陷索赔。合同缺陷是指所签订的工程承包合同进入实施阶段才发现的,合同本身存在的(合同签订时没有预料的),现时不能再做修改或补充的问题。合同在实施过程中,常会出现下列情况。

① 合同条款中有错误、用语含糊、不够准确等,难以分清甲乙双方的责任和权益。

② 合同条款中存在遗漏,对实际可能发生的情况未做预料和规定,缺少某些必不可少的条款。

③ 合同条款之间存在矛盾。即在不同的条款或条文中,对同一问题的规定或要求不一致。

特别提示

合同缺陷按惯例要由监理工程师做出解释。但是,若此指示使承包商的施工成本和工期增加时,则属于业主方面的责任,承包商有权提出索赔要求。

4) 国家政策、法规变更索赔

如国家或地方的任何法律法规、法令、政令或其他法律、规章发生了变更,导致承包商成本增加,承包商可以提出索赔。

5) 物价上涨索赔

如物价上涨带来人工费、材料费、甚至机械费的增加,导致工程成本大幅度上升,也会引起承包商提出索赔要求。

6) 因施工临时中断和工效降低引起的索赔

如因业主和监理工程师原因造成的临时停工或施工中断,特别是根据业主和监理工程师不合理指令造成了工效的大幅度降低,从而导致费用支出增加时,承包商可提出索赔。

7) 业主不正当地终止工程而引起的索赔

如业主不正当地终止工程,承包商有权要求补偿损失。其数额是承包商在被终止工程上的人工、材料、机械设备的全部支出,以及各项管理费用、保险费、贷款利息、保函费用的支出(减去已结算的工程款),并有权要求赔偿其盈利损失。

8) 业主风险和特殊风险引起的索赔

由于业主承担的风险而导致承包商的费用损失增大时,承包商可据此提出索赔。根据国际惯例,战争、敌对行动、入侵、外敌行动;叛乱、暴动、军事政变或篡夺权位、内战;核燃料或核燃料燃烧后的核废物、核辐射、放射线、核泄漏;音速或超音速飞行器所产生的压力波;暴乱、骚乱或混乱;由于业主提前使用或占用工程的未完工交付的任何一部分致使破坏；纯粹是由于工程设计所产生的事故或破坏，并且该设计不是由承包商设计或负责的；自然力所产生的作用，而对于此种自然力，即使是有经验的承包商也无法预见，无法抗拒，无法保护自己和使工程免遭损失等，属于业主应承担的风险。

特别提示

在该种情形下，承包商通常不仅不对由此而造成的工程、业主或第三方的财产的破坏和损失及人身伤亡承担责任，而且业主应保护和保障承包商不受上述特殊风险的损害，并免于承担由此而引起的与之有关的一切索赔、诉讼及其费用。相反，承包商还应当可以得到由此损害引起的任何永久性工程及其材料的付款及合理的利润，以及一切修复费用、重建费用及上述特殊风险而导致的费用增加。如果由于特殊风险而导致合同终止，承包商除可以获得应付的一切工程款和损失费用外，还可以获得施工机械设备的撤离费用和人员遣返费用等。

4. 常见工程索赔依据

索赔能否成功的关键在于索赔方能否提供一份具有说服力的证据资料作为索赔的依据。因索赔事由不同，所需的论证资料也有所不同。索赔一般依据包括以下几种。

1) 招标文件

招标文件中一般包括通用条件、专用条件、施工图纸、施工技术规范、已报价的工程量清单、工程范围说明、现场水文地质资料等文本。它们不仅是承包商参加投标竞争和编标报价的依据，也是索赔时计算附加成本的依据。

2) 投标文件

投标文件是承包商依据招标文件并进行工地现场勘察后编标计价的成果资料，是投标竞争中标的依据。在投标报价文件中，承包商对各主要工种的施工单价进行了分析计算，对各主要工程量的施工效率和施工进度进行了分析，对施工所需的设备和材料列出了数量和价值，对施工过程中各阶段所需的资金数额提出了要求。所有这些文件，在中标及签订合同协议书以后，都成为正式合同文件的组成部分，也成为索赔的基本依据。

3) 合同协议书及其附属文件

合同协议书是合同双方(业主和承包商)正式进入合同关系的标志。在签订合同协议书以前，合同双方对于中标价格、工程计划、合同条件等问题的讨论纪要文件，亦是该工程项目合同文件的重要组成部分。在这些会议纪要中，如果对招标文件中的某个合同条款作了修改或解释，则这个纪要就是将来索赔计价的依据。

4) 来往信函

在合同实施期间，合同双方有大量的往来信函。这些信件都具有合同效力，是结算和索赔的依据资料，如监理工程师(或业主)的工程变更指令，口头变更确认函，加速施工指令，工程单价变更通知，对承包商问题的书面回答等。这些信函(包括电传、传真资料)可能繁杂零碎，而且数量巨大，但应仔细分类存档。

5) 会议记录

工程项目从招标到建成移交期间，合同双方要召开许多次会议，讨论解决合同实施中的问题。所有这些会议的记录都是很重要的文件。工程和索赔中的许多重大问题，都是通过会议反复协商讨论后决定的。如标前会议纪要、工程协调会议纪要、工程进度变更会议纪要、技术讨论会议纪要、索赔会议纪要等。

对于重要的会议纪要,要建立审阅制度,即由作纪要的一方写好纪要稿后,送交对方(以及有关各方)传阅核签。如有不同意见,可在纪要稿上修改,也可规定一个核签的期限(如7天)。如纪要稿送出后7天以内不返回核签意见,即认为同意。这对会议纪要稿的合法性是很必要的。

6)施工现场记录

承包商的施工管理水平的一个重要标志是看其是否建立了一套完整的现场记录制度,并持之以恒地贯彻到底。这些资料的具体项目甚多,主要的如施工日志、施工检查记录、工时记录、质量检查记录、施工设备使用记录、材料使用记录、施工进度记录等。有的重要记录文本,如质量检查、验收记录,还应有工程师或其代表的签字认可。工程师同样要有自己完备的施工现场记录,以备核查。

7)工程财务记录

在工程实施过程中,对工程成本的开支和工程款的历次收入,均应做详细的记录,并输入计算机备查。这些财务资料如工程进度款每月的支付申请表,工人劳动计时卡和工资单,设备、材料和零配件采购单,付款收据,工程开支月报等。在索赔计价工作中,财务单证十分重要,应注意积累和分析整理。

8)现场气象记录

水文气象条件对工程实施的影响甚大,它经常引起工程施工的中断或工效降低,有时甚至造成在建工程的破损。许多工期拖延索赔均与气象条件有关。施工现场应注意记录的气象资料,如每月降水量、风力、气温、河水位、河水流量、洪水位、洪水流量、施工基坑地下水状况等。如遇到地震、海啸、飓风等特殊自然灾害,更应注意随时详细记录。

9)市场信息资料

信息资料不仅对工程款的调价计算必不可少,对索赔亦同样重要。如工程所在国官方出版的物价报道、外汇兑换率行情、工人工资调整决定等。

10)政策法令文件

这是指工程所在国的政府或立法机关公布的有关工程造价的决定或法令,如货币汇兑限制指令,外汇兑换率的决定,调整工资的决定,税收变更指令,工程仲裁规则等。由于工程的合同条件是以适应工程所在国的法律为前提的,因此该国政府的这些法令对工程结算和索赔具有决定性的意义,应该引起高度重视。对于重大的索赔事项,如涉及大宗的索赔款额,或遇到复杂的法律问题时,还需要聘请律师,专门处理这方面的问题。

8.3 任 务 实 施

(1)请梳理本项目合同履行过程中涉及的法律事务,制订履约法律服务工作内容。
(2)请选择本项目一索赔事件,协助索赔人员完成索赔报告书。
(3)请结合本项目,完成履约法律意见书。

8.4 任务总结

1. 任务问题

(1) 此次任务完成中存在的主要问题有哪些？

(2) 问题产生的原因有哪些？

(3) 提出相应的解决方法。

(4) 您认为还需加强哪些方面的指导（实际工作过程及理论知识）？

2. 自我总结

(1) 此次任务完成中存在的主要问题有哪些？

(2) 问题产生的原因有哪些？

(3) 请提出相应的解决方法。

(4) 您认为还需加强哪方面的指导（实际工作过程及理论知识）？

8.5 知识点回顾

本任务的完成主要知识点：建设工程合同的履行；建设工程合同的解除；建设工程合同违约责任的认定、违约责任的主要形式；合同纠纷处理和索赔相关知识。

8.6 基础训练

8.6.1 单选题

1. 甲乙双方签订一特种建材买卖合同，约定执行政府指导价，于 2004 年 6 月 1 日前交付完毕，6 月 1 日的政府指导价是 2500 元/t，但甲方直至 2004 年 8 月 1 日才交货，此时的政府指导价是 2800 元/t，结算时应按照（　　）计算。

A. 2800 元/t　　B. 2650 元/t　　C. 2500 元/t　　D. 2200 元/t

2. 甲、乙公司于 2005 年 3 月 10 日在广东某交易会上签订了一份水泥供货合同，约定卖方甲在一年内分两期向买方乙供应水泥 600t，约定第一期 300t 水泥于 4 月 20 日在北京验货和收款，但合同中对价款没有做出明确规定；第二期 300t 水泥的供货具体时间没有明确，两期都是货到付款。

(1) 合同履行过程中，对于第一批水泥的价格，双方通过协商也未达成一致，则应按照（　　）的市场价格履行。

A. 2005 年 3 月 10 日广东　　B. 2005 年 4 月 20 日广东

C. 2005 年 3 月 10 日北京　　D. 2005 年 4 月 20 日北京

(2) 按照双方交易惯例及当地惯例，第二批水泥应于 6 月份交付，但是甲方因为市场价格波动的原因将库存水泥全部高价卖给了其他用户，致使乙方在催货无果的情况下向另外的供货商购买了水泥。当年 9 月份卖方才将第二期 300t 水泥运至乙方，乙方拒收。双方发生争议并诉至法院。则下列说法正确的是（　　）。

A. 因合同未约定第二批货的履约时间，所以甲方并未违约，有权要求乙方收货、付款

B. 因合同未约定第二批货的履约时间，所以甲方可以和乙方商定继续供货

C. 乙方多次催货，并给甲方足够的准备时间，因此合理的履行期可以确定，乙方可以拒收

D. 无任何一方违约，双方应进一步协商

3. 某施工单位与某汽车厂签订了一份买卖合同，约定于5月30日施工单位付给汽车厂100万元预付款，6月30日由汽车厂向施工单位交付两辆汽车，但到了5月30日，施工单位发现汽车厂已全面停产，经营状况严重恶化。此时施工单位可以行使（　　），以维护自己的权益。

A. 同时履行抗辩权　　　　　　B. 先履行抗辩权

C. 不安抗辩权　　　　　　　　D. 预期违约抗辩权

4. 建设单位甲欠总承包商乙50万元工程款，到期没有清偿。而甲享有对丙企业的60万元到期债权，却未去尽力追讨。此时，乙可以行使（　　）。

A. 代位权　　B. 确认权　　C. 否认权　　D. 撤销权

5. 甲乙签订一份钢材买卖合同，约定甲先付款，乙后发货。当合同的履行期限届至，甲因担心收不到货而未付款，于是乙在发货期限届至时也未发货。则乙行使的权利是（　　）。

A. 先履行抗辩权　　　　　　　B. 同时履行抗辩权

C. 不安抗辩权　　　　　　　　D. 撤销权

6. 甲水泥厂与乙施工单位订立水泥购销合同，合同约定甲应于2003年8月1日交货，乙应于同年8月7日付款。7月底，甲发现乙财务状况恶化，无支付货款能力，并有确切证据证明，遂提出终止合同，但乙未允。则下列说法正确的是（　　）。

A. 甲有权终止合同并要求乙提供相应的担保

B. 甲无权不按合同约定交货，但可以要求乙提供相应的担保

C. 甲无权不按合同约定交货，但可以仅先交付部分货物

D. 甲应按合同约定交货，如乙不支付货款可追究其违约责任

8.6.2 多选题

1. 甲公司欠乙公司30万元，一直无力偿付，现丙公司欠甲公司20万元，已到期，但甲公司明示放弃对丙的债权。对甲公司的这一行为，乙公司可以采取以下哪些措施（　　）。

A. 行使代位权，要求丙偿还20万元

B. 请求人民法院撤销甲方放弃债权的行为

C. 乙行使权利的必要费用可向甲方主张

D. 乙方应在知道或应当知道甲放弃债权2年内行使撤销权

E. 乙方应在知道或应当知道甲放弃债权1年内行使撤销权

2. 甲施工单位与乙钢材供应商签订一份钢材供应合同，合同中约定乙应当在8月30日向甲交付钢材。8月15日，乙把钢材运送给甲。此时甲施工单位没有可以堆放钢材的地

方,则甲有权( )。

A. 拒绝接收钢材

B. 不得拒绝接收

C. 不接收钢材并要求乙承担违约责任

D. 接收钢材并要求乙承担违约责任

E. 接收钢材并要求乙支付增加的费用

3. 某建筑公司欠某建材供应商30万元材料款久拖不还,却在近日将本公司的一辆价值6万多元的汽车以7万元转让给不懂市价行情的某美容师,将一台价值10多万元的塔吊以3万元转让给长期合作彼此知情的某建筑设备租赁公司,致使无力偿还建材供应商的30万元材料款,因此,建材供应商便向法院起诉主张其债权。下列选项中正确的有( )。

A. 该汽车转让行为合法有效　　B. 该汽车转让行为应当撤销

C. 该塔吊转让行为合法有效　　D. 该塔吊转让行为应当撤销

E. 该塔吊转让行为效力不能确定

4. 合同当事人承担违约责任的形式有( )。

A. 合同继续履行　B. 采取补救措施　C. 支付赔偿金

D. 返还财产恢复原状　　　　　E. 支付违约金

5. 可以进行抵押的财产有( )。

A. 土地所有权

B. 有《房屋买卖合同》和购房发票但尚未办理产权证的商品房

C. 抵押人依法承包并经发包人同意的荒滩的土地使用权

D. 高等学校的教室、实验室和学生宿舍

E. 建设审批程序规范的在建工程

8.6.3 案例分析

案例 1

某工程8层框架结构,建设单位与监理公司签订了施工阶段的监理合同,与承包商签订了施工合同。合同价为固定单价合同。本工程目前正在施工。

工程施工时发生如下事件。

一、本工程在验收时监理工程师发现:因承包人原因导致会议室地面装修工程质量没有达到约定的质量标准。

问题1:承包人应承担什么责任?

问题2:监理工程师应怎样处理该质量不合格事件?

问题3:承包人应怎么办?

问题4:拆除、返工的费用应由谁负担?

二、对地面的质量问题监理工程师和承包商产生了争议。

问题1:此时双方应怎样解决质量争议?

问题2:解决质量争议的费用双方应怎样负担?

三、监理工程师对防水工程的检验已影响了承包商施工的正常进行。

问题1：监理工程师检验不合格时，影响正常施工的费用应由谁承担？

问题2：监理工程师检验合格时，影响正常施工的费用应由谁承担？

案例 2

某房地产开发公司在开发过程中以在建工程作抵押向银行甲贷款 4000 万元。其与 A 公司签署了设计合同，设计费为 300 万元，由其质押 25,辆汽车给 A 担保其债务，但由于 A 无场所存放车辆，车辆仍由房产公司保管。在取得商品房预售资格证后，开发商以每套 40 万元,的价格进行预售。共开了 500 套，现已售出 200 套。购房人以所购房屋抵押向银行乙贷款按揭买房。其中有 80 户已交付房款 25 万元，其余 120 户交付房款 15 万元。在施工方竣工验收合格后，开发公司拖欠工程款 3000 万元。施工方因此要求将所建房屋拍卖，以拍卖款优先受偿。

问题：请分析该案例涉及的法律问题，并给出处理意见。

8.7 拓展训练

请选择某一施工项目，根据其合同与索赔事件记录，提交一份合同纠纷防范与处理法律建议书。

学习情境 4

建筑工程监理法律实务

任务 9 工程监理合同法律服务

引例 1

建设工程委托监理合同实例(现行)

GF—2012—0202　　　编号 NMGCJI2006—09

建设工程委托监理合同

(正本)

委托人(全称)：××××××××交通学院

监理人(全称)：×××××工程建设监理有限责任公司

第一部分　建设工程委托监理合同

委托人××××学院与监理人×××工程建设监理有限责任公司经双方协商一致，签订本合同。

一、委托人委托监理的工程(以下简称"本工程")概况如下。

工程名称：××××交通院整体搬迁工程

工程地点：×××××××××

工程规模：总建筑面积为 87120m²，层数为综合楼 10 层，地下 1 层，建筑面积为 29783m²。学员楼 7 层，局部地下，建筑面积为 18932m²。食堂 2 层，局部地下，建筑面积为 5024m²。函授教育中心，建筑面积为 33800m²。

总投资：1.5 亿元。

二、本合同中的有关词语含义与本合同第二部分《标准条件》中赋予它们的定义相同。

三、下列文件均为本合同的组成部分。

(1) 监理投标书或中标通知书。

(2) 本合同标准条件。

(3) 本合同专用条件。

(4) 在实施过程中双方共同签署的补充与修正文件。

四、监理人向委托人承诺,按照本合同的规定,承担本合同专用条件中议定范围内的监理业务。

五、委托人向监理人承诺按照本合同注明的期限、方式、币种,向监理人支付报酬。

本合同自 2006 年 9 月 15 日开始实施,至 2007 年 12 月 31 日完成。

本合同签订于:　　　年　月　日

第二部分　"标准条件"

主要为监理人及委托人的义务、权利和责任等(与本书的相关内容一致,故省略)。

第三部分　专用条件

第二条　本合同适用的法律及监理依据。

(1)适用法律、法规:现行的国家、省有关工程建设的法律、法规、规章。

(2)监理依据:经批准的工程项目建设文件,国家、行业及省有关工程建设方面的技术标准、规范、规程、规章及监理合同。

第四条　监理范围和监理工作内容。

监理范围:本工程施工阶段全过程、全方位的监理服务。

监理工作内容:对本工程的建设投资、工期、工程质量进行控制;对安全、合同、信息进行管理;协调有关单位间的工作关系。

第九条　外部条件包括以下内容。

建设单位负责工程建设的所有外部条件的协调和手续的办理,并为监理工作提供外部条件,监理单位可负责部分外部条件的协调工作。

第十条　委托人应提供的工程资料及提供时间如下。

开工前,提供工程地质资料及施工图纸各一套,合同签订后 5 日内提供。施工过程中,提供有关工程建设洽商、变更的文件。

第十一条　委托人应在 48h 内对监理人书面提交并要求做出决定的事宜做出书面答复。

第十二条　委托人的常驻代表为。

第十五条　委托人免费向监理机构提供如下设施。

方便现场监理工作人员工作的办公用房及办公设施,待监理任务完成后,交于委托人。

监理人自备、委托人给予补偿的设施如下。

补偿金额＝设施设备购置费×报酬比率(扣除税金)

第十六条　在监理期间,委托人免费向监理机构提供零名工作人员,由总监理工程师安排其工作,凡涉及服务时,此类职员只应从总监理工程师处接受指示。并免费提供零名服务人员。监理机构应与此类服务的提供者合作,但是,对此类人员及其行为不负责。

第二十六条　监理人在责任期内如果失职,同意按以下办法承担责任,赔偿损失。累计赔偿额不超过监理报酬总数(扣税)。

赔偿金＝直接经济损失×报酬比率(扣除税金)

第三十九条　委托人同意按以下的计算方法、支付时间与金额,支付监理人的报酬。

一、计算方法。

工程结算总造价×投标费率中标价(　%)。

工程监理费暂估价：1.5亿元× ％＝ 元。

二、支付时间与金额。

（1）合同签订10日内，支付监理报酬30％，即 万元。

（2）主体完工10日内，支付监理报酬50％，即 万元。

（3）竣工验收合格10日内，支付监理报酬20％，即 万元。

三、委托人同意按以下的计算方法、支付时间与金额，支付附加工作报酬。

（1）附加工作报酬＝附加工作日数×合同报酬/监理服务日。

（2）支付时间与金额：附加工作按月支付。

四、委托人同意按以下的计算方法、支付时间与金额，支付额外工作报酬。

（1）额外工作报酬＝额外工作日数×合同报酬/监理服务日。

（2）支付时间与金额：额外工作完成时支付。

第四十一条 双方同意用人民币支付报酬，按零汇率计付。

第四十五条 奖励办法。

$$奖励金额＝工程费用节省额×报酬比率$$

报酬比率按国家有关规定执行。

第四十九条 本合同在履行过程中发生争议时，由双方当事人协商解决，协商不成的，双方同意依法向人民法院起诉。

附加协议条款1

（1）若由于非监理人的责任导致工期延长，建设单位应支付监理人的附加工作报酬：

$$报酬＝附加工作日数×合同报酬/监理服务日$$

（2）若由于非监理人的责任导致工程费用增加，建设单位应按费用增加额部分支付监理人的附加工作报酬：

$$报酬＝费用增加额×合同报酬/计划投资额$$

（3）若本工程获"×××安全文明工地"奖，建设单位应奖励监理人监理总费用的___％。

（4）若本工程获"×××杯优质工程"奖，建设单位应奖励监理人监理总费用的___％。

附加协议条款2

（1）双方协商甲方为监理人提供办公用房两间，其他均由监理人自理，甲方不予补偿。

（2）监理人必须严格按照招标文件中规定的内容开展本工程的监理工作，做好"三控、三管、一协调"。

（3）监理人必须按照工程总投资额和总工期进度目标的要求详细审核总投资及进度计划，随工程进展分阶段、分部位审核投资及进度计划，严格加以控制实施。并将审查完的上述计划在实施前一周报委托人。

（4）监理人对影响投资及工期变化的因素进行提前分析，随时调整控制投资及工期进度计划，确保总投资及进度目标的实现。

（5）监理人必须严格按照投标文件中的监理组织机构，配备专业监理工程师，并常驻施工现场。

(6) 监理费用结算：按实际建安工程结算价×投标费率据实结算，其余费用不计入结算价。

(7) 监理工作范围：监理人对本工程实施全过程监理服务，包括以下内容。

① 建筑结构。地下基础，地上主体。

② 建筑安装。主要包括内外消防、给排水、供电、电气、防雷、暖通、煤气、弱电、通信、动力等。

③ 建筑物周边临时设施、硬化、绿化、围墙、大门、外管网等。

④ 建筑装饰工程。

引导问题：根据该引例，回答以下问题。

(1) 什么是工程监理？工程监理涉及哪些法律制度？

(2) 监理合同的主要条款有哪些？

9.1 任务导读

建设工程监理是指工程监理单位接受建设单位委托，依照法律、行政法规及有关的技术标准、设计文件和建设工程监理合同及建设工程承包合同，对承包单位的工程质量、进度、安全和资金使用等方面，代表建设单位实施的监督管理。本次任务主要是完成某项目监理合同的起草，须掌握以下知识点：工程监理涉及的相关法律制度、委托监理合同的内容及订立程序、监理合同审订和谈判要点。

9.1.1 任务描述

一家房地产开发企业已与 A 企业签订金强大学城商业街项目施工合同。现正与 B 监理公司签订监理合同。你现接受监理方委托，为其提供合同签订期间的法律服务，并完成该项目监理合同的起草。

9.1.2 任务目标

(1) 按照正确的方法和途径，收集监理合同相关法律资料。

(2) 依据资料分析结果，确定该次任务工作步骤。

(3) 按照工作时间限定，完成监理合同审订、谈判和该次合同监理委托的起草。

(4) 通过完成该任务，提出后续工作建议，完成自我评价，并提出改进意见。

9.2 相关理论知识

9.2.1 建设工程监理的范围

中华人民共和国住房和城乡建设部 2000 年 12 月 7 日发布的《建设工程监理规范》(GB 50319—2000)于 2001 年 5 月 1 日实施。该《规范》在条文说明中明确指出，监理的工作范围包括两个方面：一是工程类别，其范围确定为各类土木工程、建设工程、线路管道工程、设备安装工程和装修工程，适用于各类新建、扩建、改建建设工程；二是工程建设阶段,其范围确定为工程建设投资决策阶段,勘察设计招标投标与勘察设计阶段,施工招标投标与施工阶段(包括设备采购与制造和工程质量保修期)。本规范适用范围仅限于建设工程施工阶段的监理工作。

1. 建设工程强制监理的范围

(1) 国家重点建设工程。
(2) 大中型公用事业工程。
(3) 成片开发建设的住宅小区工程。
(4) 利用外国政府或者国际组织贷款、援助资金的工程。
(5) 国家规定必须实行监理的其他工程。

2. 建设工程强制监理的规模、标准

1) 国家重点建设工程

国家重点建设工程是指依据《国家重点建设项目管理办法》所确定的对国民经济和社会发展有重大影响的骨干项目。

2) 大中型公用事业工程

大中型公用事业工程具体包括项目总投资额在3000万元以上的下列工程项目。
(1) 供水、供电、供气、供热等市政工程项目。
(2) 科技、教育、文化等项目。
(3) 体育、旅游、商业等项目。
(4) 卫生、社会福利等项目。
(5) 其他公用事业项目。

学校、影剧院和体育场馆项目,不管总投资额是多少,都必须实行监理。

3) 成片开发建设的住宅小区工程

(1) 建筑面积在5万m^2以上的住宅建设工程必须实行监理。
(2) 建筑面积在5万m^2以下的住宅建设工程,可以实行监理,具体范围和规模标准,由省、自治区、直辖市人民政府建设行政主管部门规定。
(3) 为了保证住宅质量,对高层住宅及地基、结构复杂的多层住宅应当实行监理。

4) 利用外国政府或者国际组织贷款、援助资金的工程

(1) 使用世界银行、亚洲开发银行等国际组织贷款资金的项目。
(2) 使用国外政府及其机构贷款资金的项目。
(3) 使用国际组织或者国外政府援助资金的项目。

5) 国家规定必须实行监理的其他工程

项目总投资额在3000万元以上的关系社会公共利益、公众安全的下列基础设施项目。
(1) 煤炭、石油、化工、天然气、电力、新能源等项目。
(2) 铁路、公路、管道、水运、民航以及其他交通运输业等项目。
(3) 邮政、电信枢纽、通信、信息网络等项目。
(4) 防洪、灌溉、排涝、发电、引(供)水、滩涂治理、水资源保护、水土保持等水利建设项目。
(5) 道路、桥梁、地铁和轻轨交通、污水排放及处理、垃圾处理、地下管道、公共停

车场等城市基础设施项目。

(6) 生态环境保护项目。

(7) 其他基础设施项目。

引例 2

某工程项目，建设单位通过招标选择了一具有相应资质的监理单位承担施工招标代理和施工阶段监理工作，并在监理中标通知书发出后第 45 天，与该监理单位签订了委托监理合同。之后双方又另行签订了一份监理酬金比委托监理合同中标价降低 10% 的协议。

引导问题：指出建设单位在监理招标和委托监理合同签订过程中的不妥之处，并说明理由。

9.2.2 建设工程监理合同的特征与内容

工程监理合同是指监理人接受发包人（建设单位或其他有关单位），委托并代表其对工程质量、造价、工期、进度、工程款支付等方面进行专业监督、控制并协调施工现场有关各方之间的工作关系，发包人支付报酬的合同。建设工程实行监理的，发包人应当与监理人采用书面形式订立委托监理合同。

1. 委托监理合同的特征

监理合同是一种委托合同，建设单位（业主）称为委托人，监理单位称为受托人或监理人。除具有委托合同的共同特点外，其还具有以下几个特点。

1) 监理人资格的严格性

监理人作为受托人，必须是依法成立的具有法人资格的监理单位，并且所承担的监理业务应与单位资质相符合。监理人应在其资质等级许可范围内承揽建设工程监理任务。国家允许符合规定条件的外国机构在我国境内设立独资或者合资监理企业，并在取得相应资质后在我国境内提供建设工程监理服务。

2) 合同标的的特殊性

委托监理合同的标的是服务，而勘察设计合同、物资采购合同、施工承包合同等的标的是产生新的物质成果或信息成果。监理单位不是建筑产品的直接经营者，它只是接受委托，凭借监理工程师的知识、经验和技能，为建设单位所签订的其他合同的正确履行实施监督和管理的职责。

3) 合法性

监理合同订立程序和委托的工作内容必须符合工程项目建设程序，遵守有关法律、行政法规，具体体现在以下几个方面。

(1) 签订监理合同是一种法律行为，必须按法律、法规所规定的程序签订。

(2) 发包人不得将应当采取招标方式委托的建筑工程监理工作委托给未中标人或中标无效的投标人。

(3) 监理人不得存在以下情形。

① 指定建筑材料、设备、构配件的生产商、供应商。

② 将工程监理合同全部转包给其他人，或者将工程监理工作内容肢解成若干部分以分包的名义委托给其他人。

③ 在工程监理合同未约定且未经发包人认可的情况下将工程监理合同中的监理工作内容分包给其他人。

④ 监理人不得与被监理的施工人、材料设备供应商和其他被监理人存在任何利益关联。

引例 2 中,在监理中标通知书发出后第 45 天签订委托监理合同不妥,依照《招标投标法》,应于 30 天内签订合同。在签订委托监理合同后双方又另行签订了一份监理酬金比委托监理合同中标价降低 10% 的协议不妥。依照《招标投标法》,招标人和中标人不得再行订立背离合同实质性内容的其他协议。

2. 委托监理合同的内容

工程监理合同的内容主要包括:监理的范围和内容;监理人的权限范围;监理期限;双方的权利和义务;监理费的计取标准和支付方式;合同提前终止、解除的条件、确认和处理程序;违约责任;争议解决以及双方认为需要约定的其他事项。

3. 建设工程委托监理合同示范文本

中华人民共和国住房和城乡建设部、国家工商行政管理局于 2012 年 2 月颁布的《建设工程委托监理合同(示范文本)》(GF—2012—0202)由建设工程委托监理合同(在本任务中简称"合同")、标准条件和专用条件组成。

1) 工程建设委托监理合同

合同是一个纲领性的法律文件,是一份标准的格式文件。其主要包括工程概况,合同签订、生效、完成的时间以及合同文件的组成等内容。除双方签署的合同协议外,还包括以下文件。

(1) 监理投标书或中标通知书。

(2) 建设工程委托监理合同标准条件。

(3) 建设工程委托监理合同专用条件。

(4) 在实施过程中双方共同签署的补充与修正文件。

2) 标准条件

标准条件是委托监理合同的通用文件,适用于各类建设工程项目监理,各委托人、监理人都应遵守。其内容包括:合同中所用词语定义;适用范围和法规;签约双方的责任、权利和义务;合同生效、变更与终止;监理报酬;争议的解决以及其他情况。

3) 专用条件

标准条件适用于各行各业所有项目的建设工程监理,其条款相对于实际工程来说较为笼统。专用条件是指具体签订某工程项目监理合同时,结合工程特点、地域特点和专业特点等对标准条件中的某些条款进行的补充和修正。

(1) 补充条款。补充是指标准条件中的某些条款明确规定,在该条款确定的原则下,在专用条件的条款中进一步明确具体内容,使两个条件中相同序号的条款共同组成一条内容完备的条款。

(2) 修正条款。修正是指标准条件中规定的程序方面的内容,如果双方认为程序方面不合适,可以协议修改。在示范文本最后一页有附加协议条款。

9.2.3 监理合同当事人的权利与义务

1. 监理人的权利与义务

1) 监理人的权利

(1) 选择工程总承包人的建议权。

(2) 选择工程分包人的认可权。

(3) 向委托人就有关工程建设事项,包括工程规模、设计标准、规划设计、生产工艺设计和使用功能要求的建议权。

(4) 对工程设计中的技术问题,按照安全和优化的原则,向设计人提出建议;如果拟提出的建议可能会提高工程造价或延长工期,应当事先征得委托人的同意。当发现工程设计不符合国家颁布的建设工程质量标准或设计合同约定的质量标准时,监理人应当书面报告委托人并要求设计人更正。

(5) 审批工程施工组织设计和技术方案,按照保质量、保工期和降低成本的原则,向承包人提出建议,并向委托人提出书面报告。

(6) 主持工程建设有关协作单位的组织协调,重要协调事项应当事先向委托人报告。

(7) 在征得委托人同意的情况下,监理人有权发布开工令、停工令、复工令,但应当事先向委托人报告。如在紧急情况下未能事先报告,则应在24h内向委托人做出书面报告。

(8) 工程上使用的材料和施工质量的检验权。对于不符合设计要求和合同约定及国家质量标准的材料、构配件和设备,有权通知承包人停止使用;对于不符合规范和质量标准的工序、分部、分项工程和不安全施工作业,有权通知承包人停工整改、返工。承包人得到监理机构复工令后才能复工。

(9) 工程施工进度的检查、监督权,以及工程实际竣工日期提前或超过工程施工合同规定的竣工期限的签认权。

(10) 在工程施工合同约定的工程价格范围内,工程款支付的审核和签认权,以及工程结算的复核确认权与否决权。未经总监理工程师签字确认,委托人不得支付工程款。

> **特别提示**
>
> (1) 监理人在委托人授权下,可对任何承包人合同规定的义务提出变更。但是如果该变更将严重影响工程费用、质量或进度,则须经委托人事先批准。在紧急情况下未能事先报委托人批准时,监理人也应尽快将所做的变更通知委托人。在监理过程中如发现工程承包人员工作不力,监理机构可要求承包人调换有关人员。
>
> (2) 在委托的工程范围内,委托人或承包人对对方的任何意见和要求(包括索赔要求),都必须首先向监理机构提出,由监理机构研究处置意见,再双方协商确定。当委托人和承包人发生争议时,监理机构应根据自己的职能,以独立的身份判断,公正地进行调解。当双方的争议由政府建设行政主管部门调解或仲裁机关仲裁时,应提供作证的事实材料。

2) 监理人的义务

(1) 监理人按照合同约定派出监理工作需要的监理机构及监理人员,向委托人报送委派的总监理工程师及其监理机构主要成员名单、监理规划,完成监理合同专用条件中约定的监理工程范围内的监理业务。在履行合同义务期间,应按合同约定定期向委托人报告监理工作。

(2) 监理人在履行本合同义务期间,应认真、勤奋地工作,为委托人提供与其水平相适应的咨询意见,公正地维护各方面的合法权益。

(3) 监理人使用委托人提供的设施和物品属委托人的财产。在监理工作完成或中止时,应将其设施和剩余的物品按合同约定的时间和方式移交给委托人。

(4) 在合同期内或合同终止后,在未征得有关方同意的情况下,不得泄露与本工程、本合同业务有关的保密资料。

2. 委托人的权利与义务

1) 委托人的权利

(1) 委托人有选定工程总承包人,以及与其订立合同的权利。

(2) 委托人有对工程规模、设计标准、规划设计、生产工艺设计和设计使用功能要求的认定权,以及对工程设计变更的审批权。

(3) 监理人调换总监理工程师须事先经委托人同意。

(4) 委托人有权要求监理人提交监理工作月报及监理业务范围内的专项报告。

(5) 当委托人发现监理人员不按监理合同履行监理职责,或与承包人串通给委托人或工程造成损失的,委托人有权要求监理人更换监理人员,直到终止合同并要求监理人承担相应的赔偿责任或连带赔偿责任。

2) 委托人的义务

(1) 委托人在监理人开展监理业务之前应向监理人支付预付款。

(2) 委托人应当负责工程建设的所有外部关系的协调,为监理工作提供外部条件。根据需要,如将部分或全部协调工作委托监理人承担,则应在专用条件中明确委托的工作和相应的报酬。

(3) 委托人应当在双方约定的时间内免费向监理人提供与工程有关的为监理工作所需要的工程资料。

(4) 委托人应当在专用条款约定的时间内就监理人书面提交并要求做出决定的一切事宜做出书面决定。

(5) 委托人应当授权一名熟悉工程情况,能在规定时间内做出决定的常驻代表(在专用条款中约定),负责与监理人联系。更换常驻代表,要提前通知监理人。委托人派驻施工现场的常驻代表的职权不得与监理单位委派的总监理工程师职权相交叉。

(6) 委托人应当将授予监理人的监理权利,以及监理人主要成员的职能分工,监理权限及时书面通知已选定的承包合同的承包人,并在与第三人签订的合同中予以明确。

(7) 委托人应当在不影响监理人开展监理工作的时间内提供如下资料。

① 与本工程合作的原材料、构配件、设备等生产厂家名录。

② 提供与本工程有关的协作单位、配合单位的名录。

(8) 委托人应当免费向监理人提供办公用房、通信设施、监理人员工地住房及合同专用条件约定的设施,对监理人自备的设施给予合理的经济补偿(补偿金额=设施在工程使用时间占折旧年限的比例×设施原值+管理费)。

(9)根据需要,如果双方约定,由委托人免费向监理人提供其他人员,应在监理合同专用条件中予以明确。

9.2.4 监理合同的订立

建设单位委托监理企业时,从合同签订前的准备到合同的谈判直至合同的签订,一般应遵循以下程序。

1. 委托人对监理人的资格预审

委托人对监理人的资格预审可以通过招标预审进行,也可以通过社会调查进行。

(1)审查其法人资格。

(2)审查其单位资质。

(3)审查其实际能力及社会信誉。

2. 监理人对委托人及工程的调查

(1)核查委托人是否具有签订合同的合法资格。

(2)核查该工程是否合法可行。

(3)核查委托人是否具有相当的经济基础。

3. 监理人的风险、利益评估

(1)监理企业应在考量自身实际条件后,判断承担该项目所能获得的预计利润。

(2)监理企业应在充分考虑自己的特点和竞争对手的实力后,判断投标风险及投标报价。

4. 中标后的合同谈判

建设单位和监理单位都应本着平等协商的观念对合同条款进行磋商。例如,标准条件的哪些条款不予采用,哪些专用条件需要具体规定,哪些附加协议条款应逐条加以确认。具体的内容、明确的责任可减少将来的争议,有利于合同的履行。

5. 监理合同的签订

订立合同时,应注意以下问题。

(1)监理人履行合同的总监理工程师人选、具体工作人员以及对其驻场工作的时间要求。

(2)监理人权限范围;监理人的指令如涉及工期延长、费用增加是否需要委托人(即工程监理合同的发包人)事先同意。

(3)监理工作的期限;监理期限与监理报酬的关系。

(4)监理报酬的计算及支付方式。

(5)监理人对于监理工作中所形成的技术资料的提交义务。

(6)商业秘密保密条款。

(7)工程质量发生问题时监理的责任。

(8)监理人承担违约或侵权责任的赔偿范围和赔偿数额的计算方式。

(9) 工程延期监理费用调整计算方式和调整程序。

合同签订者必须注意：双方法定代表人或经其授权的代表，并由其监督执行；不可忽视双方的书面交往文件或已经确认的口头协议的函件；标准条件和专用条件没有覆盖的内容，经双方达成一致应写入附加协议条款；合同应做到文字简洁、清晰、严密，以保证意思表达准确。

 **应用案例**

某房地产开发企业投资开发建设某住宅小区，与某工程咨询监理公司签订委托监理合同。在监理职责条款中，合同约定："乙方（监理公司）负责甲方（房地产开发企业）小区工程设计阶段和施工阶段的监理业务……房地产开发企业应于监理业务结束之日起5日内支付最后20%的监理费用"。小区工程竣工一周后，监理公司要求房地产开发企业支付剩余20%的监理费，房地产开发企业以双方有口头约定：监理公司监理职责应履行至工程保修期满为由，拒绝支付；监理公司索款未果，诉至法院。法院判决双方口头商定的监理职责延至保修期满的内容不构成委托监理合同的内容，房地产开发企业到期未支付最后一笔监理费，构成违约，应承担违约责任，支付监理公司剩余20%的监理费用及延期付款利息。

引导问题：法院的判决是否正确？

【案例评析】

根据《合同法》第二百七十六条的规定"建设工程实行监理的，发包人应当与监理人采用书面形式订立委托监理合同。发包人与监理人的权利和义务及法律责任，应当依照本法委托合同以及其他有关法律、行政法规的规定"。本案房地产开发企业开发住宅小区，属于需要实行监理的建设工程，理应与监理人签订委托监理合同。本案争议的焦点在于确定监理公司监理义务范围。依书面合同约定，监理范围包括工程设计和施工两个阶段，而未包括工程的保修阶段；双方只是口头约定还应包括保修阶段。依本条规定，委托监理合同应以书面形式订立，口头形式约定不成立委托监理合同。因此，该委托监理合同关于监理义务的约定，只能包括工程设计和施工两个阶段，不应包括保修阶段，也就是说，监理公司已完全履行了合同义务，房地产开发企业逾期支付监理费用，属违约行为，故判决其承担违约责任，支付监理费及利息，无疑是正确的。此类案件中，当事人还应注意监理单位的资质条件。另外，假如监理单位不履行义务，给委托人造成损失的，监理单位应与承包单位承担连带赔偿责任。

9.3 任务实施

(1) 根据本项目具体情况及业主要求填写监理合同评审表。
(2) 制订本次监理合同谈判方案表。
(3) 根据本项目具体情况，起草监理合同书，完成前期法律服务。

9.4 任务总结

1. 任务问题

(1) 此次任务完成中存在的主要问题有哪些?

(2) 问题产生的原因有哪些?

(3) 提出相应的解决方法。

(4) 您认为还需加强哪些方面的指导(实际工作过程及理论知识)?

2. 自我总结

(1) 此次任务完成中存在的主要问题有哪些?

(2) 问题产生的原因有哪些?

(3) 请提出相应的解决方法。

(4) 您认为还需加强哪方面的指导(实际工作过程及理论知识)?

9.5 知识点回顾

本次任务的完成主要知识点:《建设工程监理规范》、建设工程强制监理的范围、委托监理合同的特征和主要内容、合同的订立程序、监理合同审订和谈判要点。

9.6 基础训练

9.6.1 单选题

1. 某工程监理酬金总额为 45 万元,监理单位已经缴纳的税金为 3 万元,在合同履行过程中因监理单位的责任给业主造成经济损失 60 万元。依据委托监理合同示范文本,监理单位应承担的赔偿金额为( )万元。

    A. 45   B. 57   C. 42   D. 60

2. 在《建设工程委托监理合同(示范文本)》中,纲领性的法律文件是( )。

    A. 建设工程委托监理合同   B. 建设工程委托监理合同标准条件

    C. 双方共同签署的修正文件   D. 建设工程委托监理合同专用条件

3. 在委托监理的工程范围内,委托人与承包人的任何意见和要求,均须先向( )提出。

    A. 业主代表   B. 监理人   C. 总监理工程师   D. 工程师

4. 监理工程师在履行合同义务时工作失误,给施工单位造成损失,施工单位应当要求( )单位赔偿损失。

    A. 建设   B. 监理   C. 监理工程师   D. 建设和监理

5. 监理人在责任期内,如果因过失而造成经济损失要负( )。

    A. 连带责任   B. 全部责任

C. 监理违约的责任　　　　　　D. 监理失职的责任

9.6.2 多选题

1. 按《建设工程监理范围和规模标准规定》的要求，达到一定规模的大中型公用事业工程必须实行监理，其中"大中型公用事业工程"是指（　　）。
   A. 项目总投资额在 1500 万元以上的供水、供电等市政工程项目
   B. 项目总投资额在 3000 万元以上的卫生、社会福利等项目
   C. 项目总投资额在 2500 万元以上的体育、旅游、商业等项目
   D. 项目总投资额在 2000 万元以上的科技、教育、文化等项目
   E. 项目总投资额在 3000 万元以上的供气、供热等市政工程项目
2. 监理单位与被监理单位是通过（　　）来确立关系的。
   A. 法律、法规的规定
   B. 政府建设主管部门的要求
   C. 项目法人与被监理单位签订的合同
   D. 项目法人与监理单位签订的合同
   E. 监理单位与被监理单位之间的协商
3. 建设工程委托监理合同示范文本由下列（　　）组成。
   A. 建设工程委托监理合同　　　B. 强制性规范
   C. 标准条件　　　　　　　　　D. 专用条件
4. 按照委托监理合同示范文本的规定，委托人招标选择监理人签订合同后，对双方有约束力的合同文件包括（　　）。
   A. 中标函　　B. 投标保函　　C. 监理合同标准条件
   D. 监理委托函　　E. 标准、规范
5. 依据委托监理合同示范文本的规定，（　　）属于额外的监理工作。
   A. 合同内约定由委托人承担的义务，经协商改由监理人承担的工作
   B. 由于第三方原因使工作受到阻碍导致增加的工作
   C. 由于非监理人责任导致监理合同终止的善后工作
   D. 应委托人要求更改服务内容而增加的工作
   E. 出现不应由监理人负责，致使暂停监理任务后的恢复工作
6. 在委托监理合同中，监理人的义务包括（　　）。
   A. 按合同约定派驻人员
   B. 使用委托人提供的设施完成工作后应归还
   C. 将监理机构主要成员职能分工和权限书面通知第三方
   D. 负责工程施工中有关各方的协调管理
   E. 负责办理施工有关的行政批准手续

9.6.3 案例分析

某业主计划将拟建的工程项目在实施阶段委托光大监理公司进行监理，业主在合同草案中提出以下内容。

（1）除因业主原因发生时间延误外，任何其他原因导致的时间延误，监理应付相当于施工单位罚款的20％给业主；如工期提前，监理单位可得到相当于施工单位工期提前奖励20％的奖金。

（2）工程图纸出现设计质量问题，监理单位应付给业主相当于设计单位设计费的5％的赔偿。

（3）施工期间每发生一起施工人员重伤事故，监理单位应受罚款1.5万元；发生一起死亡事故，监理单位应受罚款3万元。

（4）凡由于监理工程师发生差错、失误而造成重大的经济损失，监理单位应付给业主一定比例(取费费率)的赔偿费，如不发生差错、失误，则监理单位可得到全部监理费。

监理单位认为以上条款有不妥之处，经过双方的商讨，对合同内容进行了调整与完善，最后确定了建设工程监理合同的主要条款，包括监理的范围和内容、双方的权利和义务、监理费的计取与支付、违约责任和双方约定的其他事项等。

问题：

1. 在该监理合同草案拟订的几个条款中是否有不妥之处？为什么？
2. 该监理合同是否已包括了主要的条款内容？

9.7 拓展训练

请就某项目监理合同进行评审，并提交评审法律意见书。内容应包括合同前置条件、工作流程、注意事项、监理合同主要内容、监理风险预测、风险防范和后期工作建议。

任务 10 监理事务纠纷处理

引例 1

某实施监理的工程项目，监理工程师在对施工单位报送的施工组织设计审核时发现两个问题：一是施工单位为方便施工，将设备管道竖井的位置作了移位处理；二是工程的有关试验主要安排在施工单位实验室进行。总监理工程师分析后认为，管道竖井移位方案不会影响工程使用功能和结构安全。因此，签认了该施工组织设计报审表并送达建设单位，同时指示专业监理工程师对施工单位实验室资质等级及其试验范围等进行考核。同时，项目监理过程中有如下事件。

事件1：在建设单位主持召开的第一次工地会议上，建设单位介绍工程开工准备工作基本完成，施工许可证正在办理，要求会后就组织开工。总监理工程师认为施工许可证未办理好之前不宜开工。对此，建设单位代表很不满意，会后建设单位起草了会议纪要，纪要中明确边施工边办理施工许可证，并将此会议纪要送发监理单位、施工单位，要求遵照执行。

事件2：设备安装施工，要求安装人员有安装资格证书。专业监理工程师检查时发现施工单位安装人员与资格报审名单中的人员不完全相符，其中有5名安装人员无安装资格证书，他们已参加并完成了该工程的一项设备安装工作。

引导问题：请根据该引例，回答以下问题。

（1）建设监理的内容包括哪些？总监理工程师应如何组织审批施工组织设计？引例1中，总监理工程师对施工单位报送的施工组织设计内容的审批处理是否妥当？说明理由。

（2）专业监理工程师对施工单位实验室除考核资质等级及其试验范围外，还应考核哪些内容？

（3）常见监理事务纠纷有哪些？事件1中建设单位在第一次工地会议的做法有哪些不妥？写出正确的做法。

（4）监理单位应如何处理事件2？

10.1 任务导读

工程监理是一种特殊的与其他工程建设活动有着明显区别和差异的工程建设活动。监理单位只是在工程项目建设过程中，用自己的知识、技能和经验为建设单位提供监督管理服务，以满足建设单位对项目管理的需要。本次任务主要是完成某项目监理事务纠纷的处理，须掌握以下知识点：建设监理的工作内容；委托人、监理人以及相关人的权利、义务和责任；监理酬金应如何支付；监理事务纠纷的处理程序和方法等。

10.1.1 任务描述

一家房地产开发企业已与 B 监理公司签订监理合同。你现接受监理方委托，为其提供合同履行期间的法律服务，并提交该项目的监理合同后期法律意见书。

10.1.2 任务目标

（1）按照正确的方法和途径，收集与工程监理相关的法律资料。
（2）依据资料分析结果，确定该次任务的工作步骤。
（3）按照工作时间限定，履行监理职责，处理相关纠纷和完成该项目后期法律建议书。
（4）通过完成该任务，提出后续工作建议，完成自我评价，并提出改进意见。

10.2 相关理论知识

10.2.1 建设工程监理的内容

建设工程监理工作具有技术管理、经济管理、合同管理、组织管理和工作协调等多项业务职能。在工程建设的各个阶段，监理的工作内容如下。

1. 建设前期监理的工作内容

（1）协助建设单位进行工程项目可行性研究。
（2）参与设计任务书的编制。

2. 设计阶段监理的工作内容

（1）优选设计方案、设计单位。
（2）审查设计文件。
（3）审查设计和概(预)算。

3. 施工招标阶段监理的工作内容

（1）协助建设单位做好与招标有关的一系列工作。如协助业主办理项目申请供水、供电、供气、电信线路等协议或批文，办理项目报建手续，协助业主制定商品房营销方案等。
（2）协助建设单位与承建单位签订承包合同。

4. 施工阶段监理的工作内容

(1) 审查承包单位报送的施工组织设计(方案)报审表,提出审查意见。

(2) 审查承包单位现场项目管理机构的质量管理体系、技术管理体系和质量保证体系。

(3) 分包工程开工前,审查分包单位资格报审表和有关资质资料。

(4) 对承包单位报送的施工测量成果报验申请表经检查后予以签认。

(5) 审查承包单位报送的工程形式报审表及相关资料,具备开工条件的,报建设单位并签发开工令。

(6) 定期主持召开工地例会。

相 关 链 接

工地例会是由项目监理机构主持的,在工程实施过程中针对工程质量、造价、进度和合同管理等事宜定期召开的,由有关单位参加的会议。在施工过程中,总监理工程师应定期主持召开工地例会。会议纪要应由项目监理机构负责起草,并经与会各方代表会签。

专题工地会议是为解决施工过程中的专门问题而召开的会议,由总监理工程师或其授权的监理工程师主持。工程项目和主要参建单位均可向项目监理机构书面提出召开专题工地会议的动议。动议内容包括主要议题、与会单位、人员及召开时间。经总监理工程师与有关单位协商,取得一致意见后,由总监理工程师签发召开专题工地会议的书面通知,与会各方应认真做好会前准备。专题工地会议纪要的形成过程与工地例会相同。

(7) 工程的质量控制、投资控制与进度控制工作。

(8) 施工合同的管理工作。

(9) 监理资料的管理工作。

(10) 调解建设单位与承包单位之间的争议。

(11) 对承包单位报送的竣工资料进行审查,并对工程质量进行竣工预验收。

(12) 承担质量保修期监理工作时,应对工程质量缺陷进行分析并确定责任归属,对修复的工程质量进行验收并签署工程款支付证书,报建设单位。

5. 各阶段都可以开展其他委托服务

在我国,监理企业只接受建设单位的委托,不能接受承包单位的委托。目前所进行的监理主要是施工监理。

建设工程监理的任务

建设工程监理的任务概括起来说就是"四控制、两管理、一协调",共7项任务。

(1) "四控制"是工程建设监理的核心工作,就是进行项目目标控制,主要包括:质量控制、投资控制、工期控制和安全控制。对任何一项工程来说,这四项目标很难同时达到最佳状态。因此,监理的任务就是根据业主的要求,尽可能实现整体最优。协助建设单位进行工程项目可行性研究。

(2)"两管理"是指监理在项目内部的管理,主要是对建设工程施工合同和工程建设过程中有关信息的管理。

(3)"一协调"是指协调好参与工程建设各方的工作关系,这也是监理顺利开展工作的前提条件。

10.2.2 建设工程监理各方关系

建设工程监理活动中主要涉及的当事人有业主、监理单位及承包商三方。它们的工作关系是通过业主与监理单位的监理合同及业主与承包商之间的承包合同来约定的。

1. 监理单位与业主的关系

业主和监理单位的关系是委托和被委托的关系。业主和监理单位签订的是委托监理合同,合同中明确了双方的权利和义务,并对监理人的工作范围、内容、时间、费用等都做了明确的规定。

监理人受委托人(业主)的委托,按照监理合同的条件,独立、公正地行使监理的权利。委托人不得随意干涉监理人的正常工作,监理人的决定对委托人(业主)有同样的约束力。施工合同中赋予监理人的权利要与监理合同中赋予监理人的权利保持一致。

2. 监理单位与承包商的关系

监理单位与承包商的关系是监理与被监理的关系。其关系体现在业主与承包商签订的合同条件中。在实施监理的工程项目中,监理单位是代表建设单位的现场管理者,根据建设方授予的相应权利,对工程质量、造价和进度3个目标进行全面的控制和管理。建设单位与承包单位之间的各项联系工作,如涉及建设工程合同,均应通过监理单位完成。

监理单位作为独立于工程建设承包合同双方之外的第三方,必须依法执业,既要维护建设单位的利益,也不能损害承包单位的合法利益。如果承包单位认为监理机构的决定不能接受,其有权提出仲裁,通过法律手段进行解决。

同时,监理合同明文规定:监理人驻地监理机构及其职员不得接受监理工程项目施工承包人的任何报酬或者经济利益。监理人不得参与可能与合同规定的与委托人的利益相冲突的任何活动。

3. 业主与承包商的关系

业主与承包商的关系是雇用与被雇用的关系。业主和承包商都应按照合同条件的规定,在合同范围内履行自己的义务和职责。业主通过合同将自己对承包商建设活动的监督管理权委托授予了监理单位,业主从此不能再直接指挥承包商的施工活动。如要承包商执行合同约定外业主的指令,监理工程师有权拒绝。

综上所述,一项工程的实施是由各自相对独立而又相互制约的三方(业主、监理单位和承包商)共同完成的。正确处理业主、监理单位和承包商三者的关系,是保证工程按照合同条件实施,避免合同纠纷的关键。

相 关 链 接

《建设工程监理规范》(GB/T 50319—2013)规定,实施建设工程监理应遵循以下主要依据。

(1) 法律法规及工程建设标准。

(2) 建设工程勘察设计文件。

(3) 建设工程监理合同及其他合同文件。

新的监理规范从 2014 年 3 月 1 日起实施。主要强调了监理在质量、造价、进度 3 个方面的控制责任。修订的主要内容：一是增加了安全生产管理的监理工作内容；明确了专项施工方案的审查内容；生产安全事故隐患的处理；规定了监理报告的表式。二是强化了可操作性：明确了方案、计划的审查内容；进一步明确监理规划的内容；进一步明确工程质量评估报告、监理日志等文件的内容；明确监理日志应由监理工程师填写。

引例 2

某建设工程项目在设计文件完成后，项目业主委托了一家建设监理公司协助业主进行施工招标和实施施工阶段监理。

建设工程委托监理合同签订后，项目总监理工程师分析了该项目的规模和特点，拟按照制定计划、确定工作内容、确定监理目标、集权与分权、划分部门、制定分工表、形成组织结构、授权、配备监理人员、制定监理信息流程和工作流程等步骤，建立本建设项目监理机构。

施工招标前，监理单位编制了招标文件，其主要包括如下内容。

① 工程综合说明。

② 设计图纸和技术资料。

③ 工程量清单。

④ 施工方案。

⑤ 主要材料与设备供应方式。

⑥ 保证工程质量、进度、安全的主要技术组织措施。

⑦ 特殊工程的施工要求。

⑧ 施工项目管理机构。

⑨ 合同条件。

为了使监理工作规范化进行，总监理工程师拟以工程项目建设条件、监理合同、施工合同、施工组织设计和各专业监理工程师编制的监理实施细则为依据，编制施工阶段监理规划。

监理规划中规定各监理人员的主要职责如下。

(1) 总监理工程师职责。

① 审核并确认分包单位资质。

② 审核签署对外报告。

③ 负责工程计量工作，审核工程计量的数据和原始凭证。

④ 签发开工令。

(2) 专业监理工程师职责。

① 审核签认竣工结算。

② 检查承包单位投入工程项目的人力、材料、主要设备及其使用、运行情况，并做

好检查记录。

③ 担任旁站工作。

④ 签发停工令、复工令。

(3) 监理员职责。

① 按设计图及有关标准,对承包单位的工艺过程或施工工序进行检查和记录,对加工制作及工序质量检查结果进行记录。

② 做好监理日记和有关的监理记录。

③ 审查和处理工程变更。

引导问题:

(1) 监理组织机构设置步骤?应如何改正?

(2) 常见的监理组织结构形式有哪几种?若想建立具有机构简单、权力集中、命令统一、职责分明、隶属关系明确的监理组织机构,应选择哪一种组织结构形式?

(3) 施工招标文件内容中哪几条不正确?为什么?

(4) 监理规划编制依据有何不恰当?为什么?

(5) 各监理人员的主要职责划分有哪几条不妥?如何调整?

10.2.3 监理人监理合同的履行

监理人履行合同时,应按照建设工程监理规范中规定的建设工程监理工作的基本程序进行。即使实际工作中可能出现监理工作内容增减或工作程序颠倒的现象,但仍须坚持监理工作"先审核后实施、先验收后施工(下道工序)"的基本原则。

1. 确定项目总监理工程师,建立项目监理机构

监理单位应于委托监理合同签订后 10 天内将项目监理机构的组织形式、人员构成及对总监理工程师的任命书面通知建设单位。当总监理工程师需要调整时,监理单位应征得建设单位同意并书面通知建设单位。

2. 制订工程项目监理规划

监理规划可在签订建设工程监理合同及收到工程设计文件后由总监理工程师组织编制,并应在召开第一次工地会议前报送建设单位。总监理工程师组织专业监理工程师编制监理规划,总监理工程师签字后由工程监理单位技术负责人审批。在实施建设工程监理过程中,实际情况或条件发生变化而需要调整监理规划时,应由总监理工程师组织专业监理工程师修改,并应经工程监理单位技术负责人批准后报建设单位。

监理规划应包括以下主要内容。

(1) 工程概况。

(2) 监理工作的范围、内容和目标。

(3) 监理工作依据。

(4) 监理组织形式、人员配备及进退场计划和监理人员岗位职责。

(5) 监理工作制度。

(6) 工程质量控制。

(7) 工程造价控制。

(8) 工程进度控制。
(9) 安全生产管理的监理工作。
(10) 合同与信息管理。
(11) 组织协调。
(12) 监理工作设施。

3. 制订工程项目监理实施细则

监理实施细则应由专业监理工程师编制，应符合监理规划的要求，并应结合具体工程项目的专业特点，做到详细具体，具有可操作性。

4. 在监理规划和实施细则的指导下开展监理工作

监理工作的范围、内容、工作时间等在监理合同中都有明文规定。监理机构应公正、独立、自主地开展监理工作，维护建设单位和承包单位的合法权益。

5. 提交工程建设监理档案资料

监理资料中，施工合同文件、勘察设计文件等都是由委托人无偿提供的，这些会同隐蔽工程验收资料和质量评定资料，监理机构均应提交给建设单位。除此之外，监理单位还应向建设单位提交监理工作总结。

监理工作总结除包括工程概况、监理机构概况外，还应有目标控制完成情况，委托监理合同纠纷的处理情况，施工过程中出现的问题及合理化建议产生的实际效果情况等。

10.2.4 项目监理机构的人员配备及职责分工

1. 项目监理机构的人员配备

1) 项目监理机构的人员结构

项目监理机构应具有合理的人员结构，包括以下两方面的内容。

(1) 合理的专业结构。也就是各专业人员要配套。

(2) 合理的技术职务、职称结构。表现在高级职称、中级职称和初级职称有与监理工作要求相称的比例。一般来说，决策阶段、设计阶段的监理，具有高级职称及中级职称的人员在整个监理人员构成中应占绝大多数。施工阶段的监理可有较多的初级职称人员从事实际操作。

2) 项目监理机构监理人员数量的确定

影响项目监理机构人员数量的主要因素如下。

① 工程建设强度。工程建设强度是指单位时间内投入的建设工程资金的数量。

② 建设工程复杂程度。简单工程需要的项目监理人员较少，而复杂工程需要的项目监理人员较多。

③ 监理单位的业务水平。各监理单位应当根据自己的实际情况制定监理人员需要量。

④ 项目监理机构的组织结构和任务职能分工。

3) 项目监理机构人员数量的确定方法

根据监理工程师的监理工作内容和工程复杂程度等级，测定、编制项目监理机构监理人员需要量定额。项目监理机构的监理人员数量和专业配备应随工程施工进展情况作相应的调整,从而满足不同阶段监理工作的需要。

2. 项目监理机构各类人员的基本职责

监理人员的基本职责应按照工程建设阶段和建设工程的情况确定。项目总监理工程师、总监理工程师代表、专业监理工程师和监理员应分别履行以下职责。

1) 总监理工程师职责

(1) 确定项目监理机构人员及其岗位职责。

(2) 组织编制监理规划,审批监理实施细则。

(3) 根据工程进展及监理工作情况调配监理人员,检查监理人员工作。

(4) 组织召开监理例会。

(5) 组织审核分包单位资格。

(6) 组织审查施工组织设计、(专项)施工方案。

(7) 审查工程开复工报审表,签发工程开工令、暂停令和复工令。

(8) 组织检查施工单位现场质量、安全生产管理体系的建立及运行情况。

(9) 组织审核施工单位的付款申请,签发工程款支付证书,组织审核竣工结算。

(10) 组织审查和处理工程变更。

(11) 调解建设单位与施工单位的合同争议,处理工程索赔。

(12) 组织验收分部工程,组织审查单位工程质量检验资料。

(13) 审查施工单位的竣工申请,组织工程竣工预验收,组织编写工程质量评估报告,参与工程竣工验收。

(14) 参与或配合工程质量安全事故的调查和处理。

(15) 组织编写监理月报、监理工作总结,组织整理监理文件资料。

相 关 链 接

总监理工程师不得将下列工作委托给总监理工程师代表。

(1) 组织编制监理规划,审批监理实施细则。

(2) 根据工程进展及监理工作情况调配监理人员。

(3) 组织审查施工组织设计、(专项)施工方案。

(4) 签发工程开工令、暂停令和复工令。

(5) 签发工程款支付证书,组织审核竣工结算。

(6) 调解建设单位与施工单位的合同争议,处理工程索赔。

(7) 审查施工单位的竣工申请,组织工程竣工预验收,组织编写工程质量评估报告,参与工程竣工验收。

(8) 参与或配合工程质量安全事故的调查和处理。

2) 专业监理工程师职责

(1) 参与编制监理规划,负责编制监理实施细则。

(2) 审查施工单位提交的涉及本专业的报审文件,并向总监理工程师报告。

(3) 参与审核分包单位资格。

(4) 指导、检查监理员工作,定期向总监理工程师报告本专业监理工作实施情况。

(5) 检查进场的工程材料、构配件、设备的质量。
(6) 验收检验批、隐蔽工程、分项工程，参与验收分部工程。
(7) 处置发现的质量问题和安全事故隐患。
(8) 进行工程计量。
(9) 参与工程变更的审查和处理。
(10) 组织编写监理日志，参与编写监理月报。
(11) 收集、汇总、参与整理监理文件资料。
(12) 参与工程竣工预验收和竣工验收。

3) 监理员职责
(1) 检查施工单位投入工程的人力、主要设备的使用及运行状况。
(2) 进行见证取样。
(3) 复核工程计量有关数据。
(4) 检查工序施工结果。
(5) 发现施工作业中的问题，及时指出并向专业监理工程师报告。

【案例评析】

引例2涉及的问题应做出如下处理。

(1) 监理组织机构设置步骤中不应包括"集权与分权"，其他步骤顺序不对。正确的步骤应是：确定监理目标、制订计划、确定监理工作内容、划分部门、授权、形成组织结构、配备人员、制定分工表、确定工作流程、制定监理信息流程。

(2) 常见的组织结构形式有直线制、职能制，直线职能制和矩阵制。

(3) 招标文件内容中的④、⑥、⑧条不正确。因为这三条应是投标文件（或投标单位编制）的内容。

(4) 不恰当之处是监理规划编制依据中不应包括施工组织设计和监理实施细则。因为施工组织设计是由施工单位（或承包单位）编制的指导施工的文件；监理实施细则是根据监理规划编制的。

(5) 各监理人员职责划分中的问题。

① 总监理工程师职责中的第③条不妥。该条应是专业监理工程师的职责。

② 专业监理工程师职责中的①、②、③、④条均不要。第①、④条应是总监理工程师的职责；第②、③条应是监理员的职责。

③ 监理员职责中的第③条不妥，该条应是总监理工程师的职责。

引例 3

2003年2月16日，原告某工程建设监理公司（以下简称监理公司）与被告某肿瘤医院签订了《建设工程委托监理合同》。原告因此承担肿瘤医院职工集资住宅楼施工阶段的监理任务，合同约定，监理服务按施工合同工期计算，监理报酬按工程结算价的1.1%计付。另外，若因工程承、发包人的原因使监理工作受阻碍或延误，发生附加工作和延长了持续时间，监理公司将情况和可能发生的影响予以通知，肿瘤医院应支付附加工作报酬，以附加工作日乘以合同报酬除以监理服务计算。原告已全面履行监理义务，工程已于2005年6月6日竣工验收，结算价为2766万元。按约定原告应收取的监理工作报酬为2766万元乘以1.1%即304260元。工期从2003年4月29日到2004年10月28日，共计548天，工期延误228天,产生附加工作,应按约定的方式计算附加工作报酬即126580元。两项合计减去被告已支付的175000元,尚欠255840元。请求法院判令被告支付合同报酬129260元和附加工作报酬126580元,滞纳金(2005年10月20日至2005年12月27日,标准为每日的0.21‰)3653.40元。

被告肿瘤医院辩称,其对监理工程的报酬计算方式无异议,但是原告在监理工作中不恰当履行监理义务致使被告遭受大量损失,被告在此情况下以抵消权抵消,不存在再支付问题,附加工作报酬也不成立。

引导问题：监理酬金一般应怎样支付？监理人附加工作报酬应如何计算？

10.2.5 监理酬金的支付

监理合同的专用条件及主附加协议条款都可以对监理酬金的计取和支付作详细约定。

1. 正常监理工作的酬金

(1) 按照监理工程概预算的百分率计收。
(2) 按照参与监理工作的年度平均人数计算。
(3) 不宜按(1)、(2)两项办法计收的,由委托人和监理人按商定的其他方法计收。
(4) 中外合资、合作,外商独资的建设工程,收费参照国际标准协商确定。

2. 附加监理工作的酬金

(1) 增加监理工作时间的补偿酬金计算方法如下。

$$报酬 = 附加工作天数 \times 合同约定的报酬 / 合同中约定的监理服务天数$$

(2) 增加监理工作内容的补偿酬金,双方应在附加协议条款中具体规定计收方法。

3. 额外监理工作的酬金

按实际增加工作的天数计算补偿金额,可参照上式计算。

4. 奖金

监理人在监理过程中提出的合理化建议使委托人得到了经济效益,可给予相应奖励。

$$奖励金额 = 工程费用节省额 \times 报酬比率$$

5. 支付

(1) 监理酬金支付方式可以根据工程的具体情况,由双方协商确定。一般采取先首付一部分,以后每月(季)等额支付,直到工程竣工验收后再结算尾数。
(2) 支付过程中,如果委托人对监理人提交的支付通知书中酬金或部分酬金项目提出异议,应在收到支付通知书24h内向监理人发出表示异议的通知,但不得拖延其他无异议酬金项目的支付。
(3) 如果委托人在规定的支付期限内未支付监理报酬,自规定之日起,还应向监理人支付滞纳金。滞纳金从规定支付期限最后一日起计算。

【案例评析】

引例3中,双方的监理合同工期延长了52天,施工工程于2005年1月24日实际竣工。被告提出按工程结算价计算的监理报酬因原告不履行、不恰当履行监理义务造成损失予以抵消,被告主张的抵消是赔偿,但被告主张的赔偿权利至今未有定论,不符合互负到期债务的条件，对被告主张的抵消应不予采纳。对于原告提出的附加工作报酬，通过双方的合同解释可知：由于承、发包的原因造成监理工作受到阻碍或延误而导致监理人增加工作量，监理人应将该情况及可能产生的影响及时告知委托人。原告对增加的工作量没有充分的证据予以证明，故附加工作报酬应不予支持。所以被告最终应支付原告监理公司监理报酬129260元，赔偿原告监理报酬损失3653.4元。

10.2.6　建设工程监理法律责任

1. 监理合同当事人责任

1）监理人责任

(1) 监理人的责任期即委托监理合同有效期。在监理过程中，如果因工程建设进度的推迟或延误而超过书面约定的日期，双方应进一步约定相应延长的合同期。

(2) 监理人在责任期内，应当履行约定的义务。如果因监理人过失而造成了委托人的经济损失，则监理人应当向委托人赔偿。累计赔偿总额不应超过监理报酬总额（除去税金）。

2）委托人责任

(1) 委托人应当履行委托监理合同约定的义务，如有违反则应当承担违约责任，并赔偿给监理人造成的经济损失。

监理人处理委托业务时，因非监理人的原因而受到损失的，可以向委托人要求补偿损失。

(2) 如果委托人向监理人提出赔偿的要求不能成立，则应当补偿由该索赔引起的监理人的各种费用支出。

2. 工程监理企业的法律责任

(1) 工程监理企业未取得《工程监理企业资质证书》就承揽监理业务的，应予以取缔，并处合同约定的监理酬金1倍以上、2倍以下的罚款；有违法所得的，予以没收。

(2) 工程监理企业以欺骗手段取得《工程监理企业资质证书》承揽监理业务的，应吊销资质证书，并处合同约定的监理酬金1倍以上、2倍以下的罚款；有违法所得的，予以没收。

(3) 工程监理企业超越本企业资质等级承揽监理业务的，责令停止违法行为，处合同约定的监理酬金1倍以上、2倍以下的罚款；可以责令停业整顿，降低资质等级；情节严重的，吊销资质证书；有违法所得的，予以没收。

(4) 工程监理企业允许其他单位或者个人以本企业名义承揽监理业务的，责令改正，没收违法所得，并处合同约定的监理酬金1倍以上、2倍以下的罚款；可以责令停业整顿，降低资质等级；情节严重的，吊销资质证书。

(5) 工程监理企业转让监理业务的，责令改正，没收违法所得，并处合同约定的监理酬金25%以上、50%以下的罚款；可以责令停业整顿，降低资质等级；情节严重的，吊销资质证书。

(6) 工程监理企业有下列行为之一的，责令改正，并处50万元以上、100万元以下的罚款，降低资质等级或者吊销资质证书；有违法所得的，予以没收；造成损失的，承担连带赔偿责任。

① 与建设单位或者施工单位串通，弄虚作假，降低工程质量的。

② 将不合格的建设工程、建筑材料、建筑构配件和设备按照合格签字的。

(7) 工程监理单位与监理工程的施工承包单位及建筑材料、建筑构配件和设备供应单位有隶属关系或者其他利害关系承担该项建设工程的监理业务的，责令改正，并处5万元以上、10万元以下罚款，降低资质等级或者吊销资质证书；有违法所得的，予以没收。

【案例评析】

引例1中的各事件应做出以下处理。

(1) 总监理工程师应在约定的时间内，组织专业监理工程师审查，提出意见后，由总监理工程师审核签认。需要承包单位修改时，由总监理工程师签发书面意见，退回承包单位修改后再报审，总监理工程师重新审查。

对于施工组织设计内容的审批上，第一个问题的处理是不正确的，因为总监理工程师无权改变设计。第二个问题的处理妥当，属于施工组织设计审查应处理的问题。

(2) 专业监理工程师还应从以下4个方面对承包单位的实验室进行考核。

① 法定计量部门对实验设备出具的计量鉴定证明。

② 实验室的管理制度。

③ 实验人员的资格证书。

④ 本工程的实验项目及其要求。

(3) 建设单位要求边施工边办施工许可证的做法不妥。正确的做法是建设单位应在自领取施工许可证起3个月内开工。此外，建设单位起草会议纪要不妥，第一次工地会议纪要应由监理机构负责起草，并经与会各方代表会签。

(4) 监理单位应要求施工单位将无安装资格证书的人员清除出场，并请有资格的检测单位对已完工的部分进行检查。

应用案例 10-1

某施工单位(乙方)与某建设单位(甲方)签订了某项工业建筑的地基强夯处理工程，包括开挖土方、填力、点夯、满夯等。由于工程量无法准确确定，按照施工合同规定，按施工图纸预算方式计价，乙方必须严格按照施工图纸及施工合同规定的内容及技术要求施工，工程量由监理工程师负责计量。根据该工程的合同特点，监理工程师提出的工程量计量与工程款支付程序的要点如下。

(1) 乙方对已完工的分项工程在7天内向监理工程师申请质量认证，取得质量认证后，向监理工程师计量申请报告。

(2) 监理工程师在接到报告后7天内核实已完工程量，并在计量前24h通知乙方，乙方为计量提供便利条件并派人参加；乙方不参加计量，监理工程师按照规定的计量方法自行计量，计量结果有效；计量结束后，监理工程师签发计量证书。

(3) 乙方凭质量认证和计量证书向监理工程师提出付款申请。

(4) 监理工程师审核申报材料，确定支付款额，向甲方提供付款证明文件。

(5) 甲方根据乙方取得的计量证书与付款证明对工程的价款进行支付或结算；工程开工前，乙方向业主提交了施工组织设计并得到批准。

任务10 监理事务纠纷处理

事件1：在开挖土方过程中，有两项重大原因使工期发生较大的拖延：一是施工过程中遇到数天季节性大雨，由于雨后土壤含水量过大不能马上进行强夯施工，从而耽误了部分工期；二是土方开挖时遇到了一些工程地质勘探没有探明的孤石，排除孤石拖延了一定的时间。随后，乙方按着正常索赔程序提出了延长工期并补偿停工期间窝工损失的要求。

事件2：在工程施工过程中，当进行到施工图纸所规定的处理范围边缘时，乙方在取得在场的监理工程师认可的情况下，为了使夯击质量得到保证，将夯击范围适当扩大。施工完成后，乙方就扩大范围内的施工工程量向监理工程师提出计量付款的要求，但遭到拒绝。

引导问题：根据该案例回答以下问题。

(1) 事件1中，监理工程师是否应该受理这两起索赔事件？为什么？

(2) 事件2中，监理工程师拒绝承包商的要求是否合理？为什么？

【案例评析】

事件1中，是一个有经验的承包商无法合理预见的，属于建设单位的风险责任，索赔成立；阴雨天气属正常季节性的，这是有经验的承包商预先应该估计的因素，在合同工期内已作考虑，因而索赔理由不成立，索赔应予驳回。

事件2中，监理工程师的拒绝是正确的。监理工程师认可的是承包商的保证施工质量的技术措施，一般在业主没有批准追加相应费用的情况下，技术措施费用应由乙方自己承担。

应用案例10-2

四川省某高校于2004年5月与张某签订了建筑工程监理合同，委托张某对该校新图书馆的工程施工进行监理。合同约定了监理期限、监理人的权限、监理报酬等事项。张某2002年就已经通过建筑工程监理工程师资格考试，并取得了监理工程师执业证书。2004年11月，图书馆竣工，双方均按约履行了委托监理合同。图书馆建成后，该高校发现图书馆墙体出现裂缝，存在重大的质量问题。高校遂就该问题找到了四川省某建筑工程总承包公司，双方协商未果。该高校遂就该工程质量问题将四川省某建筑工程总承包公司告上了法院，同时也以张某履行工程委托监理合同不当为由提起了诉讼，要求张某承担违约责任，赔偿其损失。

被告张某辩称其按约履行了监理合同，墙体出现裂缝的工程质量问题与自己无关，不存在违约问题，请求法院驳回原告的诉讼请求。

引导问题：没有资质违规签订委托监理合同的应如何处理？

【案例评析】

本案应根据主体没有相应的缔约能力、主体不合格而认定合同无效，按合同无效的后果进行处理。双方对于无效合同的签订都存在过错，故应各自承担相应的责任。

应用案例10-3

上海某房地产开发有限公司(以下简称房地产公司)与上海某建筑工程有限公司(以下简称建筑公司)签订了建设工程施工合同，约定由建筑公司对大家源新城(原名时利花园)进行施工。房地产公司委托上海某建设工程管理有限公司(以下简称工程管理公司)对大家源新城工程进行监理,双方于1999年8月签订了《工程建设监理合同》一份。该合同主要内容为:工程名称为时利花园,工程面积为11万 m^2,工程投资约为1.3亿元,监理范围为投资、进度、质量控制(对合同造价所涉及的桩基、结构、外墙以及水电安装工程进行质量控制,配合业主对工程进度、工程造价等方面进行控制),工程造价暂定为1.3亿元,收费率为1.1‰,工程监理费为143万元。监理合同的监理业务自1999年6月开始实施,至2000年底工程竣工。

该合同签订后,双方当事人依约履行了各自的义务。工程完工以后,房地产公司发现建筑公司在修建过程中使用了许多质量低劣的建筑材料,使该工程墙体出现了裂缝等质量问题。同时,工程管理公司明知建筑公司这一行为,并在掩盖这一事实的情况下签发了大家源新城工程的接受证书,致使房地产公司遭受了重大损失。于是,房地产公司提起了诉讼,诉请法院裁决工程管理公司承担违约责任,赔偿其损失。

引导问题:监理人与承包商串通,遭受欺诈的业主如何依法获得赔偿?

【案例评析】

本案中被告工程管理公司的义务就是监督管理建筑公司的施工行为。其不适当履行此义务,对建筑公司使用质量低劣的建筑材料的违规施工行为予以包庇隐瞒,并在工程不合格的情况下签发了工程接受书,导致工程质量出现问题,也导致了房地产公司的损失。《建筑法》第35条第2款规定,工程监理单位与承包单位串通,为承包单位谋取非法利益,给建设单位造成损失的,应与承包单位承担连带赔偿责任。该案中建筑公司应承担返修责任,工程管理公司应承担返修的连带赔偿责任。

10.3 任务实施

(1)请总结监理合同的常见纠纷。

(2)根据本项目具体要求,完成合同履行法律建议书。

监理合同履行法律意见书应包括:监理合同条件、履约重点、履约注意事项、履约事件解决程序、履约风险预测、履约防范和后期工作建议。

10.4 任务总结

1. 任务问题

(1)此次任务完成中存在的主要问题有哪些?

(2)问题产生的原因有哪些?

(3)提出相应的解决方法。

(4)您认为还需加强哪些方面的指导(实际工作过程及理论知识)?

2. 自我总结

(1)此次任务完成中存在的主要问题有哪些?

(2)问题产生的原因有哪些?

(3)请提出相应的解决方法。

（4）您认为还需加强哪方面的指导（实际工作过程及理论知识）？

10.5 知识点回顾

本次任务的完成主要涉及以下知识点：建设工程监理的内容；建设工程监理各方关系；监理人监理合同的履行；项目监理机构的人员配备及职责分工；监理酬金的支付和建设工程监理法律责任。

10.6 基础训练

10.6.1 单选题

1. 监理单位应在建设工程施工完成以后参加业主组织的工程竣工验收，签署（　　）意见。
   A. 业主　　　　　B. 总监理工程师　　C. 承包单位　　　　D. 监理单位

2. 监理工程师在建设工程监理中必须尊重科学、事实，组织各方协同配合，维护有关各方的合法权益。为此，必须坚持（　　）的原则。
   A. 权责一致　　　　　　　　　　B. 总监理工程师负责制
   C. 综合效益　　　　　　　　　　D. 公正、独立、自主

3. 下列各项制度中，（　　）为建设工程监理开展合同管理工作提供了法律上的支持。
   A. 招标投标制　　　　　　　　　B. 合同管理制
   C. 项目法人责任制　　　　　　　D. 项目咨询评估制

4. 对转让监理业务的，监理单位受到的最高行政处罚是（　　）。
   A. 追究刑事责任　B. 罚款　　　C. 责令停止整顿　D. 吊销资质证书

5. 全过程投资控制要求从（　　）就开始进行投资控制，并将投资控制工作贯穿于建设工程实施的全过程。
   A. 决策阶段　　　B. 设计阶段　　C. 招标阶段　　　D. 施工阶段

10.6.2 多选题

1. 监理人执行监理业务过程中可以行使的权利包括（　　）。
   A. 工程设计的建议权　　　　　　B. 工程规模的认定权
   C. 工程设计变更的决定权　　　　D. 承包人索赔要求的审核权
   E. 施工协调的主持权

2. 监理单位对监理工作承担责任的原则是（　　）。
   A. 在监理合同有效期内承担责任
   B. 对有关第三方违反合同规定的质量要求造成的后果承担责任
   C. 在责任期内，因过失行为造成经济损失要负监理失职责任
   D. 监理任务因工程进度的推迟或延误而超过议定的责任期，在双方商定的延长责任期内，继续承担责任

E. 在监理过程中对有关第三方违反合同规定的交工期限承担责任

3. 按照《建设工程监理与相关服务收费管理规定》，施工监理服务收费调整系数包括（　　）。

A. 专业调整系数　　　　　　B. 工程规模调整系数
C. 工程复杂程度调整系数　　D. 高程调整系数
E. 行业调整系数

4. 建设工程监理费用由（　　）构成。

A. 监理直接成本　　　　　　B. 监理直接费
C. 监理间接成本　　　　　　D. 税金和利润
E. 监理间接费

10.6.3 案例分析

引例 4

某汽车大修厂与某建筑工程有限公司于2002年5月签订了建设工程施工同一份。该合同约定，汽车大修厂将其业园厂房承包给建筑工程有限公司施工。合同价款为165万元，承包方式为总承包，建筑工程有限公司包工包料，汽车大修厂负责水电供应，水电费由建筑工程有限公司负责，工期为2002年5月10日至同年9月10日。2002年5月汽车大修厂又与某监理公司签订了一份建设工程委托监理合同，合同约定汽车大修厂委托监理公司对业园厂房进行施工阶段的监理，该合同对监理的各个事项都有明确的规定。汽车大修厂作为委托人在监理合同中明确了监理人的权限范围，并以补充方式特别强调监理人无单独签署索赔文件的权利。

合同签订后，建筑工程有限公司进入现场施工，监理公司也派建筑工程师入驻施工现场进行监理。但汽车大修厂始终未明确监理人的权限范围，以及监理人无单独签署索赔文件的权利告知建筑工程有限公司。施工过程中，发生了索赔事件，建筑工程有限公司遂要求监理人签署索赔文件，监理工程师应其要求签署了索赔文件。建筑工程有限公司遂拿着监理工程师签署的索赔文件，要求汽车大修厂支付索赔款，汽车大修厂以该索赔未经过自己同意且监理人无权单独签署索赔文件为由拒绝支付，双方因此发生纠纷。建筑工程有限公司遂诉至法院，要求法院判决汽车大修厂支付索赔款项。

问题：承包人的损害赔偿问题应如何处理？

10.7 拓展训练

【案例分析】

某工程，建设单位与甲施工单位按照《建设工程施工合同(示范文本)》(GF—2013—0201)签订了施工合同，经建设单位同意，甲施工单位选择了乙施工单位作为分包单位。在合同履行中，发生了如下事件。

事件1：在合同约定的工程开工日前，建设单位收到甲施工单位报送的《工程开工报审表》后即予以处理；考虑到施工许可证已获政府主管部门批准，且甲施工单位的施工机具和施工人员已经进场，便审核签认了《工程开工报审表》并通知了项目监理机构。

事件2：在施工过程中，甲施工单位的资金出现困难，无法按照分包合同的约定向乙施工单位支付工程款。乙施工单位向项目监理机构提出了支付申请。项目监理机构受理并征得建设单位同意后，即向乙施工单位签发了付款凭证。

事件3：专业监理工程师在巡视中发现，乙施工单位施工的某部位存在质量隐患，专业监理工程师随即向甲施工单位签发了整改通知。甲施工单位回函称，建设单位已直接向乙施工单位付款，因而本单位对乙施工单位施工的工程质量不承担责任。

事件4：甲施工单位向建设单位提交了工程竣工验收报告后，建设单位于2003年9月20日组织勘察、设计、施工、监理等单位竣工验收。工程竣工验收通过，各单位分别签署了质量合格文件。建设单位于2004年3月办理了工程竣工备案。因使用需要，建设单位于2003年10月初要求乙施工单位按其示意图在已验收合格的承重墙上开车库门洞，并于2003年10月底正式将该工程投入使用。2005年2月该工程给排水管道大量漏水，经监理单位组织检查，确认是因开车库门洞施工时破坏了承重结构所致。建设单位认为工程还在保修期，要求甲施工单位无偿修理。建设行政主管部门对责任单位进行了处罚。

问题：

1. 监理工程师在处理监理事务时应遵从哪些工作程序？应如何协调各方关系？
2. 以上事件应如何处理？
3. 请就某项目监理事件记录选择一监理纠纷，给出纠纷解决办法，并提出监理纠纷预防与处理法律意见书。

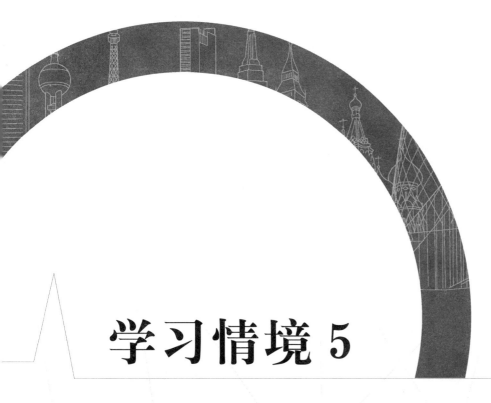

学习情境 5

建筑工程安全管理法律实务

任务 11 安全管理前期法律服务

引例 1

2004年5月12日上午9时许，某市二期工程工地，一高达75m的拆卸烟囱物料提升架突然向南倾翻，正在料架上进行高空拆卸作业的30余名民工被瞬间从不同高度掉下，造成21人死亡，10人受伤（其中4人伤势严重）。该案发生后，该市检察院成立了案件协调小组，与纪检、公安等有关部门密切配合，在案发第一线全力以赴审查办理该案。经查：2003年10月，某建设公司中标承建了此二期工程。2004年4月，该公司项目经理马某将中标的烟囱工程违规转包给不具备工程施工资质的承建人刘某。为了节省开支，减少投入费用，刘某等人自行购买材料和物料提升架，并让不具备高空作业资格的民工进行安装拆卸。5月12日，刘某在明知物料提升架固定在烟囱上的两处缆绳被拆除的情况下，违反操作规程，组织民工冒险作业拆除物料提升架，导致惨剧发生。

引导问题： 根据该引例，讨论以下问题。
（1）对于建设工程安全管理，我国有哪些安全管理制度？
（2）引例1中的安全事故涉及哪些管理制度？该事件应如何处理？
（3）为避免事故的发生，应当如何加强建筑安全生产管理？

11.1 任务导读

建设工程安全生产管理的方针是安全第一、预防为主。完成安全管理前期法律服务须熟悉安全生产监督管理制度、安全生产教育培训制度、安全生产劳动保护制度；掌握安全生产认证制度、安全生产许可制度、生产安全事故的报告制度和安全生产责任制度。通过任务的完成，帮助施工企业树立安全生产意识，避免安全隐患，顺利进入项目实施。

11.1.1 任务描述

一家房地产开发企业已与A企业签订金强大学城商业街项目施工合同。你现接受A

企业委托,为其提供安全管理的前期法律服务,并提交该项目的安全管理前期法律意见书。

11.1.2 任务目标

(1) 按照正确的方法和途径,收集安全管理相关法律资料。

(2) 依据资料分析结果,确定该次安全管理工作步骤。

(3) 按照申报工作时间限定,完成该项目安全认证、安全许可申办和安全管理前期法律建议书。

(4) 通过完成该任务,提出后续工作建议,完成自我评价,并提出改进意见。

11.2 相关理论知识

11.2.1 建设工程安全生产监督管理制度

1. 监督管理机制

建设工程安全生产监督管理体制,实行国务院建设行政主管部门对全国的建设工程安全生产实施统一的监督管理,国务院铁路、交通、水利等有关部门按照国务院规定的职责分工,分别对专业建设工程安全生产实施监督管理的模式。县级以上地方人民政府建设行政主管部门,对本行政区域内的建设工程安全生产实施监督管理,县级以上地方人民政府交通、水利等各专业部门在各自的职责范围内,对本行政区域内的专业建设工程安全生产实施监督管理。目前负责安全生产监督管理的部门,在中央是国务院安全生产监督管理局,在地方是各级依法成立的负责安全生产监督的机构。

2. 监督内容

1) 县级以上地方人民政府的监督管理

县级以上地方各级人民政府应根据本行政区域内的安全生产状况,定期或不定期地组织有关部门按照职责分工,对本行政区域内容易发生重大安全事故的生产经营单位进行综合性或专项严格检查,发现事故隐患,应及时处理。

2) 各级负责安全生产监督管理部门的监督管理

各级负责安全生产监督管理部门的主要职责为:依法对有关涉及安全生产的事项进行审批、验收;对生产经营单位执行有关安全生产的法律、法规和国家标准或行业标准的情况进行监督检查;组织对重大事故的调查处理及对违反安全生产法律规定的行为进行行政处罚。

3) 行业行政主管部门对本行业安全生产的监督管理

房屋建设工程、市政工程等工程建设的安全生产的监督管理工作由建设部负责,其主要职责是按照保障安全生产的要求,依法及时制定或修订建筑业的国家标准或行业标准,并督促、检查标准的严格执行。这些标准包括:生产场所的安全标准;生产作业、施工的工艺安全标准;安全设备、设施、器材和安全防护用品的产品安全标准及有关建筑生产安全的基础性和通用性标准等。

任务11　安全管理前期法律服务

引 例 2

某建设工程公司效益不好，公司领导决定进行改革，减负增效。经研究后决定将公司安全部撤销，安全管理人员8人中，4人下岗，4人转岗，原安全部承担的工作转由工会中的两人负责。由于公司领导撤销安全部门，整个公司的安全工作仅由两名负责工会工作的人兼任，致使该公司上下对安全生产工作普遍不重视，安全生产管理混乱，经常发生人员伤亡事故。

引导问题：该公司领导的做法是否合法？

4）生产经营单位对安全生产的监督管理

生产经营单位在日常的生产经营活动中，应依法进行重点检查和管理存在较大危险因素的场地、设备及施工作业，以防生产安全事故的发生。

引例2中建筑公司出现的情况是很常见的。建筑施工单位作为事故多发企业，应将安全生产放在首要位置，否则难免出现安全问题甚至发生事故。《中华人民共和国安全生产法》第十九条第一款明确规定，建筑施工单位应当设置安全生产管理机构或者配备专职安全生产管理人员。可见引例2中，建筑公司领导撤销安全生产管理机构，违反《中华人民共和国安全生产法》的上述规定，应当承担相应的法律责任。

相关链接

《中华人民共和国安全生产法》明确规定如下。

（1）建筑施工单位应当设置安全生产管理机构或者配备专职安全生产管理人员。

（2）生产经营单位的安全生产管理人员应当根据本单位的生产经营特点，对安全生产状况进行经常性检查。对检查中发现的安全问题，应立即处理；不能处理的，应当及时报告本单位的有关负责人，检查及处理情况，并应记录在案。

（3）生产经营单位应教育和督促从业人员严格执行本单位的安全生产规章制度和安全操作规程；并如实告知从业人员作业场所和工作岗位存在的危险因素、防范措施以及事故应急措施。

（4）生产经营单位进行爆破、吊装等危险作业时，应安排专门人员进行现场安全管理，确保操作规程的遵守和安全措施的落实。

（5）生产经营单位对危险物品大量聚集的重大危险源应当登记建档，进行定期检测、评估、监控，并制订应急预案，告知从业人员和相关人员在紧急情况下应当采取的应急措施。

（6）生产经营单位不得使用国家明令淘汰、禁止使用的、危及生产安全的工艺、设备；对使用的安全设备必须进行经常性维护、保养，并定期检测，以保证正常运转。维护、保养、检测应当做好记录，并由有关人员签字。

（7）生产经营单位使用的涉及生命安全、危险性较大的特种设备(如锅炉、压力容器、电梯、起重机械等)以及盛放危险物品(如易燃易爆品、危险化学品等)的容器、运输工具，必须是按照国家有关规定，由专业生产单位生产，并必须经具有专业资质的检测、检验机构检测，检测合格，取得安全使用证或安全标志后，方可投入使用。

（8）生产经营单位应当在存有较大危险因素的生产经营场所和有关设施、设备上，设置明显的安全警示标志，以引起人们对危险的注意，预防生产安全事故的发生。

5）社会对安全生产的监督管理

《中华人民共和国安全生产法》规定，工会有权对建设项目的安全设施与主体工程同时设计、同时施工、同时投入生产和使用进行监督，提出意见。工会对生产经营单位违反安全生产法律、法规，侵犯从业人员合法权益的行为，有权要求纠正；发现生产经营单位违章指挥、强令冒险作业或者发现事故隐患时，有权提出解决的建议，生产经营单位应当及时研究答复；发现危及从业人员生命安全的情况时，有权向生产经营单位建议组织从业人员撤离危险场所，生产经营单位必须立即做出处理。工会有权依法参加事故调查，向有关部门提出处理意见，并要求追究有关人员的责任。

居民委员会、村民委员会发现其所在区域内的生产经营单位存在事故隐患或安全生产违法时，应向当地人民政府或有关部门报告。

新闻、出版、广播、电影、电视等单位有进行安全生产教育的义务，对违反安全生产法律、法规的行为有进行舆论监督的权利。

任何单位和个人对事故隐患和安全违法行为，均有向安全生产监督管理部门报告或举报的权利。安全生产监督管理部门应建立举报制度，公开举报电话、信箱或电子邮件。

承担安全评价、认证、检测、检验的中介机构，则通过其服务行为对相关安全生产事项实施监督管理。

相关链接

全国人大常委会2014年8月31日表决通过关于修改安全生产法的决定。新法从2014年12月1日开始实施，主要有十大亮点。

1. 坚持以人为本，推进安全发展

新法提出安全生产工作应当以人为本，坚守发展决不能以牺牲人的生命为代价这条红线。

2. 建立完善安全生产方针和工作机制

新法确立了"安全第一、预防为主、综合治理"的安全生产工作"十二字方针"，明确了安全生产的重要地位、主体任务和实现安全生产的根本途径。

3. 强化"三个必须"，明确安全监管部门执法地位

"三个必须"（管行业必须管安全、管业务必须管安全、管生产经营必须管安全）解决了安全生产监督管理中存在的重大问题。

4. 明确乡镇人民政府以及街道办事处、开发区管理机构安全生产职责

5. 进一步明确生产经营单位的安全生产主体责任

一是明确委托规定的机构提供安全生产技术、管理服务的，保证安全生产的责任仍然由本单位负责；二是明确生产经营单位的安全生产责任制的内容，规定生产经营单位应当建立相应的机制，加强对安全生产责任制落实情况的监督考核；三是明确生产经营单位的安全生产管理机构以及安全生产管理人员履行的七项职责。

6. 建立预防安全生产事故的制度

新法把加强事前预防、强化隐患排查治理作为一项重要内容。

7. 建立安全生产标准化制度

新法在总则部分明确提出推进安全生产标准化工作，这必将对强化安全生产基础建

设,促进企业安全生产水平持续提升产生重大而深远的影响。

8. 推行注册安全工程师制度

新法确立了注册安全工程师制度,并从两个方面加以推进:一是危险物品的生产、储存单位以及矿山、金属冶炼单位应当有注册安全工程师从事安全生产管理工作,鼓励其他生产经营单位聘用注册安全工程师从事安全生产管理工作。二是建立注册安全工程师按专业分类管理制度,授权国务院有关部门制定具体实施办法。

9. 推进安全生产责任保险制度

新法总结近年来的试点经验,通过引入保险机制,促进安全生产,规定国家鼓励生产经营单位投保安全生产责任保险。

10. 加大对安全生产违法行为的责任追究力度

一是规定了事故行政处罚和终身行业禁入制度;二是加大了罚款处罚力度;三是建立了严重违法行为公告和通报制度。

11.2.2 建设工程安全生产许可制度

《安全生产许可证条例》第二条和《建筑施工企业安全生产许可证管理规定》(住房和城乡建设部令第128号)第二条规定,国家对建筑施工企业实行安全生产许可制度。建筑施工企业未取得安全生产许可证的,不得从事建筑施工活动。国务院建设主管部门负责中央管理的建筑施工企业安全生产许可证的颁发和管理。省、自治区、直辖市人民政府建设主管部门负责前款规定以外的建筑施工企业安全生产许可证的颁发和管理,并接受国务院建设主管部门的指导和监督。

相 关 链 接

《安全生产许可证条例》和《建筑施工企业安全生产许可证管理规定》规定建筑施工企业应遵守如下强制性规定。

(1) 未取得安全生产许可证的,不得从事建筑施工活动。县级以上人民政府建设主管部门应当加强对建筑施工企业安全生产许可证的监督管理。建设主管部门在审核发放施工许可证时,应当对已经确定的建筑施工企业是否有安全生产许可证进行审查,对没有取得安全生产许可证的,不得颁发施工许可证。

(2) 建筑施工企业不得转让、冒用安全生产许可证或者使用伪造的安全生产许可证。

(3) 建筑施工企业取得安全生产许可证后,不得降低安全生产条件,并应当加强日常安全生产管理,接受建设主管部门的监督检查。安全生产许可证颁发管理机关发现企业,不再具备安全生产条件的,应当暂扣或者吊销安全生产许可证。

1. 安全生产许可证的取得条件

(1) 建立、健全安全生产责任制,制定完备的安全生产规章制度和操作规程。

(2) 保证本单位安全生产条件所需资金的投入。

(3) 设置安全生产管理机构,按照国家有关规定配备专职安全生产管理人员。

(4) 主要负责人、项目负责人、专职安全生产管理人员经建设主管部门或者其他有关部门考核合格。

（5）特种作业人员经有关业务主管部门考核合格，取得特种作业操作资格证书。

（6）管理人员和作业人员每年至少进行一次安全生产教育培训，并考核合格。

（7）依法参加工伤保险，依法为施工现场从事危险作业的人员办理意外伤害保险，为从业人员交纳保险费。

（8）施工现场的办公、生活区及作业场所和安全防护用具、机械设备、施工机具及配件符合有关安全生产法律、法规、标准和规程的要求。

（9）有职业危害防治措施，并为作业人员配备符合国家标准或者行业标准的安全防护用具和安全防护服装。

（10）有对危险性较大的分部分项工程及施工现场易发生重大事故的部分、环节的预防、监控措施和应急预防。

（11）有生产安全事故应急救援预案、应急救援组织或者应急救援人员，配备必要的应急救援器材、设备。

（12）法律、法规规定的其他条件。

2. 安全生产许可证的申请与颁发

建筑施工企业从事建筑施工活动前，应当依照规定向省级以上建设主管部门申请领取安全生产许可证。

1）受理单位

中央管理的建筑施工企业（集团公司、总公司）应当向国务院建设主管部门申请领取安全生产许可证；其他建筑施工企业，包括中央管理的建筑施工企业（集团公司、总公司），以及下属的建筑施工企业应当向企业注册所在地省、自治区、直辖市人民政府建设主管部门申请领取安全生产许可证。

2）申办材料

（1）建筑施工企业安全生产许可证申请表。

（2）企业法人营业执照。

（3）与申请安全生产许可证应当具备的安全生产条件相关的文件、材料。

建筑施工企业申请安全生产许可证，应当对申请材料实质内容的真实性负责，不得隐瞒有关情况或者提供虚假材料。

特别提示

建设主管部门应当自受理建筑施工企业的申请之日起45日内审查完毕；经审查符合安全生产条件的，颁发安全生产许可证；不符合安全生产条件的，不予颁发安全生产许可证，书面通知企业并说明理由。企业自接到通知之日起应当进行整改，整改合格后方可再次提出申请。

3. 安全生产许可证的有效期

安全生产许可证的有效期为3年。安全生产许可证有效期满需要延期的，企业应当于期满前3个月向原安全生产许可证颁发管理机关办理延期手续。企业在安全生产许可证有效期内，严格遵守有关安全生产的法律法规，未发生死亡事故的，安全生产许可证有效期届满时，经原安全生产许可证颁发管理机关同意，不再审查，安全生产许可证有效期延期3年。

4. 安全许可证的变更、注销及补办

建筑施工企业变更名称、地址、法定代表人等，应当在变更后 10 日内，到原安全生产许可证颁发管理机关办理安全生产许可证变更手续；建筑施工企业破产、倒闭、撤销的，应当将安全生产许可证交回原安全生产许可证颁发管理机关予以注销；建筑施工企业遗失安全生产许可证的，应当立即向原安全生产许可证颁发管理机关报告，并在公众媒体上声明作废后，方可申请补办。

11.2.3 建设工程安全认证制度

为加强建筑生产安全监督管理，建设行政主管部门及其授权的建筑安全监督机构对建筑生产实行了安全认证制度。主要包括以下几个方面。

1. 建筑业企业的安全资格认证

该安全资格认证主要是审查企业是否建立健全了安全生产责任制和安全组织保证体系，安全技术规范、标准在施工现场的贯彻落实情况和伤亡事故率等。它是建筑企业资质审查的组成部分，也是对企业资质实行动态管理的重要依据。

2. 特殊专业队伍的安全认证

该安全认证主要是指对人工挖孔桩、地基基础、护壁支撑、塔式起重机装拆、井字架（龙门架）、特种脚手架搭设等施工队伍进行资格审查，经审查合格领取《专业施工安全许可证》后，才能够从事专业施工。

3. 工程项目的安全认证

该安全认证主要是指开工前对安全条件的审查，其主要内容有：施工组织设计中有无针对性的安全技术措施和专项作业安全技术方案，安全员的配备情况，项目经理的安全资格条件，进入现场的机械、机具、设施是否符合安全规定等。

4. 防护用品、安全设施、机械设备等的安全认证

该安全认证主要是指对进入施工现场使用的各类防护用品、电气产品、安全设施、架设机具、机械设备等要进行检验、检测，凡技术指标和安全性能不合格的，不得在施工现场中使用。

5. 专职安全人员的资格认证

该资格认证主要是审查专职安全人员工程建设及安全专业的知识和管理能力。《中华人民共和国安全生产法》第十九条、二十条规定，建筑施工单位、生产经营单位的主要负责人和安全生产管理人员必须具备与本单位所从事的生产经营活动相应的安全生产知识和管理能力。建筑施工单位的主要负责人和安全生产管理人员，应当由有关主管部门对其安全生产知识和管理能力考核合格后方可任职。不具备条件的，不能从事专职安全工作。

11.2.4 生产安全事故报告制度

施工单位发生生产安全事故，应按照国家有关伤亡事故报告和调查处理的规定，及时、如实地向负责安全生产监督管理的部门、建设行政主管部门或者其他有关部门报告；特种设备发生事故的，还应当同时向特种设备安全监督管理部门报告。接到报告的部门应当按照国家有关规定，如实上报。实行施工总承包的建设工程，由总承包单位负责上报事故。

1. 事故报告程序

事故发生后，事故现场有关人员应当立即向本单位负责人报告；单位负责人接到报告后，应当于1h内向事故发生地县级以上人民政府安全生产监督管理部门和负有安全生产监督管理职责的有关部门报告。情况紧急时，事故现场有关人员可以直接向事故发生地县级以上人民政府安全生产监督管理部门和负有安全生产监督管理职责的有关部门报告。

安全生产监督管理部门和负有安全生产监督管理职责的有关部门接到事故报告后，应当依照下列规定上报事故情况，并通知公安机关、劳动保障行政部门、工会和人民检察院。

(1) 特别重大事故、重大事故逐级上报至国务院安全生产监督管理部门和负有安全生产监督管理职责的有关部门。

(2) 较大事故逐级上报至省、自治区、直辖市人民政府安全生产监督管理部门和负有安全生产监督管理职责的有关部门。

(3) 一般事故上报至设区的市级人民政府安全生产监督管理部门和负有安全生产监督管理职责的有关部门。

安全生产监督管理部门和负有安全生产监督管理职责的有关部门应当依照前款规定的上报事故情况，同时报告本级人民政府。国务院安全生产监督管理部门和负有安全生产监督管理职责的有关部门以及省级人民政府接到发生特别重大事故、重大事故的报告后，应当立即报告国务院。必要时，安全生产监督管理部门和负有安全生产监督管理职责的有关部门可以越级上报事故情况。

安全生产监督管理部门和负有安全生产监督管理职责的有关部门逐级上报事故情况，每级上报的时间不得超过2h。事故等级汇总表，见表11-1。

表11-1 事故等级汇总表

等级	死	伤	损失	上报
特别重大	30人以上	100人以上	1亿元	国务院建设主管部门
重大	10~30人	50~100人	5000万~1亿元	国务院建设主管部门
较大	3~10人	10~50人	1000万~5000万	国务院建设主管部门
一般	1~3人	1~10人	1000万元	省级政府建设主管部门

2. 事故报告内容

报告事故应当包括：事故发生单位概况；事故发生的时间、地点以及事故现场情况；事故的简要经过；事故已经造成或者可能造成的伤亡人数(包括下落不明的人数)和初步估计的直接经济损失；已经采取的措施；其他应当报告的情况。事故报告后出现新情况的，应当及时补报。自事故发生之日起30日内，事故造成的伤亡人数发生变化的，应当及时补报。

3. 事故救援与现场保护

事故发生单位负责人接到事故报告后，应当立即启动事故相应的应急预案，或者采取有效措施，组织抢救，防止事故扩大，减少人员伤亡和财产损失。

事故发生地有关地方人民政府、安全生产监督管理部门和负有安全生产监督管理职责的有关部门接到事故报告后，其负责人应当马上赶赴事故现场，组织事故救援。任何单位和个人都应当支持、配合事故抢救，并提供一切便利条件。

事故发生后，有关单位和人员应当妥善保护事故现场以及相关证据，任何单位和个人不得破坏事故现场、毁灭相关证据。因抢救人员、防止事故扩大以及疏通交通等原因，需要移动事故现场物件的，应当做出标志，绘制现场简图并做出书面记录，妥善保存现场重要痕迹和物证。

11.2.5 建设工程安全生产教育培训制度

安全生产教育培训工作是建筑施工企业实现安全生产的一项基础性工作。安全生产教育培训的对象有施工单位的主要负责人、项目负责人、专职安全生产管理人员和其他企业职工。培训的主要内容包括安全生产的法律、法规知识和安全科学技术知识。

1. 安全生产的法律、法规教育培训

通过对职工进行有关安全生产方面的法律、法规和政策的教育，使企业职工能够正确理解和掌握有关安全生产的法律、法规及政策，增强安全生产的法律意识，并在建筑生产活动中严格遵照执行。加强对企业各级领导干部和安全管理人员的教育尤为必要。

2. 安全科学技术知识的教育培训

安全科学技术知识的教育是指基本安全技术知识和专业性安全技术知识的教育。其主要包括以下几方面。

1) 新职工应当进行入厂教育

教育内容包括安全技术知识、设备性能、操作规程、安全制度和严禁事项，经教育培训合格后，方可进入操作岗位。

2) 特种作业人员安全培训

对特殊工种应针对其工作特点进行专门的安全教育。如对电工、焊工、架子工、司炉工、爆破工、起重工、打桩工和各种机动车辆司机等，除进行一般安全教育外，还应经过本工种的安全技术教育，经考试合格后，方准独立操作；对从事尘毒危害作业的职工，还要进行尘毒危害和防治知识教育。《建设工程安全生产管理条例》第二十五条规定，垂直运输机械作业人员、安装拆卸工、爆破作业人员、起重信号工、登高架设作业人员等特种作业人员，必须按照国家有关规定经过专门的安全作业培训，并取得特种作业操作资格证书后方可上岗作业。

3) 变换工种和工地的培训

《建设工程安全生产管理条例》第三十七条规定，作业人员进入新的岗位或者新的施工现场前，应当接受安全生产教育培训。未经教育培训或者教育培训考核不合格的人员，不得上岗作业。

4) 采用新工艺、新技术、新材料、新设备时的培训

《建设工程安全生产管理条例》第三十七条规定，施工单位在采用新技术、新工艺、新设备、新材料时，应当对作业人员进行相应的安全生产教育培训。通过对相关人员进行事先培训，使其了解和掌握其安全技术特性，从而采取有效的安全防护措施，防止和减少安全生产事故的发生。

5) 年度安全教育培训

施工单位应当对管理人员和作业人员每年至少进行一次安全生产教育培训，其教育培训情况记入个人工作档案。安全生产教育培训考核不合格的人员，不得上岗。

11.2.6 建筑安全生产劳动保护制度

1. 从业人员在劳动保护方面的权利

1) 签订合法劳动合同权

生产经营单位与从业人员订立的劳动合同，应当载明有关保障从业人员劳动安全、防止职业危害的事项，以及依法为从业人员办理工伤社会保险的事项。生产经营单位不得以任何形式与从业人员订立免除，或减轻其对从业人员因生产安全事故伤亡依法应承担责任的协议。

2) 知情权

生产经营单位的从业人员有权了解其作业场所和工作岗位存在的危险因素、防范措施及事故应急措施，生产经营单位应主动告知有关实情。

3) 建议、批评、检举、控告权

安全生产与从业人员的生命安全与健康息息相关，因此从业人员有权参与本单位生产安全方面的民主管理与民主监督。对本单位的安全生产工作提出意见和建议；对本单位安全生产中存在的问题提出批评、检举和控告。生产经营单位不得因此而降低其工资、福利待遇或解除与其订立的劳动合同。

4) 对违章指挥、强令冒险作业的拒绝权

对于生产经营单位的负责人，生产管理人员和工程技术人员违反规章制度，不顾从业人员的生命安全与健康，指挥从业人员进行生产活动的行为，以及在存有危及人身安全的危险因素而又无相应安全保护措施的情况下，强迫从业人员冒险进行作业的行为，从业人员都依法享有拒绝服从指挥和命令的权利。生产经营单位不得因此而采取降低工资、福利待遇、解除劳动合同等惩罚、报复手段。

5) 停止作业及紧急撤离权

从业人员发现直接危及人身安全的紧急情况时，有权停止作业或在采取可能的应急措施后撤离作业场所。生产经营单位不得因此而降低其工资、福利待遇或解除其劳动合同。

6) 依法获得赔偿权

《中华人民共和国安全生产法》规定，因生产安全事故受到损害的从业人员，除依法享有工伤保险外，依照有关民事法律尚有获得赔偿的权利，还有权向本单位提出赔偿要求，生产经营单位应依法予以赔偿。

2. 生产经营单位在劳动保护方面的职责

1) 提供劳动保护用品

建筑施工企业必须按国家颁发的劳动防护用品配备标准规定，为建筑施工人员采购和配备符合要求的劳动防护用品，督促、教育建筑施工人员正确佩戴和使用劳动防护用品。劳动保护用品不得收取或变相收取任何费用；同时还必须以实物形式发放，不得以货币或其他物品替代。

2) 书面告知危险岗位的操作规程和违章操作的危害

《建设工程安全生产管理条例》第四十七条规定，施工单位应当向作业人员书面告知危险岗位的操作规程和违章操作的危害，不得隐瞒、省略，更不能欺骗作业人员。

3) 参加保险

（1）社会保险。《中华人民共和国安全生产法》规定，生产经营单位必须依法参加工伤社会保险，为从业人员缴纳保险费。

（2）意外伤害保险。意外伤害保险是法定的强制性保险，施工单位必须为施工现场从事危险作业的人员（被保险人）办理意外伤害保险，支付保险费。建筑意外伤害保险的保险费应当列入建筑安装工程费用。实行施工总承包的，由总承包单位支付意外伤害保险费。建筑意外伤害保险的保险期限应涵盖工程项目开工之日到工程竣工验收合格日。提前竣工的，保险责任自行终止。延长工期的，应当办理保险顺延手续。

11.2.7 建设工程安全生产责任制度

为了保障建筑生产的安全，参与建筑活动的各方主体都应承担相应的安全生产责任。

1. 建设单位的安全责任

1) 向施工单位提供资料的责任

《中华人民共和国建筑法》第四十条、《建设工程安全生产管理条例》第六条规定，建设单位应当向建筑施工企业提供施工现场及毗邻区域内供水、排水、供电、供气、供热、通信、广播电视等地下管线资料，气象和水文观测资料，相邻建筑物和构筑物、地下工程的有关资料，并保证资料的真实性、准确性、完整性。

2) 依法履行合同的责任

（1）不得向勘察、设计、施工和工程监理等单位提出不符合建设工程安全生产法律、法规和强制性标准规定的要求，不得压缩合同约定的工期。

（2）必须严格执行国家关于工程建设中保证人民群众生命和财产安全、环境保护和公共利益的法律、法规和工程强制性标准。

（3）不得为了早日发挥项目效益，迫使承包单位大量增加人力、物力投入，简化施工程序，盲目赶工期。

3) 提供安全生产费用的责任

《中华人民共和国安全生产法》第十八条规定，生产经营单位应当具备的安全生产条件所必需的资金投入，由生产经营单位的决策机构、主要负责人或者个人经营的投资人予以保证，并对由于安全生产所必需的资金投入不足导致的后果承担责任。《建设工程安全生产管理条例》第八条规定，建设单位在编制工程概算时，应当确定建设工程安全作业环境及安全施工措施所需费用。因此，建设单位应提供建设工程安全生产作业环境及安全施工措施所需的费用。

4) 不得推销劣质材料设备的责任

建设单位不得明示或者暗示施工单位购买、租赁、使用不符合安全施工要求的安全防护用具、机械设备、施工机具及配件、消防设施和器材。

5）提供安全施工措施资料的责任

《建设工程安全生产管理条例》第十条规定，建设单位在申请领取施工许可证时，应当提供建设工程有关安全施工措施的资料。依法批准开工报告的建设工程，建设单位应当自开工报告批准之日起 15 日内，将保证安全施工的措施报送建设工程所在地的县级以上地方人民政府建设行政主管部门，或者其他有关部门备案。

6）对拆除工程进行备案的责任

建设单位在拆除工程施工 15 日前，必须将下列资料报送建设工程所在地的县级以上地方人民政府建设行政主管部门或者其他有关部门备案。实施爆破作业的，还应遵守国家有关民用爆炸物品管理的规定。

（1）施工单位资质等级证明。

（2）拟拆除建筑物、构筑物及可能危及毗邻建筑的说明。

（3）拆除施工组织方案。

（4）堆放、清除废弃物的措施。

7）办理特殊作业申请批准手续的责任

《中华人民共和国建筑法》第四十二条规定，有下列情形之一的，建设单位应当按照国家有关规定办理申请批准手续。

（1）需要临时占用规划批准范围以外场地的。

（2）可能损坏道路、管线、电力、邮电通信等公共设施的。

（3）需要临时停水、停电、中断道路交通的。

（4）需要进行爆破作业的。

（5）法律、法规规定需要办理报批手续的其他情形。

2．施工单位的安全责任

1）施工单位安全生产经济保障措施

第一，应保证安全生产所必需的资金。

第二，应保证安全设施所需要的资金。生产经营单位新建、改建、扩建工程项目的安全设施，必须与主体工程同时设计、同时施工、同时投入生产和使用。安全设施投资应当纳入建设项目概算。

第三，应保证劳动防护用品、进行安全生产培训的经费。

第四，应保证工伤社会保险所需要的资金。生产经营单位必须依法参加工伤社会保险，为从业人员缴纳保险费。

2）施工单位主要负责人的安全生产责任

《中华人民共和国建筑法》第四十四条、《建设工程安全生产管理条例》第二十一条规定，施工单位主要负责人依法对本单位的安全生产工作全面负责。同时，《中华人民共和国安全生产法》中对其规定了以下安全生产职责。

（1）建立、健全本单位安全生产责任制。

（2）组织制定本单位安全生产规章制度和操作规程。

（3）保证本单位安全生产投入的有效实施。

（4）督促、检查本单位的安全生产工作，及时消除生产安全事故隐患。

(5) 组织制定并实施本单位的生产安全事故应急救援预案。

(6) 及时、如实报告生产安全事故。

生产经营单位发生重大生产安全事故时，单位的主要负责人应当立即组织抢救，且不得在事故调查处理期间擅离职守。

相关链接

安全生产条件是指施工单位能够满足保障生产经营安全的需要，在正常情况下不会导致人员伤亡和财产损失所必需的各种系统、设施和设备以及与施工相适应的管理组织、制度和技术措施等。在对施工单位进行资质条件的审查时，除强调具备法律规定的注册资本、专业技术人员和技术装备外，还必须具备基本的安全生产条件。《中华人民共和国安全生产法》第十六条规定，生产经营单位应当具备本法和有关法律、行政法规和国家标准或者行业标准规定的安全生产条件；不具备安全生产条件的，不得从事生产经营活动。《建设工程安全生产管理条例》第二十条规定，施工单位从事建设工程的新建、扩建、改建和拆除等活动，应当具备国家规定的注册资本、专业技术人员、技术装备和安全生产等条件，依法取得相应等级的资质证书，并在其资质等级许可的范围内承揽工程。

3) 施工单位项目负责人的安全生产责任

施工单位项目负责人应当对建设工程项目施工的安全生产负全面责任，是本项目安全生产的第一责任人。《建设工程安全生产管理条例》第二十一条规定，施工单位的项目负责人应当由取得相应执业资格的人员担任，对建设工程项目的安全施工负责，落实安全生产责任制度、安全生产规章制度和操作规程，确保安全生产费用的有效使用，并根据工程的特点组织制定安全施工措施，消除安全事故隐患，及时、如实报告生产安全事故。

4) 施工单位安全生产管理人员的安全生产责任

专职安全生产管理人员负责对安全生产进行现场监督检查。发现安全事故隐患，应当及时向项目负责人和安全生产管理机构报告；对违章指挥、违章操作的，应当立即制止。《建设工程安全生产管理条例》第二十三条规定，施工单位应当设立安全生产管理机构，配备专职安全生产管理人员。

特别提示

《建设工程安全生产管理条例》规定：施工单位对列入建设工程概算的安全作业环境及安全施工措施所需费用，应当用于施工安全防护用具及设施的采购和更新、安全施工措施的落实、安全生产条件的改善，不得挪作他用。

5) 总承包单位与分包单位的安全责任

建设工程实行施工总承包的，由总承包单位对施工现场的安全生产负总责。总承包单位应当自行完成建设工程主体结构的施工。总承包单位依法将建设工程分包给其他单位的，分包合同中应当明确各自的安全生产方面的权利和义务。总承包单位和分包单位对分包工程的安全生产承担连带责任。分包单位应当服从总承包单位的安全生产管理，分包单位不服从管理导致生产安全事故的，由分包单位承担主要责任。

6）施工现场安全保障措施责任

（1）编制安全技术措施及专项施工方案。建筑施工企业在编制施工组织设计时，应根据建设工程的特点制定相应的安全技术措施和施工现场临时用电方案；对专业性较强的工程项目，应编制专项安全施工组织设计，并采取安全技术措施；还应根据施工阶段和周围环境及季节、气候的变化，在施工现场采取相应的安全施工措施。

对下列分部分项工程，施工单位应编制专项施工方案，并附安全验算结果。对工程中涉及深基坑、地下暗挖工程、高大模板工程的专项施工方案，施工单位还应组织专家进行论证、审查。经施工单位技术负责人、总监理工程师签字后实施，由专职安全生产管理人员进行现场监督。

① 基坑支护与降水工程。
② 土方开挖工程。
③ 模板工程。
④ 起重吊装工程。
⑤ 脚手架工程。
⑥ 拆除、爆破工程。
⑦ 国务院建设行政主管部门或者其他有关部门规定的其他危险性较大的工程。

（2）安全施工技术交底。在建设工程施工前，施工单位负责项目管理的技术人员应当对有关安全施工的技术要求向施工作业班组、作业人员做出详细说明，并由双方签字确认。

（3）施工现场的安全防护。

① 应在施工现场采取维护安全、防范危险、预防火灾等措施。施工单位应在施工现场入口处、施工起重机械、临时用电设施、脚手架、出入通道口、楼梯口、电梯井口、孔洞口、桥梁口、隧道口、基坑边沿、爆破物及有害危险气体和液体存放处等危险部位，设置明显的安全警示标志。安全警示标志必须符合国家标准。

② 施工现场暂时停止施工的，施工单位应做好现场防护，所需费用由责任方承担，或者按照合同约定执行。

③ 施工单位应对施工现场实行封闭管理，采用的封闭围挡，高度不得小于1.8m。施工区域应办公、生活区划分清晰，保持安全距离，并应采取相应的隔离措施。办公、生活区的选址应当符合安全性要求。职工的膳食、饮水、休息场所等应当符合卫生标准。施工单位不得在尚未竣工的建筑物内设置员工集体宿舍。

④ 施工现场对毗邻的建筑物、构筑物和特殊作业环境可能造成损害的，建筑施工企业应当采取安全防护措施。

相关链接

住房和城乡建设部颁发的《建筑施工现场环境与卫生标准》（JGJ 146—2004）中，对施工现场生活区和作业区环境管理有详细的规定，如施工现场的施工区域应办公、生活区划分清晰，并应采取相应的隔离措施；施工现场应设置办公室、宿舍、食堂、厕所、沐浴间、开水房、文体活动室、密闭式垃圾站（或容器）及盥洗设施等临时设施。临时设施所用建筑材料应符合环保、消防要求；宿舍内应保证有必要的生活空间，室内净高不得小于

2.4m，通道宽度不得小于位0.9m，每间宿舍居住人员不得超过16人。施工现场宿舍必须设置可开启式窗户，宿舍内的床铺不得超过2层，严禁使用通铺。宿舍内应设置生活用品专柜，有条件的宿舍宜设置生活用品贮藏室……

⑤ 施工现场消防管理。《建设工程安全生产管理条例》第三十一条规定，施工单位应当在施工现场建立消防安全责任制度，确定消防安全责任人，制定用火、用电、使用易燃易爆材料等各项消防安全管理制度和操作规程，设置消防通道、消防水源，配备消防设施和灭火器材，并在施工现场入口处设置明显标志。

⑥ 安全设备管理。

第一，施工单位应在有较大危险因素的生产经营场所和有关设施、设备上设置明显的安全警示标志。同时必须对安全设备进行经常性维护、保养，并定期检测，保证其正常运转。维护、保养、检测应做好记录，并由有关人员签字。

第二，施工单位不得使用国家明令淘汰、禁止使用的危及生产安全的工艺、设备。

第三，施工单位在使用施工起重机械和整体提升脚手架、模板等自升式架设设施前，应当组织有关单位进行验收，也可以委托具有相应资质的检验检测机构进行验收；使用承租的机械设备和施工机具及配件的，由施工总承包单位、分包单位、出租单位和安装单位共同进行验收。验收合格方可使用。施工单位还应自施工起重机械和整体提升脚手架、模板等自升式架设设施验收合格之日起30日内，向建设行政主管部门或者其他有关部门登记。登记标志应当置于或者附着于该设备的显著位置。

⑦ 房屋拆除安全管理。《中华人民共和国建筑法》第五十条、住房和城乡建设部颁发的《建筑拆除工程安全技术规范》（JGJ 147—2004）规定，房屋拆除应当由具备保证安全条件的建筑施工单位承担，由建筑施工单位负责人对安全负责。施工单位应满足以下要求。

第一，建筑拆除工程必须由具备爆破或拆除专业承包资质的单位施工，严禁将工程非法转包。施工单位应全面了解拆除工程的图纸和资料，进行现场勘察，编制施工组织设计或者安全专项施工方案。

第二，与拆除工程的建设单位签订施工合同时，应签订安全生产管理协议，明确双方的安全管理责任。施工单位应对拆除工程的安全技术管理负直接责任。

相关链接

建设单位、监理单位应对拆除工程施工安全负检查督促责任；建设单位应在拆除工程开工前15日，将相关资料报送建设工程所在地的县级以上地方人民政府建设行政主管部门备案。建设单位应向施工单位提供拆除工程的有关图纸和资料以及拆除工程涉及区域的地上、地下建筑及设施分布情况资料。建设单位应负责做好影响拆除工程安全施工的各管线的切断、迁移工作。当建筑外侧有架空线路或电缆线路时，应与有关部门取得联系，采取防护措施，确认安全后方可施工。

第三，项目经理必须对拆除工程的安全生产负全面领导责任。项目经理部应按有关规定设专职安全员，检查落实各项安全技术措施。

第四，拆除施工采用的脚手架、安全网必须由专业人员按设计方案搭设，验收合格后才可使用。水平作业时，操作人员应保持安全距离。验收安全防护设施时，应按类别逐项查验，并有验收记录。

第五，拆除工程开工前，应根据工程特点、构造情况、工程量等编制施工组织设计或安全专项施工方案，应经技术负责人和总监理工程师签字批准后实施。施工前，还必须对施工作业人员进行书面安全技术交底。施工过程中，如需变更，经原审批人批准，方可实施。

相关链接

拆除工程施工必须建立安全技术档案，并应包括下列内容：拆除工程施工合同及安全管理协议书；拆除工程安全施工组织设计或安全专项施工方案；安全技术交底；脚手架及安全防护设施检查验收记录；劳务用工合同及安全管理协议书；机械租赁合同及安全管理协议书。

第六，施工单位必须依据拆除工程安全施工组织设计或安全专项施工方案，在拆除施工现场划定危险区域，并设置警戒线和相关的安全标志，并派专人监管。拆除工程施工区域应设置硬质封闭围挡及醒目警示标志，围挡高度不应低于1.8m，非施工人员不得进入施工区。当临街的被拆除建筑与交通道路的安全跨度不能满足要求时，必须采取相应的安全隔离措施。当日拆除施工结束后，所有机械设备应远离被拆除建筑。施工期间的临时设施，应与被拆除建筑保持安全距离。在恶劣的气候条件下，严禁进行拆除作业，拆除施工严禁立体交叉作业。

第七，拆除工程必须制定生产安全事故应急救援预案。拆除工程在施工过程中，当发生重大险情或生产安全事故时，应及时启动应急预案排除险情、组织抢救、保护事故现场，并向有关部门报告。

第八，施工现场临时用电必须按照国家现行标准的有关规定执行，根据拆除工程施工现场作业环境，制定相应的消防安全措施。施工现场应设置消防车通道，保证充足的消防水源，配备足够的灭火器材。楼层内的施工垃圾，应采用封闭的垃圾道或垃圾袋运下，不得向下抛掷。

第九，施工单位应为从事拆除作业的人员办理意外伤害保险。从业人员应办理相关手续，签订劳动合同，进行安全培训，考试合格后方可上岗作业。作业人员必须配备相应的劳动保护用品，并正确使用。作业人员使用手持机具时，严禁超负荷或带故障运转。

⑧ 施工现场环境保护。《中华人民共和国建筑法》第四十一条、《建设工程安全生产管理条例》第三十一条规定，施工单位应当遵守有关环境保护法律和法规的规定，在施工现场采取措施，防止或减少粉尘、废气、废水、固体废物、噪声、振动和施工照明对人和环境的危害和污染。

施工单位防止环境污染的措施，主要包括：妥善处理泥浆水，未经处理不得直接排入城市排水设施和河流；除设有符合规定的装置外，不得在施工现场熔融沥青或者焚烧油毡、油漆以及其他会产生有毒有害烟尘和恶臭气体的物质；使用密封式的圈筒或者采取其他措施处理高空废弃物；采取有效措施控制施工过程中的扬尘；禁止将有毒有害废弃物用作土方回填；对产生噪声、振动的施工机械，应采取有效控制措施，减轻噪声扰民。

应用案例

2005年,原铁道部某工程公司(以下简称铁道公司)在某大桥施工中与该公司职工罗某签订承包合同,约定由罗某承包大桥行车道板的架设安装。该合同还约定,施工中发生伤、亡、残事故,由罗某负责。合同签订后,罗某曾在开工前召集民工开会强调安全问题,要求民工在安放道板下的胶垫时必须使用铁钩,防止道板坠落伤人。没想到事故还是发生了,10月6日下午,民工刘某在安放道板下的胶垫时未使用铁勾,直接用手放置。由于支撑道板的千斤顶滑落,重达10多t的道板坠下,并将刘某的左手砸伤。罗某立即送刘某到医院住院治疗,21天后出院。其间的医疗费、护理费、交通费、伙食费,以及出院后的治疗费用总计5308.91元,已由罗某全部承担。但是经过医生诊断,刘某左手失去了劳动能力。之后,刘某多次要求铁道公司和罗某赔偿误工费等费用,但是都被他们以刘某违反安全操作规定造成工伤为由,拒绝赔偿。2006年3月,无可奈何的刘某只得向法院提起诉讼。

引导问题:该案应如何处理?

【案例评析】

很明显,刘某在这起安全事故中是有责任的,但是铁道公司与罗某是否可以就此推脱赔偿责任呢?

首先,根据我国《宪法》和《劳动法》的规定,罗某作为工程承包人和雇主,依法对雇员的劳动保护承担责任。采用人工安装桥梁行车道板本身具有较高的危险性,对此,罗某应采取相应的安全措施并临场加以监督和指导,但罗某仅口头强调,而疏于现场管理,以致刘某发生安全事故。虽然刘某在施工中也有违反安全操作规则的过失,但其并非铁道建设专业人员,违章情节较轻,故不能免除罗某应负的民事责任。

其次,该大桥行车道板的架设安装工程,无论从现场环境还是从施工单位的技术与设备看,都允许使用吊车直接起吊道板进行安装。铁道公司作为该大桥的施工企业,在有条件采用危险性较小的工作方法施工的情况下,为了降低费用而将该项工程发包给个人,采用人工安装,增加了劳动者的安全风险。铁道公司显然对这起事故负有责任。

最后,铁道公司与罗某签订的承包合同中约定"施工中发生伤、亡、残事故,由罗某负责"实际上是把只有企业才有能力承担的安全风险,推给能力有限的自然人承担,该条款损害了劳动者的合法权益,违反了我国《宪法》和《劳动法》的有关规定,因此,该约定属于有效条款。

据此,罗某应付给刘某医疗、误工、住院生活补助、护理、交通、伤残补助金、伤残就业补助金18679.56元;铁道工程公司对上述费用承担连带责任。

3. 工程监理单位的安全责任

1) 安全技术措施及专项施工方案审查义务

《建设工程安全生产管理条例》第十四条第一款规定,工程监理单位应当审查施工组织设计中的安全技术措施或者专项施工方案是否符合工程建设强制性标准。

2) 安全生产事故隐患报告义务

《建设工程安全生产管理条例》第十四条第二款规定,工程监理单位在实施监理过程中,发现存在安全事故隐患的,应要求施工单位整改;情况严重的,应要求施工单位暂时停止施工，并及时报告建设单位。施工单位拒不整改或者不停止施工的，工程监理单位应及时向有关主管部门报告。

3）监理责任承担义务

工程监理单位和监理工程师应该按照法律、法规和工程建设强制性标准实施监理，并对建设工程安全生产承担监理责任。

4．勘察设计单位的安全责任

1）勘察单位的安全责任

《建设工程安全生产管理条例》第十二条规定，勘察单位应按照法律、法规和工程建设强制性标准进行勘察，提供的勘察文件应当真实、准确，且满足建设工程安全生产的需要；从事勘察作业时，应严格按照操作规程，采取措施保证各类管线、设施和周边建筑物、构筑物的安全。

2）设计单位的安全责任

第一，应按照法律、法规和工程建设强制性标准进行设计，防止因设计不合理导致安全生产事故的发生。

第二，应考虑施工安全操作和防护的需要，对涉及施工安全的重点部位和环节在设计文件中注明，并对防范安全生产事故提出指导意见。

第三，采用新结构、新材料、新工艺的建设工程和特殊结构的建设工程设计单位应当在设计中提出保障施工作业人员安全和预防生产安全事故的措施建议。

第四，设计单位和注册建筑师等注册执业人员应当对其设计负责。

5．其他相关单位的安全责任

1）机械设备和配件供应单位的安全责任

《建设工程安全生产管理条例》第十五条规定，为建设工程提供机械设备和配件的单位，应按照安全施工的要求配备齐全有效的保险、限位等安全设施和装置。

2）机械设备、施工机具和配件出租单位的安全责任

《建设工程安全生产管理条例》第十六条规定，出租的机械设备和施工工具及配件，应当具有生产（制造）许可证，产品合格证。出租单位应当对出租的机械设备和施工工具及配件的安全性能进行检测，在签订租赁协议时，应当出具检测合格证明。禁止出租检测不合格的机械设备和施工工具及配件。

3）施工起重机械和自升式架设设施的安全管理

（1）安装与拆卸。《建设工程安全生产管理条例》第十七条第一款规定，在施工现场安装、拆卸施工起重机械和整体提升脚手架、模板等自升式架设设施，必须由具有相应资质的单位承担。

（2）检验检测。《建设工程安全生产管理条例》第十八条规定，施工起重机械和整体提升脚手架、模板等自升式架设设施的使用达到国家规定的检验检测期限的，必须经具有专业资质的检验检测机构检测。经检测不合格的，不得继续使用。施工起重机械和自升式架设设施在使用过程中，应按照规定进行定期检测，并及时进行全面检修保养。从事施工起重机械定期检验、监督检验的检验检测机构，应当经国务院特种设备安全监督部门核准，取得核准后方可从事检验检测活动。

《建设工程安全生产管理条例》第十九条规定，检验检测机构对检测合格的施工起重机械和整体提升脚手架、模板等自升式架设设施，应当出具安全合格证明文件，并对检测结果负责。设备检验检测机构进行设备检验检测时发现严重事故隐患，应当及时告知施工单位，并立即向特种设备安全监督管理部门报告。

特别提示

（1）在施工现场安装、拆卸施工起重机械和整体提升脚手架、模板等自升式架设设施，必须由具有相应资质的单位承担。

（2）安装、拆卸施工起重机械和整体提升脚手架、模板等自升式架设设施，应该编制拆装方案、制订安全施工措施，并由专业技术人员现场监督。

（3）施工起重机械和整体提升脚手架、模板等自升式架设设施安装完毕后，安装单位应当自检，出具自检合格证明，并向施工单位进行安全使用说明，办理验收手续并签字。

（4）施工起重机械和整体提升脚手架、模板等自升式架设设施的使用达到国家规定的检验检测期限的，必须经具有专业资质的检验检测机构检测。经检测不合格的，不得继续使用。

（5）检验检测机构对检测合格的施工起重机械和整体提升脚手架、模板等自升式架设设施，应当出具安全合格证明文件，并对检测结果负责。

11.3 任务实施

1. 请为本项目施工单位完成安全认证和安全许可申办
（1）确定本项目安全认证的主要内容和工作步骤。
（2）确定本次安全生产许可证申办流程。
（3）检查本次许可申办所需资料是否齐全，完成安全许可资料清查表的填写。

2. 根据本项目要求，提交一份安全管理前期法律意见书。应包括涉及法律制度与强制要求、管理内容、管理重点、安全风险和法律风险防范。

11.4 任务总结

1. 任务问题
（1）此次任务完成中存在的主要问题有哪些？
（2）问题产生的原因有哪些？
（3）提出相应的解决方法。
（4）您认为还需加强哪些方面的指导（实际工作过程及理论知识）？

2. 自我总结
（1）此次任务完成中存在的主要问题有哪些？
（2）问题产生的原因有哪些？
（3）请提出相应的解决方法。

(4) 您认为还需加强哪方面的指导(实际工作过程及理论知识)?

11.5 知 识 点 回 顾

建设工程安全生产管理以"安全第一、预防为主"为方针。建设工程安全生产管理制度包括:安全生产监督管理制度、安全生产责任制度、安全生产认证制度、安全生产教育培训制度、安全生产劳动保护制度、生产安全事故的应急救援和调查处理制度、安全生产许可制度。重点应掌握安全许可和安全认证的相关工作流程,明确项目实施过程中各方应承担的安全责任。

11.6 基 础 训 练

11.6.1 单选题

1. 为了加强安全管理,政府要求施工单位要为从业人员缴纳工伤社会保险费,关于该保险费缴纳的说法正确的是( )。

  A. 施工单位与劳动者各缴纳一半

  B. 施工单位全额缴纳

  C. 劳动者全额缴纳

  D. 施工单位与劳动者在合同中约定缴纳办法

2. 某施工分包合同约定,由分包单位租赁某大型施工起重机械用于工程施工,则该施工机械在使用前应由( )共同进行验收。

  A. 总承包单位、出租单位、监理单位和建设单位

  B. 总承包单位、出租单位、安装单位和监理单位

  C. 分包单位、出租单位、安装单位和建设单位

  D. 总承包单位、分包单位、出租单位和安装单位

3. 房地产公司甲的下列做法中,符合安全生产法律规定的是( )。

  A. 要求施工企业购买其指定的不合格消防器材

  B. 申请施工许可证时无须提供保证工程安全施工措施的资料

  C. 甲向施工企业提供的地下工程资料不准确

  D. 甲在拆除工程施工 15 日前将有关资料报送有关部门备案

4. 根据我国《建设工程安全生产管理条例》的规定,下列作业人员不属于必须进行安全作业培训,并取得特种作业操作资格证书的特种作业人员的是( )。

  A. 起重信号工 B. 爆破作业人员

  C. 安装拆卸工 D. 重型机械操作工

5. 根据我国《建设工程安全生产管理条例》的规定,( )是建筑生产中最基本的安全管理制度,是所有安全规章的核心。

  A. 安全生产责任制度 B. 群防群治制度

  C. 安全生产检查制度 D. 安全责任追究制度

6. 根据《建设工程安全生产管理条例》规定，工程监理单位应当审查施工组织设计中的安全技术措施或专项施工方案是否符合工程建设强制性标准和（　　）标准。

A. 建设单位要求适用的　　　　　　B. 监理单位制定的

C. 工程建设推荐的　　　　　　　　D. 工程建设行业

7. 根据《建设工程安全生产管理条例》的规定，不属于监理单位安全责任的是（　　）。

A. 审查施工组织设计　　　　　　　B. 安全隐患报告的责任

C. 依法监理的责任　　　　　　　　D. 编制安全技术措施和专项施工方案

8. 根据《建设工程安全生产管理条例》的规定，设计单位的安全责任包括（　　）。

A. 审查专项施工方案

B. 向施工单位提供施工现场的地下管线资料

C. 发现施工安全隐患及时报告建设单位

D. 在设计中提出预防生产安全事故的措施建议

9. 根据《建设工程安全生产管理条例》，关于意外伤害保险的说法，正确的是（　　）。

A. 意外伤害保险属于非强制险

B. 保险由建设单位办理

C. 实行施工总承包的，由施工总承包企业支付保险费

D. 保险期限自保险合同订立之日起至竣工验收合格之日止

10. 根据《建设工程安全生产管理条例》，总承包单位与分包单位在安全生产管理工作中的关系是（　　）。

A. 总承包单位对施工现场的安全生产负总责

B. 分包单位自己负责安全管理工作，不需要服从总承包单位的管理

C. 总承包单位对分包工程的安全生产不负有任何责任

D. 分包单位如果不服从总承包单位的安全生产管理，则总承包单位对分包单位的安全生产不负有任何责任

11. 某施工企业于 2004 年 3 月 1 日取得安全生产许可证，该许可证至（　　）届满。

A. 2006 年 3 月 1 日　　　　　　　B. 2007 年 3 月 1 日

C. 2008 年 3 月 1 日　　　　　　　D. 2009 年 3 月 1 日

12. 《建设工程安全生产管理条例》规定，施工单位采用新技术、新工艺、新设备、新材料时，应对作业人员进行相应的（　　）。

A. 技术交底　　　　　　　　　　　B. 安全生产教育培训

C. 安全培训　　　　　　　　　　　D. 技术培训

11.6.2　多选题

1. 根据《建设工程安全生产管理条例》，下列（　　）是建设单位安全生产管理的主要责任和义务。

A. 向施工单位提供有关资料

B. 不得向有关单位提出影响安全生产的违法要求

C. 不得明示或暗示施工单位使用不符合安全施工要求的物资

D. 及时报告安全生产事故隐患

E. 保证安全生产投入

2. 根据《建设工程安全生产管理条例》，施工单位在使用施工起重机械和整体提升脚手架、模板等自升式架设设施前，应当组织有关单位进行验收，使用承租的机械设备和施工机具及配件的，由（　　）共同进行验收。

　　A. 施工总承包单位　　B. 分包单位　　C. 出租单位
　　D. 安装单位　　　　　E. 建设单位

3. 根据《建设工程安全生产管理条例》，下列（　　）属于施工单位安全生产基本保障措施。

　　A. 安全生产费用应当专款专用
　　B. 施工单位应当设立安全生产管理机构，配备专职安全生产管理人员
　　C. 特种作业人员应当接受培训并持证上岗
　　D. 编制安全技术措施及专项施工方案
　　E. 在危险部位设置安全警示标志

4. 根据《建设工程安全生产管理条例》，下列（　　）是设计单位安全生产管理的主要责任和义务。

　　A. 按照法律、法规和工程建设强制性标准进行设计，防止因设计不合理导致安全生产事故的发生
　　B. 考虑施工安全操作和防护的需要，对涉及施工安全的重点部位和环节在设计文件中注明，并对防范安全生产事故提出指导意见
　　C. 采用新工艺的建设工程，设计单位不必在设计中提出预防生产安全事故的措施和建议
　　D. 设计单位应当对其设计负责
　　E. 注册建筑师等注册执业人员应当对其设计负责

5. 下列对于安全生产许可证的说法正确的有（　　）。

　　A. 安全生产许可证的有效期为5年
　　B. 未取得安全生产许可证的企业，不得从事建筑施工活动
　　C. 建设主管部门在颁发施工许可证时，必须审查安全生产许可证
　　D. 企业未发生死亡事故的，许可证有效期届满时自动延期
　　E. 企业未发生死亡事故的，许可证有效期届满时，经原办证机关同意，可延期

6. 对于达到一定规模且危险性较大的基坑支护与降水分部工程施工，下列做法正确的有（　　）。

　　A. 施工方案中应附具安全验算结果
　　B. 应由专职安全生产管理人员进行现场监督
　　C. 施工单位在施工组织设计中编制安全技术措施即可
　　D. 施工方案应经施工单位项目经理、总监理工程师签字后实施
　　E. 施工方案应经施工单位技术负责、总监理工程师签字后实施

7. 《建设工程安全生产管理条例》规定，施工现场的安全防护用具、机械设备、施工机具及配件必须（　　）。

　　A. 由专人管理　　　　　　　　　　B. 堆放在特定位置

C. 定期检查、维修和保养　　　　　　D. 建立相应的资料档案
E. 按照国家规定及时报废

11.7 拓 展 训 练

某施工企业已中标,即将签署施工合同,请根据安全管理制度,提交该项目安全管理前期法律意见书。

任务 12

安全事故与法律纠纷处理

引 例 1

某工程公司承建某道路改造工程，施工中发现路段中有一污水池埋在地下，需要对其进行抽水，但几天过后，水仍未抽完。该路段施工负责人张某便安排土石方班工人在池南侧墙角上开凿排水口，由于污水池是毛石混凝土结构，人工开凿有难度，安全员罗某安排炮工放了一炮，最后在污水池墙角开成一个高约 1m，顶宽为 30~40cm 的倒三角形的排污口进行排污。但是排污口仍无法排完池里的污水，施工员又安排土石方班沿池侧墙开挖一条排污沟槽，并在排污沟槽内对池侧墙底部开洞排污。经过开挖，沟槽接近污水池底部。开挖过程中，污水池顶部的三根连梁已被凿掉两根。某日因下雨停工后，第二天土石方班继续开挖和清理污水槽底，当沿污水池纵墙垂直下挖的沟槽底部低于化粪池底板时，污水池纵墙从开口处开始坍塌，在该段沟槽内作业的 5 名工人中有 3 人被压在了毛石混凝土墙下，其中 2 人当场死亡，1 人在送到医院后经抢救无效死亡。

引导问题：根据引例 1 讨论以下问题。

(1) 防止安全事故的措施有哪些？

(2) 试分析该次事故原因，总结事故教训并提出防范措施。

(3) 安全事故涉及哪些纠纷？应如何认定？

12.1 任 务 导 读

12.1.1 任务描述

一家房地产开发企业与 A 企业就金强大学城商业街项目签订的施工合同正在履行。你现接受 A 企业委托，为其提供安全管理的后期法律服务，并提交该项目的安全管理后期法律意见书。

12.1.2 任务目标

（1）按照正确的方法和途径，收集安全管理相关法律资料。

（2）依据资料分析结果，确定该次任务工作步骤。

（3）按照工作时间限定，完成该次安全事故和相关法律纠纷处理，并提交后期法律建议书。

（4）通过完成该任务，提出后续工作建议，完成自我评价，并提出改进意见。

12.2 相关理论知识

12.2.1 生产安全事故预防与处理机制

引 例 2

某建筑施工单位有从业人员 1000 多人。该单位安全部门的负责人多次向主要负责人提出要建立应急救援组织。但单位负责人另有看法，认为建立这样一个组织，平时用不上，还需要花钱养着，划不来。真有了事情，可以向上级报告，请求他们给予支援就行了。由于单位主要负责人有这样的认识，该建筑施工单位就一直没有建立应急救援组织。

引导问题：该建筑施工单位的做法是否正确？

1. 制定应急救援预案，建立应急救援组织

应急救援预案是指事先制定的关于特大生产安全事故发生时进行紧急救援的组织、程序、措施、责任以及协调等方面的方案和计划。应急救援组织是指单位内部建立的专门负责对事故进行抢救的组织。建立应急救援组织，对于发生生产安全事故后进行迅速、有效地抢救，避免事故进一步扩大，减少人员伤亡，降低经济损失具有重要意义。

相 关 链 接

《中华人民共和国安全生产法》第六十八条和《建设工程安全生产管理条例》第四十七条均规定了县级以上地方各级人民政府有组织有关部门制定本行政区域内特大生产安全事故应急救援预案和建立应急救援体系的义务。

《中华人民共和国安全生产法》第六十九条、《建设工程安全生产管理条例》第四十八条规定，建筑施工单位应建立应急救援组织；生产经营规模较小，可以不建立应急救援组织的，应指定兼职的应急救援人员，并定期组织演练。建筑施工单位还应配备必要的应急救援器材、设备，并进行经常性维护、保养，保证其正常运转。

可见，引例 2 是一起建筑施工单位不依法建立应急救援组织的案件。引例 2 中的建筑施工单位有 1000 多名从业人员，明显属于《中华人民共和国安全生产法》第六十九条规定的应当建立应急救援组织的情况。但该单位主要负责人却不算安全账，不建立应急救援组织。这种行为是违反《中华人民共和国安全生产法》有关规定的，有关负有安全生产监督管理职责的部门应责令其予以纠正。因此施工单位的应急救援预案应满足以下要求。

(1) 所有施工单位都应制定应急救援预案，建立专门从事应急救援工作的组织机构。一旦发生生产安全事故，应急救援组织应迅速、有效地投入抢救工作，防止事故的进一步扩大，最大限度地减少人员伤亡和财产损失。对一些施工规模较小、从业人员较少、发生事故时应急救援任务相对较轻的施工单位，可以配备能够胜任的兼职应急救援人员来保证应急救援预案的实施。

(2) 应急救援人员应经过培训和必要的演练，使其了解本行业安全生产的方针、政策和安全救护规程；掌握救援行动的方法、技能和注意事项；熟悉本单位安全生产情况；掌握应急救援器材、设备的性能、使用方法。

(3) 施工单位应根据生产经营活动的性质、特点及应急救援工作的实际需要，有针对、有选择地配备应急救援器材、设备，并保证这些器材、设备处于正常运转状态。

(4) 对职工进行消防安全培训，普及消防知识。对于不同的预案，要有计划地组织救援人员培训，定期进行演练，以使配备的应急救援物资、人员符合实际发生事故时的需要。

2. 施工单位在施工现场落实应急预案责任的划分

《建设工程安全生产管理条例》第四十九条规定，施工单位应当根据建设工程施工的特点、范围，对施工现场易发生重大事故的部位、环节进行监控，制定施工现场生产安全事故应急救援预案。实行施工总承包的，由总承包单位统一组织编制建设工程生产安全事故应急救援预案，工程总承包单位和分包单位按照应急救援预案，各自建立应急救援组织或者配备应急救援人员，配备救援器材、设备，并定期组织演练。此条规定了施工单位在施工现场应急预案的责任划分。

为了贯彻"安全第一、预防为主"的安全生产方针，施工单位应根据工程特点、施工范围，在开工前对施工过程进行安全策划，对可能出现的危险因素进行识别，列出重大危险源，制定消除或减小危险性的安全技术方案、措施，对易发生重大事故的作业、脚手架、施工用电、基坑支护、模板支撑、起重吊装、塔吊、物料提升机及其他垂直运输设备、爆破、拆除工程等应有专项技术方案并落实控制措施进行监控；制定施工现场生产安全事故应急救援预案，对可能发生的事故及随之引发的伤害和其他影响采取抢救行动。

实行施工总承包的，施工总承包单位要对施工现场的施工组织和安全生产进行统一管理和全面负责。因此工程项目的生产安全事故应急救援预案应由总承包单位统一组织、编制，分包单位应服从总承包单位的管理，总承包单位与分包单位按照事故应急救援预案，各自建立应急救援组织或配备应急救援人员。对配备的救援器材、设备，要定期维护保养，并定期组织培训演练。

12.2.2 安全事故的调查处理

安全事故发生后，施工单位应按照国家有关伤亡事故报告和调查处理的规定，及时、如实地向负责安全生产监督管理的部门、建设行政主管部门或者其他有关部门报告。事故调查处理应当按照"实事求是、尊重科学"的原则，及时、准确地查清事故原因，查明事故性质和责任，总结事故教训，提出整改措施，并对事故责任者提出处理意见。《生产安全事故报告和调查处理条例》规定了事故调查和处理的具体办法。

任务12 安全事故与法律纠纷处理

1. 事故调查机关

特别重大事故由国务院或者国务院授权有关部门组织事故调查组进行调查。重大事故、较大事故、一般事故分别由事故发生地省级人民政府、设区的市级人民政府、县级人民政府负责调查。省级人民政府、设区的市级人民政府、县级人民政府可以直接组织事故调查组进行调查，也可以授权或者委托有关部门组织事故调查组进行调查。未造成人员伤亡的一般事故，县级人民政府也可以委托事故发生单位组织事故调查组进行调查。

上级人民政府认为必要时，可以调查由下级人民政府负责调查的事故。自事故发生之日起 30 日内（道路交通事故、火灾事故自发生之日起 7 日内），因事故伤亡人数变化导致事故等级发生变化，依照规定应当由上级人民政府负责调查的，上级人民政府可以另行组织事故调查组进行调查。

特别重大事故以下等级的事故，事故发生地与事故发生单位不在同一个县级以上行政区域的，由事故发生地人民政府负责调查，事故发生单位所在地人民政府应派人参加。

2. 事故报告内容

报告事故包括：事故发生单位概况；事故发生的时间、地点以及事故现场情况；事故的简要经过；事故已经造成或者可能造成的伤亡人数（包括下落不明的人数）和初步估计的直接经济损失；已经采取的措施；其他应当报告的情况。事故报告后出现新情况的，应当及时补报。自事故发生之日起 30 日内，事故造成的伤亡人数发生变化的，应当及时补报。

3. 事故救援与现场保护

事故发生单位负责人接到事故报告后，应当马上启动事故相应应急预案，或者采取有效措施，组织抢救，防止事故扩大，减少人员伤亡和财产损失。

事故发生后，有关单位和人员应当妥善保护事故现场以及相关证据，任何单位和个人不得破坏事故现场、毁灭相关证据。因抢救人员、防止事故扩大以及疏通交通等原因，需要移动事故现场物件，应当做出标志，绘制现场简图并做出书面记录，妥善保存现场重要痕迹和物证。

事故发生地有关地方人民政府、安全生产监督管理部门和负有安全生产监督管理职责的有关部门接到事故报告后，其负责人应当立即赶赴事故现场，组织事故救援。任何单位和个人都应当支持、配合事故抢救，并提供一切便利条件。防范和整改措施的落实情况应接受社会和职工的监督。安全生产监督管理部门和负有安全生产监督管理职责的有关部门也应对事故发生单位落实防范和整改措施的情况进行监督检查。事故处理的情况由负责事故调查的人民政府或者其授权的有关部门、机构向社会公布，依法应当保密的除外。

引例 3

2006 年 12 月 14 日，由中建三局一公司总承包的国电长源荆门发电有限公司 2×600MW 机组主厂房及炉后工程，江苏天目建设集团有限公司分包的钢煤斗制作与安装工程，江苏天目建设集团公司 1 名施工人员（邓兵）在楼面传递物品，3 名施工人员（史雨生、刘德林、余长奇），在钢煤斗顶部进行 7#机组第 6 个煤斗的盖板安装焊接施工。两边的两块扇形盖板已就位固定，中间两块梯形盖板分别搁置于两边扇形盖板之上，需要将其向圆心移动就位后焊接固定。在用葫芦牵引就位的过程中导致第 3 块和第 4 块钢板从两侧，同时向中间移动，余长奇先随一块钢板坠落于煤斗中；又从煤斗口坠落于地面，最后史雨生、刘德林随之坠落，并被钢板卡住，3名当事人2死1伤。

引导问题：该引例中涉及各方的法律责任应如何认定？

【案例评析】

引例3中事故的原因如下。

(1) 直接原因：①施工过程中土方堆置不合理。土方堆置未按规范单侧堆土高度不得超过1.5m、离沟槽边距离不得小于1.2m要求进行，实际堆土高度达2m，距沟槽边距离仅1m。②现场土质较差。现场为原沟浜回填土约4m深，且紧靠开挖的沟槽，其中夹许多垃圾，土体非常松散。

(2) 间接原因：①施工现场安全措施针对性较差。未能考虑员工逃生办法，对事故的预见性较差，麻痹大意。②施工人员安全意识较淡薄。对三级安全教育、安全技术交底、进场安全教育未能引起足够的重视，凭经验作业。③坑底作业人员站位不当，自身防范意识不强，逃生时晕头转向，从而发生了事故。④施工现场管理不力。由于刚进场作业，对安全生产方面准备不充分，思想上未能引起足够的重视，管理不到位。

(3) 主要原因：①施工过程中土方堆置不合理。②开挖后未按规定进行，在深度达1.2m时，应及时进行分层支撑，而实际开挖至2m后才开始支撑挡板。③现场土质较差，土体非常松散。

事故预防及控制措施：①暂停施工，进行全面安全检查整改。②召开事故现场会进一步对职工进行安全教育。③制定针对性强的施工安全技术措施和安全操作规程作业，对上岗职工进行安全技术交底，配备足够的施工保护设施用品如横列板、钢板柱、逃生扶梯等，并督促落实。

12.2.3 建设工程安全生产法律责任

1. 事故责任的种类与划分

目前，我国的法律法规对安全责任的设定主要有行政首长负责制、层级责任制、岗位责任制和技术责任制4种。

(1) 按违法行为的性质、产生危害后果的大小来划分，主要包括：行政责任、民事责任和刑事责任。

(2) 按事故发生的因果关系来划分有直接责任和间接责任。

① 直接责任。直接责任是指行为人的行为与事故有着直接的因果关系。一般根据事故发生的直接原因确定直接责任者。

② 间接责任。间接责任是指行为人的行为与事故有着间接的因果关系。一般根据事故发生的间接原因确定间接责任者。

(3) 按事故责任人的过错严重程度来划分有主要责任与次要(重要)责任，全部责任与同等责任。

① 主要责任。主要责任是指行为人的行为导致事故的直接发生，对事故的发生起主要作用。一般由肇事者或有关人员负主要责任。

② 次要(重要)责任。次要(重要)责任是指行为人的行为不一定导致事故的发生，但由于不履行或不正确履行其职责，对事故的发生起重要作用或间接作用。

③ 全部责任。全部责任是指行为人的行为导致事故的直接发生,与其他行为人的行为无关。

④ 同等责任。同等责任是指两个或两个以上行为人的行为共同导致事故的发生,对事故的发生起同等的作用,承担相同的责任。

(4) 按领导的隶属关系或管理与被管理的关系来划分有直接领导责任与领导责任。

① 直接领导责任。直接领导责任是指事故行为人的直接领导者对事故的发生应当承担的责任。

② 领导责任。领导责任是指除事故行为人的直接领导外的有层级管理关系的其他领导者对事故的发生应当承担的责任。

(5) 按行政机关、职能部门、管理机构的职责来划分有监管不力责任。行政机关、职能部门、管理机构对职责范围的安全生产有监管职责,如果工作不力或玩忽职守就要负监管不力责任。

(6) 按建设工程的安全责任主体来划分有建设单位、勘察单位、设计单位、监理单位、施工单位以及为建设工程提供机械设备和配件的单位、安拆起重机械或整体脚手架等有关服务单位的安全责任。

2. 事故责任的认定

1) 建设单位承担事故责任的认定

建设单位有下列情形之一的,负相应管理责任。

(1) 工程没有领取施工许可证擅自施工。

(2) 建设单位违章指挥。

(3) 提出压缩合同工期等不符合建设工程安全生产法律法规和强制性标准的要求。

(4) 将工程发包给不具备相应资质等级或无安全生产许可证的单位施工。

(5) 将工程勘察、设计业务发包给不具备相应资质等级的勘察、设计单位。

(6) 施工前未按要求向承包方提供与工程施工作业有关的资料,致使承包方未采取相应的安全技术措施。

(7) 建设单位直接发包的施工单位与同一施工现场其他施工单位进行交叉作业,或建设单位直接将分包工程发包给分包施工单位(总承包方又不收取管理费用)导致发生生产安全事故。

2) 勘察单位承担事故责任的认定

勘察单位有下列情形之一的,负相应勘察责任或主要责任。

(1) 在勘察作业时,未采取相应安全技术措施,致使各类管线、设施和周边建筑物或构筑物破坏或坍塌。

(2) 未按工程建设强制性标准进行勘察,提供的勘察文件不实或严重错误导致发生生产安全事故。

3) 设计单位承担事故责任的认定

设计单位有下列情形之一的,负相应设计责任或连带责任。

(1) 未根据勘察文件或未按工程建设强制性标准进行设计,提供的设计文件不实或严重错误导致发生生产安全事故。

(2) 对涉及施工的重点部位、环节在提供的设计文件中未注明预防生产安全事故措施意见。

(3) 指定的建筑材料、构配件是发生生产安全事故的主要因素。

4) 监理单位承担事故责任的认定

监理单位有下列情形之一的，负相应监理责任或连带责任。

(1) 未对安全技术措施或专项施工方案进行审查签字。

(2) 未对施工企业的安全生产许可证和项目经理、技术负责人等资格进行审查。

(3) 发现安全隐患未及时要求施工企业整改，或暂停施工。

(4) 施工企业对安全隐患拒不整改或不停止施工时，未及时向有关管理部门报告。

(5) 未依照法律法规和工程建设强制性标准实施监理。

5) 施工单位承担事故责任的认定

(1) 总承包与分包施工单位间的事故责任的认定按下列不同情形认定。

① 总承包方向分包方收取管理费用，分包方发生安全事故的，总承包方负连带管理责任，分包方负主要责任。

② 总承包方违法分包或转包给不具备相应资质等级，或无安全生产许可证的单位施工发生安全事故的，总承包方负主要责任。

③ 总承包方在施工前未按要求向分包方提供与工程施工作业有关的资料，致使分包方未采取相应安全技术措施发生安全事故的，总承包方负主要责任。

④ 总承包方与分包方在同一施工现场发生塔吊碰撞的，总承包方负主要责任，但由于违章指挥、违章作业发生塔吊碰撞的，由违章指挥、违章作业人员所在单位负主要责任。

⑤ 作业人员任意拆改安全防护设施发生安全事故的，由拆改人员所在单位负主要责任。

⑥ 由于前期施工质量缺陷或隐患发生安全事故的，由前期施工的单位负主要责任。

(2) 非总包与分包关系，在同一施工区域的两个施工单位间的事故责任按下列不同情形认定。

① 双方履行职责均无过错的，由双方共同承担事故责任。

② 由于安管责任不落实或安全技术措施不当发生安全事故的，由肇事单位负全部责任或主要责任。

③ 发生塔吊碰撞的，由后安装塔吊的单位负主要责任。

3. 安全责任人的直接责任或主要责任的认定

有下列情形之一的，负直接责任或主要责任。

(1) 违章指挥、违章冒险作业造成安全事故。

(2) 忽视安全、忽视警告，操作错误造成安全事故。

(3) 不进行安全技术交底。

综上所述，引例3涉及的法律责任可做出以下认定。

(1) 史雨生、刘德林、余长奇3人未配套好个人防护用品、违章操作，对此事故负有直接责任。

(2) 江苏天目建设集团有限公司对操作人员疏于管理，安全施工措施不到位，对此事故负有主要责任。

(3) 江苏天目建设集团有限公司的项目负责人杨建方，未落实安全生产责任制、安全规章制度和操作规程，放任自流，对此事故负有重要领导责任。

（4）中建三局一公司未安排管理人员进行现场安全管理，未严格履行总包单位的安全责任，对此事故负有连带责任。

（5）中建三局一公司的项目负责人张云红，未严格履行项目的安全监管职责，对此事故负有领导责任。

（6）中建三局一公司的安全管理责任人杨明洲，未严格履行现场安全管理职责，对此事故负有直接管理责任。

（7）湖北鄂电建设监理公司未履行安全监理职责，对此事故负有重要管理责任。

（8）项目总监张安祖履行安全监理职责不到位，对此事故负有领导责任。

相关链接

1. 建设单位法律责任

（1）建设单位未提供建设工程安全生产作业环境及安全施工措施所需费用的，责令限期改正；逾期未改正的，责令该建设工程停止施工。建设单位未将保证安全施工的措施或者拆除工程的有关资料报送有关部门备案的，责令限期改正，给予警告。

（2）建设单位有下列行为之一的，责令限期改正，处20万元以上、50万元以下的罚款；造成重大安全事故，构成犯罪的，对直接责任人员，依照刑法有关规定追究刑事责任；造成损失的，依法承担赔偿责任。

① 对勘察、设计、施工、工程监理等单位，提出不符合安全生产法律、法规和强制性标准规定的要求的。

② 要求施工单位压缩合同约定工期的。

③ 将拆除工程发包给不具有相应资质等级的施工单位的。

2. 勘察设计单位法律责任

勘察单位、设计单位有下列行为之一的，责令限期改正，处10万元以上、30万元以下的罚款；情节严重的，责令停业整顿，降低资质等级，直至吊销资质证书；造成重大安全事故，构成犯罪的，对直接责任人员，依照《中华人民共和国刑法》有关规定追究刑事责任；造成损失的，依法承担赔偿责任。

（1）未按照法律、法规和工程建设强制性标准进行勘察、设计的。

（2）采用新结构、新材料、新工艺的建设工程和特殊结构的建设工程，设计单位未在设计中提出保障施工作业人员安全和预防生产安全事故的措施建议的。

3. 施工单位法律责任

1）未健全安全生产管理制度的法律责任

施工单位有下列行为之一应，责令限期改正；逾期未改正的，责令停业整顿，并依照《中华人民共和国安全生产法》的有关规定处以罚款；造成重大安全事故，构成犯罪的，对直接责任人员，依照刑法有关规定追究刑事责任。

（1）未设立安全生产管理机构、配备专职安全生产管理人员或者分部分项工程施工时无专职安全生产管理人员现场监督的。

（2）施工单位的主要负责人、项目负责人、专职安全生产管理人员、作业人员或者特种作业人员，未经安全教育培训或者经考核不合格即从事相关工作的。

(3) 未在施工现场的危险部位设置明显的安全警示标志，或者未按照国家有关规定在施工现场设置消防通道、消防水源、配备消防设施和灭火器材。

2）作业人员违章作业的法律责任

作业人员不服管理、违反规章制度和操作规程冒险作业造成重大伤亡事故或者其他严重后果，构成犯罪的，依照刑法有关规定追究刑事责任。

3）降低安全生产条件的法律责任

施工单位取得资质证书后，降低安全生产条件的，责令限期改正；经整改仍未达到与其资质等级相适应的安全生产条件的，责令停业整顿，降低其资质等级直至吊销资质证书。

4）无安全生产许可证生产的法律责任

未取得安全生产许可证擅自进行生产的，责令停止生产，没收违法所得，并处10万元以上、50万元以下的罚款；造成重大事故或者其他严重后果，构成犯罪的，依法追究刑事责任。

5）未办理安全生产许可证延期手续的法律责任

安全生产许可证有效期满未办理延期手续，继续进行生产的，责令停止生产，限期补办延期手续，没收违法所得，并处5万元以上、10万元以下的罚款；逾期仍不办理延期手续，继续进行生产的，依照1)中的规定处罚。

6）转让安全生产许可证的法律责任

转让安全生产许可证的，没收违法所得，处10万元以上、50万元以下的罚款，并吊销其安全生产许可证；构成犯罪的，依法追究刑事责任；接受转让的，依照1)中的规定处罚。

7）冒用或者使用伪造的安全生产许可证的法律责任

冒用安全生产许可证或者使用伪造的安全生产许可证的，依照1)中的规定处罚。

4．工程监理单位

工程监理单位有下列行为之一的，责令限期改正；逾期未改正的，责令停业整顿，并处10万元以上、30万元以下的罚款；情节严重的，降低资质等级，直至吊销资质证书；造成重大安全事故，构成犯罪的，对直接责任人员，依照刑法有关规定追究刑事责任；造成损失的，依法承担赔偿责任。

(1) 未对施工组织设计中的安全技术措施或者专项施工方案进行审查的。

(2) 发现安全事故隐患未及时要求施工单位整改或者暂时停止施工的。

(3) 施工单位拒不整改或者不停止施工，未及时向有关主管部门报告的。

(4) 未依照法律、法规和工程建设强制性标准实施监理的。

5．其他相关单位法律责任

1）提供机械设备和配件单位

为建设工程提供机械设备和配件的单位，未按照安全施工的要求配备齐全有效的保险、限位等安全设施和装置的，责令限期改正，处合同价款1倍以上、3倍以下的罚款；造成损失的，依法承担赔偿责任。

2）出租单位

出租单位出租未经安全性能检测或者经检测不合格的机械设备和施工机具及配件的，

责令停业整顿，并处 5 万元以上、10 万元以下的罚款；造成损失的，依法承担赔偿责任。

3）自升式架设设施安装、拆卸单位

施工起重机械和整体提升脚手架、模板等自升式架设设施安装、拆卸单位有下列行为之一应，责令限期改正，处 5 万元以上、10 万元以下的罚款；情节严重的，责令停业整顿，降低资质等级，直至吊销资质证书；造成损失的，依法承担赔偿责任。

（1）未编制拆装方案、制定安全施工措施的。

（2）未由专业技术人员现场监督的。

（3）未出具自检合格证明或者出具虚假证明的。

（4）未向施工单位进行安全使用说明，办理移交手续的。

施工起重机械和整体提升脚手架、模板等自升式架设设施安装、拆卸单位有前款规定的(1)、(3)行为，经有关部门或者单位职工提出后，对事故隐患仍不采取措施，因而发生重大伤亡事故或者造成其他严重后果，构成犯罪的，对直接责任人员，依照《中华人民共和国刑法》有关规定追究刑事责任。

应用案例 12-1

某建筑公司正在施工向阳住宅小区 6 号楼，在施工中，施工队瓦工章某负责在钢筋混凝土平台砌墙，由于马虎，没有按施工顺序进行砌墙，错将标高以上的墙体砌好。如果不拆除上部墙体，平台就无法继续施工，瓦工班长发现后要求章某将其拆除。章某当时表示服从，待班长离开后，章某为贪图方便，投机取巧，自作主张，改变施工方法，擅自在平台板插筋处，沿墙体水平方向用凿子开槽，以图达到钢筋既能伸进墙体又不用拆除上部墙体的目的。因当时作业面较多，班长未能及时发现章某的错误做法。大约 7 时 45 分，当槽口增到 2m 长时，墙体突然向内侧倒塌(墙宽 2.4m，高 1.6m)，章某躲避不及，被倒塌的墙体压在底下。在场人员发现后将他救出送往医院，终因下腹多处压伤和失血性休克经抢救无效死亡。事故发生后，直接和间接经济损失达 8 万元。

引导问题：试分析事故原因，提出事故教训与防范措施。

【案例评析】

事故原因分析：瓦工章某不听从班长的安排拆除砌错的墙体，为省工时、图方便，擅自改变施工方法，在墙体根部凿槽，而且没有采取任何安全技术措施，致使墙倒、被砸死亡。造成这起事故的间接原因：①施工企业的安全生产责任制度和奖惩制度不明确、不完善，执行不严格。类似章某这种违章行为，不是短时间内直接形成的，而是长时间执行制度不严格所形成的。②施工现场基础管理和安全管理不扎实，责任不明确，日常的生产、质量、安全巡查不够，致使墙体错砌高达 1.6m；在拆除过程中又无人监工，致使墙体倒塌，操作人员躲闪不及。

大事故教训与防范措施：施工现场管理较差，技术交底不细，造成章某砌错墙。在随后的返工作业中，处理简单化，交代任务时未交代具体的操作要求及安全防护要求，客观上导致章某盲目违章作业行为的发生。企业所制定的安全管理规章制度、安全生产责任制度，需要真正贯彻落实到实处，如果没有落到实处，与没有制度差别不大。因此，在建设施工中，要处理好安全生产与进度、效益之间的关系，坚决制止冒险违章作业；加强对施工人员的教育，培养职工的自我保护能力和遇险的处置能力；现场处理问题要有严密措施，用科学态度来组织施工生产。应采取的防范措施：①加强施工现场安全监督检查，及时制止违章作业行为，不要等形成习惯性违章后再去纠正。②现场施工作安全技术交底要有针对性，要交代清楚，防止错误作业。③对于危险性较大的作业，要加强安全监督。

 应用案例 12-2

1992年4月底，某市胶鞋二厂准备拆除旧厂房，然后重新建筑厂房，以适应生产规模扩大的需要。该厂委会经研究决定，主要由本厂职工进行拆除工作，具体工作由该厂炼胶车间主任陈某负责。需要拆除的旧厂房是一幢二间二层的厂房，长为7m，高约6m，宽为6.2m，坐西朝东。一楼隔墙西部有一扇3.08m宽的铁拉门，门洞宽3m，用两块330mm×120mm×250mm的预制水泥扛梁，嵌固在门洞两边的砖墙上。5月31日上午，陈某带领6名职工先将铁拉门拆下，又将5隔窗框和一条木楼梯拆除。又上二楼平顶拆除屋顶板。他们为了把五孔板分离开来，就用大铁锤敲打，还用凿子凿。这天上午，他们敲凿完东墙檐口和北墙靠东部分，下午上班后，继续进行。大约12时25分，由于一楼铁拉门上方两块钢筋被拉断，另一块被压而弯曲，中间隔墙首先倒塌，二楼楼顶中间突然下塌，房子因此全部坍塌，正在拆房工作的多名职工全部被埋在坍塌的砖石中，造成6人死亡、1人重伤的恶性事故。

引导问题：试分析事故原因，提出事故教训与防范措施。

【案例评析】

事故原因分析：①决策的错误。拆除旧房应发包给具有相应资质的建筑工程队，不应把任务交给不懂建筑技术的人承担。②拆房顺序上的错误。先拆窗框、铁拉门、楼梯，后拆房顶，违反了建筑安装安全技术规程的有关规定。③拆除方法不当。在拆屋顶板的过程中始终用大铁锤敲打，使整幢房子受到了强烈振动，在振动力的冲击下，一楼铁拉门洞拱上的两根扛梁压力增大，使扛梁中部下坠，其中一根扛梁的钢筋拉断落下，墙体松散，造成整栋厂房的坍塌。

事故教训与防范措施：在建筑施工中，拆除作业相对而言比较简单，但是拆除作业最易发生事故，尤其是不懂建筑的人进行拆除作业时，更容易发生事故。按照《建筑安装工程安全技术规程》的有关规定，拆除工程在施工前，要组织技术人员和工人学习施工组织设计和安全操作规程；拆除工程的实施，必须在工程负责人员的领导和经常监督下进行；拆除建筑物，应该自上而下顺序进行等。将有关规定与这起事故相对照就可以看出，如果不出事故属于侥幸，出事故属于必然。在这起事故中，工厂领导的错误决策是导致事故发生的主要原因，应负有不可推卸的责任。

 应用案例 12-3

海口南方制罐有限公司在海口市仙桥一里筹建职工住宅楼，该工程由琼山区琼州建筑工程公司总承包，海口南方制罐有限公司与琼山区琼州建筑工程公司于2002年3月8日签订了《建筑工程承包合同书》。其后，琼山区琼州建筑工程公司又将桩基工程分包给海南省建筑设计院。海南省建筑设计院在2002年5月6日、7日压桩施工时，震坏了陈某的房屋，陈某于5月8日向被告单位工地经理报告，并强烈要求立即停止侵害自己的合法权益，并做出赔偿。被告海南省建筑设计院5月9日虽然派人上门查看，进行了登记，且已知道原告房屋所震裂的程度，但一直没再给原告答复，仍然继续违法施工，也没有向海口市城建局等有关部门报告。陈某5月24日不得不向海口市城建局报告，当日上午海口市城建局派出专家和领导查看现场，肯定了所看到的裂缝，多数裂缝是由打桩造成的，有些旧裂缝也加宽了。海口市城建局王科长最后总结发言，希望业主和施工单位对发生的问题要认真对待，处理不好问题，不能恢复压桩施工。但是被告对海口市城建局领导和专家的意见置之不理，仍然采取静压预制桩施工。6月19日6时40分，施工造成陈某房屋已产生的裂缝更宽，陈某蒙受更多损失。后陈某起诉至法院，要求被告对其损害房屋的行为进行赔偿。

引导问题：他人建筑施工损害自己房屋可以要求赔偿吗？

应用案例12-4

2001年12月2日10时，黎某头戴驾驶摩托车的头盔未经高明区富湾建筑工程公司（以下简称富湾建筑公司）允许进入正在施工的高明区泰和路阳光新屯工地推销产品，被施工现场坠落的木板击中受伤，原告黎某被送到医院接受治疗。另查，富湾建筑公司承建的阳光新工地四周封闭，只有北面留一门口出入，并安装有铁门，在门口的正上方及铁门的正面悬挂有"当心落物"等警示标志。

原审认为，原告未与被告有任何的业务往来，也不是被告工地的员工，其不是必须进入被告的工地的。而原告未经被告允许擅自进入被告正在施工的工地现场，其应该意识到潜在的危险。因此，原告无故进入被告的工地，过错在于原告，这也是这次损害事件的起因，原告对其自身受到的损害应承担相应的责任。被告的工地四周封闭，只留有一个出入口，且在出入口处悬挂有"当心落物"等警示标志，作为工地管理人的被告已尽了注意义务，其对原告受到的损害没有过错。因此原告的诉讼请求不成立，不予支持，判决驳回原告黎某的诉讼请求。

引导问题：施工单位充分履行了安全防范措施义务时，对他人在施工现场受伤可以免责吗？

12.3 任 务 实 施

(1) 根据本项目情况，完成安全事故防范与处理法律意见书。
(2) 根据本项目情况，完成安全管理法律纠纷防范与处理法律意见书。

提示：应包括常见纠纷种类、安全风险、管理重点、防范措施和纠纷处理办法几方面内容。

12.4 任 务 总 结

1. 任务问题

(1) 此次任务完成中存在的主要问题有哪些？
(2) 问题产生的原因有哪些？
(3) 提出相应的解决方法。

(4) 您认为还需加强哪些方面的指导(实际工作过程及理论知识)?

2. 自我总结

(1) 此次任务完成中存在的主要问题有哪些?

(2) 问题产生的原因有哪些?

(3) 请提出相应的解决方法。

(4) 您认为还需加强哪些方面的指导(实际工作过程及理论知识)?

12.5 知识点回顾

本次任务的完成主要涉及以下知识点：如何制定应急救援预案，建立应急救援组织；如何进行安全事故调查处理；建设工程安全生产法律责任的认定与承担。

12.6 基础训练

12.6.1 选择题

1. 根据国务院《生产安全事故报告和调查处理条例》，造成 2 人死亡的生产安全事故属于( )。

　　A. 特别重大事故　　B. 重大事故　　C. 较大事故　　D. 一般事故

2. 关于建设工程施工现场环境管理的说法，正确的是( )。

　　A. 施工现场用餐人数在 50 人以上的临时食堂，应设置简易有效的隔油池

　　B. 施工现场外围设置的围挡不得低于 1.5m

　　C. 一般情况下禁止各种打桩机械在夜间施工

　　D. 在城区、郊区城镇和居住稠密区，只能在夜间使用敞口锅熬制沥青

3. 生产安全事故的处理必须遵循一定的程序，做到( )的原则。

　　A. 整改措施不落实不放过

　　B. 事故原因不清不放过

　　C. 周围群众没受到教育不放过

　　D. 安全生产责任制不完善不放过

　　E. 事故责任者没受到教育不放过

4. 某工程设备安装阶段需要使用起吊能力为 10t 的吊车进行大型永久设备的吊装。承包商与设备租赁公司签订施工机械租赁合同时，应依据《安全生产管理条例》，要求该设备租赁公司提供( )。

　　A. 生产厂家的吊车制造许可证

　　B. 吊车出厂的产品合格证明

　　C. 机械燃油消耗定额证明

　　D. 租赁公司自行测试的安全性能检测记录

5. 按照施工单位事故报告要求，情况紧急时，事故现场有关人员可以直接向生产安全事故发生地( )建设主管部门和有关部门报告。

A. 市级人民政府 B. 县级以上人民政府
C. 镇级人民政府 D. 省级人民政府

6. 建设主管部门应当依照有关法律法规的规定,对因降低安全生产条件导致事故发生的施工单位给予( )的处罚。

A. 罚款 B. 暂扣或吊销安全生产许可证
C. 停业整顿 D. 降低资质等级或吊销资质证书

7. 下列行为中没有违反《安全生产法》的是( )。

A. 甲在发生安全事故后立即报告了本单位负责人,但是报告中的伤亡人数少于后来确定的人数
B. 安全事故发生地的地方人民政府在安全事故发生后,组织有关人员对安全事故调查,调查结果确定一个月后将事故情况上报
C. 安全事故发生地的地方人民政府在上报的报告中有意遗漏伤亡人数
D. 单位负责人在接到安全事故报告后没有迅速赶到事故现场

8. 学生张某暑假到某工地打工,项目负责人曾与工人王某口头商定,不管出现任何事故,公司最多赔付 5000 元。后在施工中,由于王某疏忽致使扣件坠落,砸伤了张某,发生医疗费 7000 元。下述说法正确的是( )。

A. 公司最多赔偿 5000 元
B. 张某应要求王某赔偿
C. 公司应赔偿医疗费 7000 元
D. 公司应赔偿 6000 元医疗费,另 1000 元由张某赔偿

9. 张某在脚手架上施工时,发现部分扣件松动而可能倒塌,所以停止了作业,这属于从业人员在行使( )。

A. 知情权 B. 拒绝权 C. 紧急避险权

10. 下列行为中违反《安全生产法》的是( )。

A. 甲发现了安全事故隐患后没有向现场安全管理人员报告,后发生事故
B. 乙发现脚手架要倒塌,在没有采取其他措施的情况下迅速逃离现场
C. 项目经理强行要求有恐高症的丙高空作业
D. 丁没有按照本单位要求在施工现场戴安全帽

12.6.2 案例分析

 案例 1

2002 年 4 月 6 日,在江苏某建设集团下属公司承接的某高层 5 号房工地上,项目部安排瓦工薛某、唐某拆除西单元楼内电梯井隔离防护。由于木工在支设 12 层电梯井时少预留西北角一个销轴洞,因而在设置十二层防护隔离时,西北角的搁置点采用一根 φ48 钢管从 11 层支撑至 12 层作为补救措施。由于薛某、唐某在作业时均未按要求使用安全带操作,而且颠倒拆除程序,先拆除 11 层隔离(薛某将用于补救措施的钢管亦一起拆掉),后拆除 12 层隔离。上午 10 时 30 分,薛某在进入电梯井西北角拆除防护隔离板时,3 个搁置点的钢管框架发生倾翻,人随防护隔离一起从 12 层(32m 处)高空坠落至电梯井底。事故

发生后，工地负责人立即派人将薛某急送至医院，但因薛某伤势严重，经抢救无效，于当日 12 时 30 分死亡。

问题：根据案例回答以下问题。

(1) 事故发生的原因是什么？

(2) 对事故责任者应如何处理？

(3) 该公司采取的整改措施有哪些？

案例 2

2002 年 3 月 13 日，在江苏某市政公司承接的苏州河滞留污水截流工程金钟路某号段工地上，施工单位正在做工程前期准备工作。为了交接地下管线情况、土质情况及实测原有排水管涵位置标高，下午 15 时 30 分开始进行地下管线探摸、样槽开挖作业。下午 4 时 30 分左右，当挖掘机将样槽挖至约 2m 深时，突然土体发生塌方，当时正在坑底进行挡土板作业的工人周某避让不及，身体头部以下被埋入土中，事故发生后，现场项目经理、施工人员立即组织人员进行抢救，并通知 120 救护中心、119 消防部门赶赴现场抢救，虽经多方抢救但未能成功，下午 5 时 20 分左右，周某在某中心医院死亡。

问题：根据该案例，回答以下问题。

(1) 该事故发生后应采取哪些应急措施？如何上报？

(2) 如何追究事故责任？

(3) 应提出哪些整改和预防措施？

12.7 拓 展 训 练

1. 事故经过

2003 年 12 月 1 日中午 11 时 30 分左右，某市某水泥构件有限公司起重操作工陈××与吴××两人在进行行车吊装水泥沟管作业。陈××用无线遥控操作行车运行，挂钩工吴××负责水泥沟管吊装。当行车吊装水泥沟管离地约 20cm 时，沟管出现摆动，碰撞陈××小腿，致使陈××后仰倒下，头部撞到身后堆放的水泥沟管内，经员工用厂车立即送该市第一人民医院，抢救无效死亡。

2. 事故原因

1) 直接原因

该公司职工陈××上岗作业，未经行车操作培训，未取得有效特种作业操作证件；在作业过程中，未佩戴劳动保护用品安全帽等，并且注意力不集中，当起吊物出现摆动时，对周围状况估计不足，采取措施不当，致使沟管碰撞本人小腿后仰倒地，头部撞到身后堆放的水泥沟管内，救治无效死亡。这些是造成此次事故的直接原因。

2) 间接原因

(1) 该公司法定代表人许××对安全生产工作领导不力，意识不强，措施不实，没有严格督促、检查本单位的安全生产工作，没有落实安全生产责任制。并雇佣无特种作业操作证人员操作特种设备，导致事故发生。

(2）李××作为分管生产负责人，没有履行"管生产，必须管安全"的责任，并在吊装作业过程中，未落实指挥人员，未督促落实劳动保护用品使用。致使陈××、吴××在吊装作业中，未佩戴安全帽，失去应有的安全保护。

（3）该公司职工吴××未取得有效特种作业操作资格证，在从事吊装过程中，与陈××配合不当，对吊装物（水泥沟管）出现摆动，没有及时采取措施，导致事故的发生。

（4）该公司在生产中忽视安全生产工作，对危险性较大的生产设备——起重行车未经有关部门验收合格，擅自投入使用，并在事故发生后，对事故现场保护措施不力。

依据《中华人民共和国安全生产法》的相关规定请回答以下问题。

（1）该公司起重操作工陈××对这起事故负什么责任？并说明理由。

（2）该公司法定代表人许××对这起事故负什么责任？并说明理由。

（3）该公司对这起事故负什么责任？并说明理由。

（4）该公司生产负责人李××对这起事故负什么责任？并说明理由。

（5）该公司吴××对这起事故负什么责任？并说明理由。

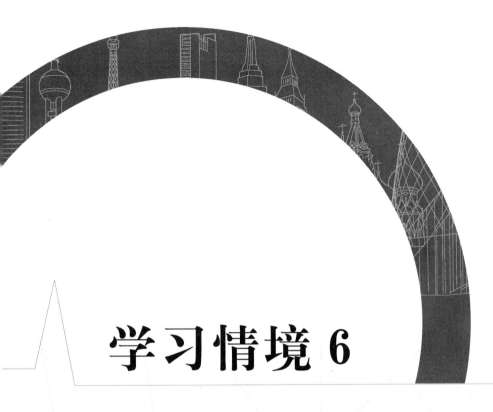

学习情境 6

建筑工程质量管理法律实务

任务 13 质量管理前期法律服务

引例 1

某市花园小区 6 号楼为 5 层砖混结构住宅楼，设计采用混凝土小型砌块砌筑，墙体交汇处和转角处加混凝土构造柱，施工过程中发现部分墙体出现裂缝，经处理后继续施工，竣工验收合格后，交付使用。业主入住后，装修时发现墙体空心，经核实，原来设计混凝土构造柱的地方只放置了少量钢筋，没有浇筑混凝土。最后经法定检测机构采用超声波检测法检测后，统计发现大约有 75% 的墙体中未按设计要求设置构造柱，只在 1 层部分墙体中有构造柱，造成了重大的质量隐患。

引导问题：根据该引例，讨论以下问题。

(1) 引起工程质量问题的原因有哪些？我国对工程质量的管理主要有哪些制度？

(2) 该砖混结构住宅楼工程质量验收的基本要求是什么？该工程有裂缝的墙体应如何验收？

(3) 该工程已交付使用，施工单位是否需要对此承担责任？为什么？

13.1 任务导读

我国建设工程质量管理体系包括宏观管理和微观管理两个方面。宏观管理贯穿于工程建设的全过程，是由建设行政主管部门及其委托授权机构实施，对建设工程质量所进行的监督管理。它对工程建设计划、规划、土地管理、环保、消防、工程建设主体资质认定和审查、成果质量检测、验证和奖惩、工程建设招投标、工程施工、验收、维修等方面进行监督管理。微观管理包括：一方面是工程承包单位，如勘察单位、设计单位、施工单位对所承担工作的质量管理，它们要按要求建立专门质检机构，配备相应的质检人员，建立相应的质量保证制度，如审核校对制、培训上岗制、质量抽检制、各级质量责任制和部门领导质量责任制等；另一方面是建设单位对所建工程的管理，它可成立相应的机构和人员，也可委托社会监督单位，对所建工程的质量进行监督管理。

本任务的完成需掌握以下质量管理制度：建设工程质量标准化制度、建设工程质量体系认证制度、建筑材料生产许可制度、建设工程质量检测制度、建设工程质量事故报告制度、竣工验收与备案制度、建设工程质量保修制度以及建设工程质量奖励制度。

13.1.1 任务描述

一家房地产开发企业已与 A 企业签订金强大学城商业街项目施工合同。你现接受 A 企业委托，为其提供质量管理的前期法律服务，并提交该项目所需法律意见书。

13.1.2 任务目标

（1）按照正确的方法和途径，收集质量管理相关法律资料。
（2）依据资料分析结果，明确发承双方质量保障义务，参与编制项目质量计划。
（3）按照工作时间限定，提出质量保障体系和质量验收工作法律建议。
（4）通过完成该任务，提出后续工作建议，完成自我评价，并提出改进意见。

13.2 相关理论知识

1. 建设工程质量标准化制度

1）工程建设标准分级

《中华人民共和国标准化法》将标准分为国际标准、行业标准、地方标准和企业标准。按该法第七条规定，国家标准、行业标准又分为强制性标准和推荐性标准。保障人体健康，人身、财产安全的标准和法律、行政法规规定强制执行的标准是强制性标准，其他标准是推荐性标准。

（1）国家标准。《中华人民共和国标准化法》第六条规定，对需要在全国范围内统一的技术要求，应制定国家标准。国家标准由国务院标准化行政主管部门制定。

（2）行业标准。《中华人民共和国标准化法》第六条规定，对没有国家标准而又需要在全国某个行业范围内统一的技术要求，可以制定行业标准。行业标准由国务院有关行政主管部门制定，并报国务院标准化行政主管部门备案，在公布国家标准之后，该项行业标准即行废止。

（3）地方标准。《中华人民共和国标准化法》第六条规定，对没有国家标准和行业标准而又需要在省、自治区、直辖市范围内统一的工业产品的安全、卫生要求，可以制定地方标准。地方标准由省、自治区、直辖市标准化行政主管部门制定，并报国务院标准化行政主管部门和国务院有关行政主管部门备案，在公布国家标准或者行政标准之后，该项地方标准即行废止。省、自治区、直辖市标准化行政主管部门制定的工业产品的安全、卫生要求的地方标准，在本行政区域内是强制性标准。

（4）企业标准。《中华人民共和国标准化法》第六条规定，企业生产的产品没有国家标准和行业标准的，应当制定企业标准，作为组织生产的依据。企业的产品标准须报当地政府标准化行政主管部门和有关行政主管部门备案。已有国家标准或者行业标准的，国家鼓励企业制定严于国家标准或者行业标准的企业标准，在企业内部适用。

任务13　质量管理前期法律服务

相关链接

工程建设标准是指为在工程建设领域内获得最佳秩序，对建设活动或其结果规定共同的和重复使用的规则、指导原则或特性文件，该文件经协商一致制定并经一个公认机构批准，以科学技术和实践经验的综合成果为基础，以促进最佳社会效益为目的。

工程建设标准化是指为在工程建设领域内获得最佳秩序，以实际的或潜在的问题制定共同的和重复使用的规则的活动。《中华人民共和国标准化法》自1989年4月1日起施行。中华人民共和国住房和城乡建设部组织有关单位共同对2000年版《工程建设标准强制性条文》（房屋建筑部分）进行了修订，形成了2002年版《工程建设标准强制性条文》，自2003年1月1日起施行。《工程建设标准强制性条文》是参与建设活动各方执行工程建设强制性标准和政府对执行情况实施监督的依据，列入强制性条文的所有条文都必须严格执行。

《工程建设标准强制性条文》由住房和城乡建设部负责管理和解释。

2）工程建设强制性标准的实施

严格执行工程建设强制性标准是工程建设主体的法定义务，是工程建设从业人员的法定责任，违法了强制性标准（违法），要承担相应的民事、行政甚至刑事责任。以下是各建设主体由此承担的相应责任。

（1）《建设工程质量管理条例》第十条规定，建设单位不得明示或暗示设计单位或施工单位违反工程建设强制性标准，降低建设工程质量。

（2）《建设工程质量管理条例》第十九条规定，勘察单位、设计单位必须按照工程建设强制性标准进行勘察、设计，并对勘察、设计的质量负责。

（3）《建设工程质量管理条例》第二十八条规定，施工单位必须按照工程设计图纸和施工技术标准施工，不得擅自修改工程设计，不得偷工减料。

（4）《建设工程质量管理条例》第三十六条规定，工程监理单位应依照法律、法规以及有关技术标准、设计文件和建设工程承包合同，代表建设单位对施工质量实施监理，并对施工质量承担监理责任。

3）实施工程建设强制性标准的监督管理

《建设工程质量管理条例》第四十四条、第四十七条规定，国务院建设行政主管部门和国务院铁路、交通、水利等有关部门应当加强对有关建设工程质量的法律、法规和强制性标准执行情况的监督管理；县级以上地方人民政府建设行政主管部门和其他有关部门应当加强对有关建设工程质量的法律、法规和强制性标准执行情况的监督检查。

（1）监督机构。《实施工程建设强制性标准监督规定》第六条、第八条对监督机构作了如下规定。

① 建设项目规划审查机构应对工程建设规划阶段执行强制性标准的情况实施监督。

② 施工图设计文件审查单位应对工程建设勘察、设计阶段执行强制性标准的情况实施监督。

③ 建筑安全监督管理机构应对工程建设施工阶段执行施工安全强制性标准的情况实施监督。

④ 工程质量监督机构应对工程建设施工、监理和验收等阶段执行强制性标准的情况

实施监督。

⑤ 工程建设标准批准部门应当定期对建设项目规划审查机关、施工图设计文件审查单位、建筑安全监督管理机构、工程质量监督机构实施强制性标准的监督进行检查，对监督不力的单位和个人，给予通报批评，建议有关部门处理。

(2) 监督检查内容。《实施工程建设强制性标准监督规定》第十条对监督检查的内容作了如下规定。

① 有关工程技术人员是否熟悉、掌握强制性标准。
② 工程项目的规划、勘察、设计、施工和验收等，是否符合强制性标准的规定。
③ 工程项目采用的材料、设备是否符合强制性标准的规定。
④ 工程项目的安全、质量是否符合强制性标准的规定。
⑤ 工程中采用的导则、指南、手册和计算机软件的内容是否符合强制性标准的规定。

2. 建设工程质量体系认证制度

《中华人民共和国建筑法》第五十三条规定，国家对从事建筑活动的单位推行质量体系认证制度。从事建筑活动的单位根据自愿原则可以向国务院产品质量监督管理部门或者国务院产品质量监督管理部门授权的部门认可的认证机构申请质量体系认证。经认证合格的，由认证机构颁发质量体系认证证书。

1) 质量管理体系的建立与运行

质量管理体系是组织建立质量方针和质量目标并实现这些目标的体系。主要包括：建立质量管理体系、编制质量管理体系文件和运行质量管理体系3个阶段工作内容。

(1) 建立质量管理体系。建立质量管理体系是根据质量管理的原则，在确定市场及顾客需求的前提下，制定组织的质量方针、质量目标、质量手册、程序文件和质量记录等体系文件，并将质量目标落实到相关层次、相关岗位的职能中，形成组织质量管理体系执行的系列工作。

(2) 编制质量管理体系文件。编制质量管理体系文件是质量管理体系的重要组成部分，是组织进行质量管理和质量保证的基础，也是保持体系有效运行和提供有效证据的重要基础工作。

(3) 运行质量管理体系。运行质量管理体系是指按照质量管理体系文件制定的程序、标准、工作要求及目标分解的岗位责任实施运行。

2) 质量管理体系的认证与监督

(1) 质量管理体系的认证程序。质量管理体系的认证程序是由具有公正性的第三方认证机构，依据质量管理体系的标准，审核组织质量管理体系要求的符合性和实施的有效性，进行独立、客观、科学、公正地评价，得出结论。质量管理体系的认证一般按照申请、审核、审批与注册的发证程序进行。

(2) 获准认证后的监督管理。组织获准认证后，应经常性地进行内部审核，保持质量管理体系运行的有效性，并每年接受一次认证机构对组织质量管理体系实施的监督管理。组织获准认证的有效期为3年。获准认证后监督管理的主要工作有组织通报、监督检查、认证注销、认证暂停、认证撤销、复评及重新换证等。

3. 建筑材料使用许可制度

建筑材料使用许可制度包括：建筑材料生产许可制度、建筑材料产品质量认证制度、建筑材料产品推荐制度和建筑材料进场检验制度。其目的是保证建设工程使用的建筑材料符合现行的国家标准、设计要求和合同约定，从而确保建设工程质量。

1）建筑材料生产许可制度

《中华人民共和国行政许可法》规定，政府对涉及建设工程中的对安全、卫生、环境保护和公共利益起决定性的建筑材料实行生产许可制度。生产如建筑用钢、水泥等建筑材料产品的企业必须具备许可证规定的生产条件、技术装备、技术人员和产品质量保证体系，经政府部门审核批准后，方可进行建筑材料的生产和销售。其生产和销售的建材产品或产品包装上除应标有产品检验合格证明外，还应标明生产许可证的编号、批准日期和有效期。

2）建筑材料产品认证制度

国家对重要的建筑材料和设备推行产品质量认证制度。经认证合格的产品或企业，由认证机构颁发质量认证证书，准许企业在其产品或包装上使用质量认证标志。同时，在其销售的产品或包装上除标有产品质量检验合格证明外，还应标明质量认证的编号、批准日期和有效期。使用单位经检验发现已认证的产品质量不合格的，有权向产品质量认证机构投诉。

3）建筑材料产品推荐使用制度

为造福子孙后代，国家推广使用民用建筑节能的新技术、新工艺、新材料和新设备，限制使用或者禁止使用能源消耗高的技术、工艺、材料和设备。国务院节能工作主管部门、建设主管部门应当制定、公布并及时更新推广使用、限制使用、禁止使用目录。住房和城乡建设部对尚未经过产品质量认证的节能降耗建材，各省、自治区、直辖市建设行政主管部门可以推荐使用，如墙体保温材料，玻璃、门窗型材料等。

引例 2

某施工承包单位承接了某市重点工程，该工程为现浇框架结构，地下2层，地上11层。在该工程地下室顶板施工过程中，钢筋已经送检。施工单位为了在雨季到来之前完成基础施工，在钢筋送检没有得到检验结果时，未经监理工程师许可，擅自进行混凝土施工。待地下室顶板混凝土浇筑完毕，钢筋检测结果出来后，发现此批钢筋有一个重要指标不符合规范要求，造成该地下室顶板工程返工。

引导问题：什么是建筑材料进场检验制度？该事件应如何处理？

4）建筑材料进场检验制度

《中华人民共和国建筑法》《建设工程质量管理条例》《工程建设标准强制性条文》规定，建筑承包企业必须加强对进场的建筑材料、构配件及设备的质量检查和检测。对所有建筑材料和构配件等必须进行复检。凡涉及结构安全的试块、试件以及有关材料，应按规定进行见证取样检测。见证取样和送检的比例，不得低于有关技术标准中规定应取样数量的30%。质量不合格的建筑材料、构配件及设备，不得在工程上使用，如果材料进场，应在见证的情况下退场。

可见，引例2中，施工单位应承担返工责任。因为地下室顶板未进行隐蔽验收，不能进行下一道工序；材料进场后，施工单位还应向监理机构提交工程材料报审表，附钢筋出厂合格证，技术说明书及按规定要求进行送检的检验报告，经监理工程师审查并确认合格后方可使用。

> **相关链接**
>
> 见证取样和送检是指在建设单位或工程监理单位人员的见证下，由施工单位的现场试验人员对工程中涉及结构安全的试块、试件和材料在现场取样，并送至经过省级以上建设行政主管部门对其资质认可和质量技术监督部门对其计量认证的质量检测单位进行检测的活动。

4. 建设工程质量检测制度

建设工程质量检测是指工程质量检测机构接受委托，依据国家有关法律、法规和工程建设强制性标准，对涉及结构安全项目的抽样检测和对进入施工现场的建筑材料、构配件的见证取样检测。它是政府进行建设工程质量监督管理工作的重要手段之一。

1）建设工程质量检测机构

建设工程质量检测机构是具有独立法人资格的中介机构，不得与行政机关，法律、法规授权的具有公共事务管理职能的组织，以及与所检测工程项目相关的设计单位、施工单位、监理单位有隶属关系或者其他利害关系。

2）建设工程检测机构的法律责任

《建设工程质量检测管理办法》第二十九条规定，检测机构违反本《办法》规定，有下列行为之一的，由县级以上地方人民政府建设主管部门责令改正，可并处1万元以上、3万元以下的罚款；构成犯罪的，依法追究刑事责任。

(1) 超出资质范围从事检测活动的。

(2) 涂改、倒卖、出租、出借、转让资质证书的。

(3) 使用不符合条件的检测人员的。

(4) 未按规定上报发现的违法违规行为和检测不合格事项的。

(5) 未按规定在检测报告上签字盖章的。

(6) 未按照国家有关工程建设强制性标准进行检测的。

(7) 档案资料管理混乱，造成检测数据无法追溯的。

(8) 转包检测业务的。

引例 3

某质量监督站派出的监督人员到施工现场进行检查，发现工程进度相对于施工合同中约定的进度，已经严重滞后。于是，质量监督站的监督人员对施工单位和监理单位提出了批评，并拟对其进行行政处罚。

引导问题：什么是建设工程质量监督制度？你认为质量监督站的决定正确吗？

5. 建设工程质量监督制度

建设工程质量监督是指政府依据法律、法规和强制性标准，对地基基础、主体结构、环境质量和与此相关的工程建设各方主体的质量行为，由政府认可的第三方强制监督。其主要目的是保证建设工程使用安全和环境质量，施工许可制度和竣工验收备案制度是其主要手段。它具有权威性和综合性两个特点。

工程质量政府监督并不局限于某一个阶段或某一个方面,而是贯穿于工程建设全过程,并适用于建设单位、勘察单位、设计单位、监理单位和施工单位。它也不局限于某一个工程建设项目,工程质量监督管理部门可以对本区域内的所有建设工程项目进行监督。

1)建设工程质量政府监督的性质与权限

政府质量监督实施是一种监督、检查、管理及执法的行为。政府的监督管理是宏观行为,通过委托由政府认可的第三方,即建设工程质量监督机构,来依法代行工程质量监督职能,并对委托的政府部门负责。政府部门主要对建设工程质量监督机构进行业务指导和管理,不进行具体的工程质量监督。

建设工程质量监督机构必须是经省级以上建设行政主管部门,或有关专业部门考核认定的独立法人。建设工程质量监督机构及其负责人、质量监督工程师和助理质量监督工程师,均应具备国家规定的基本条件。

《建设工程质量管理条例》规定,政府建设工程质量监督机构具有下列执法权限。

(1)接受政府委托,对建设工程质量进行监督,有权对建设工程参与各方行为进行检查。

(2)有权对工程质量检查情况进行通报,有权对差劣工程采取开具质量整改单及局部停工通知单的行政措施。

(3)接受政府委托,有权对参与建设各方的违法行为进行行政处罚。

(4)收取建设工程质量监督费,用于建设工程质量监督建设。

2)建设工程质量政府监督的职责

建设工程质量监督机构的主要职能包括以下几方面。

(1)监督检查施工现场工程建设参与各方主体的质量行为。核查施工现场工程建设各方主体及有关人员的资质或资格;检查勘察、设计、施工、监理单位的质量保证体系和质量责任制落实情况;检查有关质量文件、技术资料是否齐全并符合规定。

(2)监督检查建设工程实体的施工质量。主要是建设工程地基基础、主体结构和其他涉及结构安全和使用功能的施工质量。

(3)监督工程竣工质量验收。监督建设单位组织的工程竣工验收的组织形式、验收程序以及在验收过程中提供的有关资料和形成的质量评定文件是否符合有关规定;实体质量是否存有严重缺陷,工程质量验收是否符合国家标准。

可见,引例3中质量监督站的决定不正确。因为政府监督的依据是法律、法规和强制性标准,而不是合同,进度不符合合同要求不属于监督范围之内。即使应该予以行政处罚,监督人员应报告委托部门后实施,而不是由其直接处罚。

6.建设工程质量事故报告制度

《建设工程质量管理条例》第五十二条规定,建设工程发生质量事故,有关单位应在

24h 内向当地建设行政主管部门和其他有关部门报告。对重大质量事故，事故发生地的建设行政主管部门和其他有关部门应当按照事故类别和等级向当地人民政府、上级建设行政主管部门和其他有关部门报告。特别重大质量事故的调查程序按照国务院有关规定办理。

引例 4

某综合楼为现浇框架结构，地下1层，地上8层。主体结构施工到第6层时，发现2层竖向结构混凝土试块强度达不到设计要求，委托省级有资质的检测单位对2层竖向实体结构进行检测鉴定，认定2层竖向实体结构强度能够达到设计要求。

引导问题：什么是建设工程质量竣工验收与备案制度？2层竖向结构的质量应如何验收？

7. 建设工程质量竣工验收与备案制度

建设工程质量竣工验收是指建设单位在收到建设工程竣工报告后，应当组织设计、施工和工程监理等有关单位进行竣工验收，建设工程经验收合格的，方可投入使用。

1）工程竣工验收的范围和条件

凡新建、扩建、改建的基本建设项目和技术改造项目，按批准的设计文件所规定的内容建成，符合验收标准，即工业项目经过投料试车（带负荷运转）合格，形成生产能力的，非工业项目符合设计要求，能够正常使用的，都应及时组织验收，办理移交固定资产手续。建设工程经验收合格的，方可交付使用。建设工程竣工验收应当具备下列条件。

(1) 完成建设工程设计和合同约定的各项内容。

(2) 有完整的技术档案和施工管理资料。

(3) 有工程使用的主要建筑材料、建筑构配件和设备的进场试验报告。

(4) 有勘察、设计、施工、工程监理等单位分别签署的质量合格文件。

(5) 有施工单位签署的工程保修书。

2）工程竣工验收的依据

(1) 上级主管部门对该项目批准的各种文件，主要包括：可行性研究报告、初步设计以及与项目建设有关的各种文件。

(2) 工程设计文件，包括施工图纸及说明、设备技术说明书等。

(3) 国家颁布的各种标准和规范，包括现行的工程施工技术与质量验收规范、施工工艺标准、各专业技术规程等。

(4) 合同文件，包括施工承包的工作内容和应达到的标准，以及施工过程中的设计修改变更通知书等。

3）工程项目竣工质量验收的要求

《建设工程施工质量验收统一标准》（GB 50300—2001）中第303条规定，建设工程施工质量应按下列要求进行验收。

(1) 建设工程施工质量应符合《建设工程施工质量验收统一标准》（GB 50300—2001）和相关专业验收规范的规定。

(2) 建设工程施工应符合工程勘察、设计文件的要求。

(3) 参加工程施工质量验收的各方人员应具备规定的资格。

(4) 工程质量的验收均应在施工单位自行检查评定的基础上进行。

(5) 隐蔽工程在隐蔽前应由施工单位通知有关单位进行验收,并应形成验收文件。
(6) 涉及结构安全的试块试件以及有关材料,应按规定进行见证取样检测。
(7) 检验批的质量应按主控项目和一般项目验收。
(8) 对涉及结构安全和使用功能的重要分部工程应进行抽样检测。
(9) 承担见证取样检测及有关结构安全检测的单位应具有相应资质。
(10) 工程的观感质量应由验收人员通过现场检查,并应共同确认。

4) 工程竣工验收的程序与组织

(1) 工程竣工验收准备。工程竣工验收准备由施工承包单位组织各分包商、设备供应商等整理工程资料、绘制竣工图,准备工程竣工通知书、工程竣工申请报告、工程竣工验收鉴定证书和工程保修证书等。

(2) 工程竣工初步验收(预验收)。工程达到竣工验收条件后,施工承包单位在自查、自评工作完成后,填写工程竣工报验单,并将全部竣工资料报送项目监理机构,申请竣工验收。总监理工程师收到申请报告后,组织各专业监理工程师对竣工资料及各专业工程的质量情况进行全面检查。检查出的问题应及时以书面整改通知书的形式督促施工承包单位进行整改。监理工程师应认真审查竣工资料并督促施工承包单位做好工程保护和现场清理。经项目监理机构对工程竣工资料及工程实体全面检查、验收合格后,由总监理工程师签署工程竣工验收报验单,并向业主或建设单位提出质量评估报告。

(3) 工程竣工正式验收。业主或建设单位收到工程竣工验收报告后,由业主或建设单位的负责人或业主代表组织勘察、设计、监理、承包单位对工程进行正式验收,参加验收各方对工程验收质量进行评定,并通知建设行政主管部门的工程质量监管机构对工程验收进行监督,评定结论一致后,共同签署工程竣工验收鉴定证书。如果参验各方对工程质量验收意见不一致,则由建设行政主管部门或质量监督机构协调处理。

(4) 填写《竣工验收鉴定证书》。主要内容包括:验收的时间、验收工作概况、工程概况、项目建设情况、生产工艺及水平和生产设备试生产情况、竣工结算情况、工程质量的总体评价、经济效果评价、遗留问题及处理意见、验收委员会对项目的验收结论。

(5) 工程竣工验收备案制度。根据《建设工程质量管理条例》第十七条、四十九条规定,建设单位应当严格按照国家有关档案管理的规定,及时收集、整理建设项目各环节的文件资料,建立、健全建设项目档案,并自建设工程竣工验收合格之日起15日内,将建设工程竣工验收报告和规划、公安消防、环保等部门出具的认可文件,或者准许使用文件报建设行政主管部门,或者其他有关部门备案,及时向建设行政主管部门,或者其他有关部门移交建设项目档案。

5) 工程竣工验收监督

工程竣工验收监督是指监督机构通过对建设单位组织的工程竣工验收程序进行监督,对经过勘察、设计、监理、施工各方责任主体签字认可的质量文件进行查验、对工程实体质量进行现场抽查、以监督责任主体和有关机构履行质量责任、执行工程建设强制性标准的活动。

质监部门在进行工程竣工验收监督时应依法履行以下义务。

(1) 对工程竣工验收文件进行审查包括以下内容。

① 施工单位出具的工程竣工报告,包括:结构安全、室内环境质量和使用功能抽样

检测资料等合格证明文件,以及施工过程中发现的质量问题整改报告。

② 勘察、设计单位出具的工程质量检查报告。

③ 监理单位出具的工程质量评估报告。

(2) 对验收组成员组成及竣工验收方案进行监督。

(3) 对工程实体质量进行抽测、对观感质量进行检查。

(4) 形成工程竣工验收监督的记录包括以下内容。

① 对工程建设强制性标准执行情况的评价。

② 对观感质量检查验收的评价。

③ 对工程验收的组织及程序的评价。

④ 对工程竣工验收报告的评价。

建设行政主管部门或者其他部门发现建设单位在竣工验收过程中有违反国家有关建设工程质量管理规定行为的,责令停止使用,重新组织竣工验收。

可见,引例4中,2层竖向结构的质量可以正常验收。因为混凝土试块强度不足是检验中发现的质量问题,经过有资质的检测机构进行实体检测后,混凝土实体强度符合设计要求,可以认定混凝土强度符合设计要求。质量验收时,应附实体检测报告。

【案例评析】

引例1中,砖混结构住宅楼工程工程质量验收的基本条件应符合《建设工程施工质量验收统一标准》(GB 50300—2001)中的要求和其他专业验收规范的要求。

有裂缝的墙体应按下列情况进行验收:①对不影响结构安全的裂缝墙体,应予验收;对影响使用功能和观感质量的裂缝,应进行处理。②对可能影响结构安全的裂缝墙体,应由有资质的检测机构检测鉴定,需要返修或加固处理的墙体,待返修或加固处理满足设计要求后进行重新验收。

施工单位对引例1中的质量问题必须承担责任。因为该工程质量问题是由施工单位在施工过程中未按设计要求施工造成的。

8. 建设工程质量奖励制度

工程质量奖励是与工程投资相互关联的。为控制工程造价,在工程施工合同中应将工程质量奖励的具体要求载明,而不是工程竣工后,才确定工程质量奖励。依照现行国家标准《建设工程施工质量验收统一标准》(GB 50300—2001),由参加工程竣工验收单位共同检验评定,建设工程质量验收分为两个等级:合格、不合格。

特别提示

施工工艺、施工质量验收和评优奖励这3个阶段,是与质量保证、质量监督、质量评价3大体系相对应的。施工工艺是指导企业具体操作的标准,与质量保证体系相对应;施工质量验收是有关各方实施监督验收的依据,与质量监督体系相对应;评优奖励是权威机构评定优质工程的准绳,与质量评定体系相对应。

为鼓励建筑施工企业加强管理,搞好工程质量,争创一流工程,推动我国工程质量水平普遍提高,中华人民共和国住房和城乡建设部、中国建筑业协会设立了"鲁班奖",它标志着中国建筑业工程质量的最高荣誉奖。

9. 建设工程质量保修制度

建设工程质量保修制度是指建设工程办理竣工验收，签署《竣工验收鉴定书》后，在《质量保修书》中规定的保修期内，因承包商原因造成工程质量缺陷的，应当由承包商负责维修。

1) 建设工程质量的保修范围和保修期限

(1) 工程质量保修书。工程质量保修书是发、承包双方就保修范围、保修期限和保修责任等设立权利和义务的协议，集中体现了承包单位对发包单位的工程质量保修承诺，具有合同效力。《建设工程质量管理条例》第三十九条第二款规定，建设工程承包单位在向建设单位提交工程竣工验收报告时，应当向建设单位出具质量保修书，并明确建设工程的保修范围、保修期限和保修责任，还应包括保修金的有关约定（特别是应明确保修金的具体返还期限）。施工单位签署的工程保修书是建设工程竣工验收应具备的条件之一。

(2) 保修范围。《中华人民共和国建筑法》第六十二条规定，建设工程的保修范围应包括地基基础工程、主体结构工程、屋面防水工程和其他土建工程，以及电气管线、上下水管线的安装工程，供热、供冷系统工程等项目。

(3) 保修期限。《建设工程质量管理条例》第四十条规定，在正常使用条件下，建设工程最低保修期限如下。

① 基础设施工程、房屋建筑的地基基础工程和主体结构工程，最低保修期为设计文件规定的该工程合理使用年限。

② 屋面防水工程、有防水要求的卫生间、房间和外墙面的防渗漏，最低保修期为5年。

③ 供热与供冷系统，最低保修期为2个采暖期、供冷期。

④ 电气管道、给排水管道、设备安装和装修工程，最低保修期为2年。

上述保修范围属于法律强制性规定。发承包双方约定的保修期限不得低于条例规定的期限，但可以延长。建设工程的保修期，自竣工验收合格之日起计算。

2) 建设工程保修责任

《建设工程质量管理条例》第四十一条规定，建设工程在保修范围和保修期内发生质量问题的，施工单位应当履行保修义务，并对造成的损失承担赔偿责任。《房屋建设工程质量保修办法》规定了以下3种不属于保修范围的情况。

(1) 因使用不当造成的质量缺陷。

(2) 第三方造成的质量缺陷。

(3) 不可抗力造成的质量缺陷。

3) 保修程序

(1) 建设工程在保修期限内出现质量缺陷，发包单位应当向承包单位发出保修通知。

(2) 承包单位接到保修通知后，应当到现场核查情况，在保修书约定的时间内予以保修。发生涉及结构安全或者严重影响使用功能的紧急抢修事故，承包单位接到保修通知后，应当立即到达现场抢修。

(3) 承包单位不按工程质量保修书约定保修的，发包单位可以另行委托其他单位保修，由原承包单位承担相应责任。

(4) 保修费用由造成质量缺陷的责任方承担。

① 如质量缺陷是因承包单位未按照工程建设强制性标准和合同要求施工造成的，承包单位不仅应负责保修，还应承担保修费用。

② 如质量缺陷是因设计单位、勘察单位或发包单位、监理单位的过失造成的，承包单位仅负责保修，并有权对由此发生的保修费用向建设单位索赔。发包单位向承包单位承担赔偿责任后，有权向造成质量缺陷的责任方追偿。

应用案例13-1

某工程设计为有防水要求的筏形基础，采用 C_{50}、P_{12} 混凝土，承包商施工方案确定使用泵送商品混凝土，并与混凝土供应商签订合同。商品混凝土随到随用，由于现场调配的问题，商品混凝土在现场等待时间过长，施工单位没有对商品混凝土及时进行和易性检验，混凝土坍落度太低，不能及时从管中泵出。结果在基础浇筑施工 3h 后发生了堵管现象。由于已经浇筑完毕的混凝土初凝，导致了拟连续浇筑的基础不能形成一个整体，产生了人为施工缝，给工程造成了损失。

引导问题：该案中的质量责任应该由谁承担？

应用案例13-2

某工程建筑面积为 35000m^2，建筑高度为 115m，为 36 层现浇框架—剪力墙前结构，地下 2 层，抗震设防烈度为 8 度，由某市建筑公司总承包，工程于 2004 年 2 月 18 日开工。工程开工后，由项目经理部质量负责人组织编制施工项目质量计划。

引导问题：根据该案例回答以下问题。
(1) 项目经理部质量负责人组织编制施工项目质量计划的做法对吗？为什么？
(2) 施工项目质量计划的编制要求有哪些？
(3) 项目质量控制的方针和基本程序是什么？

13.3 任务实施

(1) 请根据本项目具体情况，确定本次应承担的质量保障责任的。
(2) 根据本次质量保障责任，确定本项目质量管理的重点。
(3) 根据质量管理重点，编制本项目质量计划的法律建议书。
(4) 为本项目的质量保障体系建立与运行提出法律建议。

13.4 任务总结

1. 任务问题

(1) 此次任务完成中存在的主要问题有哪些？
(2) 问题产生的原因有哪些？
(3) 提出相应的解决方法。
(4) 您认为还需加强哪些方面的指导(实际工作过程及理论知识)？

2. 自我总结

(1) 此次任务完成中存在的主要问题有哪些?

(2) 问题产生的原因有哪些?

(3) 请提出相应的解决方法。

(4) 您认为还需加强哪方面的指导(实际工作过程及理论知识)?

13.5 知识点回顾

通过本任务的完成,应了解建设工程质量管理规律、工程质量奖励制度;熟悉工程质量管理标准化、监督、检测和建材使用许可制度;掌握建设工程质量认证、质量责任、竣工验收、质量保修制度。其中,工程建设标准强制性条文、建设工程质量监督机构的职责、工程质量见证取样检测、建筑材料进场检验制度、施工单位的质量责任、工程竣工质量验收的要求和程序、工程质量保修责任和期限是学习重点。

13.6 基础训练

13.6.1 单选题

1. 某工程完成了设计图纸和合同规定的施工任务,建设单位欲组织竣工验收,此时应具备《建设工程质量管理条例》规定的工程竣工验收的必备条件不包括( )。

　A. 有完整的技术档案和施工管理资料

　B. 有工程使用的主要建筑材料、建筑构配件和设备的进场试验报告

　C. 有勘察、设计、施工、工程监理等单位共同签署的质量合格文件(备:甩项工程量不超过工程总量的5%)

　D. 有施工单位签署的工程保修书

2.《建设工程质量管理条例》规定,设计文件应当符合国家规定的设计深度要求,注明工程( )。

　A. 使用性质　　　B. 合理使用年限　　C. 合理使用方法　　D. 使用成本

3.《建设工程质量管理条例》规定,设计单位在设计文件中选用的建筑材料、构配件当注明规格、型号等技术指标,其质量要求必须符合( )标准。

　A. 行业　　　　　　　　　　　　B. 国家规定的

　C. 国家推荐　　　　　　　　　　D. 生产厂商的企业

4. 根据《建设工程质量管理条例》,对于涉及( )的装修工程,建设单位应在施工前委托原设计单位或具有相应资质等级的设计单位提出设计方案。

　A. 改善工程内部观感　　　　　　B. 建筑主体和承重结构变动

　C. 增加工程造价总额　　　　　　D. 改变建筑工程局部使用功能

5. 2006年3月,某住宅小区二期工程开工建设,其中5号楼套用2003年一期工程6号楼的施工图纸施工。施工过程中,承包方技术人员发现图纸中套用的图集现已作废,则该技术人员正确的做法是( )。

A. 按图纸施工即可，因该图纸是经过施工图纸审查合格的图纸

B. 按现行的图集作相应的套改后继续施工

C. 向建设单位提出

D. 向设计院提出，要求其更改图纸

6. 以下是施工单位试验员张某和监理工程师王某在某综合楼工程施工过程中的几次见证取样行为，其中符合要求的是（　　）。

A. 预制梁取样：由试验员张某和监理工程师王某到预制构件厂随机抽取三榀，作好标识后由构件厂送往试验室

B. 水泥样：由试验员张某和监理工程师王某一起到施工现场水泥库房随机抽取

C. 梁钢筋焊件试件：在钢筋加工厂随机抽取后截取

D. 基础混凝土：在搅拌机出料口抽取

7. 下列关于建筑构配件检验的说法，正确的是（　　）。

A. 对于建设单位提供的建筑构配件，施工单位不必进行检验

B. 未经检验的建筑构配件，在情况紧急的时候，可以直接在工程上使用

C. 施工单位应当按照工程设计要求、施工技术标准和合同约定对建筑构配件进行检验

D. 对建筑构配件的检验可以不用做书面记录

8. 监理单位对施工质量实施监理，其在执行监理责任时代表的是（　　）。

A. 建设单位　　　B. 建设行政主管部门　C. 工程质量监督站　D. 社会公众

9. 《建设工程质量管理条例》中要求，施工单位向建设单位提交《工程质量保修书》的时间为（　　）。

A. 竣工验收后　　　　　　　　B. 竣工验收时

C. 提交竣工验收报告时　　　　D. 竣工结算后

10. 依据《建设工程质量管理条例》的规定，以下工作中应由总监理工程师签字认可的是（　　）。

A. 建设单位拨付工程款　　　　B. 施工单位实施隐蔽工程

C. 商品混凝土用于基础工程　　D. 大型非标构件进行吊装

11. 根据《建设工程质量管理条例》规定，政府有关主管部门履行监督检查职责是，有权采取的措施不包括（　　）。

A. 要求被检查的单位提供有关工程质量的文件和资料

B. 进入被检查的施工现场进行检查

C. 发现有影响工程质量的问题时，责令改正

D. 发现有影响工程质量的问题时，向建设行政主管部门报告

12. 在正常使用条件下，以下关于建设工程最低保修期限的说法符合《建设工程质量管理条例》规定的是（　　）。

A. 外墙面的防渗漏为5年　　　　B. 供热与供冷系统为2年

C. 电气工程、给排水工程为2年　D. 地基基础和主体结构工程为永久

13. 某综合楼工程由A企业总承包，其中消防工程由B企业分包。B企业经自检合格后，于2006年5月1日向A企业申请竣工验收，消防分部工程于2006年5月5日由当地

公安消防机构进行了验收,A 企业于 5 月 8 日向建设单位提出竣工验收申请,建设单位于 5 月 15 日组织了竣工验收,验收合格,工程交付使用。则该消防工程的保修期始于 2006 年( )。

A. 5 月 1 日　　　B. 5 月 5 日　　　C. 5 月 8 日　　　D. 5 月 15 日

14. 建设工程发生质量事故,有关单位按照《建设工程质量管理条例》的规定,应当及时向当地建设行政主管部门和其他有关部门报告的时限是( )h 内。

A. 3　　　　　　B. 6　　　　　　C. 12　　　　　　D. 24

13.6.2　多选题

1. 按照《建设工程质量管理条例》的规定,建设单位应当依法进行招标采购的阶段包括工程建设项目的( )。

A. 监督　　　　　B. 勘察　　　　　C. 监理
D. 施工　　　　　E. 设计

2. 下述行为中,由工程建设单位承担相应的行政责任的有( )。

A. 暗示设计单位违反工程建设强制性标准,降低工程质量
B. 任意压缩合理工期
C. 迫使承包方以低于成本的报价竞标
D. 施工图设计文件未经审查,擅自施工
E. 未对钢材和商品混凝土进行检验

3. 《建设工程质量管理条例》明确规定施工单位的质量责任和义务有( )。

A. 在本单位资质等级许可的业务范围内承揽工程
B. 施工单位不得转包工程
C. 施工单位不得分包工程
D. 不得指定材料、设备的生产厂、供应商
E. 不得指定检测单位

4. 《建设工程质量管理条例》要求施工单位在施工过程中,必须按照工程设计图纸和施工技术标准施工,不得( )。

A. 偷工减料　　　　　　　　　　B. 变更施工工艺
C. 改变施工方法　　　　　　　　D. 改变混凝土设计配合比参数
E. 擅自修改设计

5. 在工程施工过程中,必须进行有关检验,未经检验或检验不合格的,不得使用。下列属于《建设工程质量管理条例》规定的检验范围的有( )。

A. 抹灰配料水泥　　B. 施工塔吊　　　C. 钢筋
D. 商品混凝土　　　E. 工程实体中的给水管主控阀

6. 施工单位在施工过程中,必须做好隐蔽工程的质量检查和记录。按照《建设工程质量管理条例》的规定,隐蔽工程在隐蔽前,施工单位应当通知( )。

A. 建设单位　　　　B. 工程监理单位　　　C. 勘察、设计单位
D. 工程质量监督机构　E. 安全生产监督部门

7. 某住宅楼工程设计合理使用年限为 50 年。以下是该工程施工单位和建设单位签订

的《工程质量保修书》关于保修期的约定条款，其中符合《建设工程质量管理条例》规定，属合法有效条款的有（　　）。

A. 地基基础和主体结构工程为 50 年
B. 屋面防水工程、卫生间防水为 8 年
C. 电气管线、给排水管道为 2 年
D. 供热与供冷系统为 2 年
E. 装饰装修工程为 1 年

8. 工程质量监督机构对竣工验收实施的监督包括（　　）。

A. 验收程序是否合法
B. 参加验收单位人员的资格是否符合要求
C. 竣工验收资料是否齐全
D. 实体质量是否存有严重缺陷
E. 竣工结算是否编制

13.6.3 简答题

1. 简述工程质量保修书的内容。
2. 简述工程项目竣工质量验收的要求。
3. 简述《竣工验收鉴定证书》的内容。

13.7 拓 展 训 练

1. 综合案例分析。

某工程，建设单位与甲施工单位签订了施工合同，与丙监理单位签订了监理合同。经建设单位同意，甲施工单位确定乙施工单位作为分包单位，并签订了分包合同。

施工过程中，甲施工单位的资金出现困难，无法按分包合同约定支付乙施工单位的工程进度款，乙施工单位向建设单位提出支付申请，建设单位同意申请，并向乙施工单位支付进度款。专业监理工程师在巡视中发现，乙施工单位施工的在施部位存在质量隐患，专业监理工程师随即向甲施工单位签发了整改通知。甲施工单位回函称，建设单位已直接向乙施工单位支付了工程款，因而本单位对乙施工单位施工的工程质量不承担责任。

工程完工，甲施工单位向建设单位提交了竣工验收报告后，建设单位于 2006 年 9 月 20 日组织勘察、设计、施工、监理等单位竣工验收，工程竣工验收通过，各单位分别签署了工程质量《竣工验收鉴定证书》。建设单位于 2007 年 3 月办理了工程竣工备案。因使用需要，建设单位于 2006 年 10 月中旬，要求乙施工单位按其示意图在已竣工验收的地下车库承重墙上开车库大门，该工程于 2006 年 11 月底正式投入使用。

2008 年 2 月，该工程排水管道严重漏水，经丙监理单位实地检查，确认系新开车库门施工时破坏了承重结构所致。建设单位依工程还在保修期内，要求甲施工单位无偿修理。建设行政主管部门对责任单位进行了处罚。

问题：

（1）甲施工单位回函的说法是否正确？

（2）工程竣工验收程序是否合适？

（3）造成严重漏水，应该由哪个单位承担责任？

（4）建设行政主管部门应该对哪个单位进行处罚？

2. 参与某项目竣工验收，根据验收要求，准备法律资料和提出的法律建议。

任务 14
质量管理事件与法律纠纷处理

引例 1

某化工厂位于城市市区与郊区交界处,为扩大再生产,厂区领导管理层决定在同一厂区建设第二个大型厂房。按照该市城市总体及局部详细的规划,已经批准该化工厂扩大建设的用地。经厂房建设指挥部察看第一个厂房的勘察成果及第二个厂区的地质状况商讨决定,不做勘察,将4年前为第一个厂房所做的勘察成果提供给设计院作为设计依据,不仅节省了投资,也加快了工程进度,设计院根据指挥部的要求和设计资料、规范等文件进行设计。建设单位将该工程的施工任务委托给李某所带的施工队进行施工,经过紧张施工,在2012年2月份竣工完成,4月份投入使用。厂房建成后使用1年就发现北墙地基沉陷明显,北墙墙体多处开裂,根据质量保修书的规定,化工厂建设指挥部与李某交涉,李某认为不是自身原因造成的,不予返修。

引导问题:根据该引例,讨论以下问题。

1. 常见的质量纠纷有哪些?
2. 本例中的质量责任应当由谁承担?并说明依据。
3. 建设单位的做法存在哪些不妥?并说明理由。

14.1 任务导读

项目建设过程中,建设参与方常就各类质量事件发生各类质量纠纷。为完成本任务,须掌握建设工程质量责任制度、熟悉建设工程施工质量缺陷问题及产生纠纷的原因、学会如何正确适用法律。

14.1.1 任务描述

一家房地产开发企业与A企业就金强大学城商业街项目签订的施工合同正在履行。你现接受A企业委托,为其提供质量管理的后期法律服务,并提交该项目的质量管理后期法律意见书。

14.1.2 任务目标

（1）按照正确的方法和途径，收集质量管理相关法律资料。
（2）依据资料分析结果，确定该次任务工作步骤。
（3）在时限内完成该次质量管理事件和相关法律纠纷处理，并提交后期法律建议书。
（4）通过完成该任务，提出后续工作建议，完成自我评价，并提出改进意见。

14.2 相关理论知识

14.2.1 建设工程质量责任制度

1. 建设单位的质量责任和义务

1）依法对工程进行发包的责任

《中华人民共和国建筑法》明确规定，建设单位应依法行使工程发包权。《建设工程质量管理条例》第七条规定，建设单位应当将工程发包给具有相应资质等级的单位，不得将建设工程肢解发包。

2）依法对材料设备招标的责任

《建设工程质量管理条例》第八条规定，建设单位应依法对工程建设项目的勘察、设计、施工、监理以及与工程建设有关的重要设备、材料等的采购进行招标。

建设单位实施的工程建设项目采购行为，应符合《中华人民共和国招标投标法》的相关规定。

3）提供原始资料的责任

《建设工程质量管理条例》第九条及《建设工程安全生产管理条例》规定，建设单位必须向有关的勘察、设计、施工、工程监理等单位提供与建设工程有关的原始资料。原始资料必须真实、准确、齐全。

4）不得干预投标人的责任

《建设工程质量管理条例》第十条规定，建设工程发包单位不得迫使承包方以低于成本的价格竞标。建设单位不得任意压缩合理工期，不得明示、暗示设计单位，或者施工单位违反工程建设强制性标准，降低建设工程质量。

5）送审施工图的责任

《建设工程质量管理条例》第十一条规定，建设单位应将施工图设计文件报县级以上人民政府建设行政主管部门或者其他有关部门审查。施工图设计文件未经审查批准的，不得使用。施工图设计文件审查是基本建设必须进行的程序之一，建设单位应当严格执行。《建设工程勘察设计管理条例》第三十三条进一步明确规定，县级以上人民政府有关行政主管部门"应当对施工图设计文件中涉及公共利益、公众安全、工程建设强制性标准的内容进行审查"。

6）依法委托监理的责任

《建设工程质量管理条例》第十二条规定，建设单位应依法委托监理。

7) 确保提供的物资符合要求的责任

《建设工程质量管理条例》第十四条规定，按照合同约定，由建设单位采购建筑材料、建筑构配件和设备的，建设单位应保证建筑材料、建筑构配件和设备符合设计文件和合同的要求。

如建设单位提供的建筑材料、建筑构配件和设备不符合设计文件和合同的要求，应向施工单位承担违约责任，施工单位有权拒绝接收这些货物。

8) 不得擅自改变主体和承重结构进行装修的责任

《建设工程质量管理条例》第十五条规定，涉及建筑主体和承重结构变动的装修工程，建设单位应在施工前委托原设计单位或者具有相应资质等级的设计单位提出设计方案；没有设计方案的，不得施工。

9) 依法组织竣工验收的责任

《建设工程质量管理条例》第十六条规定，建设单位收到建设工程竣工报告后，应当组织设计、施工、工程监理等有关单位进行竣工验收。

10) 移交建设项目档案的责任

《建设工程质量管理条例》第十七条规定，建设单位还应严格按照国家有关档案管理的规定，向建设行政主管部门或者其他有关部门移交建设项目档案。

引例 2

某市工商支行与某农场建筑工程队于2002年7月26日签订了一份建筑安装工程施工合同。合同约定：某农场建筑工程队为某市工商支行建设一幢面积为22806m^2的住宅楼；2002年8月10日开工，2004年7月1日竣工。合同还约定，工程总造价为942万元，一次包死；同时合同还对双方各自的责任、付款与结算办法及奖罚做出了规定。

在合同履行中，由于某农场建筑工程队施工措施不力，技术水平、组织管理水平较低；同时某市工商支行未能及时提供施工图纸；工程也没有按期完工。双方于2003年6月27日在某市公证部门主持下就该工程达成协议，继续执行原合同，并将工程竣工时间顺延至2005年11月15日。某农场建筑工程队遂加班加点，按期完工，并向某市工商支行发出了交工通知书。某市工商支行请质量监督部门对工程进行验收。经验收合格后，某市工商支行接受了该住宅楼，并与某农场建筑工程队按照约定的方式和期限进行了工程决算，支付了全部工程款。

但在某市工商支行员工搬入住宅楼的半年后，工程基础出现沉降现象，底层住户家中地板出现较大裂缝。

某市工商支行认为这是由于某农场建筑工程队施工水平低下造成工程质量低劣所致，遂向人民法院起诉，要求某农场建筑工程队在规定期限内无偿返工或修理，并赔偿某市工商支行因此遭受的经济损失，承担违约责任。

引导问题：勘察、设计单位是否应对勘察、设计的质量负责？

2. 勘察、设计单位的质量责任和义务

1) 遵守执业资质等级制度的责任

《建设工程质量管理条例》第十八条规定，从事建设工程勘察、设计的单位应依法取得相应等级的资质证书，并在其资质等级许可的范围内承揽工程。

任务14 质量管理事件与法律纠纷处理

禁止勘察、设计单位超越其资质等级许可的范围或者以其他勘察、设计单位的名义承揽工程。禁止勘察、设计单位允许其他单位或者个人以本单位的名义承揽工程。勘察、设计单位不得转包或者违法分包所承揽的工程。

2）执行强制性标准的责任

《建设工程质量管理条例》第十九条规定，勘察、设计单位必须按照工程建设强制性标准进行勘察、设计，并对其勘察、设计的质量负责。注册建筑师、注册结构工程师等注册执业人员应当在设计文件上签字，对设计文件负责。

3）勘察、设计成果的责任

《建设工程质量管理条例》第二十条规定，勘察单位提供的地质、测量、水文等勘察成果必须真实、准确。

《建设工程质量管理条例》第二十一条规定，设计单位应当根据勘察成果文件进行建设工程设计。设计文件应符合国家规定的设计深度要求，注明工程合理使用年限。

《建设工程质量管理条例》第二十二条规定，设计单位在设计文件中选用的建筑材料、建筑构配件和设备，应注明规格、型号、性能等技术指标，其质量要求必须符合国家规定的标准。

除有特殊要求的建筑材料、专用设备、工艺生产线等外，设计单位不得指定生产厂、供应商。

4）解释设计文件的责任

《建设工程质量管理条例》第二十三条规定，设计单位应当就审查合格的施工图设计文件向施工单位做出详细说明。

《建设工程勘察设计管理条例》第三十条规定，建设工程勘察、设计单位应在建设工程施工前，向施工单位和监理单位说明建设工程勘察、设计意图，解释建设工程勘察、设计文件。建设工程勘察、设计单位应当及时解决施工中出现的勘察、设计问题。

5）参与质量事故分析的责任

《建设工程质量管理条例》第二十四条规定，设计单位应当参与建设工程质量事故分析，并对因设计造成的质量事故，提出相应的技术处理方案。

引例2中，该住宅楼工程基础出现沉降现象是由于提供图纸的某市设计院设计不当所致。因此，设计单位应对设计的质量负责。

引例 3

2005年10月，某县第二建筑工程公司通过招标方式总承包该县第一中学的新教学楼兴建和旧教学楼装修工程。第二建筑工程公司与第一中学签订承包合同时，为确保按期完成工程任务，经第一中学同意，将总承包工程项目中的旧教学楼装修工程分包给该县某乡建筑队，合同中明确约定第二建筑工程公司要对某乡建筑队的施工质量负责。2006年6月，该项建设工程全部竣工，但在进行工程验收时发现某乡建筑队分包的旧教学楼装修工程没有达到质量要求。经查，原因是某乡建筑队负责该项装修工程的施工队伍未取得相应等级的资质证书，技术力量明显不足，所使用的装饰材料也明显达不到合同约定的质量标准。据此，建设单位第一中学要求第二建筑工程公司负责返修。经协商未果，第一中学诉至某县人民法院。

引导问题：分包单位施工质量不合格，总承包单位是否应对建设单位承担质量责任？

3. 施工单位的质量责任和义务

1) 依法承揽工程的责任

《建设工程质量管理条例》第二十五条规定，施工单位应依法取得相应等级的资质证书，并在其资质等级许可的范围内承揽工程。禁止施工单位超越本单位资质等级许可的业务范围，或者以其他施工单位的名义承揽工程。禁止施工单位允许其他单位，或者个人以本单位的名义承揽工程。施工单位不得转包，或者违法分包工程。

2) 建立质量保证体系的责任

《建设工程质量管理条例》第二十六条规定，施工单位对建设工程的施工质量负责。施工单位应建立质量责任制，确定工程项目的项目经理、技术负责人和施工管理负责人。

建设工程实行总承包的，总承包单位应对全部建设工程质量负责；建设工程勘察、设计、施工、设备采购的一项或者多项实行总承包的，总承包单位应对其承包的建设工程或者采购的设备的质量负责。

3) 分包单位保证工程质量的责任

《建设工程质量管理条例》第二十七条规定，总承包单位依法将建设工程分包给其他单位的，分包单位应按照分包合同的约定对其分包工程的质量向总承包单位负责，总承包单位与分包单位对分包工程的质量承担连带责任。

可见，引例3中总承包单位应对建设单位承担质量责任。

引例 4

甲市的乙建设工程股份公司首次进入丙直辖市施工，为了落实乙公司长期占有直辖市建筑市场份额的理念，乙公司董事会明确了在丙直辖市施工工程的主导思想，即"干一个工程，竖一块丰碑，建立公司良好的社会信誉"。公司年轻的项目经理赵某根据自己的意愿，为了确保工程质量高于验收标准，并确保本工程获得丙直辖市的优质样板工程，决定暗自修改基础和主体工程混凝土的配合比，使得修改后的混凝土强度比施工图纸设计的混凝土强度整体高一个等级，项目经理部自己承担所增加的费用。

引导问题：项目经理的决定是否合适呢？

4) 按图施工的责任

《建设工程质量管理条例》第二十八条规定，施工单位必须按照工程设计图纸和施工技术标准施工，不得擅自修改工程设计，不得偷工减料。如施工单位没有按照工程设计图纸施工，首先要对建设单位承担违约责任。同时，还要承担相应的违法责任。

施工单位在施工过程中发现设计文件和图纸有差错的，应及时提出意见和建议，并按照规定程序提请变更。

可见，引例4中项目经理的决定不妥当。项目经理的决定将改变设计图纸，应先得到设计人的同意。项目经理的决定是单方面的好意，表面上看是提高了建筑工程的混凝土强度，对建筑工程施工是有积极意义，殊不知建筑工程是一个整体，单方面提高混凝土强度不一定会提高建筑工程整体强度。

5) 对建筑材料、构配件和设备进行检验的责任

施工单位对建筑材料、建筑构配件、设备和商品混凝土的检验是保证工程质量的重要环节。《建设工程质量管理条例》第二十九条规定，施工单位必须按照工程设计要求、施

工技术标准和合同约定，对建筑材料、建筑构配件、设备和商品混凝土进行检验，检验应当有书面记录和专人签字；未经检验和检验不合格的产品不得使用。

6）对施工质量进行检验的责任

隐蔽工程具有不可逆性，对隐蔽工程的验收应严格按照法律、法规、强制性标准及合同约定进行。《建设工程质量管理条例》第三十条规定，施工单位必须建立、健全施工质量的检验制度，严格工序管理，做好隐蔽工程的质量检查和记录。隐蔽工程在隐蔽前，施工单位应通知建设单位和建设工程质量监督机构，验收的数据将作为最终验收的数据。

7）见证取样的责任

《建设工程质量管理条例》第三十一条规定，施工人员对涉及结构安全的试块、试件以及有关材料，应在建设单位或者工程监理单位监督下现场取样，并送具有相应资质等级的质量检测单位进行检测，并根据检测结果判断其所代表部位的质量。

引例 5

某公路工程施工企业在缺陷责任期满向建设单位申请退还质保金时，建设单位以在保修期间曾自行针对合同路段进行过维修为由，扣除了40%的质保金，仅将剩余部分的保修金退还。

引例 6

某建筑施工企业与建设单位在某项建筑工程竣工结算后达成协议，承包单位放弃部分结算款项，由建设单位一次性将工程尾款支付给承包单位，承包单位在依约向建设单位索要工程尾款时，建设单位提出应扣除10%的款项作为质保金，1年后再退还。

引导问题：以上两引例应如何处理？

8）返修保修的责任

《建设工程质量管理条例》第三十二条规定，施工单位对施工中出现质量问题的建设工程或者竣工验收不合格的建设工程，应负责返修。建设工程竣工验收合格后，施工单位应对保修期内出现的质量问题履行保修义务。

引例5中，在没有证据证明建设单位通知承包单位履行缺陷责任期内，造成工程出现质量问题的原因是"由于承包人所用的材料、设备或者操作工艺不符合合同要求，或者由于承包人的疏忽或未遵守合同中对承包人规定的义务而造成的"的情况下，建设单位不能直接扣减承包单位的保修金。

引例6中，建设单位理应依约全额支付工程尾款，其提出的扣减10%的保修金在1年后退还，违背了双方补充合同的本意。因为如果建筑工程在保修期内出现质量问题，承包单位理应自费承担保修责任，如承包单位在建设单位通知后拒不履行保修责任，建设单位可以在自行修复后要求承包单位承担保修费用，或者通过诉讼或者仲裁要求承包单位履行保修责任，如果由于质量缺陷或者保修不及时给建设单位或者工程使用人造成损害的，建设单位还有权要求承担质量赔偿责任。

【案例评析】

综上所述，引例1中各方涉及责任应做出如下分析。

（1）质量责任应由建设方承担，设计方也应承担部分责任。根据《建筑法》第五十四条规定"建设单位不得以任何理由,要求建筑设计单位或者施工单位在工程设计或者施工作业中,违反法律、行政法规和建筑工程质量、安全标准,降低工程质量",该化工厂为节省投资,坚持不做勘察,违反了法律规定,对该工程质量应承担主要责任。

《建筑法》第五十四条还规定:"建筑设计单位和建筑施工企业对建设单位违法规定提出的降低工程质量的要求,应当予以拒绝。"因此,设计单位对于建设单位的不合理要求没有予以拒绝,应该承担次要质量责任。

(2)建设单位应当将工程委托给具有相应资质等级的单位,而不能委托给李某,因为个人不具备工程建设承揽业务的资质。

4. 工程监理单位的质量责任和义务

1)依法承揽业务的责任

《建设工程质量管理条例》第三十四条规定,工程监理单位应依法取得相应等级的资质证书,并在其资质等级许可的范围内承担工程监理业务。禁止工程监理单位超越本单位资质等级许可的范围或者以其他工程监理单位的名义承担工程监理业务。禁止工程监理单位允许其他单位或者个人以本单位的名义承担工程监理业务。工程监理单位不得转让工程监理业务。

2)独立监理的责任

《建设工程质量管理条例》第三十五条规定,工程监理单位与被监理工程的施工承包单位以及建筑材料、建筑构配件和设备供应单位有隶属关系或者其他利害关系的,不得承担该项建设工程的监理业务。

3)依法监理的责任

《建设工程质量管理条例》第三十六条、第三十八条规定,工程监理单位应依照法律、法规以及有关技术标准、设计文件和建设工程承包合同,代表建设单位对施工质量实施监理,并对施工质量承担监理责任;监理工程师应当按照工程监理规范的要求,采取旁站、巡视和平行检验等形式,对建设工程实施监理。

4)确认质量和应付工程款的责任

《建设工程质量管理条例》第三十七条规定,工程监理单位应当选派具备相应资格的总监理工程师和监理工程师进驻施工现场。未经监理工程师签字,建筑材料、建筑构配件和设备不得在工程上使用或者安装,施工单位不得进行下一道工序的施工。未经总监理工程师签字,建设单位不得拨付工程款,不得进行竣工验收。

14.2.2 建设工程质量问题发生的阶段

在处理建设工程质量纠纷时,首先要判断哪个阶段发生了质量问题,然后才能正确适用法律,采取针对性的措施予以解决。工程阶段主要可分为以下几个方面。

(1)施工过程中发生的质量问题。

(2)竣工验收过程中发生的质量问题。

(3)保修期发生的质量问题。

(4)保修期届满后发生的质量问题。

14.2.3 建设工程施工质量缺陷问题及产生纠纷的原因

常见的工程质量问题包括地基基础下沉、主体结构承载力不够、墙面屋顶渗水漏水、墙体楼板裂缝等。就其原因可分为以下几个方面。

1. 建设单位或发包人方面的原因

(1) 建设单位不顾实际降低造价，缩短工期。

(2) 不按建设程序运作。

(3) 在设计或施工中提出违反法律、行政法规和建筑工程质量、安全标准的要求。

(4) 将工程发包给没有资质的单位或将工程任意肢解进行分包。

(5) 建设单位未将施工图设计文件报县级以上人民政府建设行政主管部门，或其他部门审查。

(6) 建设单位采购的建筑材料、建筑构配件和设备不合格或给施工单位指定厂家明示、暗示使用不合格的材料、构配件和设备。

2. 勘察设计单位方面的原因

(1) 勘察设计单位资质。

(2) 勘察设计的制作。

3. 施工单位或承包人方面的原因

(1) 施工单位脱离设计图纸、违反技术规范及在施工中偷工减料。

(2) 施工单位不具有相关资质进行施工和其他相关违法活动。

(3) 施工单位未履行属于自己在施工前产品检验的强化责任。

(4) 施工单位对于在质量保修期内出现的质量缺陷不履行质量保修责任。

4. 监理单位方面的原因

(1) 工程监理单位未依照法律、法规以及有关技术标准、设计文件和建设工程承包合同，代表建设单位对施工质量实施监理。

(2) 监理工程师未按照工程监理规范的要求，采取旁站、巡视和平行检验等形式，对建设工程实施监理。

14.2.4 如何正确适用法律

1. 承担责任的原则

工程质量责任范围一般原则是"谁勘察设计谁负责，谁施工谁负责"。首先，参与工程建设的各方都是工程质量的主体，都有可能要承担责任；其次，有共同责任的，共同责任又分为按份责任和连带责任；最后，双方责任，也就是发包人和其他建设主体各自承担责任。

2. 承担责任的方式

承包人承担责任的方式有：修理、返工、改建、减少价款，质量不合格造成其他损失的还要承担损失赔偿责任。

发包人承担责任的方式有：提供材料不符合强制性标准且经承包人催告仍不改的，承包人有权解除合同并要求赔偿损失。另外，由于提供的材料不合格给第三人造成损失的，发包人也应当承担赔偿责任。

3. 发包人擅自使用未经竣工验收的工程后果

《关于审理建设工程施工合同纠纷案件适用法律问题的解释》第十三条规定，建设工程未经竣工验收，发包人擅自使用后，又以使用部分质量不符合约定为由主张权利的，不予支持；但是承包人应当在建设工程的合理使用寿命内对地基基础工程和主体结构质量承担民事责任。

该规定有3方面的意思：①对于未经竣工验收的工程，发包人擅自使用的，发包人承担责任。②发包人仅对擅自使用部分的质量问题承担责任；③承包人在建设工程合理使用寿命内对地基基础工程和主体结构质量仍要承担责任。

应用案例 14-1

上海某公司承接长沙某厂房项目，工程完工后，业主未经验收即使用了厂房。但承包方未能及时固定使用事实。在多次催要工程款无果后，承包方决定起诉。承包方在工商资料中调阅到一份业主申请迁址的资料，资料显示，在工程完工后不久，业主即向工程所在地工商局申请将工厂由原址迁至工程所在地。在承包方起诉后，业主提起了工期逾期和质量损失索赔的反诉。对此，承包方向法院提供业主迁址申请文件，并强调业主申请迁址的行为表明，新址自申请之日即已经具备使用条件，业主对工程质量已经予以认可，不存在工程逾期；由于业主未经竣工验收即使用了工程，因此根据《解释》规定，承包方对于业主提出的一般性质量问题不承担责任。法院最终采信了承包方的意见，驳回业主的索赔请求。业主上诉，二审法院维持原判。

引导问题：该纠纷应如何解决？

【**案例评析**】

业主使用厂房的表现形式有很多。在未能及时有效地固定业主使用的直接证据的情况下，承包方可通过手机或其他间接证据证明业主实际使用或认可工程质量的事实。本案例中的业主迁址申请就是很有力的证明方式之一。在建设工程未竣工验收或验收不合格的情况下，建设单位如擅自或强行使用，可视为其对建设工程质量的认可或者自愿承担质量责任。但发包人仅对擅自使用部分的质量问题承担责任。承包人在建设工程合理使用寿命内对地基基础工程和主体结构质量仍要承担责任。

应用案例 14-2

某房地产开发商与某建设集团签订了《工程总承包合同》，约定由某建设集团承包某房地产开发商开发的某高层住宅小区的施工工程。工程范围包括桩基、基础围护等土建工程和室内电话排管、排线等安装工程。在该合同中，双方还约定，某房地产开发商可以指定分包大部分安装工程和一部分土建工程。对于不属于总包单位某建设集团承包的范围但需总包单位进行配合的项目，可以收取2%的配合费；工程工期为455天，质量必须全部达到优良，否则，某房地产开发商则按未达优良工程建筑面积每平方米10元处罚某建设集团；分包单位的任何违约或疏忽，均视为总包单位的违约或疏忽。

总包单位某建设集团如约进场施工，某房地产开发商也先后将包括塑钢门窗、铸铁栏杆、防水卷材在内的24项工程分包出去。然而在施工过程中，由于双方对合同中关于某些工程"可以指定分包"的理解发生争执，并且分包单位对指定购买的建筑材料、建筑构配件、设备不符合强制性标准，导致高层住宅小区存在严重的工程质量问题。在争议期间，某房地产开发商拖延支付进度款，某建设集团也相应停止施工。数次协商未果，某建设集团起诉到上海市某区人民法院，要求某房地产开发商给付工程款并赔偿损失，同时要求解除工程承包合同。

引导问题： 肢解发包建设工程所造成的建筑物质量问题，发包人是否应当承担责任？

应用案例 14-3

1999年12月，某县教育局修建一栋宿舍楼，通过招标方式将工程施工承包给该县第一建筑公司。为保证建筑施工质量，教育局又与某县建设工程监理公司签订委托监理合同，委托建设工程监理公司对建筑工程施工进行监督。双方在委托合同中约定，建设工程监理公司应当选派具有相应资质的监理工程师进驻施工现场对施工情况进行监督。并约定，进入施工现场的建筑材料、建筑构配件和设备，未经监理工程师检验签字不得使用。但施工1个月后，建设工程监理公司将原选派到施工现场的监理工程师指派到其他施工现场监督，而另行委派该监理单位一位不具有监理工程师任职资格的职工实施监理。由于该名职工不具有相应资质，又缺乏监理经验，致使施工单位乘机将部分不符合质量要求的水泥使用到工程上。

2000年7月，该工程全部竣工。验收时发现部分房屋的地板及顶层地板有开裂和脱落的现象，经查，原因为施工单位使用的部分水泥标号不符合要求，施工质量差。教育局认为施工单位和监理单位对施工质量不合格都负有责任，诉至该县人民法院，要求二单位进行修复并赔偿损失。

引导问题： 监理单位未尽管理职责造成工程质量不符合要求，是否应承担质量责任？

14.3 任 务 实 施

（1）通过对应用案例的处理，总结质量事件与纠纷的处理程序与方法。
（2）根据本项目具体要求，填写质量管理事件表。
（3）提交本项目质量事件与纠纷处理的法律建议书。

14.4 任 务 总 结

1. 任务问题

（1）此次任务完成中存在的主要问题有哪些？
（2）问题产生的原因有哪些？
（3）提出相应的解决方法。
（4）您认为还需加强哪些方面的指导（实际工作过程及理论知识）？

2. 自我总结

（1）此次任务完成中存在的主要问题有哪些？
（2）问题产生的原因有哪些？

(3) 请提出相应的解决方法。

(4) 您认为还需加强哪方面的指导(实际工作过程及理论知识)？

14.5 知识点回顾

本次任务的完成，主要涉及以下知识点：建设工程质量责任制度中对各方责任的规定、建设工程质量问题发生的几个阶段、建设工程施工质量缺陷问题及产生纠纷的原因和如何正确适用法律。

14.6 基础训练

14.6.1 单选题

1. 下列关于返修责任的叙述，正确的是(　　　)。
A. 因施工单位未按国家有关规范、标准和设计要求施工而造成的质量缺陷，由施工单位负责返修及承担经济责任
B. 因设计原因造成的质量缺陷，由设计单位赔偿经济损失并负责维修
C. 因使用单位使用不当造成的质量缺陷，由使用单位自行负责
D. 因建筑材料、构配件及设备质量不合格造成的质量缺陷，由该材料的采购者负担赔偿
E. 因地震、洪水、台风等不可抗力引起的质量问题，由施工单位及建设单位共同承担经济损失

2. 《建设工程质量管理条例》第四十九条规定，建设单位应当自建设工程竣工验收合格之日起(　　　)日内，将建设工程竣工验收报告和规划、公安消防、环保等部门出具的认可文件或者准许使用文件报建设行政主管部门或者其他有关部门备案。
A. 5　　　　　　B. 7　　　　　　C. 15　　　　　　D. 14

3. 某综合楼工程，主楼为宾馆，裙楼为商场。由 A 企业总包，建设单位认可将设备安装工程分包给 B 企业(以上企业的资质均符合要求)，并约定电梯由建设方采购。为提前开业，裙楼商场未经竣工验收就投入使用。根据《建设工程质量管理条例》的规定回答以下问题。

(1) 工程开工前，应当将施工图设计文件送施工图审查中心进行审查，经审查合后方可开工。这里，送审者是该工程的(　　　)。
A. 建设单位　　　B. 施工单位　　　C. 监理单位　　　D. 设计单位

(2) 工地的第一次联席会议上，建设单位代表王某提出，见证取样试件要作为质量验收的依据，为此本工程的见证取样试件的质量检测机构应当是(　　　)。
A. 具有相应资质等级的　　　　　　B. 建设行政主管部门指定的
C. 当地技术监督局认可的　　　　　　D. 质量监督站指定的

(3) 设计单位到施工现场向施工、监理等单位进行工程开工前设计交底时，用于交底的图纸应是最后经(　　　)。

A. 建设单位认可的
B. 设计院总工审查合格的
C. 施工图审查机构审查合格的
D. 注册建筑师、结构工程师签字，设计院盖章的

(4) 在施工现场进行设计技术交底，以下做法中不符合规定的设计单位质量责任和义务是( )。

A. 由于悬挑梁使用的钢筋缺货，结构工程师进行了替代换算
B. 电气工程师对配电箱的注册商标、规格、型号、入网许可等要求进行了详细交代
C. 水暖工程师强调，分户采暖计量系统每组暖气包前的控制阀不得取消
D. 建筑工程师要求，外部造型的线条颜色甲方可以改变，但必须使用耐碱产品

(5) 监理工程师按照监理规范的要求对该工程实施监理过程中，应当采取的监理形式为( )。

A. 旁站　　　　B. 巡视　　　　C. 平行检验　　　　D. 电话指令

(6) 施工单位试验员王某在混凝土浇筑现场，欲对正在浇筑的二层框架柱混凝土取试块，监督此过程的应当是( )。

A. 施工单位项目经理　　　　B. 质监站质监人员
C. 监理工程师　　　　　　　D. 施工单位施工员

(7) 水泥和商品混凝土等在该工程上使用之前，必须经( )签字。

A. 监理工程师　　　　B. 总监理工程师
C. 设计工程师　　　　D. 质监站工程师

(8) 工程竣工时，组织设计、施工等有关单位进行竣工验收的主体应当是( )。

A. 质量监督站　　　　B. 建设单位
C. 监理单位　　　　　D. 建设行政主管部门

(9) 在竣工验收中，发现裙楼装修使用的材料(为易燃材料)不合格，则承担此项责任的应当是( )。

A. 设计单位　　　　B. 监理单位
C. 建设单位　　　　D. 质量监管部门

(10) 工程交付使用后 3 个月，电梯发动机出现质量问题。在此承担电梯质量不合格责任的应当是( )。

A. A企业　　　　B. B企业
C. 建设单位　　　D. A和B共同承担

(11) 该工程屋面防水工程和有防水要求的卫生间的防渗漏，正常使用条件下的最低保修期限为( )年。

A. 2　　　　B. 3　　　　C. 4　　　　D. 5

14.6.2　多选题

1. 《中华人民共和国标准化法》按照标准的级别，将标准分为( )。

A. 强制性标准　　B. 推荐性标准　　C. 国际标准
D. 行业标准　　　E. 地方标准

2. 建筑材料使用许可制度是为了保证建设工程使用的建筑材料符合现行的国家标准、设计要求和合同约定,确保建设工程质量而制定的。建筑材料使用许可制度包括建筑材料( )。

    A. 生产许可制度   B. 产品质量认证制度

    C. 强制性使用制度   D. 产品推荐制度

    E. 进场检验制度

3. 某信综合楼工程35层,为桩基础剪力墙结构。由A企业总包,甲方认可将设备安装工程分包给B企业(以上企业的资质均符合要求)。该工程于2005年3月20日交付使用,2006年5月20夜晚,由于水管破裂漏水,造成了通信设备损坏的巨大损失。按《建设工程质量管理条例》,该损失应当由( )。

    A. A企业和B企业承担连带责任

    B. A企业单独承担

    C. B企业单独承担

    D. 由甲方和B企业共同承担,因为B企业是甲方认可的分包商

4. 《建设工程质量管理条例》第二十二条规定,设计单位在设计文件中选用的建筑材料、建筑构配件和设备,应当注明规格、型号和性能等技术指标,其质量要求必须符合国家规定的标准。设计单位可以指定( )。

    A. 生产商   B. 供应商

    C. 中介机构   D. 有特殊要求的建筑材料

    E. 有特殊要求的专用设备

5. 《建设工程质量管理条例》规定,关于施工单位的质量责任和义务的说法正确的有( )。

    A. 依法挂靠   B. 依法转包   C. 依法分包

    D. 见证取样的责任   E. 按图施工的责任

14.6.3 案例分析

案例 1

某白灰窑主体工程项目采用预应力高强混凝土管桩(PHC型)基础,管桩规格为外径为550mm,壁厚为125mm,单节长等于或小于15m,混凝土强度等级为C80,设计管桩深度为23.5m。建设单位以公开招标的方式委托了某监理公司承担了施工阶段的监理任务。工程涉及土建施工、打桩和混凝土管桩的制作。

问题:根据该案例,回答以下问题。

(1)打桩施工单如何进行管桩的检查验收?

(2)如果发现管桩制作单位违反合同规定的交货日期延期交货或经现场检查管桩质量不合格,对施工进度造成影响时,施工方应向谁提出索赔?

案例 2

2012年1月5日,江南某制药公司与某施工单位签订了一份"建设工程施工承包合

同",双方约定由该施工单位承包制药公司的提取车间等,大约1万 m² 的建筑工程土建及配套附属工程。之后,在施工过程中,对于配套的排水工程管道经过开挖、安装管道并经过测量复核,误差在允许的范围之内,随后就进行了回填夯实。施工单位在施工期间聘用了大量对于管道施工缺乏经验的工人,工人根据以往其他工程的经验进行施工。在主体工程施工时,施工单位发现设计图设计的边柱尺寸过大,于是根据施工经验将施工图设计的900×900的柱子变更为600×600的柱子,柱子的钢筋配置也做了合理的调整,由原来的8根变更为6根。按照计划,该工程于2013年8月完工并投入使用。在2013年6月5日,王某找到该施工单位,打算以该施工单位的名义承揽一项乡政府办公楼的工程,根据王某和该施工单位负责人的洽谈,双方达成一致并签订了协议书,该施工单位同意王某以自己公司的名义参与乡政府办公楼工程的投标活动。在2008年1月,制药公司发现局部墙体开裂,制药公司找到这家施工单位要求返修。施工单位认为此工程质量问题不属于自身造成的,拒绝承担维修责任。

问题：根据该案例，施工单位存在哪些违法行为？并说明理由。

14.7 拓展训练

【案例分析】

1994年9月23日，A公司与B公司签订《隐框玻璃幕墙、铝板幕墙等工程供货合同》及上述项目的《安装合同》两份。《安装合同》规定安装内容的名称、数量、单价分别为：①12mm 透明玻璃幕墙175m²，每平方米240元；乳白色烤漆球形网架175m²，每平方米104元；15mm 大型透明玻璃墙240m²，每平方米340元。②6mm 半透明绿色进口镀膜玻璃幕墙3563.30m²，每平方米250元。③4mm 日本进口阿波力克复合铝板幕墙1404m²，每平方米277元；合计工程款为1422245.66元。合同约定收到A公司预付工程款1个月内，安装人员正式进场；该工程于1995年4月25日完工；同时合同还对双方职责、付款进度、质量保证、售后服务及工程结算按实结算、单价不变作了约定。合同签订后，双方按约履行合同。1996年12月18日，A公司签署该工程竣工验收证明书。1997年5月10日经某质监站验收合格。1996年8月6日，A公司与B公司对安装合同进行结算，结算书明确工程款1870994.98元及所用材料品种、数量、单价之后，A公司认为由于B公司在安装过程中使用了非钢化玻璃，导致了工程质量不符合设计要求，安装的非钢化玻璃出现自爆现象。A公司发函告知B公司有关工程质量问题，但B公司未予处理。1999年8月，A公司委托某建筑科学研究院对B公司安装的玻璃幕墙进行检查，某建筑科学研究院经检测，非钢化玻璃占29%。据此，A公司多次要求B公司调换钢化玻璃未成，A公司遂向原审法院提出诉讼，要求B公司调换不符合约定的非钢化玻璃幕墙，返还A公司安装工程款223045.95元及赔偿违约金608820.22元。B公司认为安装的玻璃材料经双方认可，发生自爆现象是工程队在施工中，地砖与幕墙玻璃间未留缝隙所致，故不同意A公司的诉讼请求。

问题：(1) 该案的争论焦点是什么？涉及哪些问题？应如何处理？
(2) 选择某一在建项目，记录质量纠纷事件，并出具一份纠纷防范法律意见书。

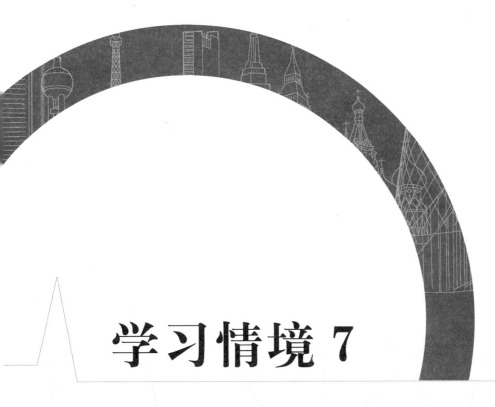

学习情境 7

建筑工程相关经济法规实务

任务 15 建筑工程经济法律实务

引例 1

某建筑工程公司承建某食品加工厂的污水处理工程，建筑工程公司为该工程投保了建筑工程一切险。工程完工后，该食品加工厂委托有关部门鉴定该工程，认为没有达到环保要求，鉴定的费用为 5000 元，被环保部门罚款 4000 元。于是，该食品加工厂拒付剩余工程款，并要求建筑工程公司承担相应的经济损失 1 万元。建筑工程公司遂将食品加工厂起诉到法院，法院判决建筑工程公司败诉并承担诉讼费 6000 元、聘用律师费 3000 元。

引导问题：根据该引例，讨论以下问题。

(1) 依照公司法规定，该公司应遵守哪些相关法律制度？
(2) 依照劳动、税务、保险法规，该公司应遵守哪些法律制度？
(3) 该公司在此情形下，可要求保险公司承担哪些保险赔偿责任？

15.1 任务导读

工程项目建设过程中，建设参与方应了解公司法、劳动法、保险法及税法相关法律制度，学会如何正确适用法律，处理相关事务。

15.1.1 任务描述

一家房地产开发企业与 A 企业就金强大学城商业街项目签订的施工合同正在履行。你现接受 A 企业委托，为其提供公司法、劳动法、保险法及税法相关法律服务。

15.1.2 任务目标

(1) 熟悉公司法、劳动法相关法规，掌握处理相关法律纠纷的程序和方法。
(2) 熟悉工程保险和税法等法规，掌握处理相关法律纠纷的程序和方法。
(3) 通过对相关案例的分析处理，进一步提高前几个学习情景任务的完成能力。

15.2 相关理论知识

引例 2

2004年5月，原告电力公司与被告新发食品有限公司（以下简称新发食品）发生了一笔果冻条购销生意，后"新发食品"拖欠电力公司25万元货款。新发食品的拖欠理由如下。

公司已停止生产经营，无法偿还各项债务。后来，电力公司发现，"新发食品"于1997年由被告张某、李某投资成立；茂昌食品有限公司（以下简称茂昌）也由张某、李某投资，成立于1999年11月，且这两家公司的经营地址、电话号码、组织机构、从业人员完全相同。电力公司认为，张某、李某掏空新发食品，将财产转移到茂昌来逃债。因此，电力公司将新发食品、茂昌、张某和李某告上法庭，要求四被告共同偿还25万元货款及利息。

经庭审及各方取证后查明：茂昌设立至今，从未实际开展生产经营活动，也无机器设备，名下的土地、厂房及两部汽车均由新发食品无偿使用，日常费用则由新发食品支付。两公司的财务账目虽分别立册计账，但均由新发食品的会计人员负责制作，且茂昌本身从未发放过工资。2002年茂昌向银行贷款100万元，其中部分由新发食品使用，至2004年才由新发食品代为还清全部贷款。2004年底，新发食品用茂昌名下的土地、厂房作为抵押担保，再向银行贷款100万元。新发食品在2004年度共从其账户转出433400元到茂昌的账户，用于偿还茂昌的银行贷款本息。且这两家公司的共同投资者张某和李某分别在经营期间也挪用、侵占新发食品的财产至少在72万元以上，作为个人债务和交通肇事的赔款。

问题：电力公司是否可以向茂昌和张某、李某要求对新发食品的还款义务承担连带责任？

15.2.1 公司法律制度

公司是指由股东共同出资，依法定条件和程序设立，以盈利为目的的企业法人。《中华人民共和国公司法》第2条规定："本法所称公司是指依照本法在中国境内设立的有限责任公司和股份公司。"公司法是指规定公司的设立、组织、经营、解散、清算及调整公司对内对外关系的法律规范的总称。其基本原则包括责任有限原则、股权保护原则、管理科学原则、促进交易原则和利益分享原则。我国的公司资本制度采用法定资本制，公司的注册资本是指在公司登记机关登记的全体股东认缴的出资额。

公司是企业法人，有独立的法人财产，享有法人财产权。公司可以设立子公司，子公司具有法人资格，依法独立承担民事责任。《公司法》赋予公司对外投资的权利。公司可以为他人提供担保。

外国公司依照《公司法》的规定可以在中国境内设立分支机构，从事生产经营活动。外国公司的分支机构是外国公司的组成部分，不具有中国法人的资格，外国公司对其分支机构在中国境内进行经营活动承担民事责任。

1. 公司对内对外法律关系

公司对内的法律关系包括公司的股东、董事、经理、雇员等各部分人的权利义务关系，以及公司的组织机构之间，如股东会、董事会、监事会之间的法律规定。

公司对外法律关系包括公司与政府之间的法律关系、公司与第三人之间的法律关系等。

2. 公司法的特征

公司法具有以下特征：人格法与行为法相结合；私法自治与强制性规定相结合；实体法与程序性条款相结合。

3. 常见的三类公司

1）有限责任公司

有限责任公司是指由《中华人民共和国公司法》规定的一定人数的股东共同出资，每个股东以其认缴的出资额对公司承担有限责任，公司以其全部资产对其债务承担责任的企业法人。我国《公司法》采用的是严格准则原则，指《公司法》中对公司设立条件比一般准则原则条件下的规定要严格，一些与国计民生关系密切的公司设立需要审批。

有限责任公司的设立条件主要有：第一，股东符合法定人数；第二，股东共同制定公司章程；第三，有公司名称，建立符合有限责任公司要求的组织机构；第四，有公司住所。

有限责任公司的设立程序包括：申请名称预先核准；出资及开设银行账户；申请设立登记、签发出资证明书和置备股东名册。有限责任公司股东的权利包括知情权、分红和优先认股权、诉讼请求权、特殊情况下的退出权。有限责任公司股东的义务包括：足额缴纳出资、补交出资差额、不得抽逃出资、遵纪守法。

有限责任公司的组织机构包括：有限责任公司的股东会、董事会和监事会。

有限责任公司的股东之间可以相互转让其全部或者部分股权。股东向股东以外的人转让股权，要符合法律规定。《公司法》同时还规定了有限责任公司的股权继承。

对一人有限责任公司的有特别规定：一个自然人只能投资设立一个一人有限责任公司，该一人有限责任公司不能投资设立新的一人有限责任公司。

2）国有独资公司

国有独资公司是指国家单独出资、由国务院或者地方人民政府授权本级人民政府国有资产监督管理机构履行出资人职责的有限责任公司。国有独资公司的股东只有一人，其股东只能是国有资产监督管理机构。国有独资公司的组织机构和职能设置依照《公司法》中的特别规定。规定没有涉及的方面适用有限责任公司的一般规定。

3）股份有限公司

股份有限公司是指全部资本由等额股份构成并通过发行股票筹集资本，股东以其所认购股份对公司承担责任，公司以其全部资产对公司债务承担责任的企业法人。股份有限公司的设立，可以采取发起设立或者募集设立的方式。募集设立又可分为公开募集和定向募集两种方式。

股份有限公司的设立条件包括：第一，发起人符合法定人数。第二，发起人认购在公司登记机关登记的全体发起人认购的股本总额。在发起人认购的股份缴足前，不得向他人募集股份。第三，股份发行、筹办事项符合法律规定。第四，发起人制定公司章程，采用募集方式设立的经创立大会通过。第五，有公司名称，建立符合股份有限公司要求的组织机构。发起式设立股份有限公司的程序不同于募集式设立股份有限公司的程序。

股份有限公司的组织机构由股东大会、董事会、经理和监事会组成。

股份有限公司股东的权利包括以下几方面：知情权、诉讼请求权、股份转让权和特殊情况下的股份退出权。股份有限公司股东大会的形式分为年会和临时会两种。股份有限公司股东大会、董事会的召集和决议等应按相关规定进行。

上市公司组织机构的特别规定：需设立独立董事、设置董事会秘书。股份有限公司的股份发行和转让应符合相应的条件和程序。公司法明确规定了公司董事、监事、经理的资格、义务和对公司的董事、监事、经理的监督制度。公司债券的发行和转让应当符合《中华人民共和国证券法》规定的条件和规定。

现行《公司法》做出12项修改，自2014年3月1日起施行。新旧《公司法》对比表，见表15-1。

表15-1 新旧《公司法》对比表

修改文本	原规定
删去第七条第二款中的"实收资本"	第七条 依法设立的公司，由公司登记机关发给公司营业执照。公司营业执照签发日期为公司成立日期 公司营业执照应当载明公司的名称、住所、注册资本、实收资本、经营范围、法定代表人姓名等事项 公司营业执照记载的事项发生变更的，公司应当依法办理变更登记，由公司登记机关换发营业执照
将第二十三条第二项修改为："（二）有符合公司章程规定的全体股东认缴的出资额"	第二十三条 设立有限责任公司，应当具备下列条件 （一）股东符合法定人数 （二）股东出资达到法定资本最低限额 （三）股东共同制定公司章程 （四）有公司名称，建立符合有限责任公司要求的组织机构 （五）有公司住所
将第二十六条修改为："有限责任公司的注册资本为在公司登记机关登记的全体股东认缴的出资额。"法律、行政法规以及国务院决定对有限责任公司注册资本实缴、注册资本最低限额另有规定的，从其规定"	第二十六条 有限责任公司的注册资本为在公司登记机关登记的全体股东认缴的出资额。公司全体股东的首次出资额不得低于注册资本的百分之二十，也不得低于法定的注册资本最低限额，其余部分由股东自公司成立之日起两年内缴足；其中，投资公司可以在五年内缴足 有限责任公司注册资本的最低限额为人民币三万元。法律、行政法规对有限责任公司注册资本的最低限额有较高规定的，从其规定
删去第二十七条第三款	第二十七条 股东可以用货币出资，也可以用实物、知识产权、土地使用权等可以用货币估价并可以依法转让的非货币财产作价出资；但是，法律、行政法规规定不得作为出资的财产除外 对作为出资的非货币财产应当评估作价，核实财产，不得高估或者低估作价。法律、行政法规对评估作价有规定的，从其规定 全体股东的货币出资金额不得低于有限责任公司注册资本的百分之三十

续表

修改文本	原规定
删去第二十九条	第二十九条　股东缴纳出资后，必须经依法设立的验资机构验资并出具证明
将第三十条改为第二十九条，修改为："股东认足公司章程规定的出资后，由全体股东指定的代表或者共同委托的代理人向公司登记机关报送公司登记申请书、公司章程等文件，申请设立登记"	第三十条　股东的首次出资经依法设立的验资机构验资后，由全体股东指定的代表或者共同委托的代理人向公司登记机关报送公司登记申请书、公司章程、验资证明等文件，申请设立登记
删去第三十三条第三款中的"及其出资额"	第三十三条　有限责任公司应当置备股东名册，记载下列事项 （一）股东的姓名或者名称及住所 （二）股东的出资额 （三）出资证明书编号 记载于股东名册的股东，可以依股东名册主张行使股东权利 公司应当将股东的姓名或者名称及其出资额向公司登记机关登记；登记事项发生变更的，应当办理变更登记。未经登记或者变更登记的，不得对抗第三人
删去第五十九条第一款	第五十九条　一人有限责任公司的注册资本最低限额为人民币十万元。股东应当一次足额缴纳公司章程规定的出资额 一个自然人只能投资设立一个一人有限责任公司。该一人有限责任公司不能投资设立新的一人有限责任公司
将第七十七条改为第七十六条，并将第二项修改为："（二）有符合公司章程规定的全体发起人认购的股本总额或者募集的实收股本总额"	第七十七条　设立股份有限公司，应当具备下列条件 （一）发起人符合法定人数 （二）发起人认购和募集的股本达到法定资本最低限额 （三）股份发行、筹办事项符合法律规定 （四）发起人制定公司章程，采用募集方式设立的经创立大会通过 （五）有公司名称，建立符合股份有限公司要求的组织机构 （六）有公司住所
将第八十一条改为第八十条，并将第一款修改为："股份有限公司采取发起设立方式设立的，注册资本为在公司登记机关登记的全体发起人认购的股本总额。在发起人认购的股份缴足前，不得向他人募集股份" 第三款修改为："法律、行政法规以及国务院决定对股份有限公司注册资本实缴、注册资本最低限额另有规定的，从其规定"	第八十一条　股份有限公司采取发起设立方式设立的，注册资本为在公司登记机关登记的全体发起人认购的股本总额。公司全体发起人的首次出资额不得低于注册资本的百分之二十，其余部分由发起人自公司成立之日起两年内缴足；其中，投资公司可以在五年内缴足。在缴足前，不得向他人募集股份，股份有限公司采取募集方式设立的，注册资本为在公司登记机关登记的实收股本总额 股份有限公司注册资本的最低限额为人民币五百万元。法律、行政法规对股份有限公司注册资本的最低限额有较高规定的，从其规定

续表

修改文本	原规定
将第八十四条改为第八十三条,并将第一款修改为:"以发起设立方式设立股份有限公司的,发起人应当书面认足公司章程规定其认购的股份,并按照公司章程规定缴纳出资。以非货币财产出资的,应当依法办理其财产权的转移手续" 第三款修改为:"发起人认足公司章程规定的出资后,应当选举董事会和监事会,由董事会向公司登记机关报送公司章程以及法律、行政法规规定的其他文件,申请设立登记"	第八十四条 以发起设立方式设立股份有限公司的,发起人应当书面认足公司章程规定其认购的股份;一次缴纳的,应即缴纳全部出资;分期缴纳的,应即缴纳首期出资。以非货币财产出资的,应当依法办理其财产权的转移手续 发起人不依照前款规定缴纳出资的,应当按照发起人协议承担违约责任 发起人首次缴纳出资后,应当选举董事会和监事会,由董事会向公司登记机关报送公司章程、由依法设定的验资机构出具的验资证明以及法律、行政法规规定的其他文件,申请设立登记
删去第一百七十八条第三款	第一百七十八条 公司需要减少注册资本时,必须编制资产负债表及财产清单 公司应当自做出减少注册资本决议之日起十日内通知债权人,并于三十日内在报纸上公告。债权人自接到通知书之日起三十日内,未接到通知书的自公告之日起四十五日内,有权要求公司清偿债务或者提供相应的担保 公司减资后的注册资本不得低于法定的最低限额

相关测试

(1)赵某是一设计公司经理,他认为其是经董事会讨论通过决定聘任的,就应当对公司的重要事务拥有职权,其范围应当包括(   )。

A. 主持公司的生产经营管理工作,执行股东会决议

B. 组织实施公司年度经营计划和投资方案

C. 制定公司的具体章程

D. 聘任或者解聘公司副经理、财务负责人

E. 董事会授予的其他职权

(2)甲公司出资30%,乙公司出资70%共同设立建筑工程有限责任公司丙(注册资本为3000万元),双方的《投资协议》约定:丙公司董事会成员为3人,董事长由乙公司推荐,财务负责人由甲公司推荐。根据上述背景情况,结合下列具体情形,做出正确的选择。

①如果丙公司章程对《投资协议》的内容予以确认,则丙公司董事会的行为符合法律规定的有(   )。

A. 选举乙公司董事长王某为丙公司董事长

B. 任命公司监事、甲公司代表刘某为财务负责人

C. 任命乙公司董事长王某为公司总经理

D. 决定斥资800万元参股某装修公司

E. 决定与丁公司进行合并

② 丙公司成立后，因经营出现问题，股东甲公司提议召开董事会，做出了5项决议，其中违反《公司法》规定的有（　　）。

A. 解除王某的公司总经理职务
B. 任命张某为公司的总经理
C. 同意甲公司代表石某辞去丙公司监事职务，改任丙公司董事
D. 通过公司减少注册资本
E. 决定暂停支付收购乙公司资产的未付价款

4. 公司的合并、分立和解散

公司的合并应当由股东会作出决议。股份有限公司的合并还必须经国务院授权的部门或者省级人民政府批准。公司的分立是指依照法定规定及协议约定将一个公司变为两个或两个以上公司的法律行为。

公司的分立应当由股东会作出决议。股份有限公司分立必须经国务院授权的部门或者省级人民政府批准。公司变更注册资本时，应当提交依法设立的验资机构出具的验资证明。公司增加注册资本时，有限责任公司股东认缴新增资本的出资和股份有限公司的股东认购新股，应当分别依照《公司法》设立有限责任公司缴纳出资和设立股份有限公司缴纳股款的有关规定执行。股份有限公司以公开发行新股方式或者上市公司以非公开发行新股方式增加注册资本的，还应提交国务院证券监督管理机构的核准文件。

根据我国《公司法》的规定，公司解散的原因有5种情况，公司依情况应当依法进行清算，成立清算组。

【案例评析】

《公司法》第20条规定："公司股东应当遵守法律、行政法规和公司章程，依法行使股东权利，不得滥用股东权利损害公司或者其他股东的利益；不得滥用公司法人独立地位和股东有限责任损害公司债权人的利益。公司股东滥用股东权利给公司或者其他股东造成损失的，应当依法承担赔偿责任。公司股东滥用公司法人独立地位和股东有限责任，逃避债务，严重损害公司债权人利益的，应当对公司债务承担连带责任。"《公司法》第21条规定："公司的控股股东、实际控制人、董事、监事、高级管理人员不得利用其关联关系损害公司利益。违反前款规定，给公司造成损失的，应当承担赔偿责任。"

引例2中，新发食品、茂昌公司作为关联企业的两公司，投资者、经营地址、电话号码及管理从业人员完全相同，实为一套人马、两块牌子，必然导致两公司缺乏各自独立意志而共同听从于张某、李某二人。因此，有确凿的事实和理由认定两公司之间存在人格混同。新发食品为空壳，无力偿还数额巨大的众多到期债务；而茂昌从未开展业务活动却有数百万元的资产，足以推定张、李二人操纵并利用关联公司之间的财产转移来逃避合同义务和法律责任。被告张、李二人作为新发食品、茂昌的共同股东，无视公司的独立人格，滥用其控制权，挪用公司资产归个人使用，致使公司与其个人之间财务、财产均发生混同；而新发食品、茂昌之间混同情况则更为严重，交易相对人难以认识到两个关联公司的独立性。上述种种行为严重背离公司法人制度的分离原则，因此应认定四者之间存在人格混同，茂昌公司和张某、李某三位对原告电力公司的还款义务承担连带责任。

15.2.2 劳动法法律制度

劳动合同是劳动者与用人单位确立劳动关系、明确双方权利义务的书面协议。

1. 合同内容

合同内容包括必备条款和可备条款。必备条款是法定的，主要包括合同期限、工作内容、劳动保护与劳动条件、劳动报酬、劳动纪律、合同终止条件和违约责任。可备条款包括试用期及保密规定等，不影响合同的成立。当事人违反法律、法规或以欺诈、胁迫订立的合同无效。

2. 合同解除

劳动合同可以通过协商解除，也可按规定由用人单位或劳动者单方解除。劳动者在试用期被证明不符合录用条件或者劳动者严重违规违纪，严重失职、营私舞弊给用人单位造成重大损害以及被追究刑事责任时，用人单位可随时解除合同。劳动者不能胜任工作或非因工负伤、患病，医疗期满后不能胜任工作（原单位、新工作），或者客观情况发生变化、原合同无法履行而双方又达不成变更协议时，用人单位可采用预告解除。用人单位的经济裁员（因破产、整顿），必须符合劳动法的规定（提前30日说明情况，6个月内录用人员时优先录用被裁人员）。

特别提示

劳动者有下列情形之一的，用人单位不得单方解除劳动合同。
(1) 患职业病或因工负伤被确认丧失或部分丧失劳动能力的。
(2) 患病、负伤，在规定医疗期内的。
(3) 孕期、产假、哺乳期内的。
(4) 法律、行政法规规定的其他情况。

3. 对劳动者在劳动中的安全和健康的法律保证

(1) 用人单位必须建立、健全劳动安全卫生制度和严格执行国家劳动安全卫生规程和标准。
(2) 劳动安全卫生设施必须符合国家规定的标准。新建、改建、扩建工程的劳动安全卫生设施必须与主体工程"三同时"。
(3) 用人单位对从事有职业危害作业的劳动者应当定期进行健康检查。
(4) 从事特种作业的劳动者必须经过专门培训并取得特种作业资格。
(5) 劳动者在劳动过程中必须严格遵守安全操作规程。劳动者对用人单位管理人员的违章指挥、强令冒险作业，有权拒绝执行；对危害生命安全和身体健康的行为，有权提出批评、检举和控告。

此外，应注意对女工、未成年工的特殊保护。

4. 纠纷解决方式

劳动争议可采用协商、调解、仲裁、诉讼4种不同的处理方式。

相关测试

(1) 下列各种社会关系中,不属于《劳动法》调整对象的是( )。
A. 甲公司与其职工因支付加班费用而发生的关系
B. 乙私营企业与其职工因培训而发生的关系
C. 丙出版社与作家张某因稿酬发生的关系
D. 劳动监察执法人员查处丁公司雇佣童工的关系

(2) 根据我国《劳动法》的规定,劳动者的法定最低就业年龄为( )。
A. 14周岁　　　　B. 16周岁　　　　C. 18周岁　　　　D. 20周岁

(3) 某贸易公司甲与应届毕业的大学生乙以书面形式签订了一份劳动合同,并且约定了试用期。那么,根据我国《劳动法》的规定,双方在劳动合同中约定的试用期最长不得超过( )。
A. 1个月　　　　B. 3个月　　　　C. 6个月　　　　D. 1年

(4) 根据《劳动法》的规定,劳动合同应当订立的形式为( )。
A. 口头形式　　　B. 书面形式　　　C. 口头或书面形式　　D. 协商

15.2.3 保险法

1. 保险合同的基本含义与分类

(1) 保险合同是双务有偿合同。保险合同的当事人是指保险人与投保人,其关系人是指被保险人和受益人,投保人也可以为被保险人和受益人。

(2) 投保人对保险标的应具有保险利益,否则保险合同无效。

(3) 保险价值(订立财产保险合同时约定的保险标的的实际价值)的确定直接影响保险金额的大小。

(4) 保险合同可分为财产保险合同、人身保险合同;强制保险合同、自愿保险合同。

2. 保险合同的订立阶段、要素和当事人双方的告知和说明义务以及合同订立的条款

(1) 保险合同的订立应当经过投保和承保两个阶段。

(2) 投保单与保险单为订立保险合同不可或缺的要素。投保单是订立保险合同的书面要约保险单,是保险人与投保人订立保险合同的正式书面形式,是保险合同双方当事人履行合同的依据。

(3) 投保人的告知义务和保险人的说明义务及未履行义务的法律后果。

订立保险合同时,保险人应向投保人说明保险合同的条款内容,并可以就保险标的或者被保险人的有关情况提出询问,投保人应当如实告知。如投保人故意隐瞒事实,不履行如实告知义务的,或者因过失未履行如实告知义务,足以影响保险人决定是否同意承保或者提高保险费率的,保险人有权解除保险合同。投保人故意不履行如实告知义务的,保险人对于保险合同解除前发生的保险事故,不承担赔偿或者给付保险金的责任,且不退还保险费。

投保人因过失未履行如实告知义务,对保险事故的发生有严重影响的,保险人对于保险合同解除前发生的保险事故,不承担赔偿或者给付保险金的责任,但可以退还保险费。

保险合同中规定有关于保险人责任免除条款的,保险人在订立保险合同时应向投保人明确说明,未明确说明的,该条款不产生效力。

3. 投保人与保险人的主要义务以及保险人的代位求偿权对造成损失的第三人享有追偿的权利的范围及行使规定

1) 投保人的主要义务

(1) 给付保险费。给付保险费是投保人的主要义务。保险费是投保人转移危险,由保险人承担保险责任的代价,法律不允许存在无给付保险费义务的保险合同。

(2) 通知义务。通知义务是投保人根据合同规定而承担的义务。通知义务主要有两种:一是"危险增加"的通知义务;二是危险事故发生的通知义务。

(3) 避免损失扩大的义务。避免损失扩大为投保人或被保险人的主要义务之一。在保险事故发生后,投保方有责任采取一切必要措施,避免扩大损失。如果投保方没有采取措施,保险方对此而遭受扩大的损失,有权拒绝赔偿。

2) 保险人的主要义务

(1) 赔付保险金的义务。保险事故发生后,保险人依据保险合同向被保险人或受益人承担赔偿或给付保险金的责任。保险金的支付仅在保险合同约定或者法律规定的责任范围内进行,保险金最高赔付额不超过合同约定的保险金额。

(2) 告知义务。订立保险合同,保险人应当向投保人说明保险合同的条款内容。否则,该条款不产生效力。

(3) 及时签发保险单证的义务。保险合同成立后,保险人应及时向投保人签发保险单或其他保险凭证,并载明当事人双方约定的内容。

(4) 积极进行防灾防损的义务。保险人应允许利用自身拥有的专业技术,配合被保险人积极进行防灾防损工作。

在引例 1 中,保险公司应承担食品加工厂的经济损失 1 万元、诉讼费 6000 元和律师费 3000 元。

3) 代位求偿权

保险代位求偿权又称为保险代位权,是指当保险标的遭受保险事故造成的损失,依法应由第三者承担赔偿责任时,保险公司自支付保险赔偿金之日起,在赔偿金额的限度内,相应的取得向第三者请求赔偿的权利。

保险事故发生后,如被保险人已从第三者取得损害赔偿的,保险人赔偿保险金时,可以相应的扣减被保险人从第三者已取得的赔偿金额。如保险人未赔偿保险金之前,被保险人放弃对第三者的请求赔偿的权利的,保险人不承担赔偿保险金的责任。保险人向被保险人赔偿保险金后,被保险人未经保险人同意放弃对第三者请求赔偿的权利的,该行为无效。

保险人行使代位请求赔偿的权利,不影响被保险人就未取得赔偿的部分向第三者请求赔偿的权利。但由于被保险人的过错致使保险人不能行使代位请求赔偿的权利的,保险人可以相应的扣减保险赔偿金。

4. 建设工程领域常见的保险种类

(1) 建筑工程一切险。是指承保各类土木建筑工程在建造过程中因自然灾害或意外事故所导致的损失。

(2) 安装工程一切险。是指专门承保各类安装工程,在安装和试车考核过程中因自然灾害或意外事故所导致的损失。

(3) 建筑意外伤害保险。建筑意外伤害保险在性质上属于强制保险险种,施工单位应当为施工现场从事危险作业的人员办理意外伤害保险。意外伤害保险费由施工单位支付。实行施工总承包的,由总承包单位支付意外伤害保险费。意外伤害保险期限自建设工程开工之日起至竣工验收合格止。

相关测试

(1) 在一起保险事故查勘定损过程中,保险人、被保险人为查明和确定该起保险事故的性质、原因和保险标的的损失程度支付了合理的费用,该笔费用应由(　　)。

A. 被保险人承担　　B. 保险人承担　　C. 投保人承担　　D. 受益人承担

(2) 某市政公司将某桥梁工程进行招标,甲公司中标承包建造。

① 作为工程的施工单位甲公司,依照《建筑法》的规定,必须投保的险种是(　　)。

A. 建筑工程一切险　　　　　　B. 安装工程一切险
C. 工程监理责任保险　　　　　D. 建筑意外伤害险

② 乙设计院为该工程的监理公司,如果甲公司为该工程投保了建筑工程一切险,下列说法中正确的是(　　)。

A. 市政公司、甲公司、乙设计院都是该桥梁工程一切险的被保险人
B. 市政公司、甲公司是建筑工程一切险的被保险人,乙设计院不是
C. 甲公司是建筑工程一切险的被保险人,市政公司、乙设计院都不是
D. 市政公司是建筑工程一切险的被保险人,其他单位都不是

③ 甲公司在投保建筑工程一切险之前,咨询了解到建筑工程一切险是一种综合性保险,该险种所承保的损失范围包括(　　)。

A. 信用保险和意外伤害保险　　　　B. 财产损失保险和责任保险
C. 财产损失保险和意外伤害保险　　D. 健康保险和责任保险

引例 3

常见房地产开发及建筑安装企业偷税的几种手段如下。

1) 售房收入不及时记账、纳税申报不真实

一些房地产开发企业采用向税务机关提供修改过的购房合同、故意降低售房单价和开具自制收据收取房款等手段,将收入存放在不同的银行账户中,大量收入不及时记账,不就其真实收入进行纳税申报,形成偷税。

2) 以商品房抵顶借(贷)款、工程款和土地转让款,不申报纳税

多数房地产企业都是借(贷)款进行房地产开发,有些房地产商因贷款到期后不能偿还或者无钱支付建安公司工程款及土地拥有者的土地转让价款,便以部分商品房抵顶这些款项,而对这部分商品房,企业采取不记或少记收入的手段,造成少缴税款。

3) 房地产企业"提前返租"、"有奖销售"等行为不计收入

个别房地产企业为了尽快销售房屋,推出了一系列优惠方案,主要有"提前返还租

金"，即客户在购买门市时，销售方承诺在几年内负责对外出租，并在客户付款时按照一定比例提前支付几年租金，这几年租金在购房款中抵扣，客户只需交齐剩余房款，就可视同全额购房；"有奖销售"，即对购买商铺者进行抽奖活动，中奖者返还一定金额的购房款或者赠送部分商铺面积，而销售方未将返还的租金收入、购房金额或赠送面积作价计入销售收入，造成少缴税金。

4）不按规定清算土地增值税

按照《土地增值税暂行条例》的规定，一个开发项目在全部竣工决算销售后，应清算应缴纳的土地增值税。而多数房地产开发企业利用种种手段钻这一政策的"空子"，迟迟不进行决算，或留下几套"尾房"，不进行销售，逃避土地增值税的清算，影响了土地增值税税款的及时足额入库。

5）建筑安装企业不按工程形象进度计算收入，少缴税款

大多数建筑安装企业不按工程形象进度计算收入，而是按实际收到的工程款作为工程收入的实现；个别建安企业即使收到工程款，也不及时申报纳税。

6）建筑安装企业成本结转比较混乱，影响企业所得税

由于建筑安装企业的工程项目多、工期长、成本不固定，许多企业不按单个工程项目核算成本，造成收入与成本配比困难，而大多数建筑安装企业在核算时以实际收到的工程款作为收入的实现，而发生的成本、费用据实列支，从而造成成本费用和收入不配比的现象比较严重，影响了利润，造成少缴企业所得税。

引导问题：阅读引例3，讨论以下问题。

1. 什么是税收制度？建筑企业主要涉及哪些税种的缴纳？
2. 偷税会给建筑企业带来哪些不良影响？

15.2.4 税收法律制度

税法是调整税收征纳关系的法律规范的总称，主要包括《税收征收管理法》、《企业所得税法》、《个人所得税法》和《企业所得税暂行条例》等税收法律法规。

1. 税收制度

1）税收的概念与特征

税收是国家凭借政治权力或公共权力对社会产品进行分配的形式。税收是满足社会公共需要的分配形式。税收具有强制性、无偿性和固定性等特征。

2）税收制度的构成要素

构成税种的要素一般包括纳税人、征税对象、税目、税率、计税方法、纳税环节、纳税期限、纳税地点和税收优惠。

(1) 纳税人。纳税人是税法规定的直接负有纳税义务的法人和自然人，法律术语称为课税主体。

纳税人是税收制度最基本的构成要素之一，任何税种都有纳税人。从法律角度来划分，纳税人包括法人和自然人两种。

(2) 课税对象。课税对象又称为征税对象，是税法规定的征税的目的物，法律术语称为课税客体。

课税对象是一个税种区别于另一种税种的主要标志，是税收制度的基本要素之一。每

一种税都必须明确规定对什么征税,体现着税收范围的广度。一般来说,不同的税种有着不同的课税对象,不同的课税对象决定着税种所应有的不同性质。

(3)税目。税目是课税对象的具体项目。有些税种不分课税对象的性质,一律按照课税对象的应税数额采用同一税率计征税款,因此没有必要设置税目,如企业所得税。有些税种具体课税对象复杂,需要规定税目,如消费税、营业税等,一般都规定有不同的税目。

(4)税率。税率是应纳税额与课税对象之间的比例,是计算应纳税额的尺度,它体现征税的深度,直接关系着国家财政收入的多少和纳税人税收负担的高低,是税收制度的中心环节。

我国现行税率大致可分为以下3种。

① 比例税率。实行比例税率是指对同一征税对象不论数额大小,都按同一比例征税。比例税率在具体运用上可分为以下几种。

a. 行业比例税率。对不同行业规定不同的税率,同一行业采用同一税率。

b. 产品比例税率。对不同产品规定不同的税率,同一产品采用同一税率。

c. 地区差别比例税率。对不同地区实行不同的税率。

d. 幅度比例税率:中央只规定一个幅度税率,各地可在此幅度内,根据本地区实际情况,选择、确定一个比例作为本地适用税率。

② 定额税率。定额税率是税率的一种特殊形式。它不是按照课税对象规定征收比例,而是按照征税对象的计量单位规定固定税额,所以又称为固定税额,一般适用于从量计征的税种。定额税率在具体运用上又分为以下几种。

a. 地区差别税额:为了照顾不同地区的自然资源、生产水平和盈利水平的差别,根据各地区经济发展的不同情况分别制定的不同税额。

b. 幅度税额:中央只规定一个税额幅度,由各地根据本地区实际情况,在中央规定的幅度内,确定一个执行数额。

c. 分类分级税额:把课税对象划分为若干个类别和等级,对各类各级由低到高规定相应的税额,等级高的税额高,等级低的税额低,具有累进税的性质。

③ 累进税率。累进税率即按征税对象数额的大小划分若干等级,每个等级由低到高规定相应的税率。征税对象数额越大,税率越高,数额越小,税率越低。累进税率因计算方法和依据的不同,又分以下几种。

a. 全额累进税率。对征税对象的金额按照与之相适应等级的税率计算税额。当征税对象提高一个级距时,对征税对象金额都按高一级的税率征税。

b. 全率累进税率。它与全额累进税率的原理相同,只是税率累进的依据不同。全额累进税率的依据是征税对象的数额,而全率累进税率的依据是征税对象的某种比率,如销售利润率、资金利润率等。

c. 超额累进税率。即把征税对象按数额大小划分为若干等级,每个等级由低到高规定相应的税率,每个等级分别按该级的税率计税。

d. 超率累进税率。它与超额累进税率的原理相同,只是税率累进的依据不是征税对象的数额而是征税对象的某种比率。

(5)纳税环节。纳税环节是商品在流转过程中缴纳税款的环节。任何税种都要确定纳税环节,有的比较明确、固定,有的则需要在许多流转环节中选择确定。如对一种产品,在生产、批发和零售的环节中,可以选择只在生产环节征税,称为一次课征制,也可以选择在两个环节征税,称为两次课征制。还可以实行在所有流转环节都征税,称为多次课征制。

确定纳税环节是流转课税的一个重要问题。它关系到税制结构和税种的布局,关系到税款能否及时足额入库,关系到地区间税收收入的分配,同时关系到企业的经济核算和是否便利纳税人缴纳税款等问题。所以,选择确定纳税环节,必须和价格制度、企业财务核算制度相适应,同纯收入在各个环节的分布情况相适应,以利于经济发展和控制税源。

(6) 纳税期限。纳税期限是指负有纳税义务的纳税人向国家缴纳税款的最后时间限制。它是税收强制性、固定性在时间上的体现。确定纳税期限,要根据课税对象和国民经济各部门生产经营的不同特点来决定。

(7) 税收优惠。税收优惠是指税法对某些特定的纳税人或征税对象给予免除部分或全部纳税义务的规定。减税是指对应纳税额少征一部分税款;免税是指对应纳税额全部免征。减税免税是对某些纳税人和征税对象给予鼓励和照顾的一种措施。

3) 现行的税种

按课税对象分类,税收可以分为流转税、所得税、财产税、资源税和行为税。

(1) 流转税。增值税、消费税、营业税、关税。

(2) 所得税。企业所得税、个人所得税等。

相关链接

凡在我国境内,企业和其他取得收入的组织(除个人独资企业、合伙企业不适用企业所得税法外)为企业所得税的纳税人,依照法律规定缴纳企业所得税。

企业所得税实行比例税率。现行规定如下:

(1) 基本税率为25%。适用于居民企业和在中国境内设有机构、场所且所得与机构、场所有关联的非居民企业。

(2) 低税率为20%。适用于在中国境内未设立机构、场所的,或者虽设立机构、场所,但取得的所得与其所设机构、场所没有实际联系的非居民企业。

(3) 财产税。房产税、城市房地产税等。

(4) 资源税。资源税、土地增值税、城镇土地使用税等。

(5) 行为税。印花税、城市维护建设税等。

2. 纳税人的权利与义务

根据《税收征收管理法》规定,法律、行政法规规定负有纳税义务的单位和个人为纳税人。法律、行政法规规定负有代扣代缴、代收代缴税款义务的单位和个人为扣缴义务人。

纳税人、扣缴义务人必须依照法律、行政法规的规定缴纳税款、代扣代缴、代收代缴税款。

1) 纳税人的权利

(1) 依法提出申请享受税收优惠的权利。

（2）依法请求税务机关退回多征税款的权利。

（3）依法提起税务行政复议和税务行政诉讼的权利。

（4）依法对税务人员的违法行为进行检举和控告的权利。

（5）因税务机关的行为违法或不当，致使纳税人合法权益遭受损害时，有依法请求得到赔偿的权利。

（6）向税务机关咨询税法及纳税程序的权利。

（7）要求税务机关为其保密的权利。

（8）对税务机关做出的决定享有陈述和申辩的权利。

2）纳税人的义务

（1）依法办理税务登记、变更或注销税务登记。

（2）依法进行账簿、凭证管理。

（3）按期进行纳税申报，按时足额缴纳税款。

（4）向税务机关提供生产销售情况和其他资料，主动接受并配合税务机关的税务检查。

（5）执行税务机关的行政处罚决定，按照规定缴纳滞纳金和罚款。

3. 税务管理制度

1）税务登记制度

（1）开业、变更、注销登记。企业及其在外地设立的分支机构等从事生产、经营的纳税人，应自领取营业执照起 30 日内，向税务机关申报办理税务登记。税务登记内容发生变化的，纳税人应自办理工商变更登记起 30 日内，向税务机关办理变更登记。在办理工商注销登记前，先办理税务注销。

（2）税务登记证件。纳税人办理下列事项时，必须持税务登记证件：开立银行账户；申请减税、免税、退税；申请办理延期申报、延期缴纳税款；领购发票；申请开具外出经营活动税收管理证明；办理停业、歇业等。

2）账簿凭证管理制度

根据《税收征收管理法》的有关规定，纳税人、扣缴义务人按照有关法律、行政法规和国务院财政、税务主管部门的规定设置账簿，根据合法、有效凭证记账，进行核算。从事生产、经营的纳税人、扣缴义务人必须按照国务院财政、税务主管部门规定的保管期限保管账簿、记账凭证、完税凭证及其他有关资料，账簿、记账凭证、完税凭证及其他有关资料不得伪造、变造或者擅自损毁。

3）纳税申报管理制度

纳税人必须依照法律、行政法规规定或者税务机关依照法律、行政法规规定确定的申报期限、申报内容如实办理纳税申报，报送税务申报表、财务会计报表以及税务机关根据实际需要要求纳税人报送的其他纳税资料。扣缴义务人必须依照法律、行政法规规定或者税务机关依照法律、行政法规的规定确定的申报期限、申报内容如实办理纳税申报，报送代扣代缴、代收代缴税款报告表以及税务机关根据实际需要要求纳税人报送的其他关资料。

纳税人、扣缴义务人不能按期办理纳税申报或者报送代扣代缴、代收代缴税款报告表的，经税务机关核准，可以延期申报，但应在核准的延期内办理税款结算。

4. 税款征收制度

1）代扣代缴税款制度

扣缴义务人依照法律、行政法规的规定履行代扣、代收税款的义务。对法律、行政法规没有规定负有代扣、代收税款义务的单位和个人，税务机关不得要求其履行代扣、代收税款义务。扣缴义务人依法履行代扣、代收税款义务时，纳税人不得拒绝。纳税人拒绝的，扣缴义务人应当及时报告税务机关处理。税务机关按照规定付给扣缴义务人代扣、代收手续费。

2）延期缴纳税款制度

纳税人、扣缴义务人按照法律、行政法规规定或者税务机关依照法律、行政法规的规定确定的期限，缴纳或者解缴税款。纳税人因有特殊困难，不能按期缴纳税款的，经省、自治区、直辖市国家税务局、地方税务局批准，可以延期缴纳税款，但最长不得超过3个月。

3）税收滞纳金征收制度

纳税人未按照规定期限缴纳税款的，扣缴义务人未按照规定期限解缴税款的，税务机关除责令限期缴纳外，从滞纳税款之日起，按日加收滞纳税款 0.05％的滞纳金。

4）税收保全措施

税务机关有根据认为从事生产、经营的纳税人有逃避纳税义务行为的，可以在规定的纳税期之前，责令限期缴纳应纳税款；在限期内发现纳税人有明显的转移、隐匿其应纳税的商品、货物以及其他财产或者应纳税收入的迹象的，税务机关可以责成纳税人提供纳税担保。如果纳税人不能提供纳税担保，经县以上税务局（分局）局长批准、税务机关以采取下列税收保全措施：书面通知纳税人开户银行或者其他金融机构暂停支付纳税人的金额相当于应纳税款的存款；扣押、查封纳税人的价值相当于应纳税款的商品、货物或者其他财产。纳税人在前款规定的限期内缴纳税款的，税务机关必须立即解除税收保全措施；限期期满仍未缴纳税款的，经县级以上税务局（分局）局长批准，税务机关可以书面通知纳税人开户银行或者其他金融机构从其暂停支付的存款中扣缴税款，或者拍卖所扣押、查封的商品、货物或者其他财产，以拍卖所得抵缴税款。

采取税收保全措施不当，或者纳税人在限期内已缴纳税款，税务机关未立即解除税收保全措施，使纳税人的合法利益遭受损失的，税务机关应承担赔偿责任。

5）税收强制执行措施

从事生产、经营的纳税人、扣缴义务人未按照规定的期限缴纳或者解缴税款，纳税担保人未按照规定的期限缴纳所担保的税款，由税务机关责令限期缴纳，逾期仍未缴纳的，经县级以上二税务局（分局）局长批准，税务机关可以采取下列强制执行措施：书面通知其开户银行或者其他金融机构从其存款中扣缴税款；扣押、查封、拍卖其价值相当于应纳税款的商品、货物或者其他财产，以拍卖所得抵缴税款。税务机关采取强制执行措施时，对前款所列纳税人、扣缴义务人、纳税担保人未缴纳的滞纳金同时强制执行。

5．违反税法的法律责任

1）法律责任的形式

（1）经济责任主要包括加收滞纳金和赔偿损失。

(2) 行政责任主要包括行政处罚和行政处分。前者主要是针对纳税人和扣缴义务人的，主要包括：责令限期改正，责令缴纳税款；采取税收保全措施和税收强制执行措施；罚款；吊销税务登记证；收回税务机关发给的票证和吊销营业执照等。行政处分是针对税务机关的工作人员的，主要包括警告、记过、记大过、降级、撤职和开除。

(3) 刑事责任主要包括罚金、拘役、有期徒刑和无期徒刑。

2) 主要违法行为的法律责任

(1) 纳税人未按照规定期限缴纳税款的，扣缴义务人未按照规定期限解缴税款的，税务机关除责令限期缴纳外，从滞纳税款之日起，按日加收滞纳税款0.05%的滞纳金。

(2) 纳税人有下列行为之一的，由税务机关责令限期改正，可以处2000元以下的罚款；情节严重的，处2000元以上、1万元以下的罚款：未按照规定的期限申报办理税务登记、变更或者注销登记的；未按照规定设置、保管账簿或者保管记账凭证和有关资料的；未按照规定将财务、会计制度或者财务、会计处理办法和会计核算软件报送税务机关备查的；未按照规定将其全部银行账号向税务机关报告的；未按照规定安装、使用税控装置，或者损毁或擅自改动税控装置的。

(3) 对纳税人偷税的，由税务机关追缴其不缴或者少缴的税款、滞纳金，并处不缴或者少缴的税款1倍以上、5倍以下的罚款；偷税数额占应纳税额的10%以上、不满30%，并且偷税数额在1万元以上不满10万元的，或者因偷税被税务机关给予两次行政处罚后再次偷税的，处3年以下有期徒刑或者拘役，并处偷税数额1倍以上、5倍以下罚金；偷税数额占应纳税额的30%以上并且偷税数额在10万元以上的，处3年以上、7年以下有期徒刑，并处偷税数额1倍以上、5倍以下罚金。

(4) 纳税人欠缴应纳税款，采取转移或者隐匿财产的手段，妨碍税务机关追缴欠缴的税款的，由税务机关追缴欠缴的税款、滞纳金，并处欠缴税款50%以上、5倍以下的罚款。欠缴税款数额在1万元以上、不满10万元的，处3年以下有期徒刑或者拘役，并处或者单处欠缴税款1倍以上、5倍以下罚金；数额在10万元以上的，处3年以上、7年以下有期徒刑，并处欠缴税款1倍以上、5倍以下罚金。以暴力、威胁方法拒不缴纳税款的，除由税务机关追缴其拒缴的税款、滞纳金外，处3年以下有期徒刑或者拘役，并处拒缴税款1倍以上、5倍以下罚金；情节严重的，处3年以上、7年以下有期徒刑，并处拒缴税款1倍以上、5倍以下罚金；情节轻微，未构成犯罪的，由税务机关追缴其拒缴的税款、滞纳金，并处拒缴税款1倍以上、5倍以下罚款。

(5) 纳税人、扣缴义务人的开户银行或者其他金融机构拒绝接受税务机关依法检查纳税人、扣缴义务人存款账户，或者拒绝执行税务机关做出的冻结存款或者扣缴税款的决定，或者在接到税务机关的书面通知后帮助纳税人、扣缴义务人转移存款，造成税款流失的，由税务机关处10万元以上、50万元以下的罚款，对直接负责的主管人员和其他直接责任人员处1000元以上、1万元以下的罚款。

3) 追究法律责任的主体和期限

追究法律责任的主体主要包括征税机关和人民法院。行政处罚罚款额在2000元以下的，可以由税务所决定。违反税收法律、行政法规应当给予行政处罚，在5年内未被发现的，不再给予行政处罚。

6. 建筑类企业主要缴纳税种

引例 4

A 公司 4 月份购买甲产品支付货款 10000 元，增值税进项税额 1700 元，取得增值税专用发票。销售甲产品的含税销售额为 23400 元。

引导问题：A 公司应缴纳多少增值税？

1）建筑业增值税

增值税是以商品(含应税劳务)在流转过程中产生的增值额作为计税依据而征收的一种流转税。从计税原理上说，增值税是对商品生产、流通、劳务服务中多个环节的新增价值或商品的附加值征收的一种流转税。实行价外税，也就是由消费者负担，有增值才征税，无增值不征税。

增值税已经成为我国最主要的税种之一，增值税的收入占我国全部税收的 60% 以上，是最大的税种。增值税由国家税务总局负责征收，税收收入中 75% 为中央财政收入，25% 为地方财政收入。其计算公式为：应纳税额＝当期销项税额－当期进项税额

$$销项税额＝销售额\times 税率$$

$$销售额＝含税销售额\div (1+税率)$$

销项税额：指纳税人提供应税服务按照销售额和增值税税率计算的增值税额。

进项税额：指纳税人购进货物或者接受加工修理修配劳务和应税服务，支付或者负担的增值税税额。

【**案例评析**】

引例 4 中，A 公司进项税额＝1700 元

销项税额＝23400/(1＋17%)×17%＝3400 元

应纳税额＝3400－1700＝1700 元

2016 年 3 月 23 日，财政部、国家税务总局正式颁布《关于全面推开营业税改征增值税试点的通知》(财税〔2016〕36 号)(以下简称《通知》)。《通知》包含四个附件，分别为：附件 1——营业税改征增值税试点实施办法；附件 2——营业税改征增值税试点有关事项的规定；附件 3——营业税改征增值税试点过渡政策的规定；附件 4——跨境应税行为适用增值税零税率和免税政策的规定。

对于老项目有两种方法处理：第一，继续按照老旧策执行，就是执行 3% 的建筑业营业税，第二，执行 3% 的税率简易增值税。这两种到底是哪一种？以相关文件出来为准。营改增之后，新老项目交替出现，共同经营、共同生产的情况下，必须要分开采购、分开核算、分开决算。也就是说，营改增后老项目产生的增值税的进项税，不可以在新项目中进行抵扣。

相关链接

建筑工程老项目包括两种情况。

(1)《建筑工程施工许可证》注明的合同开工日期在 2016 年 4 月 30 前的建筑工程项目；

(2) 未取得《建筑工程施工许可证》的，建筑工程承包合同注明的开工日期在 2016

年 4 月 30 日前的建筑工程项目。

(1) 建筑业增值率税率和征收率。

根据《通知》附件 1《营业税改征增值税试点实施办法》规定,建筑业的增值率税率和增值税征收率分别为 11% 和 3%。

增值税征收率是指对特定的货物或特定的纳税人销售的货物、应税劳务在某一生产流通环节应纳税额与销售额的比率。

与增值税税率不同,征收率只是计算纳税人应纳增值税税额的一种尺度,不能体现货物或劳务的整体税收负担水平。适用征收率的货物和劳务,应纳增值税税额计算公式为:应纳税额=销售额×征收率,不得抵扣进项税额。试点纳税人提供建筑服务适用简易计税方法的,以取得的全部价款和价外费用扣除支付的分包款后的余额为销售额。换句话说:适用简易计税方法计税的,就适用 3% 的增值税征收率,按 3% 的比例交税,同时不得抵扣进项税额。

进项税额中不动产如何抵扣销项税?

适用一般计税方法的试点纳税人,2016 年 5 月 1 日后取得并在会计制度上按固定资产核算的不动产或者 2016 年 5 月 1 日后取得的不动产在建工程,其进项税额应自取得之日起分两年从销项税额中抵扣,第一年抵扣比例为 60%,第二年抵扣比例为 40%。

取得不动产,包括以直接购买、接受捐赠、接受投资入股、自建以及抵债等各种形式取得不动产,不包括房地产开发企业自行开发的房地产项目。

融资租入的不动产以及在施工现场修建的临时建筑物、构筑物,其进项税额不适用上述分两年抵扣的规定。

(2) 适用简易计税方法计税的建筑服务。

根据《通知》附件 1《营业税改征增值税试点实施办法》和附件 2《营业税改征增值税试点有关事项的规定》规定,有如下几种情况。

① 小规模纳税人发生应税行为,适用简易计税方法计税。
② 一般纳税人以清包工方式提供的建筑服务,可以选择适用简易计税方法计税。

以清包工方式提供建筑服务,是指施工方不采购建筑工程所需的材料或只采购辅助材料,并收取人工费、管理费或者其他费用的建筑服务。

③ 一般纳税人为甲供工程提供的建筑服务,可以选择适用简易计税方法计税。

甲供工程,是指全部或部分设备、材料、动力由工程发包方自行采购的建筑工程。

④ 一般纳税人为建筑工程老项目提供的建筑服务,可以选择适用简易计税方法计税。

建筑服务包含的服务类型

建筑服务,是指各类建筑物、构筑物及其附属设施的建造、修缮、装饰,线路、管道、设备、设施等的安装,以及其他工程作业的业务活动。建筑服务包括工程服务、安装服务、修缮服务、装饰服务和其他建筑服务。

1. 工程服务

工程服务,是指新建、改建各种建筑物、构筑物的工程作业,包括与建筑物相连的各种设备或者支柱、操作平台的安装或者装设工程作业,以及各种窑炉和金属结构工程作业。

2. 安装服务

安装服务,是指生产设备、动力设备、起重设备、运输设备、传动设备、医疗实验设备以及其他各种设备、设施的装配、安置工程作业,包括与被安装设备相连的工作台、梯子、栏杆的装设工程作业,以及被安装设备的绝缘、防腐、保温、油漆等工程作业。

固定电话、有线电视、宽带、水、电、燃气、暖气等经营者向用户收取的安装费、初装费、开户费、扩容费以及类似收费,按照安装服务缴纳增值税。

3. 修缮服务

修缮服务,是指对建筑物、构筑物进行修补、加固、养护、改善,使之恢复原来的使用价值或者延长其使用期限的工程作业。

4. 装饰服务

装饰服务,是指对建筑物、构筑物进行修饰装修,使之美观或者具有特定用途的工程作业。

5. 其他建筑服务

其他建筑服务,是指上列工程作业之外的各种工程作业服务,如钻井(打井)、拆除建筑物或者构筑物、平整土地、园林绿化、疏浚(不包括航道疏浚)、建筑物平移、搭脚手架、爆破、矿山穿孔、表面附着物(包括岩层、土层、沙层等)剥离和清理等工程作业。

(3) 建筑业纳税人和扣缴义务人。

单位以承包、承租、挂靠方式经营的,承包人、承租人、挂靠人(以下统称承包人)以发包人、出租人、被挂靠人(以下统称发包人)名义对外经营并由发包人承担相关法律责任的,以该发包人为纳税人。否则,以承包人为纳税人。

(4) 纳税与扣缴义务发生时间的确定。

① 纳税人发生应税行为并收讫销售款项或者取得索取销售款项凭据的当天;先开具发票的,为开具发票的当天。

② 纳税人提供建筑服务、租赁服务采取预收款方式的,其纳税义务发生时间为收到预收款的当天。

③ 增值税扣缴义务发生时间为纳税人增值税纳税义务发生的当天。

(5) 纳税地点的确定。

① 固定业户应当向其机构所在地或者居住地主管税务机关申报纳税。总机构和分支机构不在同一县(市)的,应当分别向各自所在地的主管税务机关申报纳税;经财政部和国家税务总局或者其授权的财政和税务机关批准,可以由总机构汇总向总机构所在地的主管税务机关申报纳税。

② 非固定业户应当向应税行为发生地主管税务机关申报纳税;未申报纳税的,由其机构所在地或者居住地主管税务机关补征税款。

③ 其他个人提供建筑服务，销售或者租赁不动产，转让自然资源使用权，应向建筑服务发生地、不动产所在地、自然资源所在地主管税务机关申报纳税。

④ 扣缴义务人应当向其机构所在地或者居住地主管税务机关申报缴纳扣缴的税款。

相关链接

建筑服务发生地与机构所在地不同，如何纳税？

（1）一般纳税人跨县（市）提供建筑服务，适用一般计税方法计税的，应以取得的全部价款和价外费用为销售额计算应纳税额。纳税人应以取得的全部价款和价外费用扣除支付的分包款后的余额，按照2%的预征率在建筑服务发生地预缴税款后，向机构所在地主管税务机关进行纳税申报。

（2）一般纳税人跨县（市）提供建筑服务，选择适用简易计税方法计税的，应以取得的全部价款和价外费用扣除支付的分包款后的余额为销售额，按照3%的征收率计算应纳税额。纳税人应按照上述计税方法在建筑服务发生地预缴税款后，向机构所在地主管税务机关进行纳税申报。

（3）试点纳税人中的小规模纳税人（以下称小规模纳税人）跨县（市）提供建筑服务，应以取得的全部价款和价外费用扣除支付的分包款后的余额为销售额，按照3%的征收率计算应纳税额。纳税人应按照上述计税方法在建筑服务发生地预缴税款后，向机构所在地主管税务机关进行纳税申报。

（4）一般纳税人跨省（自治区、直辖市或者计划单列市）提供建筑服务或者销售、出租取得的与机构所在地不在同一省（自治区、直辖市或者计划单列市）的不动产，在机构所在地申报纳税时，计算的应纳税额小于已预缴税额且差额较大的，由国家税务总局通知建筑服务发生地或者不动产所在地省级税务机关，在一定时期内暂停预缴增值税。

（6）建筑业哪些服务可以免征增值税。

① 工程项目在境外的建筑服务。

② 工程项目在境外的工程监理服务。

③ 工程、矿产资源在境外的工程勘察勘探服务。

2）城市维护建设税

城市维护建设税（简称城建税）是我国为了加强城市的维护建设，扩大和稳定城市维护建设资金的来源而开征的一税种。它以承担城市维护建设税纳税义务的单位和个人为纳税人，实行地区差别税率，按照纳税人所在地的不同，税率分别规定为7%、5%、1%三个档次，不同地区的纳税人实行不同档次的税率。其具有以下性质。

（1）附加税、间接税。该税种没有独立的征税对象或税基，而是以增值税、消费税两种流转税的实际缴纳的数额之和为计税依据，随两税同时附征。因此，其本质上既属于一种附加税，也具有间接税的性质。

（2）地方税、专项税。城建税被用于保证城市的公共事业和公共设施的维护和建设。所征税款专门用于城市住宅、道路、桥梁、防洪、给水、排水、供热、轮渡、园林绿化、环境卫生以及公共消防、交通标志、路灯照明等公共设施的建设和维护。

（3）环境税、受益税。它也是一种具有受益税性质的税，充分体现了对受益者课税的权利与义务相一致的原则。

3) 教育费附加

教育费附加是对在城市和县城凡缴纳增值税、消费税的单位和个人,就实际缴纳的两种税税额征收的一种附加。其以各单位和个人实际缴纳的增值税、消费税的税额为计征依据,分别与增值税、消费税同时缴纳。

征收教育费附加目的是为了多渠道筹集教育经费,改善中小学办学条件,教育费附加具有专款专用的性质。其征收率为"两税"税额的3%。计算公式为:

$$应缴的教育费附加=(实缴增值税+实缴消费税)\times 3\%$$

相 关 测 试

(1) 某公司 2007 年 6 月 1 日应缴纳税款 5 万元,由于自然灾害,申请延期缴纳税款。根据本例回答下列问题。

① 该公司可以延期缴纳税款的最长时间不得超过(　　)。

A. 1 个月　　　　B. 3 个月　　　　C. 5 个月　　　　D. 6 个月

② 若该公司直至同年 11 月 1 日仍未能按时缴纳税款,以下说法正确的是(　　)。

A. 补交税款 5 万元

B. 补交税款 5 万元,并征收同期银行存款利息

C. 补交税款 5 万元,并征收万分之五的滞纳金

D. 补交税款 5 万元,并征收 3%的滞纳金

③ 该公司在欠税期间,要处分长期闲置的桥梁施工设备转让,根据《税收征收管理法》的规定,该公司的义务是(　　)。

A. 向税务机关结清税款

B. 向税务机关结清税款并支付滞纳金

C. 向税务机关提供担保

D. 向税务机关报告

(2) 按照税务管理规定,下列情形正确的是(　　)。

A. 县政府扶持某工厂,决定对该企业免征 3 年企业所得税

B. 王某拖欠税款,2006 年 7 月出国留学并未提供担保

C. 税务人员张某与管辖范围内的私营企业老板李某是大学同学,张某在执行公务期间并未申请回避

D. 赵某承包一商店,经查应补交税款共计 1 万元,拖欠不交,税务机关扣押其个人财产

(3) 甲省的某工程公司在乙省承包一项工程,其增值税的纳税地点为(　　)。

A. 注册地　　　B. 工程所在地　　　C. 机构所在地　　　D. 居住地

(4) 某工程公司在外地设立分支机构,获得批准并依法取得营业执照。就税收法律关系而言,下列做法中正确的是(　　)。

A. 自公司成立之日起 30 日内向税务机关办理税务登记

B. 自领取营业执照之日起 30 日内向税务机关办理税务登记

C. 从商店购买专用发票

D. 向税务机关预交纳税保证金

15.3 任务实施

1. 请对本项目施工单位的公司章程、组织结构等方面进行法律评价。
2. 请对本项目施工单位涉及的劳动合同进行法律评价。
3. 请对本项目施工单位的纳税与保险措施进行法律评价。

15.4 任务总结

1. 任务问题

（1）此次任务完成中存在的主要问题有哪些？
（2）问题产生的原因有哪些？
（3）提出相应的解决方法。
（4）您认为还需加强哪些方面的指导（实际工作过程及理论知识）？

2. 自我总结

（1）此次任务完成中存在的主要问题有哪些？
（2）问题产生的原因有哪些？
（3）请提出相应的解决方法。
（4）您认为还需加强哪方面的指导（实际工作过程及理论知识）？

15.5 知识点回顾

本次任务的完成主要涉及以下知识点：公司对内对外法律关系；公司法的特征；常见的3类公司；公司的合并、分立和解散；劳动合同的内容和解除；对劳动者在劳动中的安全和健康的法律保证；劳动纠纷的解决方式；保险合同的基本含义与分类；保险合同的订立阶段、要素和当事人双方的告知和说明义务以及合同订立的条款；投保人与保险人的主要义务以及保险人的代位求偿权对造成损失的第三人享有追偿的权利的范围及行使规定；建设工程领域常见的保险种类；税收制度；纳税人的权利与义务；税务管理制度；税款征收制度；违反税法的法律责任；建筑类企业主要缴纳的税种。

15.6 基础训练

15.6.1 单选题

1. 孙某是某建筑工程有限责任公司的股东，对于其所在公司的对外债务承担，下列说法正确的是（　　）。

A. 孙某以其出资额为限对公司承担责任，公司以其注册资本对公司的债务承担责任

B. 孙某以其出资额为限对公司承担责任，公司以其全部资产对公司的债务承担责任

C. 孙某以其个人资产为限对公司承担责任，公司以其注册资本对公司的债务承担责任

D. 孙某以其个人资产为限对公司承担责任，公司以其全部资产对公司的债务承担责任

2. 王某、李某和张某 3 人出资，成立一个建筑装饰有限责任公司，请根据下列提供的背景，做出正确的选择。

(1) 该公司召开股东会，选举王某为公司的执行董事并兼任公司的经理，张某为公司的监事，同时公司聘任夏某为公司的财务负责人，该公司的法定代表人为（　　）。

    A. 王某　　　　　B. 张某　　　　　C. 李某　　　　　D. 夏某

(2) 该公司准备增加注册资本，具有决定此类事项职权的是公司的（　　）。

    A. 经理　　　　　B. 股东会　　　　C. 监事会　　　　D. 执行董事

3. 王某现有 500 万元闲置资金，准备向某房地产公司投资，为了解公司的相关情况，王某可以向（　　）。

A. 公司登记机关申请查询公司登记事项，公司登记机关应当提供查询服务

B. 公司上级主管部门申请查询公司登记事项，并应当向王某提供查询服务

C. 公司税务机关申请查询公司相关事项，公司税务机关应当提供查询服务

D. 公司监督机关申请查询公司相关事项，公司监督机关应当协助查清

4. 某建筑工程有限公司于 2007 年 6 月 15 日召开股东会，选举公司的董事。下列人员可以担任公司董事的是（　　）。

A. 个人负债 80 余万元到期债务的贺某

B. 曾因贪污罪被判处有期徒刑，于 2003 年 4 月 17 日刑满释放的张某

C. 曾在 1990 年被宣告为限制行为能力人，后经申请被人民法院撤销宣告的孙某

D. 曾担任某公司的法定代表人，该公司于 2005 年 9 月被宣告破产，对公司破产负有个人责任的刘某

5. 某有限责任公司的住所地在 A 市，后在 B 地设立了一家分公司。该分公司以自己的名义与 C 贸易公司签订了一份买卖合同。现该分公司无力支付货款，与该贸易公司产生纠纷。下列说法中正确的是（　　）。

A. 买卖合同无效，因为该分公司不具有法人资格，而且无母公司的授权依据

B. 买卖合同有效，该合同产生的法律责任由母公司承担

C. 买卖合同有效，该合同产生的法律责任由母公司及其分公司承担连带责任

D. 买卖合同有效，法律责任由合同当事人独立承担

6. 甲公司为一个建筑工程有限责任公司，从事建筑、装修、建材等业务。对于该公司，回答下列问题。

(1) 如果该公司拟更换监事，在下列人员中，可以做监事的是（　　）。

    A. 王某，现任公司总经理　　　　　　B. 孙某，现任公司财务总监

    C. 张某，公司职工代表　　　　　　　D. 赵某，现任公司董事会董事

(2) 根据《公司法》的规定，该公司有权对公司增加注册资本作出决议的机关是（　　）。

    A. 股东会　　　　B. 股东大会　　　C. 监事会　　　　D. 董事会

7. 某高新技术开发公司与应届毕业的某高校计算机专业的大学生王某以书面形式签订了一份劳动合同，合同规定，王某的工作就是仿制专利产品。后来，由于王某身体不好

而没有完成任务，公司于是要求王某承担违约责任。对此，下列说法正确的是（　　）。

　　A. 王某违约，应当承担违约责任

　　B. 王某的违约是由于身体原因，因此可以免责

　　C. 王某的违约是由于身体原因，虽然不可以免责，但可以减轻责任

　　D. 该合同内容违反了法律，因此合同无效

8. 根据《中华人民共和国税收征收管理法》规定，对不按时缴纳税款的，税务机关可从滞纳税款之日起，按日加收滞纳税款（　　）的滞纳金。

　　A. 万分之五　　　B. 千分之五　　　C. 万分之三　　　D. 千分之三

9. 某施工单位在4月2日与保险公司签订了建筑意外伤害保险，在开工（4月20日）前10天，即4月10日施工管理人员到工地巡视设备准备情况时遭受意外伤害，这时保险公司承担保险责任的期限的起算时间应为（　　）。

　　A. 4月2日　　　　　　　　　　B. 4月10日

　　C. 4月20日　　　　　　　　　D. 发生损失之日起生效

10. 某市会展中心工程既含有土木工程项目也含有安装工程项目，该工程承包给甲建筑工程有限公司，工程总造价约为2.2亿元，其中土木建筑工程项目造价约为1亿元。根据下列提供的条件，做出正确的选择。

　　(1) 对于该会展中心工程的保险，正确的选择是（　　）。

　　A. 只能按建筑工程一切险投保

　　B. 只能按安装工程一切险投保

　　C. 土木建筑工程项目按建筑工程一切险投保，安装工程项目按安装工程一切险投保

　　D. 整个工程按综合险投保

　　(2) 甲建筑工程公司拟投保建筑工程一切险，经咨询得知，建筑工程一切险可承保各类土木建筑工程，如房屋、公路、铁路、桥梁、隧道、堤坝、电站、码头、飞机场等工程在建造过程中由于特定原因所导致的损失，该特定原因包括（　　）。

　　A. 自然灾害或意外事故　　　B. 自然耗损或意外事故

　　C. 自然灾害或人为事故　　　D. 不可抗力或人为破坏

　　(3) 如果甲建筑工程公司投保了建筑工程一切险，该公司在施工现场发现了部分物质损失，下列选项中不属于建筑工程一切险中物质损失部分的保险责任的原因是（　　）。

　　A. 空中运行物体坠落　　　　B. 火灾、爆炸

　　C. 破坏性地震　　　　　　　D. 盘点时发现的短缺

11. 李某经过多年的准备发起成立了一家装修公司，于2007年11月26日领取营业执照。李某认为自己经营规模较小，不具备设置账簿的能力和需要，拟向工商行政机关申请不设置账簿。李某的公司成立后需要取得税务登记证件，为了开展业务需要开立账户。请为他解答以下问题。

　　(1) 按照税法规定，李某持有关证件向税务机关申报办理税务登记的最长期限是（　　）。

　　A. 10天　　　　　B. 15天　　　　　C. 20天　　　　　D. 30天

　　(2) 李某公司成立并依法取得税务登记证件后，需要开立账户来开展业务。据此下列分析错误的是（　　）。

　　A. 该公司可以在银行或者其他金融机构开立账户

B. 可以开立基本账户或其他存款账户

C. 只需向税务机关报告其基本存款账户

D. 其开户银行应当在其账户中登记税务登记号码

(3) 有关李某向工商行政机关申请不设置账簿的分析，正确的是（　　）。

A. 李某如果主动申请不设置账簿，可以不设置

B. 经过税务机关核准，可以不设置

C. 按照国家有关法律、行政法规，如符合条件，可以不设置

D. 必须按有关法律、行政法规和国务院财政、税务主管部门的规定设置账簿

15.6.2 多选题

1. 甲建筑工程有限责任公司承建防汛堤坝工程，该公司根据我国《建筑法》和《建设工程安全生产管理条例》投保了建筑意外伤害保险。在保险责任有效期间内，被保险人在建筑施工过程中遭受了意外伤害。

(1) 如果被保险人因该意外致死，则由死亡保险金受益人作为申请人填写保险金给付申请书，并凭借一系列的证明文件向保险人申请给付保险金。这些证明文件通常包括（　　）。

A. 保险单及投保单位证明

B. 受益人户籍证明及身份证明

C. 被保险人死亡，殡葬机构出具的死亡证明文件

D. 公安部门或保险人认可的医疗机构出具的被保险人死亡证明书、被保险人户籍注销证明

E. 受益人所能提供的与确认保险事故的性质、原因等有关的其他证明和资料，如安全生产监督管理部门出具的证明材料等

(2) 如果被保险人因该意外致残，由被保险人作为申请人填写保险金给付申请书，与被保险人被确定残疾及其程度后，凭借一系列的证明文件向保险人申请给付保险金。这些证明文件通常包括（　　）。

A. 保险单及投保单位证明

B. 被保险人户籍证明及身份证明

C. 有保险人指定或认可的医疗机构或医师出具的被保险人残疾程度鉴定书

D. 被保险人所能提供的与确认保险事故的性质、原因、伤害程度等有关的其他证明和资料

E. 保险人认可的医疗机构出具的被保险人死亡证明

2. 某建筑公司自建一幢综合楼，下列处理方法正确的有（　　）。

A. 自用按建筑业缴纳营业税

B. 自用不纳营业税

C. 出售按建筑业和销售不动产纳营业税

D. 出售按建筑业纳营业税

E. 按自建自用不动产纳营业税

3. 下列各项中，应由纳税人向其机构所在地主管税务机关申报缴纳营业税的有（　　）。

A. 跨省、自治区、直辖市承包工程

B. 销售不动产

C. 转让土地使用权

D. 提供劳务

E. 从事运输业务

4. 某市的一家建筑工程公司准备实施经济性裁员,依据《劳动法》的规定,在下列人员中,该建筑工程公司不得与其解除劳动合同的有( )。

  A. 女职工李某,正在家中休产假

  B. 会计刘某,非因公负伤,正在住院还未痊愈

  C. 职工谢某,因失职造成公司损失10多万元,现停职在家

  D. 工程师吕某,因患职业病丧失劳动能力,一直卧床在家

  E. 司机于某,因盗窃罪被法院判处有期徒刑5年

5. 某装饰公司与姜某之间因工作待遇问题发生了劳动争议,依据《劳动法》的规定,双方当事人可以通过下列( )方式解决。

  A. 申请调解   B. 双方协商   C. 投诉上访

  D. 申请仲裁   E. 提起诉讼

6. 新近成立某建筑安装公司,其公司章程将对下列主体具有约束力的有( )。

  A. 公司本身   B. 股东   C. 公司的债权人

  E. 董事   D. 监事

7. 某建筑有限责任公司是一家承建民用住房和公建设施的企业,根据《公司法》的有关规定,应当依法办理变更登记的情形有( )。

  A. 公司的法定代表人由蒋某变更为吴某

  B. 使公司的注册资本由4000万元增加为8000万元

  C. 扩大公司经营范围,增加桥梁建设一项

  D. 与某安装公司合并

  E. 梁某的公司总经理职务由尚某接替

8. 根据《公司法》第149条的规定,项某和姜某分别作为公司的董事、经理不得行使的行为有( )。

  A. 挪用公司资金的行为

  B. 将公司资金以其他个人名义开立账户存储的行为

  C. 公司章程的规定,经过股东会同意,以公司财产为他人提供担保的行为

  D. 经过股东大会同意,与本公司进行交易的行为

  E. 经股东会同意,自营与所任职公司同类业务的行为

15.6.3 案例分析

 案例1

2006年7月20日,某国有企业向A市政府请求对其一划拨土地进行出让,经批准后,便与A市国土资源局签订了委托出让手续,经评估等手续,A市国土资源局便将上述土地进行了公开挂牌出让。某房地产开发公司成功竞得该地块,当日房地产开发公司与

A市国土资源局签订了《挂牌成交确认书》和《国有建设用地使用权出让合同》，在房地产开发公司缴纳相应的价款后，A市国土资源局为其办理了建设用地颁证的登记手续，A市人民政府核发了A国有［2008］第×号国有建设用地使用证。但房地产开发公司并未实际取得该建设用地。原来，国有企业并未按照A市国土资源局的要求交出建设用地，国有企业与某物流公司就该土地签订了长期的承包经营合同，国有企业认为，虽然2006年7月20日向A市国土资源局提交的《报告》中载明了"国有公司与物流公司经协商一致同意，在办理出让手续时，解除长期承包经营合同和相应公证书"的承诺，但由于A市国土资源局在对此建设用地进行出让竞标时未通知其参加，故认为无效，承包合同未解除，也无法交付建设用地。

后起纠纷诉至法院，房地产开发公司诉讼请求：判决A市国土资源局依法履行交付争议建设用地义务，并赔偿相应损失。

问题：一地两证，法律效力应如何界定？

案例2

2003年11月，大康公司共康服饰城与大众保险公司签订了一份《财产保险合同》，约定由大众保险公司承保共康服饰城内3、4号馆房屋资产，协议签订后，大康公司按约支付了保险费。2004年1月底，共康服饰城委托浙江某建筑公司对4号馆进行改造装修。而服饰城4号馆到5号馆之间的天桥改造工程则由服饰城工程部经理管某发包给一名没有资质的个体户施工。同年2月10日晚10时许，一名无证施工人员在天桥上进行电焊气割作业，由于违章操作，导致气割熔渣飞溅到4号馆的一店铺内，引燃铺内物品，酿成火灾。事发后，大众保险公司委托有关保险评估机构对火灾受损情况、费用以及事故原因、责任做出评估和认定。评估结论为此次火灾属保险责任范围，建议理赔金额为75.6万多元。此后，由于大众保险公司对大康公司提出的索赔请求予以拒绝，从而引发诉讼。此案经一审法院审理，判决大众保险公司支付大康公司保险赔偿款75.6万多元。

问题：建设工程常见险种有哪些？保险公司可以拒赔吗？

15.7 拓 展 训 练

请就某一项目，对公司章程、公司组织结构、保险、税务方面提交一份法律意见书。

任务 16

环保、节能、消防、档案管理法律实务

引例 1

2001年10月,天通花园小区27户居民联名将某建筑公司告上法庭。4个月以前,与该居民区一墙之隔的安顺花园破土动工。从此,这里的居民便没过上一天清静的日子。建筑工地日夜施工,在夜间的时候,工地上的探照灯将居民家中照得亮如白昼,刺耳的噪声更是使附近的居民夜不能寐,痛苦不堪。这里的居民以老人和孩子居多,睡眠不足使得老人身体每况愈下,孩子的健康和学业也受到影响。居民们不堪忍受建筑噪声,愤而向"环保110"投诉。

环保部门接到投诉后,进行了实地勘察和监测。经查明,该工程是由某建筑公司承建的。该建筑公司在开工前,未向该市环境保护行政主管部门进行申报。环保部门到工地查看时,发现工地正在夜间施工,对此该建筑公司负责人申辩,他们并未在夜间大规模施工,只是因混凝土浇筑工艺的特殊需要,开始之后就无法中止,即便是夜间也不能停工。但是该建筑公司并没有办理相关的夜间开工手续。

引导问题:根据该引例,讨论以下问题。

(1)我国建设法规在环保、节能、消防、档案方面对建设主体提出了哪些要求?

(2)该引例中,施工方是否存在违法之处?

16.1 任务导读

项目建设过程中,建设参与方常就各类环保、节能、消防、档案管理事务发生纠纷。为完成本任务,你须掌握以上四类事务相关的法律制度,学会如何正确适用法律。

16.1.1 任务描述

一家房地产开发企业与A企业就金强大学城商业街项目签订的施工合同正在履行。你

现接受 A 企业委托，为其提供合同履行期间的相关法律服务，并提交该项目的相关法律意见书。

16.1.2 任务目标

（1）熟悉环保法规，掌握处理相关法律纠纷的程序和方法。
（2）熟悉节能、消防法规等，掌握处理相关法律纠纷的程序和方法。
（3）熟悉工程档案管理等法规，掌握处理相关法律纠纷的程序和方法。
（4）通过对相关案例的分析处理，进一步提高前几个学习情景任务的完成能力。

16.2 相关理论知识

16.2.1 环境保护基本法律制度

环境保护基本法律制度，主要包括：环境规划制度、清洁生产制度、环境影响评价制度、"三同时"制度、排污收费制度、环境保护许可制度和环境标准制度。本任务主要介绍与建设工程关系紧密的环境影响评价制度和"三同时"制度。

1. 环境影响评价制度

环境影响评价是指对规划和建设项目实施后可能造成的环境影响进行分析、预测和评估，提出预防或者减轻不良环境影响的对策和措施，进行跟踪监测的方法与制度。项目建设过程中，建设单位应当同时实施环境影响报告书、环境影响报告表以及环境影响评价文件、审批部门审批意见中提出的环境保护对策措施。建设项目的环境影响评价文件未经法律规定的审批部门审查或者审查后未予批准的，该项目审批部门不得批准其建设，建设单位不得开工建设。

1) 环境影响报告书的基本内容
（1）建设项目概况。
（2）建设项目周围环境现状。
（3）建设项目对环境可能造成影响的分析、预测和评估。
（4）建设项目环境保护措施及其技术、经济论证。
（5）建设项目对环境影响的经济损益分析。
（6）对建设项目实施环境监测的建议。
（7）环境影响评价的结论。

涉及水土保持的建设项目，还必须经由水行政主管部门审查同意的水土保持方案。

建设项目的环境影响评价的分类管理

建设单位应当按照下列规定组织编制环境影响报告书、环境影响报告表或者填报环境影响登记表（以下统称环境影响评价文件）。

（1）可能造成重大环境影响的，应当编制环境影响报告书，对产生的环境影响进行全面评价。

(2)可能造成轻度环境影响的,应当编制环境影响报告表,对产生的环境影响进行分析或者专项评价。

(3)对环境影响很小、不需要进行环境影响评价的,应当填报环境影响登记表。

2)建设项目环境影响评价文件的编制与审批管理

环境影响评价文件中的环境影响报告书或者环境影响报告表,应当由具有相应环境影响评价资质的机构编制。任何单位和个人不得为建设单位指定对其建设项目进行环境影响评价的机构。

● 相 关 链 接

建设项目环境影响评价的机构

接受委托为建设项目环境影响评价提供技术服务的机构,应当经国务院环境保护行政主管部门考核审查合格后,颁发资质证书。为建设项目环境影响评价提供技术服务的机构的资质条件和管理办法,由国务院环境保护行政主管部门制定。国务院环境保护行政主管部门对已取得资质证书的为建设项目环境影响评价提供技术服务的机构名单,应予以公布。

环境评价机构应按照资质证书规定的等级和评价范围,从事环境影响评价服务,并对评价结论负责。其不得与负责审批建设项目环境影响评价文件的环境保护行政主管部门,或者其他有关审批部门存在任何利益关系。

建设项目的环境影响评价文件由建设单位按照国务院的规定报有审批权的环境保护行政主管部门审批;建设项目有行业主管部门的,其环境影响报告书或者环境影响报告表应当经行业主管部门预审后,报有审批权的环境保护行政主管部门审批。

审批部门应自收到环境影响报告书之日起60日内,收到环境影响报告表之日起30日内,收到环境影响登记表之日起15日内,分别做出审批决定并书面通知建设单位。

● 特 别 提 示

建设项目的环境影响评价文件经批准后,建设项目的性质、规模、地点、采用的生产工艺或者防治污染、防止生态破坏的措施发生重大变动的,建设单位应当重新报批建设项目的环境影响评价文件。

建设项目的环境影响评价文件自批准之日起超过5年,方决定该项目开工建设的,其环境影响评价文件应当报原审批部门重新审核;原审批部门应当自收到建设项目环境影响评价文件之日起10日内,将审核意见书面通知建设单位。

3)环境影响的后评价和跟踪管理

在项目建设、运行过程中产生不符合经审批的环境影响评价文件情形的,建设单位应当组织环境影响的后评价,采取改进措施,并报原环境影响评价文件审批部门和建设项目审批部门备案;原环境影响评价文件审批部门也可以责成建设单位进行环境影响的后评价,采取改进措施。对属于为建设项目环境影响评价提供技术服务的机构编制不实的环境影响评价文件的，或者属于审批部门工作人员失职、渎职，对依法不应批准的建设项目环境影响评价文件予以批准的，依法追究其法律责任。

2. "三同时"制度

"三同时"制度是指建设项目中的环境保护设施必须与主体工程同时设计、同时施工、同时投产使用的制度。该制度适用于以下几个方面的开发建设项目：新建、扩建、改建项目；技术改造项目；一切可能对环境造成污染和破坏的其他工程建设项目。

1) 设计阶段

建设项目的初步设计，应当按照环境保护设计规范的要求，编制环境保护篇章，并依据经批准的建设项目环境影响报告书或者环境影响报告表，在环境保护篇章中落实防治环境污染和生态破坏的措施以及完成环境保护设施投资概算。

2) 试生产阶段

建设项目的主体工程完工后，需要进行试生产的，其配套建设的环境保护设施必须与主体工程同时投入试运行。建设项目试生产期间，建设单位应当对环境保护设施运行情况和建设项目对环境的影响进行监测。

3) 竣工验收和投产使用阶段

建设项目竣工后，建设单位应向审批该建设项目环境影响报告书、环境影响报告表或者环境影响登记表的环境保护行政主管部门，申请该建设项目需要配套建设的环境保护设施竣工验收。环境保护设施竣工验收，应与主体工程竣工验收同时进行。需要进行试生产的建设项目，建设单位应自建设项目投入试生产之日起 3 个月内，向审批该建设项目环境影响报告书、环境影响报告表或者环境影响登记表的环境保护行政主管部门，申请该建设项目需要配套建设的环境保护设施竣工验收。分期建设、分期投入生产或者使用的建设项目，其相应的环境保护设施应分期验收。环境保护行政主管部门应自收到环境保护设施竣工验收申请之日起 30 日内，完成验收。建设项目需要配套建设的环境保护设施经验收合格，该建设项目方可正式投入生产或者使用。

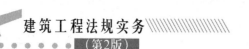

公民甲和公民乙准备共同出资 1000 万元人民币，在某市投资设立一个纸业制品有限纸业公司，专门生产加工办公用的打印纸。该纸业公司的厂房的地址已经选好，公司的厂房占地约 2 万 m²。由于该纸业公司的厂房建设项目建成后可能会对周围环境造成影响，因此，根据我国环境保护法和环境评价法的有关规定，应当办理相应手续。根据该材料，完成下列选项。

(1) 专家的分析论证，该纸业公司项目建成后，会对周围环境造成重大影响，应当（　　）。

A. 编制环境影响报告表，对产生的环境影响进行全面评价

B. 编制环境影响报告表，对产生的环境影响进行分析或者专项评价

C. 编制环境影响报告书，对产生的环境影响进行全面评价

D. 编制环境影响报告书，对产生的环境影响进行分析或者专项评价

(2) 由于该纸业公司的厂房建设项目涉及水土保持，所以还必须有（　　）审查同意的水土保持方案。

A. 环境保护部门　　　　　　　　　　　　B. 水行政主管部门

C. 工商行政管理部门　　　　　　　　D. 国土资源管理部门

（3）该纸业公司的厂房建设项目的上述环境评价文件应报（　　）审批。

A. 公安行政主管部门　　　　　　　　B. 所在地的县级以上地方人民政府
C. 工商行政主管部门　　　　　　　　D. 有审批权的环境保护行政主管部门

（4）纸业公司的厂房建设项目环境影响评价文件在获得批准以后，因故一直没有动工建设，延建若超过（　　），其环境影响评价文件需报原审批部门重新审核。

A. 1年　　　　B. 2年　　　　C. 3年　　　　D. 5年

（5）根据环保部门的跟踪检查结果，纸业公司在生产纸制品的过程中，一直向水体排放污染物，应当按规定缴纳（　　）。

A. 违约金　　　　B. 罚金　　　　C. 排污费　　　　D. 滞纳金

16.2.2 环境噪声污染防治法律制度

1. 环境噪声污染防治监督管理体制

我国环境噪声污染防治的监督管理体制是环境保护部门负责统一监督管理，与其他有关部门按照各自职责分别实施监督管理相结合的体制。

1）环境保护行政主管部门对环境噪声污染防治实施统一监督管理

（1）国务院环境保护行政主管部门作为对全国环境噪声污染防治工作实施统一监督管理的部门，负责下列主要工作。

① 分别不同的功能区，制定国家声环境质量标准。
② 根据国家声环境质量标准和国家经济、技术条件，制定国家环境噪声排放标准。
③ 建立环境噪声监测制度，制定监测规范，并会同有关部门组织监测网络等。

（2）县级以上地方人民政府环境保护行政主管部门作为对本行政区域内的环境噪声污染防治工作实施统一监督管理的部门，负责下列主要工作。

① 建设项目环境影响报告书的审批。
② 建设项目中环境噪声污染防治设施的验收。
③ 企事业单位拆除或者闲置环境噪声污染防治设施申报的审批。
④ 对排放环境噪声的单位进行现场检查。
⑤ 负责接受工业企业使用产生环境噪声污染的固定设备的申报。
⑥ 负责接受城市市区范围内施工单位使用机械设备产生环境噪声的申报。
⑦ 负责接受城市市区噪声敏感建筑物集中区域内商业企业使用固定设备造成环境噪声污染的申报。
⑧ 依法对违法行为给予行政处罚等。

2）其他有关部门按照各自职责分别对有关的环境噪声污染防治工作实施监督管理

各级公安、交通、铁路和民航等主管部门，根据各自的职责，对交通运输和社会生活噪声污染防治实施监督管理。如城市人民政府公安机关可根据本地城市市区区域声环境保护的需要，划定禁止机动车辆行驶和禁止其使用声响装置的路段和时间，向社会公告，并进行监督管理，对违反者予以处罚等。

2. 环境噪声污染防治措施

工业与建筑施工噪声污染防治如下。

《环境噪声污染防治法》第二十二条至三十条对防治工业建筑施工噪声污染做出了以下规定。

(1) 在城市范围内向周围生活环境排入工业与建筑施工噪声的,应当符合国家规定的工业企业厂界和建筑施工场界环境噪声排放标准。

(2) 产生环境噪声污染的工业企业,应当采取有效措施,减轻噪声对周围生活的影响。

(3) 国务院有关部门要对产生噪声污染的工业设备,根据噪声环境保护要求和技术经济条件,逐步在产品的国家标准和行业标准中规定噪声限值。

(4) 在城市市区范围内,建筑施工过程中使用机械设备,可能产生环境噪声污染的,施工单位必须在开工15日以前向所在地县以上环境行政主管部门申报该工程的项目名称、施工场所和期限、可能产生的环境噪声值以及所采取的环境噪声污染防治措施的情况。

(5) 在城市市区噪声敏感区域内,禁止夜间进行产生噪声污染的施工作业,但抢修、抢险作业和因生产工艺上要求或者特殊需要必须连续作业的除外。因特殊需要必须连续作业的,必须有县级以上人民政府或者其有关主管部门的证明;夜间作业,必须公告附近居民。

相关测试

《建筑施工场界噪声限值》自 2012 年 7 月 1 日起被《建筑施工场界环境噪声排放标准》(GB 12523—2011)替代。该标准适用于周围有噪声敏感建筑物的建筑施工噪声排放的管理、评价及控制。市政、通信、交通、水利等其他类型的施工噪声排放可参照本标准执行。本标准不适用于抢修、抢险施工过程中产生噪声的排放监督。

根据《中华人民共和国环境噪声污染防治法》,"昼间"是指 6:00—22:00 的时段;"夜间"是指 22:00—次日 6:00 的时段。县级以上人民政府为环境噪声污染防治的需要(如考虑时差、作息习惯差异等)而对昼间、夜间的划分另有规定的,应按其规定执行。建筑施工过程中场界环境噪声不得超过表 16-1 规定的排放限值。夜间噪声最大声级超过限值的幅度不得高于 15 dB(A)。

表 16-1 建筑施工场界环境噪声排放限值 单位: dB(A)

昼间	夜间
70	55

16.2.3 建筑节能制度

《节约能源法》第三十五条明确规定,建筑工程的建设单位、设计单位、施工单位和监理单位应当遵守建筑节能标准。不符合建筑节能标准的建筑工程,建设主管部门不得批准开工建设;已经开工建设的,应当责令停止施工、限期改正;已经建成的,不得销售或者使用。

任务16 环保、节能、消防、档案管理法律实务

🔗 **相关链接**

（1）使用空调采暖、制冷的公共建筑应当实行室内温度控制制度。

（2）国家采取措施，对实行集中供热的建筑分步骤实行供热分户计量、按照用热量收费的制度。新建建筑或者对既有建筑进行节能改造的，应按照规定安装用热计量装置、室内温度调控装置和供热系统调控装置。

1. 各参建单位的节能责任

1）建设单位

建设单位应按照节能政策要求和节能标准委托工程项目的设计。建设单位不得以任何理由要求设计单位、施工单位擅自修改经审查合格的节能设计文件，降低节能标准。

2）设计单位

设计单位应当依据节能标准的要求进行设计，保证节能设计质量。

3）施工图设计文件审查机构

施工图设计文件审查机构在进行审查时，应当审查节能设计的内容，在审查报告中单列节能审查章节；不符合节能强制性标准的，施工图设计文件审查结论应当定为不合格。

4）监理单位

监理单位应当依照法律、法规以及节能标准、节能设计文件、建设工程承包合同及监理合同对节能工程建设实施监理。

5）施工单位

施工单位应当按照审查合格的设计文件和节能施工标准的要求进行施工，保证工程施工质量。

6）房地产开发企业

房地产开发企业在销售房屋时，应当向购买人明示所售房屋的节能措施、保温工程保修期等信息，在房屋买卖合同、质量保证书和使用说明书中载明，并对其真实性、准确性负责。

2. 建筑节能的监督管理体制

国务院建设主管部门负责全国建筑节能的监督管理工作。县级以上地方各级人民政府建设主管部门负责本行政区域内建筑节能的监督管理工作。县级以上地方各级人民政府建设主管部门会同同级管理节能工作的部门编制本行政区域内的建筑节能规划。建筑节能规划应当包括建筑节能改造计划。建设主管部门应加强对在建建设工程执行建筑节能标准情况的监督检查。

🔗 **相关测试**

（1）在下列各项中，属于《十一五节能中长期专项规划》规定的节能重点工程的是（　　）。

A. 居住物业锅炉改造工程　　　　B. 余热余压利用工程

C. 绿色照明工程　　　　　　　　D. 政府机构节能工程

E. 区域热电联产工程

(2) 下列表述中，正确的有( )。
A. 达不到合理用能标准和节能设计规范要求的项目，依法审批的机关不得批准建设
B. 项目建成后，达不到合理用能标准和节能设计规范要求的，验收结论为不合格
C. 建设单位不得以任何理由要求设计单位擅自修改经审查合格的节能设计文件，降低建筑节能标准
D. 施工图设计文件不符合建筑节能强制性标准的，施工图设计文件审查结论应当定为不合格
E. 监理单位应当依照法律、法规以及建筑节能标准、节能设计文件、建设工程承包合同及监理合同对节能工程建设实施监理

16.2.4 消防法律制度

建筑工程的消防设计图纸及有关资料的报送主体和审查机关按照国家工程建筑消防技术标准需要进行消防设计的建筑工程，设计单位应按照国家工程建筑消防技术标准进行设计，建设单位应当将建筑工程的消防设计图纸及有关资料报送公安消防机构审核；未经审核或者经审核不合格的，建设行政主管部门不得发给施工许可证，施工单位不得施工。

1. 消防设计的验收时间及不同情况的处理

按照国家工程建筑消防技术标准进行消防设计的建筑工程竣工时，必须经公安消防机构进行消防验收。公共场所室内装修、装饰根据国家工程建设消防技术标准的规定，应当使用不燃、难燃材料的，必须选用依照《中华人民共和国产品质量法》等法律、法规确定的检验机构检验合格的材料。

2. 工程建设中应采取的消防安全措施

(1) 在设有车间或者仓库的建筑物内，不得设置员工集体宿舍，已经设置员工集体宿舍的，应当限期加以解决。对于暂时确有困难的，应当采取必要的消防安全措施，经公安消防机构批准后，可以继续使用。

(2) 进行电焊、气焊等具有火灾危险的作业人员和自动消防系统的操作人员，必须持证上岗。

(3) 禁止使用不符合国家标准或者行业标准的配件、灭火剂维修消防设施和器材。

【案例评析】

引例1中的施工方某建筑公司排放的噪声尽管符合国家规定的建筑施工噪声源的噪声排放标准，但超过《城市区域环境噪声标准》中规定的区域标准限值，在事实上构成环境噪声污染，侵害了原告的相邻权。同时，该建筑公司未依法进行申报和办理夜间开工手续应受到相应的行政处罚。

【相关测试】

(1) 某建设工程为大型购物广场，设计过程中严格执行国家工程建筑消防技术标准，建设单位应当将建筑工程的消防设计图纸及有关资料报送( )审核，未经审核或者经审核不合格的，不得发给施工许可证。
A. 规划行政主管部门   B. 公安消防机构

C. 建设行政主管部门　　　　　　D. 城建档案馆(室)

(2) 某项目属于按规定应当进行消防设计的建筑工程,则下列关于建筑工程消防设计、验收的表述中正确的是(　　)。

A. 建筑工程设计单位应当将建筑工程的消防设计图纸及有关资料报送公安消防机构审核

B. 建筑构件和建筑材料的防火性能应当符合国家标准或者行业标准

C. 公共场所室内装修、装饰,应当使用不燃、难燃的材料

D. 建筑工程竣工时,必须经公安消防机构进行消防验收;未经验收或者经验收不合格的,不得进行竣工验收

(3) 某建设工程由于场地狭小,项目经理准备将部分工人安置在建材仓库的二楼房间内,但其他人员对此有不同意见,则下列意见中符合法律规定的是(　　)。

A. 因为底层是建材仓库,所以二楼不得用作工人集体宿舍

B. 因该工程暂时确有困难,经公安消防机构批准,可以安排员工集体宿舍

C. 可以临时安置员工集体宿舍,但应尽快解决

D. 只要不是在仓库里边安置员工宿舍就不违反法律规定

引例 2

在对某大桥坍塌事故的调查中,国务院事故调查领导小组首先采取的一项措施是封存大桥项目所有档案资料以及工程监理资料待查。

引导问题:什么是工程档案制度?它在建设工程中占有什么样的地位?

16.2.5　档案法律制度

一个具体的建设工程包含实体和资料两个不可分割的组成部分,而工程档案资料则是工程实体的图文记载,是工程施工全过程的真实写照。因此,相关责任人要以对社会、对历史高度负责的态度,保证档案资料的完整、规范、准确、真实,并按有关规定向城建档案馆移交工程竣工档案资料。

1. 建设工程文件

建设工程文件是在工程建设过程中形成的各种形式的信息记录,主要包括:工程准备阶段文件、监理文件、施工文件、竣工图和竣工验收文件,也可简称为工程文件。

1) 工程准备阶段文件

工程准备阶段文件是指工程开工以前,在立项、审批、征地、勘察、设计和招标投标等工程准备阶段形成的文件,包括以下几方面的内容。

(1) 立项文件。

(2) 建设用地、征地、拆迁文件。

(3) 勘察、测绘、设计文件。

(4) 招标投标文件。

(5) 开工审批文件。

(6) 财务文件。

(7) 建设、施工、监理机构及负责人名单等。

2) 监理文件

监理文件是指监理单位在工程设计和施工等监理过程中形成的文件，主要包括以下几方面的内容。

(1) 监理规划。

(2) 监理月报中的有关质量问题。

(3) 监理会议纪要中的有关质量问题。

(4) 进度控制文件。

(5) 质量控制文件。

(6) 造价控制文件。

(7) 分包资质文件。

(8) 监理通知。

(9) 合同与其他事项管理文件。

(10) 监理工作总结。

3) 施工文件

施工文件是指施工单位在工程施工过程中形成的文件。不同专业的工程对施工文件的要求不尽相同，一般包括以下几方面的内容。

(1) 施工技术准备文件。

(2) 施工现场准备文件。

(3) 地基处理记录。

(4) 工程图纸变更记录。

(5) 施工材料、预制构件质量证明文件及复试试验报告。

(6) 设备、产品质量检查、安装记录。

(7) 施工试验记录、隐蔽工程检查记录。

(8) 施工记录。

(9) 工程质量事故处理记录。

(10) 工程质量检验记录。

4) 竣工图和竣工验收文件

竣工图是指在工程竣工验收后，真实反映建设工程项目施工结果的图样。竣工验收文件是指在建设工程项目竣工验收活动中形成的文件。竣工验收文件主要包括以下几方面的内容。

(1) 工程竣工总结。

(2) 竣工验收记录。

(3) 财务文件。

(4) 声像、缩微、电子档案。

2. 建设工程文件归档整理

1) 归档责任

(1) 在工程文件与档案的整理立卷、验收移交工作中，建设单位应履行下列职责。

① 在工程招标及勘察、设计、施工、监理等单位签订协议、合同时，应对工程文件

的套数、费用、质量和移交时间等提出明确要求。

② 收集和整理工程准备阶段、竣工验收阶段形成的文件,并应进行立卷归档。

③ 负责组织、监督和检查勘察、设计、施工、监理等单位的工程文件的形成、积累和立卷归档工作。

④ 收集和汇总勘察、设计、施工、监理等单位立卷归档的工程档案。

⑤ 在组织工程竣工验收前,应提请当地的城建档案管理机构对工程档案进行预验收;未取得工程档案验收认可文件,不得组织工程竣工验收。

⑥ 对列入城建档案馆(室)接收范围的工程,工程竣工验收后3个月内,向当地城建档案馆(室)移交一套符合规定的工程档案。

(2) 建设工程项目实行总承包的,总包单位负责收集、汇总各分包单位形成的工程档案,并应及时向建设单位移交;各分包单位应将本单位形成的工程文件整理、立卷后及时移交总包单位。建设工程项目由几个单位承包的,各承包单位负责收集、整理立卷其承包项目的工程文件,并应及时向建设单位移交。

(3) 城建档案管理机构应对工程文件的立卷归档工作进行监督、检查和指导。

在工程竣工验收前,应对工程档案进行预验收,验收合格后,须出具工程档案认可文件。工程实行总承包的,总承包单位负责收集、汇总各分包单位形成的档案,并应及时向建设单位移交;工程由几个单位承包的,各承包单位负责收集、整理立卷其承包项目的工程文件,并应及时移交给建设单位。

2) 归档要求

对与工程建设有关的重要活动、记载工程建设主要过程和现状、具有保存价值的各种载体的文件,均应收集齐全,整理立卷后归档。

(1) 归档文件必须完整、准确、系统,能够反映工程建设活动的全过程。归档的文件必须经过分类整理,并应组成符合要求的案卷。

(2) 归档时间。根据建设程序和工程特点,归档可以分阶段进行,也可以在单位或分部工程通过竣工验收后进行。勘察单位、设计单位应当在任务完成时,施工单位、监理单位应当在工程竣工验收前,将各自形成的有关工程档案向建设单位归档。

(3) 勘察单位、设计单位、施工单位在收齐工程文件并整理立卷后,建设单位、监理单位应根据城建管理机构的要求对档案文件完整、准确、系统情况和案卷质量进行审查。审查合格后向建设单位移交。

(4) 工程档案一般不少于两套:一套由建设单位保管;另一套(原件)移交当地城建档案馆(室)。

(5) 勘察、设计、施工、监理等单位向建设单位移交档案时,应编制移交清单,并由双方签字、盖章后方可交接。

(6) 设计单位、施工单位及监理单位需要向本单位归档的文件,应按国家有关规定的要求单独立卷归档。

3. 工程档案的验收与移交

(1) 列入城建档案馆(室)档案接收范围的工程,建设单位在组织工程竣工验收前,应提请城建档案管理机构对工程档案进行预验收。建设单位未取得城建档案管理机构出具的认可文件时,不得组织工程竣工验收。

(2) 城建档案管理机构在进行工程档案预验收时,应重点验收以下内容。
① 工程档案齐全、系统、完整。
② 工程档案的内容真实、准确地反映工程建设活动和工程实际状况。
③ 工程档案已整理立卷,立卷符合本规范的规定。
④ 竣工图绘制方法、图式及规格等符合专业技术要求,图面整洁,盖有竣工图章。
⑤ 文件的形成、来源符合实际,要求单位或个人签章的文件,其签章手续完备。
⑥ 文件材质、幅面、书写、绘图、用墨和托裱等符合要求。
(3) 列入城建档案馆(室)接收范围的工程,建设单位在工程竣工验收后3个月内,必须向城建档案馆(室)移交一套符合规定的工程档案。
(4) 停建、缓建建设工程的档案,暂由建设单位保管。
(5) 对改建、扩建和维修工程,建设单位应当组织设计,施工单位据实修改、补充和完善原工程档案。对于工程改变的部位,应当重新编制工程档案,并在工程验收后3个月内向城建档案馆(室)移交。
(6) 建设单位向城建档案馆(室)移交工程档案时,应办理移交手续,填写移交目录,由双方签字、盖章后交接。

4. 重大建设项目档案验收

《重大建设项目档案验收办法》适用于各级政府投资主管部门组织或委托组织进行竣工验收的固定资产投资项目。此处的各级政府投资主管部门是指各级政府发展改革部门和具有投资管理职能的经济(贸易)部门。

1) 验收组织的组成

(1) 国家发展和改革委员会组织验收的项目,由国家档案局组织项目档案的验收。
(2) 国家发展和改革委员会委托中央主管部门(含中央管理企业)、省级政府投资主管部门组织验收的项目,由中央主管部门档案机构、省级档案行政管理部门组织项目档案的验收,验收结果报国家档案局备案。
(3) 省以下各级政府投资主管部门组织验收的项目,由同级档案行政管理部门组织项目档案的验收。
(4) 国家档案局对中央主管档案机构、省级档案行政管理部门组织的项目档案验收进行监督、指导。项目主管部门、各级档案行政管理部门应加强项目档案验收前的指导和咨询,必要时可组织预检。

2) 项目档案验收组的组成

(1) 国家档案局组织的项目档案验收,验收组由国家档案局、中央主管部门和项目所在地省级档案行政管理部门等单位组成。
(2) 中央主管部门档案机构组织的项目档案验收,验收组由中央主管部门档案机构及项目所在地省级档案行政管理部门等单位组成。
(3) 省级及省以下各级档案行政管理部门组织的项目档案验收,由档案行政管理部门、项目主管部门等单位组成。
(4) 凡在城市规划区范围内建设的项目,项目档案验收成员应包括项目所在地的城建档案接收单位。
(5) 项目档案验收组人数为不少于5人的单数,组长由验收组织单位人员担任。必要时可邀请有关专业人员参加验收组。

3）验收申请

（1）申请项目档案验收应具备的条件。

① 项目主体工程和辅助设施已按照设计建成，能满足生产或使用的需要。

② 项目试运行指标考核合格或者达到设计能力。

③ 完成了项目建设全过程文件材料的收集、整理与归档工作。

④ 基本完成了项目档案的分类、组卷、编目等整理工作。

（2）项目建设单位应向项目档案验收组织单位报送档案验收申请报告，并填报"重大建设项目档案验收申请表"。

（3）项目档案验收组织单位应在收到申请报告后的 10 个工作日内作出答复。

（4）项目档案验收申请报告的主要内容，包括以下几方面。

① 项目建设及项目档案管理概况。

② 保证项目档案的完整、准确，系统所采取的控制措施。

③ 项目文件材料的形成、收集、整理与归档情况，竣工图的编制情况及质量状况。

④ 档案在项目建设、管理、试运行中的作用。

⑤ 存在的问题及解决措施。

4）验收要求

项目档案验收应在项目竣工验收 3 个月之前完成。项目档案验收以验收组织单位召集验收会议的形式进行。

（1）项目档案验收会议的主要议程如下。

① 项目建设单位（法人）汇报项目建设概况、项目档案工作情况。

② 监理单位汇报项目档案质量的审核情况。

③ 项目档案验收组检查项目档案及档案管理情况。

④ 项目档案验收组对项目档案质量进行综合评价。

⑤ 项目档案验收组形成并宣布项目档案验收意见。

（2）项目档案质量的评价。检查项目档案采用质询、现场查验或抽查案卷的方式。抽查档案数量应不少于 100 卷，抽查重点为项目前期管理性文件、隐蔽工程文件、竣工文件、质检文件、重要合同和协议等。

（3）项目档案验收意见。

① 项目建设概况。

② 项目档案管理情况，主要包括：项目档案工作的基础管理工作，项目文件材料的形成、收集、整理与归档情况，竣工图的编制情况及质量，档案的种类、数量，档案的完整性、准确性、系统性及安全性评价，档案验收的结论性意见。

③ 存在的问题、整改要求与建议。

（4）项目档案验收结果。档案验收结果分为合格和不合格。

项目档案验收组半数以上成员同意通过验收的为合格。项目档案验收合格的项目，由项目档案验收组出具项目档案验收意见。

项目档案验收不合格的项目，由项目档案验收组提出整改意见，要求建设单位子项目竣工验收前对存在的问题限期整改，并进行复查。复查后仍不合格的，不得进行竣工验收，并由档案验收组提请有关部门对建设单位进行通报批评。造成档案损失的，应依法追究有关单位及人员的责任。

相关测试

(1) 建设单位在工程招标及与勘察、设计、施工、监理等单位签订合同时，应对工程文件的套数、费用、质量、移交时间等提出明确要求。勘察、设计、施工、监理等单位应将本单位形成的工程文件立卷后(　　)。

  A. 向建设行政主管部门移交　 B. 向城建档案馆移交
  C. 向建设单位移交　 D. 通过建设单位转交

(2) 下列表述中正确的是(　　)。

  A. 归档可以分阶段进行，也可以在单位或分部工程通过竣工验收前进行
  B. 勘察、设计单位应当在任务完成时，将各自形成的有关工程档案向城建档案馆归档
  C. 施工、监理单位应当在工程竣工验收后，将各自形成的有关工程档案向建设单位归档
  D. 设计、施工及监理单位需要归档的文件，应按国家有关规定单独立卷归档

(3) 某属于列入城建档案馆接收范围的工程，建设单位于2007年1月1日接到施工单位提交的竣工验收报告，2月1日竣工验收顺利通过。建设单位最晚应于(　　)前向城建档案馆移交该工程项目的档案文件。

  A. 2006年10月1日　 B. 2006年11月1日
  C. 2007年4月1日　 D. 2007年5月1日

(4) 项目档案验收组对某重大工程档案进行了验收，并给出验收意见，其中下列各项中不属于项目档案验收意见内容的是(　　)。

  A. 项目建设概况　 B. 项目档案管理情况
  C. 项目档案使用情况　 D. 存在问题、整改要求与建议

16.3 任 务 实 施

请就本项目的环保管理进行法律评价
1. 请就本项目的节能管理进行法律评价。
2. 请就本项目的消防管理进行法律评价。
3. 请就本项目的档案管理进行法律评价。

16.4 任 务 总 结

1. 任务问题

(1) 此次任务完成中存在的主要问题有哪些？
(2) 问题产生的原因有哪些？

(3) 提出相应的解决方法。
(4) 您认为还需加强哪些方面的指导(实际工作过程及理论知识)?

2. 自我总结

(1) 此次任务完成中存在的主要问题有哪些?
(2) 问题产生的原因有哪些?
(3) 请提出相应的解决方法。
(4) 您认为还需加强哪些方面的指导(实际工作过程及理论知识)?

16.5 知识点回顾

本次任务的完成主要涉及以下知识点：环境影响评价制度；"三同时"制度；环境噪声污染防治监督管理体制；环境噪声污染防治措施；各参建单位的节能责任；建筑节能的监督管理体制；消防设计的验收时间及不同情况的处理；工程建设中应采取的消防安全措施；建设工程文件的组成；建设工程文件归档整理；工程档案的验收与移交；重大建设项目档案验收。

16.6 基础训练

16.6.1 单选题

1. 以下关于建筑节能的说法，错误的是(　　)。
A. 企业可以制定严于国家标准的企业节能标准
B. 国家实行固定资产项目节能评估和审查制度
C. 不符合强制性节能标准的项目不得开工建设
D. 省级人民政府建设主管部门可以制定低于行业标准的地方建筑节能标准

2. 在某工程项目建设过程中，发生了下列事件，其中符合《消防法》规定的是(　　)。
A. 将工地食堂建在木模板仓库的一个角落里
B. 因工期紧张，让从未接触过电焊工作的王某和其他工人一起焊接钢梁
C. 组织防火检查时，指派维修工李某更换灭火器中的化学药品
D. 对工人进行消防安全知识培训和考核，并将考核不合格的工人赵某辞退

3. 某大厦是甲市政府投资建设的大型项目，根据施工计划，预计在2007年10月1日组织竣工验收。对该项目档案验收应在(　　)进行。
A. 2007年7月1日前　　　　　　　B. 2007年7月1日后
C. 2007年12月31日前　　　　　D. 2007年12月31日后

4. 项目档案验收组在检查某建设工程档案资料时，发现施工图及说明不符合档案规范要求，遂提出了整改意见，要求项目(　　)于项目竣工验收前对存在的问题进行整改，并进行复查。
A. 建设单位(法人)　　　　　　B. 设计单位
C. 施工单位　　　　　　　　　D. 监理单位

5. 项目档案验收不合格的项目( )。

A. 对项目竣工验收的进程无影响

B. 造成档案损失的,追究有关人员的责任

C. 要求项目建设单位对存在的问题提供缺失说明的条件下即可进行竣工验收

D. 直接按有关规定罚款,不需要复查

6. 国家实行固定资产投资项目( )制度。不符合强制性节能标准的项目,依法负责项目审批或者核准的机关不得批准或者核准建设。

A. 用能审查   B. 用能核准

C. 节能评估和审查   D. 单位产品耗能限额标准

7. 环境保护设施验收,应当与主体工程竣工验收( )进行。

A. 分别   B. 同时   C. 交叉   D. 顺序

8. 《中华人民共和国环境影响评价法》规定,建设项目的环境影响评价文件自批准之日起超过( ),方决定该项目开工建设的,其环境影响评价文件应当报原审批部门重新审核。

A. 2年   B. 3年   C. 4年   D. 5年

9. 建设项目档案的原件由( )保管。

A. 建设单位   B. 施工单位   C. 城建档案馆   D. 监理单位

10. 《重大建设项目档案验收办法》适用于( )项目的档案验收。

A. 规模巨大,超过一定标准的建设项目

B. 中央部门投资的建设项目

C. 各级政府投资主管部门组织验收的项目

D. 列入重点工程的项目

16.6.2 多选题

1. 根据《建设工程文件归档整理规范》,应归档的施工文件包括( )。

A. 工程测量之控制网设置资料   B. 建设工程图纸设计变更记录

C. 主体工程验收记录   D. 建设工程竣工验收记录

E. 建设工程施工许可证

2. 根据《建设工程文件归档整理规范》,应归档的招投标文件包括( )。

A. 施工承包合同   B. 监理委托合同

C. 技术设计图纸和说明   D. 勘察设计承包合同

E. 工程项目监理机构负责人名单

3. 根据《重大建设项目档案验收办法》的规定,项目档案验收组采用多种方法对某项目档案进行了检查,其中正确的有( )。

A. 问卷调查   B. 随机走访   C. 质询

D. 现场查验   E. 抽查案卷

4. 在工程建设中采取的下列措施中,不符合《消防法》规定的有( )。

A. 禁止携带火种进入生产、储存化工原材料的仓库

B. 自动消防系统的操作人员,必须持证上岗,并严格遵守消防安全操作规程

C. 在存储可燃物资仓库内外墙上没有悬挂禁止吸烟标志

D. 因工具缺乏，临时使用灭火锹从事施工生产

E. 个别企业可以不通知当地公安消防机构，挪用消防设施

5. 某一建设单位要在某市建一个年产 10 万 t 水泥的现代化水泥厂，在开工建设之前，该建设单位对建设项目应当按照《环境影响评价法》的规定编制环境影响报告书，其内容包括（　　）。

A. 建设项目概况

B. 建设项目对环境影响的经济损益分析

C. 环境影响评价的结论

D. 建设行政部门的审批意见

E. 对建设项目环境监测的建议

6. 所谓"三同时"制度，是指建设项目需要配套建设的环境保护设施，必须与主体工程（　　）。

A. 同时设计　　　　B. 同时拆除　　　　C. 同时施工

D. 同时投产使用　　E. 同时维修

7. 某交通施工穿越噪声敏感区域，可能造成环境噪声污染，下列说法正确的是（　　）。

A. 禁止一切夜间施工作业活动

B. 因特殊需要进行夜间施工的，须获批准

C. 建设工程施工前必须公告附近居民

D. 其他有效的控制噪声污染的措施

E. 在开工 15 日前，向工程所在地县级以上地方人民政府环境保护行政主管部门报告

16.6.3 案例分析

案例 1

一大型写字楼项目位于城市中心地带，一期工程建筑面积为 300000m^2，框架剪刀墙结构，箱形基础。施工现场设置一混凝土搅拌站。由于工期紧，混凝土需用量大，施工单位实行"三班倒"连续进行混凝土搅拌和浇筑作业，周边社区居民对此意见很大，纷纷到现场质询并到有关部门进行投诉，有关部门对项目经理部进行了经济处罚，并责成项目进行了整改。

问题：根据该案例回答以下问题。

（1）这是建筑工程施工中对环境造成的常见的不良影响之一。建筑业常见的重要环境影响因素有哪些？

（2）何谓噪声？影响人们正常生活和工作的环境噪声，按其来源分为哪几种？

（3）《建筑施工场界噪声限值》（GB 12523—2011）标准对建筑工程土石方施工阶段、打桩施工阶段、结构施工阶段和装修施工阶段的噪声限值是如何规定的？

（4）项目经理部应如何处理噪声扰民问题？

案例 2

北京市某建筑工程公司下属的混凝土搅拌站 1986 年投产使用，1995 年扩建后，该厂

围墙与受害的四户村民的住房仅有几米距离。该厂自投产以来一直昼夜施工，产生大量噪声、振动和粉尘，严重影响了四户村民的正常生产、生活，并使该四户村民的房屋产生不同程度的损坏。四户村民曾申请北京市某区环保局对该厂产生的噪声及振动进行检测鉴定，结论是噪声和振动均不超标。后四户村民以该混凝土搅拌站所属的建筑工程公司为被告，向北京市某区人民法院提起了民事诉讼，请求法院判令被告停止侵害、赔偿损失。某区人民法院在审理过程中委托"北京市朝阳区房屋安全鉴定站"对受害人的房屋是否因噪声振动损害而构成危房以及损害的程度进行过鉴定，但并未将该鉴定结论作为证据在审理过程中予以证据公示，因此该份证据也未经过双方质证。后该法院以该鉴定结论为依据认定搅拌站的噪声确实给原告的房屋造成损害，判令被告赔偿原告一定数额的房屋维修费，但"以不属民事审判范围"为由对于原告要求判令被告"停止侵害"的诉讼请求予以驳回。一审后原告认为法院驳回其"停止侵害"的诉讼请求没有法律依据提起了上诉，被告则以其不应对原告承担民事责任为由也向上一级法院提起了上诉。二审法院经审理确认一审法院在审理中存在着适用程序不当问题，遂发回重审。与此同时，四户村民之一的宋先生向中国政法大学污染受害者法律帮助中心求助。中心为其提供了相关的法律援助包括代受害人撰写了向再审法院递交的《请求鉴定申请书》，并作为原告的委托代理人参加了再审，最终在"以事实为依据、以法律为准绳"的基础上促使原被告双方在再审中达成了调解协议。

问题： 环境污染适用什么举证原则？本案给建筑施工企业带来什么启示？

16.7 拓展训练

请就某项目在环保、节能、消防、档案管理方面提交一份法律意见书。

参 考 文 献

[1] 高玉兰.建设工程法规[M].北京:北京大学出版社,2008.
[2] 唐茂华.工程建设法律与制度[M].北京:北京大学出版社,2008.
[3] 宋宗宇.建筑法案例评析[M].北京:对外经济贸易出版社,2009.
[4] 陈正.建筑工程法规原理与实务[M].北京:电子工业出版社,2008.
[5] 金国辉.建设法规概论与案例[M].北京:清华大学出版社,2006.
[6] 全国一级建造师执业资格考试辅导编委会.建设工程法规及相关知识复习题集[M].北京:中国建筑工业出版社,2009.

北京大学出版社高职高专土建系列教材书目

序号	书名	书号	编著者	定价	出版时间	配套情况
	"互联网+"创新规划教材					
1	建筑构造(第二版)	978-7-301-26480-5	肖芳	42.00	2016.1	ppt/APP/二维码
2	建筑装饰构造(第二版)	978-7-301-26572-7	赵志文等	39.50	2016.1	ppt/二维码
3	建筑工程概论	978-7-301-25934-4	申淑荣等	40.00	2015.8	ppt/二维码
4	市政管道工程施工	978-7-301-26629-8	雷彩虹	46.00	2016.5	ppt/二维码
5	市政道路工程施工	978-7-301-26632-8	张雪丽	49.00	2016.5	ppt/二维码
6	建筑三维平法结构图集	978-7-301-27168-1	傅华夏	65.00	2016.8	APP
7	建筑三维平法结构识图教程	978-7-301-27177-3	傅华夏	65.00	2016.8	APP
8	建筑工程制图与识图(第2版)	978-7-301-24408-1	白丽红	34.00	2016.8	APP/二维码
9	建筑设备基础知识与识图(第2版)	978-7-301-24586-6	靳慧征等	47.00	2016.8	二维码
10	建筑结构基础与识图	978-7-301-27215-2	周晖	58.00	2016.9	APP/二维码
11	建筑构造与识图	978-7-301-27838-3	孙伟	40.00	2017.1	APP/二维码
12	建筑工程施工技术(第三版)	978-7-301-27675-4	钟汉华等	66.00	2016.11	APP/二维码
13	工程建设监理案例分析教程(第二版)	978-7-301-27864-2	刘志麟等	50.00	2017.1	ppt
14	建筑工程质量与安全管理(第二版)	978-7-301-27219-0	郑伟	55.00	2016.8	ppt/二维码
15	建筑工程计量与计价——透过案例学造价(第2版)	978-7-301-23852-3	张强	59.00	2014.4	ppt
16	城乡规划原理与设计(原城市规划原理与设计)	978-7-301-27771-3	谭婧婧等	43.00	2017.1	ppt/素材
17	建筑工程计量与计价	978-7-301-27866-6	吴育萍等	49.00	2017.1	ppt/二维码
18	建筑工程计量与计价(第3版)	978-7-301-25344-1	肖明和等	65.00	2017.1	APP/二维码
19	市政工程计量与计价(第三版)	978-7-301-27983-0	郭良娟等	59.00	2017.2	ppt/二维码
20	高层建筑施工	978-7-301-28232-8	吴俊臣	65.00	2017.4	ppt/答案
21	建筑施工机械(第二版)	978-7-301-28247-2	吴志强等	35.00	2017.5	ppt/答案
22	市政工程概论	978-7-301-28260-1	郭福等	46.00	2017.5	ppt/二维码
	"十二五"职业教育国家规划教材					
1	★建筑工程应用文写作(第2版)	978-7-301-24480-7	赵立等	50.00	2014.8	ppt
2	★土木工程实用力学(第2版)	978-7-301-24681-8	马景善	47.00	2015.7	ppt
3	★建设工程监理(第2版)	978-7-301-24490-6	斯庆	35.00	2015.1	ppt/答案
4	★建筑节能工程与施工	978-7-301-24274-2	吴明军等	35.00	2015.5	ppt
5	★建筑工程经济(第2版)	978-7-301-24492-0	胡六星等	41.00	2014.9	ppt/答案
6	★建设工程招投标与合同管理(第3版)	978-7-301-24483-8	宋春岩	40.00	2014.9	ppt/答案/试题/教案
7	★工程造价概论	978-7-301-24696-2	周艳冬	31.00	2015.1	ppt/答案
8	★建筑工程计量与计价(第3版)	978-7-301-25344-1	肖明和等	65.00	2017.1	APP/二维码
9	★建筑工程计量与计价实训(第3版)	978-7-301-25345-8	肖明和等	29.00	2015.7	
10	★建筑装饰施工技术(第2版)	978-7-301-24482-1	王军	37.00	2014.7	ppt
11	★工程地质与土力学(第2版)	978-7-301-24479-1	杨仲元	41.00	2014.7	ppt
	基础课程					
1	建设法规及相关知识	978-7-301-22748-0	唐茂华等	34.00	2013.9	ppt
2	建设工程法规(第2版)	978-7-301-24493-7	皇甫婧琪	40.00	2014.8	ppt/答案/素材
3	建筑工程法规实务(第2版)	978-7-301-26188-0	杨陈慧等	49.50	2017.6	ppt
4	建筑法规	978-7-301-19371-6	董伟等	39.00	2011.9	ppt
5	建设工程法规	978-7-301-20912-7	王先恕	32.00	2012.7	ppt
6	AutoCAD 建筑制图教程(第2版)	978-7-301-21095-6	郭慧	38.00	2013.3	ppt/素材
7	AutoCAD 建筑绘图教程(第2版)	978-7-301-24540-8	唐英敏等	44.00	2014.7	ppt
8	建筑CAD 项目教程(2010版)	978-7-301-20979-0	郭慧	38.00	2012.9	素材
9	建筑工程专业英语(第二版)	978-7-301-26597-0	吴承霞	24.00	2016.2	ppt
10	建筑工程专业英语	978-7-301-20003-2	韩薇等	24.00	2012.2	ppt
11	建筑识图与构造(第2版)	978-7-301-23774-8	郑贵超	40.00	2014.2	ppt/答案
12	房屋建筑构造	978-7-301-19883-4	李少红	26.00	2012.1	ppt
13	建筑识图	978-7-301-21893-8	邓志勇等	35.00	2013.1	ppt
14	建筑识图与房屋构造	978-7-301-22860-9	贡禄等	54.00	2013.9	ppt/答案
15	建筑构造与设计	978-7-301-23506-5	陈玉萍	38.00	2014.1	ppt/答案
16	房屋建筑构造	978-7-301-23588-1	李元玲等	45.00	2014.1	ppt
17	房屋建筑构造习题集	978-7-301-26005-0	李元玲	26.00	2015.8	ppt/答案
18	建筑构造与施工图识读	978-7-301-24470-8	南学平	52.00	2014.8	ppt
19	建筑工程识图实训教程	978-7-301-26057-9	孙伟	32.00	2015.12	ppt

序号	书名	书号	编著者	定价	出版时间	配套情况
20	✎建筑工程制图与识图(第2版)	978-7-301-24408-1	白丽红	34.00	2016.8	APP/二维码
21	建筑制图习题集(第2版)	978-7-301-24571-2	白丽红	25.00	2014.8	
22	建筑制图(第2版)	978-7-301-21146-5	高丽荣	32.00	2013.3	ppt
23	建筑制图习题集(第2版)	978-7-301-21288-2	高丽荣	28.00	2013.2	
24	◎建筑工程制图(第2版)(附习题册)	978-7-301-21120-5	肖明和	48.00	2012.8	ppt
25	建筑制图与识图(第2版)	978-7-301-24386-2	曹雪梅	38.00	2015.8	ppt
26	建筑制图与识图习题册	978-7-301-18652-7	曹雪梅等	30.00	2011.4	
27	建筑制图与识图(第二版)	978-7-301-25834-7	李元玲	32.00	2016.9	ppt
28	建筑制图与识图习题集	978-7-301-20425-2	李元玲	24.00	2012.3	ppt
29	新编建筑工程制图	978-7-301-21140-3	方筱松	30.00	2012.8	ppt
30	新编建筑工程制图习题集	978-7-301-16834-9	方筱松	22.00	2012.8	
	建筑施工类					
1	建筑工程测量	978-7-301-16727-4	赵景利	30.00	2010.2	ppt/答案
2	建筑工程测量(第2版)	978-7-301-22002-5	张敬伟	37.00	2013.2	ppt/答案
3	建筑工程测量实验与实训指导(第2版)	978-7-301-23166-1	张敬伟	27.00	2013.9	答案
4	建筑工程测量	978-7-301-19992-3	潘益民	38.00	2012.2	ppt
5	建筑工程测量	978-7-301-13578-5	王金玲等	26.00	2008.5	
6	建筑工程测量实训(第2版)	978-7-301-24833-1	杨凤华	34.00	2015.3	答案
7	建筑工程测量(附实验指导手册)	978-7-301-19364-8	石 东等	43.00	2011.10	ppt/答案
8	建筑工程测量	978-7-301-22485-4	景 铎等	34.00	2013.6	ppt
9	建筑施工技术(第2版)	978-7-301-25788-7	陈雄辉	48.00	2015.7	ppt
10	建筑施工技术	978-7-301-12336-2	朱永祥等	38.00	2008.8	ppt
11	建筑施工技术	978-7-301-16726-7	叶 雯等	44.00	2010.8	ppt/素材
12	建筑施工技术	978-7-301-19499-7	董 伟等	42.00	2011.9	ppt
13	建筑施工技术	978-7-301-19997-8	苏小梅	38.00	2012.1	
14	建筑施工机械	978-7-301-19365-5	吴志强	30.00	2011.10	ppt
15	基础工程施工	978-7-301-20917-2	董 伟等	35.00	2012.7	ppt
16	建筑施工技术实训(第2版)	978-7-301-24368-8	周晓龙	30.00	2014.7	
17	◎建筑力学(第2版)	978-7-301-21695-8	石立安	46.00	2013.1	
18	土木工程力学	978-7-301-16864-6	吴明军	38.00	2010.4	ppt
19	PKPM软件的应用(第2版)	978-7-301-22625-4	王 娜等	34.00	2013.6	
20	◎建筑结构(第2版)(上册)	978-7-301-21106-9	徐锡权	41.00	2013.4	ppt/答案
21	◎建筑结构(第2版)(下册)	978-7-301-22584-4	徐锡权	42.00	2013.6	ppt/答案
22	建筑结构学习指导与技能训练(上册)	978-7-301-25929-0	徐锡权	28.00	2015.8	ppt
23	建筑结构学习指导与技能训练(下册)	978-7-301-25933-7	徐锡权	28.00	2015.8	ppt
24	建筑结构	978-7-301-19171-2	唐春平等	41.00	2011.8	ppt
25	建筑结构基础	978-7-301-21125-0	王中发	36.00	2012.8	ppt
26	建筑结构原理及应用	978-7-301-18732-6	史美东	45.00	2012.8	ppt
27	建筑结构与识图	978-7-301-26935-0	相秉志	37.00	2016.2	
28	建筑力学与结构(第2版)	978-7-301-22148-8	吴承霞等	49.00	2013.4	ppt/答案
29	建筑力学与结构(少学时版)	978-7-301-21730-6	吴承霞	34.00	2013.2	ppt/答案
30	建筑力学与结构	978-7-301-20988-2	陈水广	32.00	2012.8	ppt
31	建筑力学与结构	978-7-301-23348-1	杨丽君等	44.00	2014.1	ppt
32	建筑结构与施工图	978-7-301-22188-4	朱希文等	35.00	2013.3	ppt
33	生态建筑材料	978-7-301-19588-2	陈剑峰等	38.00	2011.10	ppt
34	建筑材料(第2版)	978-7-301-24633-7	林祖宏	35.00	2014.8	ppt
35	建筑材料与检测(第2版)	978-7-301-25347-2	梅 杨等	33.00	2015.2	ppt/答案
36	建筑材料检测试验指导	978-7-301-16729-8	王美芬等	18.00	2010.10	
37	建筑材料与检测(第二版)	978-7-301-26550-5	王 辉	40.00	2016.1	ppt
38	建筑材料与检测试验指导	978-7-301-20045-2	王 辉	20.00	2012.2	
39	建筑材料选择与应用	978-7-301-21948-5	申淑荣等	39.00	2013.3	ppt
40	建筑材料检测实训	978-7-301-22317-8	申淑荣等	24.00	2013.4	
41	建筑材料	978-7-301-24208-7	任晓菲	40.00	2014.7	ppt/答案
42	建筑材料检测试验指导	978-7-301-24782-2	陈东佐等	20.00	2014.9	ppt
43	◎建设工程监理概论(第2版)	978-7-301-20854-0	徐锡权等	43.00	2012.8	ppt/答案
44	建设工程监理概论	978-7-301-15518-9	曾庆军等	24.00	2009.9	ppt
45	◎地基与基础(第2版)	978-7-301-23304-7	肖明和等	42.00	2013.11	ppt/答案
46	地基与基础	978-7-301-16130-2	孙平平等	26.00	2010.10	ppt
47	地基与基础实训	978-7-301-23174-6	肖明和等	25.00	2013.10	ppt
48	土力学与地基基础	978-7-301-23675-8	叶火炎等	35.00	2014.1	ppt
49	土力学与基础工程	978-7-301-23590-4	宁培淋等	32.00	2014.1	ppt
50	土力学与地基基础	978-7-301-25525-4	陈东佐	45.00	2015.2	ppt/答案

序号	书名	书号	编著者	定价	出版时间	配套情况
51	建筑工程质量事故分析(第2版)	978-7-301-22467-0	郑文新	32.00	2013.9	ppt
52	建筑工程施工组织设计	978-7-301-18512-4	李源清	26.00	2011.2	ppt
53	建筑工程施工组织实训	978-7-301-18961-0	李源清	40.00	2011.6	ppt
54	建筑施工组织与进度控制	978-7-301-21223-3	张廷瑞	36.00	2012.9	ppt
55	建筑施工组织项目式教程	978-7-301-19901-5	杨红玉	44.00	2012.1	ppt/答案
56	钢筋混凝土工程施工与组织	978-7-301-19587-1	高 雁	32.00	2012.5	ppt
57	钢筋混凝土工程施工与组织实训指导(学生工作页)	978-7-301-21208-0	高 雁	20.00	2012.9	ppt
58	建筑施工工艺	978-7-301-24687-0	李源清等	49.50	2015.1	ppt/答案
	工程管理类					
1	建筑工程经济(第2版)	978-7-301-22736-7	张宁宁等	30.00	2013.7	ppt/答案
2	建筑工程经济	978-7-301-24346-6	刘晓丽等	38.00	2014.7	ppt/答案
3	施工企业会计(第2版)	978-7-301-24434-0	辛艳红等	36.00	2014.7	ppt/答案
4	建筑工程项目管理(第2版)	978-7-301-26944-2	范红岩等	42.00	2016.3	ppt
5	建设工程项目管理(第二版)	978-7-301-24683-2	王 辉	36.00	2014.9	ppt
6	建设工程项目管理(第2版)	978-7-301-28235-9	冯松山等	45.00	2017.6	ppt
7	建筑施工组织与管理(第2版)	978-7-301-22149-5	翟丽旻等	43.00	2013.4	ppt/答案
8	建设工程合同管理	978-7-301-22612-4	刘庭江	46.00	2013.6	ppt/答案
9	建筑工程资料管理	978-7-301-17456-2	孙 刚等	36.00	2012.9	ppt
10	建筑工程招投标与合同管理	978-7-301-16802-8	程超胜	30.00	2012.9	ppt
11	工程招投标与合同管理实务	978-7-301-19035-7	杨甲奇等	48.00	2011.8	ppt
12	工程招投标与合同管理实务	978-7-301-19290-0	郑文新等	43.00	2011.8	ppt
13	建设工程招投标与合同管理实务	978-7-301-20404-7	杨云会等	42.00	2012.4	ppt/答案/习题
14	工程招投标与合同管理	978-7-301-17455-5	文新平	37.00	2012.9	ppt
15	工程项目招投标与合同管理(第2版)	978-7-301-24554-5	李洪军等	42.00	2014.8	ppt/答案
16	工程项目招投标与合同管理(第2版)	978-7-301-22462-5	周艳冬	35.00	2013.7	ppt
17	建筑工程商务标编制实训	978-7-301-20804-5	钟振宇	35.00	2012.7	ppt
18	建筑工程安全管理(第2版)	978-7-301-25480-6	宋 健	42.00	2015.8	ppt/答案
19	施工项目质量与安全管理	978-7-301-21275-2	钟汉华	45.00	2012.10	ppt/答案
20	工程造价控制(第2版)	978-7-301-24594-1	斯 庆	32.00	2014.8	ppt/答案
21	工程造价管理(第二版)	978-7-301-27050-9	徐锡权等	44.00	2016.5	ppt
22	工程造价控制与管理	978-7-301-19366-2	胡新萍等	30.00	2011.11	ppt
23	建筑工程造价管理	978-7-301-20360-6	柴 琦等	27.00	2012.3	ppt
24	建筑工程造价管理	978-7-301-15517-2	李茂英等	24.00	2009.9	
25	工程造价案例分析	978-7-301-22985-9	甄 凤	30.00	2013.8	ppt
26	建设工程造价控制与管理	978-7-301-24273-5	胡芳珍等	38.00	2014.6	ppt/答案
27	◎建筑工程造价	978-7-301-21892-1	孙咏梅	40.00	2013.2	ppt
28	建筑工程计量与计价	978-7-301-26570-3	杨建林	46.00	2016.1	ppt
29	建筑工程计量与计价综合实训	978-7-301-23568-3	龚小兰	28.00	2014.1	
30	建筑工程估价	978-7-301-22802-9	张 英	43.00	2013.8	ppt
31	安装工程计量与计价(第3版)	978-7-301-24539-2	冯 钢等	54.00	2014.8	ppt
32	安装工程计量与计价综合实训	978-7-301-23294-1	成春燕	49.00	2013.10	素材
33	建筑安装工程计量与计价	978-7-301-26004-3	景巧玲等	56.00	2016.1	ppt
34	建筑安装工程计量与计价实训(第2版)	978-7-301-25683-1	景巧玲等	36.00	2015.7	
35	建筑水电安装工程计量与计价(第二版)	978-7-301-26329-7	陈连姝	51.00	2016.1	ppt
36	建筑与装饰装修工程工程量清单(第2版)	978-7-301-25753-1	翟丽旻等	36.00	2015.5	ppt
37	建筑工程清单编制	978-7-301-19387-7	叶晓容	24.00	2011.8	ppt
38	建设项目评估	978-7-301-20068-1	高志云等	32.00	2012.2	ppt
39	钢筋工程清单编制	978-7-301-20114-5	贾莲英	36.00	2012.2	ppt
40	混凝土工程清单编制	978-7-301-20384-2	顾 娟	28.00	2012.5	ppt
41	建筑装饰工程预算(第2版)	978-7-301-25801-9	范菊雨	44.00	2015.7	ppt
42	建筑装饰工程计量与计价	978-7-301-20055-1	李茂英	42.00	2012.2	ppt
43	建设工程安全监理	978-7-301-20802-1	沈万岳	28.00	2012.7	ppt
44	建筑工程安全技术与管理实务	978-7-301-21187-8	沈万岳	48.00	2012.9	ppt
45	工程造价管理(第2版)	978-7-301-28269-4	曾 浩等	38.00	2017.5	ppt/答案
	建筑设计类					
1	中外建筑史(第2版)	978-7-301-23779-3	袁新华等	38.00	2014.2	ppt
2	◎建筑室内空间历程	978-7-301-19338-9	张伟孝	53.00	2011.8	
3	建筑装饰CAD项目教程	978-7-301-20950-9	郭 慧	35.00	2013.1	ppt/素材
4	建筑设计基础	978-7-301-25961-0	周圆圆	42.00	2015.7	
5	室内设计基础	978-7-301-15613-1	李书青	32.00	2009.8	ppt
6	建筑装饰材料(第2版)	978-7-301-22356-7	焦 涛等	34.00	2013.5	ppt

序号	书名	书号	编著者	定价	出版时间	配套情况
7	设计构成	978-7-301-15504-2	戴碧锋	30.00	2009.8	ppt
8	基础色彩	978-7-301-16072-5	张军	42.00	2010.4	
9	设计色彩	978-7-301-21211-0	龙黎黎	46.00	2012.9	ppt
10	设计素描	978-7-301-22391-8	司马金桃	29.00	2013.4	ppt
11	建筑素描表现与创意	978-7-301-15541-7	于修国	25.00	2009.8	
12	3ds Max 效果图制作	978-7-301-22870-8	刘晗等	45.00	2013.7	ppt
13	3ds max 室内设计表现方法	978-7-301-17762-4	徐海军	32.00	2010.9	
14	Photoshop 效果图后期制作	978-7-301-16073-2	脱忠伟等	52.00	2011.1	素材
15	3ds Max & V-Ray 建筑设计表现案例教程	978-7-301-25093-8	郑恩峰	40.00	2014.12	ppt
16	建筑表现技法	978-7-301-19216-0	张峰	32.00	2011.8	ppt
17	建筑速写	978-7-301-20441-2	张峰	30.00	2012.4	
18	建筑装饰设计	978-7-301-20022-3	杨丽君	36.00	2012.2	ppt/素材
19	装饰施工读图与识图	978-7-301-19991-6	杨丽君	33.00	2012.5	ppt
	规划园林类					
1	居住区景观设计	978-7-301-20587-7	张群成	47.00	2012.5	ppt
2	居住区规划设计	978-7-301-21031-4	张燕	48.00	2012.8	
3	园林植物识别与应用	978-7-301-17485-2	潘利等	34.00	2012.9	
4	园林工程施工组织管理	978-7-301-22364-2	潘利等	35.00	2013.4	
5	园林景观计算机辅助设计	978-7-301-24500-2	于化强等	48.00	2014.8	ppt
6	建筑·园林·装饰设计初步	978-7-301-24575-0	王金贵	38.00	2014.10	ppt
	房地产类					
1	房地产开发与经营(第2版)	978-7-301-23084-8	张建中等	33.00	2013.9	ppt/答案
2	房地产估价(第2版)	978-7-301-22945-3	张勇等	35.00	2013.9	ppt/答案
3	房地产估价理论与实务	978-7-301-19327-3	褚菁晶	35.00	2011.8	ppt/答案
4	物业管理理论与实务	978-7-301-19354-9	裴艳慧	52.00	2011.9	ppt
5	房地产测绘	978-7-301-22747-3	唐春平	29.00	2013.7	ppt
6	房地产营销与策划	978-7-301-18731-9	应佐萍	42.00	2012.8	ppt
7	房地产投资分析与实务	978-7-301-24832-4	高志云	35.00	2014.9	ppt
8	物业管理实务	978-7-301-27163-6	胡大见	44.00	2016.6	
9	房地产投资分析	978-7-301-27529-0	刘永胜	47.00	2016.9	ppt
	市政与路桥					
1	市政工程施工图案例图集	978-7-301-24824-9	陈亿琳	43.00	2015.3	pdf
2	市政工程计价	978-7-301-22117-4	彭以舟等	39.00	2013.3	ppt
3	市政桥梁工程	978-7-301-16688-8	刘江等	42.00	2010.8	ppt/素材
4	市政工程材料	978-7-301-22452-6	郑晓国	37.00	2013.5	ppt
5	道桥工程材料	978-7-301-21170-0	刘水林等	43.00	2012.9	ppt
6	路基路面工程	978-7-301-19299-3	偶昌宝等	34.00	2011.8	ppt/素材
7	道路工程技术	978-7-301-19363-1	刘雨	33.00	2011.12	ppt
8	城市道路设计与施工	978-7-301-21947-8	吴颖标	39.00	2013.1	
9	建筑给排水工程技术	978-7-301-25224-6	刘芳等	46.00	2014.12	ppt
10	建筑给水排水工程	978-7-301-20047-6	叶巧云	38.00	2012.2	ppt
11	市政工程测量(含技能训练手册)	978-7-301-20474-0	刘宗波等	41.00	2012.5	ppt
12	公路工程任务承揽与合同管理	978-7-301-21133-5	邱兰等	30.00	2012.9	ppt/答案
13	数字测图技术应用教程	978-7-301-20334-7	刘宗波	36.00	2012.8	ppt
14	数字测图技术	978-7-301-22656-8	赵红	36.00	2013.6	ppt
15	数字测图技术实训指导	978-7-301-22679-7	赵红	27.00	2013.6	ppt
16	水泵与水泵站技术	978-7-301-22510-3	刘振华	40.00	2013.5	ppt
17	道路工程测量(含技能训练手册)	978-7-301-21967-6	田树涛等	45.00	2013.2	ppt
18	道路工程识图与AutoCAD	978-7-301-26210-8	王容玲等	35.00	2016.1	ppt
	交通运输类					
1	桥梁施工与维护	978-7-301-23834-9	梁斌	50.00	2014.2	ppt
2	铁路轨道施工与维护	978-7-301-23524-9	梁斌	36.00	2014.1	ppt
3	铁路轨道构造	978-7-301-23153-1	梁斌	32.00	2013.10	ppt
4	城市公共交通运营管理	978-7-301-24108-0	张洪满	40.00	2014.5	ppt
5	城市轨道交通车站行车工作	978-7-301-24210-0	操杰	31.00	2014.7	ppt
	建筑设备类					
1	建筑设备识图与施工工艺(第2版)(新规范)	978-7-301-25254-3	周业梅	44.00	2015.12	ppt
2	建筑施工机械	978-7-301-19365-5	吴志强	30.00	2011.10	ppt
3	智能建筑环境设备自动化	978-7-301-21090-1	余志强	40.00	2012.8	ppt
4	流体力学及泵与风机	978-7-301-25279-6	王宁等	35.00	2015.1	ppt/答案

注：★为"十二五"职业教育国家规划教材；◎为国家级、省级精品课程配套教材，省重点教材；♦为"互联网+"创新规划教材。

相关教学资源如电子课件、电子教材、习题答案等可以登录 www.pup6.com 下载或在线阅读。如您需要样书用于教学，欢迎登录第六事业部门户网(www.pup6.cn)申请，并可在线登记选题来出版您的大作，也可下载相关表格填写后发到我们的邮箱，我们将及时与您取得联系并做好全方位的服务。

联系方式：010-62756290，010-62750667，85107933@qq.com，pup6@163.com，欢迎来电来信咨询。网址：http://www.pup.cn，http://www.pup6.cn